连云港市哲学社会科学界联合会

主编　杨东升

连云港社会科学

（2015）

中国出版集团　東方出版中心

前　言

为繁荣哲学社会科学事业贡献智慧和力量

杨东升

社会科学是关于社会事物的本质及其规律的系统性科学，是科学地研究人类社会现象的模型科学。其是一个以社会客体为对象的庞大知识体系，包括哲学、经济学、政治学、法学、伦理学、逻辑学、历史学、社会学、心理学、教育学、管理学、人类学、民俗学、宗教学、语言学、文学、美学、新闻学、传播学等学科。

党和国家历来高度重视社会科学。党领导革命、建设和改革的历史，就是不断认识和掌握人类社会特别是中国社会发展规律的历史，就是不断推动哲学社会科学繁荣发展的历史。党和国家历代领导人都曾强调，中国特色社会主义事业的兴旺发达，离不开以马克思主义为指导的哲学社会科学的繁荣发展，要求我们从党和国家事业发展全局的战略高度，把繁荣发展哲学社会科学作为一项重大而紧迫的战略任务抓紧抓好。2004年，中央印发的《关于进一步繁荣发展哲学社会科学的意见》强调指出，必须进一步提高对哲学社会科学重要性的认识，大力繁荣发展哲学社会科学。十八大以来，我们党对哲学社会科学的认识进一步深化，把哲学社会科学摆上更加突出的位置。党的十八大报告明确提出，要“深入实施马克思主义理论研究和建设工程，建设哲学社会科学创新体系”。十八届五中全会上通过的中共中央《关于制定国民经济和社会发展第十三个五年规划的建议》中突出强调，要“实施哲学社会科学创新工程，建设中国特色新型智库”。理论和实践充分证明，在加快推进经济社会发展和迈向现代化的历史进程中，哲学社会科学具有不可替代的重要作用。

近年来，在连云港市委、市政府的坚强领导下，全市社科理论界紧紧围绕中心、服务大局，锐意进取，开拓创新，在繁荣哲学社会科学方面做了大量的工作，取得了显著的成效。以市经济学会、企业文化学会、历史文化研究会、人才学会、党建学会等70多个市级哲学社会科学类社会团体和100多个县区级社科社团，以及党政机关研究室、党校、社科院、高等院校和民间研究机构为组织体系，着力深化重大理论和现实问题的研究，围绕改革发展稳定、现代化建设、科技与人才发展等主题，在解决制约和影响连云港科学发展的各类结构性、深层次问题上提出了一系列建设性对策建议。以社科课题项目资助、社科成果评奖等为激励手段，精心组织实施社科应用研究精品工程，有效引领了研究方向。以理论研讨会、学术年会、国际论坛等为服务平台，举办“丝绸之路经济带建设与连云港的独特地位”研讨会、“中日韩历史名人现代价值与海上丝绸之路起点连云港建设”国际论坛等学术活动，有效推动了社科学术交流。以《连云港论坛》杂志、“连云港社科网”、“社科普及宣传周”等品牌为载体，深入推进了哲学社会科学知识的宣传普及。以“首届连云港市十大社科名家”和“助推港城发展十大社科成果”评选表彰为推力，推出了以重点社科学科重点人才典型和重要学术专著为代表的社科研究成果，在全国产生了一定的影响。全市各级社科组织和广大社科工作者，充分发挥自身优势，努力在服务全市大局中找准定位、发挥作用、实现价值，为繁荣连云港哲学社会科学事业作出了重要的贡献。实践证明，连云港市哲学社会科学工作思路清晰、重点突出、成果丰硕，在抢抓“一带一路”战略机遇、推进经济社会又好又快发展中发挥了重要作用；全市广大社科工作者思想解放、作风严谨、乐于奉献，是连云港科学发展的一支重要力量。此次连云港市哲学社会科学界联合会首次结集出版的《连云港社会科学（2015）》就是2014年全市哲学社会科学理论研究成果的典型代表，也是全市哲学社会科学繁荣发展成果的集中展示。

当前，连云港市正处于社会转型的特殊时期，改革与发展进入了关键阶段，为探索发展规律、把握发展趋势、寻找发展对策，而作全局性、战略性、前瞻性研究的必要性和紧迫性比以往任何时候都更为突出。一系列新的课题迫切需要哲学社会科学作出深入研究和回答，一系列新的经验迫切需要哲学社会科学进行新的提炼和概括，一系列新的事物迫切需要哲学社会科学提供更加有力的理论解释和说明。全市社科理论界要充分发挥哲学社会科学认识世界、传承文明、创新理论、资政育人、服务社会的重要功能，进一步增强做好哲学社会科学工作的紧迫感、责任感和使命感，努力推进哲学社会科学事业的繁荣发展。一要把握政治导向，在重大理论的研究阐释上作贡献有作为。深入阐释中国特色社会主义理论体系、全面解读“四个全面”战略布局的丰富内涵，不断提高公务员和管理者以及群众的理论水平、道德素质、科学素养。二要坚持服务大局，为党委政府科学决策当智囊出高招。坚持植根实践，突出问题导向，把基础理论研究和应用对策研究相融合，切实加强对重大现实问题的研究，努力推出一批事关长远、事关全局、破解难题的研究成果。三要突出理论研究，为繁荣哲学社会科学求创新出精品。加大对哲学社会科学基础研究的资助和支持力度，鼓励专家学者站在全球的历史高度来研究人类发展的重大理论问题，为在社科研究领域产生“连云港学派”创造条件和环境。四要强化宣传普及，为提高全民社科素养筑基础搭平台。精心组织社科普及宣传周活动，切实抓好国家和省、市社科普及示范基地创建，着力整合全市社科普及资源，健全经常性社科普及载体，多运用群众喜闻乐见、入脑入心的方式促进社科知识普及、提升公众人文社科素养。五要加强社团建设，在服务群众和维护权益上下功夫求突破。抓住社团建设生命线，新发展一批学科优势明显、特色鲜明、代表方向的社团组织，评选推出一批哲学社会科学模范学术社团；切实加强群众合法权益维护工作，努力在服务学会、服务群众方面实现新突破。六要推进改革创新，为做好社科工作拓展新空间新境界。进一步创新体制机制，不断完善成果评价激励、资源优化配置、成果应用转化等机制，努力推动更多有价值的社科研究成果及时进决策程序、进大众生活，让哲学社会科学的价值得到最大程度的彰显，为建设“强富美高”的连云港贡献智慧和力量。

（作者系连云港市哲学社会科学界联合会党组书记、主席）

目　录

法学

社会学

管理学

教育学

文学

历史学

艺术学

哲学

马克思异化理论之人本嬗变的隐性逻辑及其反思

周桂芹[1]

摘　要：现代化（生产力的解放）给人类带来物质丰裕享受的同时，也使现代人类面临诸多的生存矛盾。社会的快速进步与发展，却将人的发展引向了片面化和孤立化，产生了异化现象。在一定程度上，"人本"与"物本"之间的二律背反现象可以说是人类发展进程中不可避免的现象，随着社会物质财富的丰富，人的欲望也不断更改和扩张，进而促使人类社会意识形态发生错位（社会异化）。因此，人的存在不断沦为"物"存在的躯壳抑或"奴隶"，进而人成为"物化"的人（失去人的类本真）。鉴于此，笔者呼吁人应该立足于生活的真实，持批判的目光保留人的本真，超越"物"世界的诱惑和腐蚀，摒弃异化所带来的"恶"，刺痛时下的一些迷失方向、日渐麻木、沉溺于物质追求与感官享乐的神经。

关键词：异化理论　隐形逻辑　马克思　物化

一、引　言

现代化（生产力的解放）给人类带来了物质丰裕享受的同时，也使现代人类面临诸多的生存矛盾——全面异化：人与人关系异化、理性异化、消费异化等。社会异化作为社会现象同阶级一起产生，是人的物质生产与精神生产及其产品变成异己力量，反过来统治人的一种社会现象。西方诸多学者断言，异化是社会发展中的必经之路，是一

[1] 作者简介：周桂芹（1965—　），女，江苏大丰人，硕士，淮海工学院马克思主义学院副教授，主要从事马克思主义哲学的教学和研究。基金项目：2012年度江苏省教育厅高校哲学社会科学研究基金资助项目"马尔库塞新社会主义论研究"（项目编号：2012SJB720002）；淮海工学院科研处研究项目"从自由王国到自由社会的嬗变"（项目编号：KX11173）；淮海工学院党建与思想政治教育研究课题："西方马克思主义自由思想研究"（项目编号：DS2013026）。项目负责人：周桂芹。

种无法克服的“本体论现象”(萨特语),进而否定了当代资本主义社会的合理性。当代资本主义的发展扭曲了人性与人的全面发展,违背了社会合理性的基本原则。

人的活动产物对人的奴役是私有制社会的一种客观现象。在当代,异化力量在资本主义“势力”的发展下已“沦陷”为统治阶级的一种新的控制手段。随着社会不断地改变与发展,当代资本主义已经发展出与之相适应的剥削与控制形式,不仅使异化继续存在而且有普遍化的趋势,其内容、形式及作用也都有了新的表现。现实生活中一些人出现了追求的异变,生命活动发生了分裂,他们从对自身价值的追求,异化到痴迷于追求人自己创造的物,形成了追求“钱本位”、“官本位”、“神本位”的思想或意念。很多人将这种异化看作是一种自然的、自发的现象,马克思则将其归结为私有制,抑或人的实践的双重效应所造成的消极后果。[1]

马克思为了寻找导致人的类异化的最终根源,从现实实践活动出发,将实践逻辑与理论逻辑相结合,对资本主义生产方式进行考察,并对异化现象进行了深入分析与研究。在此基础上马克思深刻地批判了资本主义剥削制度,并提出了“异化”理论。马克思为我们考察现代社会提供了一个独特的理论视角。

二、马克思人本异化理论逻辑的内在流变

异化作为一个哲学概念最早为黑格尔所阐述,黑格尔的“精神异化”理论及其逻辑架构为青年马克思所吸收和遵循,但真正让青年马克思发生思想触动的是赫斯,尤其是赫斯的《行动的哲学》。

(一)马克思人本异化理论的嬗变历程

众所周知,人类思维的发展需要一个演变发展的过程,当然,马克思的异化理论也不例外。通观马克思的思想发展史,马克思人本异化理论的发展经历了三个重要阶段:

第一阶段青年时期,受黑格尔唯心主义哲学影响,提出抽象化的人本主义异化劳动理论。马克思在法学教授爱德华·甘斯的影响下转向了黑格尔哲学,这一时期,他深受黑格尔思想的影响,将客观世界当作自我意识的对象化,即异化。黑格尔则认为,绝对精神是世界的灵魂和主宰,其“现实的存在”是抽象思维,认定绝对精神是异化的主体。

第二阶段较成熟时期,受费尔巴哈唯物主义和人本主义影响,提出了唯物史观的异化劳动理论——认为人的异化归根到底是劳动的异化。马克思吸收了费尔巴哈的

[1] 刘金联,《略论异化社会中非异化的人》,《武汉大学学报(社会科学版)》,1982(6)。

哲学思想，肯定了费尔巴哈关于宗教的本质是人的本质的异化的观点，但又超越了费尔巴哈对人的抽象理解，以现实社会的人为基础寻找宗教异化的世俗原因。特别值得注意的是，马克思在运用唯物主义理论研究相关问题时，始终密切关注着市民社会与现实，这一点可以在他主编《莱茵报》时，主动考察摩塞尔农民的贫困原因的过程中寻找到答案。而费尔巴哈的人本主义异化观是以“世界被二重化为宗教的、想象的世界和现实的世界”为基础来展开他的论述的。

第三阶段成熟时期，提出了完善的唯物史观异化劳动理论。《1844年经济学哲学手稿》是马克思运用异化劳动概念分析资本主义社会关系的巅峰之作，它不是“人本主义的价值悬设”，而是从宗教异化与劳动异化实际考察的结果，在考察的过程中阐述了劳动异化的产生、过程和消除异化的途径，明确了异化不是来自人性，而是来自经济基础、社会制度，因此，马克思认为正是私有制造成了劳动与劳动条件的分裂。不断的社会认知导致马克思与费尔巴哈的人本主义决裂，开始批判费尔巴哈的人性异化，但批判地继承了费尔巴哈人本主义，吸收了其唯物主义和实证科学等合理成分。

（二）马克思对异化理论的批判与超越

异化劳动理论是马克思当时批判资产阶级国民经济学的武器。马克思以异化劳动为契入点，对资本主义社会经济体制（追溯异化的本源是其思想的核心）进行了详细的考察，对社会的各种异化现象作出全面的“诊断”，并对异化消灭途径做了探讨，即悬设了理想目标的王国。马克思对异化理论的批判主要表现在两个方面：人本主义的异化劳动理论批判与物役性理论批判。对物役性理论批判是以经济学为基础的，是一种科学的社会批判理论。马克思认为生产关系这种物化不可避免，它是由于分配的不同造成的异化现象，马克思对分配的物化持批判态度，从而主张通过革命改变资本主义的生产关系，建立以公有制为基础的社会主义。1845年春《关于费尔巴哈的提纲》的面世，标志着马克思正式开始与人本主义决裂。[1]在《关于费尔巴哈的提纲》中，马克思从认识论、本体论、人的本质、宗教观及历史观五个角度展开批判，这种批判甚至可以说是对西方哲学中盛行的形而上学思维方式的一种颠覆。整体而言，马克思的异化批判贯穿于自然、政治、经济领域。

在马克思看来，真正意义上的劳动必然是以对象为中介的生命活动，是一种自由自觉、社会性的活动，劳动的对象化不等于异化，只有在私有制条件下，才表现为异化，因此，私有制成为异化的根源。而马克思的批判也具有一定的社会局限性，没有认识到自我分

---

[1] 姚顺良，《马克思“劳动异化”理论形成的历史语境和内在逻辑》，《理论探讨》，2007（6）。

裂(人的世界的一切均在实践总体中生成、演变、分裂和统一)的社会是异化劳动的产物,而属人的社会则要以自由自觉的活动为基础。当时的资本主义恰好违背了人自由自觉的活动(工人的劳动不是自由的对象化,劳动产品不属于劳动者而属于另一个人)。

理论研究表明,马克思在早年经过《关于费尔巴哈的提纲》、《1844年经济学哲学手稿》和《德意志意识形态》三部理论著作创作,实现了对费尔巴哈人本主义的扬弃与超越。从《德意志意识形态》中我们可以看出,马克思将人看作是从事实践活动的"现实的人",从而揭示出人的异化产生的根源,即强制分工。但是当马克思真实地接触现实之后,深刻地体会到通过自我意识的异化扬弃并不能实现自身的解放,便逐渐接受了费尔巴哈"人的类本质异化"思想,开始自觉地以一种全新的唯物主义哲学理论来考察现实。马克思接受了费尔巴哈的人本异化的观点,并将这种异化看作是不合理、丑恶的、扬弃的。当时的马克思并没有停留在费尔巴哈的异化学说上,而是在实践活动与社会实际发展过程中进行真正实证的科学探讨,这一点正是费尔巴哈所忽略的,费尔巴哈的异化现象只涉及人类精神生活领域。

三、人类主体劳动本质异化的隐性逻辑

马克思对现实的人做过明确的界说:"现实的人即生活在现实的实物世界中并受这一世界制约的人。"因此,人生存在社会上,就必须与人所在的社会产生存在性的关联,进而对人的研究就离不开研究制约人的各种社会关系。马克思的异化概念是将其哲学与政治经济学理论结合对资本主义社会阶级结构进行的解构,这使我们看到了资本主义社会中工人同资本家尖锐对立的经济现实。从深层维度分析我们不难发现,马克思此时将其哲学与政治经济学理论结合,力图把理想化的价值追求、对异化的批判与社会现实经济生活领域相结合,力图从隐性的人本主义和实证主义逻辑出发,更加深刻地揭示资产阶级经济学家的劳动价值论同资本主义私有制之间的深刻矛盾(异化现象)。[1]马克思以人的主体性原则为主导,以异化劳动为中心,通过对资本主义的工资资本及地租、基本经济结构和规律的考察、政治经济学的批判和对历史上各种社会经济形态的生产方式的研究,详细地探讨了劳动对劳动主体的异化和偶然联系、劳动对劳动对象的异化和偶然联系、工人的使命决定于社会的需要、劳动作为维持生存的手段等问题,指出上述对立和矛盾的根源在于劳动的异化,并发现异化和异化劳动并非分工和私有制的必然产物。这是对人本主义哲学的本质批判。马克思在批判的基

[1] 邱海燕,《解读"劳动异化"及其扬弃》,《湖北大学学报(哲学社会科学版)》,2007(6)。

础上找到了消灭异化的决定力量，得出了无产阶级革命的结论，并且坚定了要为无产阶级的解放运动和革命实践服务的信念。马克思通过对对象化劳动的分析，批判了亚当·斯密、李嘉图等资产阶级经济学家为资本主义制度和私有财产制度辩护的立场，揭示了其历史局限性，《1844年经济学哲学手稿》就是马克思异化劳动理论与理论基点的最好的实证。劳动异化理论的提出对“传统”资产阶级经济学造成了巨大的“冲击”。它揭开了神秘面纱笼罩下工人处于异化状态的真相，并指出扬弃应该以资本主义社会的基本事实和理论为基点。

对资本主义社会中工人本质异化的事实以及人的类本质异化问题的关注，促使马克思进而关注经济学理论的批判性与工人阶级的现状，使其理论出现了以客观现实为出发点，站在无产阶级的立场上批判资本主义社会现实的隐性逻辑，从根本上超越了“思想”运动以来理解人自身的显性逻辑。马克思把人的本质理解为劳动，指出劳动是人的本质力量的对象化，而把符合人本性的“真正的人类社会”看作是人类劳动的结果，马克思的异化观深深地渗透着对其自身所处时代的工人阶级的关注，本质上是对法和资产阶级（政治国家）的颠覆，马克思力图构建一个非异化的社会，推翻一切旧的生产关系和交往关系的基础。马克思认为人的类本质是自由自觉的劳动，是一种区别于动物的自由自觉的活动。但在资本主义私有制度中，生产的产品不属于工人所有，劳动者的劳动和产品被非劳动者占有，变成了外在于工人的一种敌对性的社会关系，劳动者在自己的劳动中并不能自由地发挥自己的肉体力量和精神力量。由于劳动本身的异化将人的“自由自觉的活动”变成仅仅维持肉体生存的手段，于是造就了人和自己的类本质存在当中的缺失、本质与存在的自我异化、对立与疏离，所以，处于异化劳动中的个人就不是作为“人”来存在。[1]异化表面上是物对人的现实统治，但是内在却凸显了对人的全面发展的压抑与非人生活，资本家对工人统治社会权利的剥夺，即人对于自己机体的机能的丧失，人的本质——劳动力成了商品，成了只是被动的机器零件、“劳动工具”。马克思用人的自由自觉的发展的矛盾去批判资本主义，在对异化劳动进行阐述时，抨击了黑格尔、费尔巴哈的异化观，并在费尔巴哈的人本主义哲学中加入了工人实践的内容。

马克思通过对人异化根源的深究，在批判的基础上尝试着建构人本科学理论。如果对马克思提出的资本主义社会的异化消除的途径进行深入的研讨，我们不难发现，其实马克思思想中已经蕴藏一个致力于解决悬设的理想目标与现实的客观逻辑之间的张力关系的理论空间，即人类最终所追求的共产主义社会。马克思在《1844年经济

[1]《马克思恩格斯选集》，人民出版社，1972年。

学哲学手稿》指出“异化劳动是私有财产的直接原因”，而且进一步指出“社会从私有财产等等的解放、从奴隶制的解放，是通过工人解放这种政治形式表现出来，作为私有财产的积极扬弃和人的本质的真正占有，就是共产主义”。马克思把劳动异化与私有制的发展看成是共产主义的理论和经验的基础，把劳动和资本对立的激化看成是私有制必然灭亡的内在根据。劳动异化在哲学史上，第一次具有了现实批判性的意义，这实际上是第一次真正代表广大工人阶级对资产阶级进行的抨击与斗争，正因为如此，马克思的劳动实践理论才能爆发出惊人的思想冲击力。

四、“人本”与“物本”融通的哲学思考

人本主义（人本论）是在物本论的基础上产生的，是对物本主义（物本论）进一步追问的必然结果，它的前提就是物本论自身的缺陷和局限性。人本与物本之间的二律背反现象，在一定程度上，可以说是人类发展进程中不可避免的现象，这种物化、异化是历史发展的必然。“物本”是“人本”的物化，不断膨胀的物质财富占有欲望成为社会主流的意识形态，即以“物化了”的人的物质欲求为唯一目的，把追逐利润作为社会运行的单一价值准则，是人本身追求物质满足的异化形式——资本主义推动了社会物质的巨大丰富，但在物质富裕的背后却蚀空了人的内心、精神生活，因此，人的存在只是“物存在”的躯壳抑或“奴隶”，进而人失去了类的本真，这种异化是马克思竭力摈弃与改造的世界。

（一）“人本”与“物本”哲学主题的理解

人本主义与物本主义在定义上存在诸多的分歧，人们常常将唯物主义等同于物本主义，其实不然，唯物主义是本体论范畴，物本主义是价值论范畴。本体论不是价值论，关于这一点林德宏教授作出了详细的阐述。[1]马克思科学主义发展观认为：人本主义是“关于现实的人及其历史发展”的学说，主体人是从事物质生产的，因而存在一定的物质的、不受他们任意支配的界限。科学主义发展观视域中的“物”主要包含客观实在及其规律与各种客观实在的自然物。

我们从其价值观角度进行辨析：人本主义把人类的全面发展与根本利益当作自己的最高目标与价值标准；物本主义将物质享受与物的价值看作是人类最高的目标与价值。现在看来，物本主义完全背离了人的基本要求，而传统的物本主义当下仍然有着

---

[1] 林德宏，《物与物本主义》，《淮阴师范学院学报（哲学社会科学版）》，2006（3）。

巨大的吸引力。从本质意义来看：人本主义所强调的核心是人，强调的是人的主体地位和权利的重要性，人的一切活动都是为了实现生存和发展的需要，因此一切应当以人类的利益为出发点和归宿；而物本主义强调以自然物的发展为核心，把人的力量、精神的力量归结为物的力量，偏重于人与物的关系上，认为人类的经济活动和发展必须以持续性与稳定性为前提，使自然的发展循环系统能够在自我修复的基础上自然还原，而忽视人的作用，特别是人的精神的能动作用。[1]

人本理念不仅源于对物本理念的超越、对人本主义理念的借鉴、对马克思主义人本思想的继承，而且还源于对当代人类发展的实践反思。而如今我们所提倡的以人为本不完全等同于一般的人本主义思潮，它包括人本主义的理想和追求，但又不囿于人本主义的空洞泛议。

（二）"人本"与"物本"的融通之维

异化超出劳动生产领域，扩展到社会生活的方方面面，人类已成为自己创造物的囚犯。伊斯特林在美国进行的关于"幸福"的一系列民意调查结果显示，高收入普遍被认为是人们生活质量的一个测度指标。毋庸置疑，人在"物"的支撑下才能进行人的全面发展，"生理机能"对"物"的需求不言而喻。但是，现代社会中许多人将自己物化成了一种与动物无异的物性存在，譬如有的人物欲汹涌，视钱权为生命，体现出一种极度的癫狂与荒诞，甚至无视道德标准。谋求"人本"对"物本"的超越才是科学人本主义发展观的根本价值追求，这就要求我们持批判的目光保留人的本真，超越"物"世界的诱惑和腐蚀，摒弃异化所带来的"恶"，刺痛时下的一些迷失方向、日渐麻木、沉溺于物质追求与感官享乐的神经。这一点的重要性是当今社会不可忽视的。

马克思认为，人类发展将会经历一个从"人的依赖关系"阶段到"个人具有独立性，但以对物的依赖关系为基础"阶段，再到"个人全面发展的时期"阶段的过程。[2]鉴于此，"以对物的依赖性为基础的个人独立性"阶段，人作为社会历史的存在物，在这种不可逃避和不可违抗的运动法则下，人之"本"变身为物之"本"是人与社会的基本规范和基本原则，但人们必须保持着超越"物"世界的诱惑和腐蚀的思维。"人本"和"物本"的双重并立在形而上学来说是不可能的（"以人为本"或"以物为本"，二者必居其一，不可能二"本"并存），因此，马克思用辩证的观点看待"物的依赖性"现象（这

[1] 陈宇光,《劳动异化：马克思人学理论的一个新视角》,《上海交通大学学报（哲学社会科学版）》,2002(4)。

[2] 曹文宏,《劳动异化论与人性异化论——马克思与弗洛姆异化理论之比较》,《江苏行政学院学报》,2014(2)。

里的关键是把“人本”和“物本”视为同一事物的两个不同的方面或两种不同的属性，因此，“人本”和“物本”就是人的实践活动的两重属性，即主体性和客体性的属性，在理论和实践上的一种反映)，马克思的辩证思想对处理人与自然、社会、经济、财富之间的关系等方面有着巨大的意义。

统而言之，解“物本”之弊，张“人本”之维，归根结底与人的身心协调密切相关。在现实生活中，人们往往集中关注劳动结果，而悬搁或遗忘了对作为“本体”的劳动自身及其过程的关照，本末倒置，从而导致并加剧了这种“见物不见人”、“物本”压倒“人本”的异化现象。

(三)人的自由全面发展要求“人本”与“物本”双重尺规的统一

纵观历史的发展与变迁，“人本”和“物本”的关系总的是在朝日益人本化的趋向发展。人的需求根植于生存和发展，在人的物质实践活动中内在地包含着人类物质活动的能动性和目的性。人是能动性(人具有创造性)和受动性(人是自然的一部分，是一种给定的存在)的统一，统一于人自身的实践活动之中，与社会的存在与和谐发展密切关联。而以人为本是“物本”发展模式的反动，在一定意义上是对现代性支配下的近代以来社会文明模式的质疑和反思。

社会发展是“人”与“物”的交融互动过程。“物”的发展对人的全面发展有着决定性的作用。人们越来越认识到，现代经济正逐步从物质产品导向转向为人服务的导向，健康的物质主义对生命的有形条件给予适当强调。因此，要实现物质财富持续发展的人类活动目的必须要“合规律性”。只有这样，在历史发展的必然之中物质财富的持续发展以及人类全面而自由发展才能成为可能的现实。在发展进程中，应倡导“健康的物质主义”，抵制“它把人转变为操纵者或者操纵的对象的物质主义”。科学技术的价值是人的价值的外化。因此在发展和推广科学技术的过程中，必须倡导对人的关注，倡导科学精神与人文精神的结合。

五、结束语

从总的趋势看，人的发展与社会发展是一致的，但在人与社会的相互作用过程中，会出现社会发展了，人的发展却走向片面化和孤立化，产生异化现象。马克思通过“异化劳动”的分析，得出了社会的人类的普遍解放“包含在劳动者的解放里面”的科学论断，并指明了人类的美好的共产主义理想，从马克思异化理论的历史发展脉络来看，马克思的异化理论主要关注的是社会异化的产生和消除，以及社会异化对个人发展的影响，个人在怎样的社会条件中才能获得全面和自由的发展。这些异化现象的存在，严重地阻碍了人的发展。但这也是不可避免的，这是人类社会为实现最终理想必须经历的过程和必须付出的代价。人的全面发展是一个现实的历史过程，这个过程就是人的发展与社会发展逐步达到统一的过程，就是不断扬弃异化的过程。马克思的这一论断的科学意义是永存的。

社会主义核心价值观价值认同的实现路径

张　元[1]

摘　要： 作为社会核心价值观念的对象化与具体展开的社会主义核心价值观，体现出社会主义核心价值观既是价值又是价值观念的两重性。在社会转型期的中国重建社会主义核心价值观的信仰是党在社会意识形态建设方面的重要任务。最大限度实现社会主义核心价值观的价值认同需要在一定的社会环境条件影响下，主体内在的知、情、意、行等心理要素相互促进和协调发展的辩证运动过程中展开。主体在向对象外化（人的外化）及对象向其外化（人的内化）的过程中，对象化世界与主体的类能力相互碰撞、磨合，使世界中的对象打上属人的烙印并生成和丰富人的类特性，使其在追求自身类特性并伴随其向对象化世界主体化的双向互化、互生运动过程中，按照以社会主义核心价值观为代表的国家倡导性价值规范的要求，逐渐地认识、构建和生成另一个自我。我们可从认识论和价值论方面研究社会主义核心价值观如何转化为社会共识及其信仰如何确立。

关键词： 社会主义核心价值观　价值认同　知、情、意、行　实现路径

十八大报告分别从国家、社会和公民三个层面提出了我国现阶段的社会主义核心价值观，即"倡导富强、民主、文明、和谐，倡导自由、平等、公正、法治，倡导爱国、敬业、诚信、友善，积极培育和践行社会主义核心价值观"。核心价值观是人们心中深层次的信念系统，它能否与时俱进直接影响到一个国家的凝聚力和影响力。因此，积极培育

---

[1] 作者简介：张元（1983—　），男，安徽桐城人，淮海工学院马克思主义学院讲师，法学博士，主要研究方向为马克思主义理论中国化与高校思想政治教育、哲学认识论价值论。[基金项目]：本文系教育部人文社会科学研究专项任务项目（高校思想政治工作）（编号：12JDSZ2027）、江苏高校哲学社会科学研究资助项目（编号：2015SJB380）阶段性成果。

和践行社会主义核心价值观，用社会主义核心价值观引领社会思潮、凝聚社会共识，牢牢掌握意识形态工作领导权和主导权，推进马克思主义中国化、时代化和大众化，坚持不懈地开展理想信念教育，用中国特色社会主义理论体系武装全党、教育人民，才能把广大人民团结凝聚在中国特色社会主义伟大旗帜之下。社会主义核心价值观只有在最大限度地为民众认同并成为大多数人的信仰的情况下，才不至形同虚设，才能有效地减少社会的不和谐因素。首先，实现社会主义核心价值观的价值认同有利于抵制各种不良社会思潮的影响；其次，实现社会主义核心价值观的价值认同有利于促进民族团结和实现国家安定；再次，实现社会主义核心价值观的价值认同有助于为社会转型期间社会的发展引领方向和提供精神动力；最后，实现社会主义核心价值观的价值认同有利于为社会转型期间的行为主体面对纷繁复杂的社会现象时，提供一个最高的评价标准。社会主义核心价值观最大限度地实现价值认同并转化为一般社会共识，必然要求其自身理论建设既体现出人文精神的时代特征，又内含赢得社会中绝大多数人的认同的特性。社会主义核心价值观作为社会和国家大力弘扬和倡导的崇尚性价值规范，必然表现为以社会崇尚和引领示范为特征的行为规范，相对于社会禁止性行为规范和社会可允许性行为规范而言则超出了免于谴责和简单的可允许性行为，体现出其既合乎事物存在和发展的事实必然性，又对当代有中国特色的社会主义建设事业具有宏观指导和引领的功能。

一、价值认知

主体价值认知的结构要素主要包含主体的价值知性和主体的价值悟性。在主体认知作为一种历史性和现实性的动态统一体的社会主义核心价值观过程中，社会环境及道德情境对主体的认知思维向度产生极大影响，甚或偏差。这就需要我们深刻探究主体价值意识本身所蕴含的功能结构和结构成分在主体认知社会主义核心价值观的过程中，对其产生的价值认知取向和价值直觉、觉悟等处于价值体认阶段的影响。

（一）主体价值知性。主体价值知性是指主体在认识和知晓社会主义核心价值观的过程中，不仅知晓此种国家倡导性道德规范的性质和要求，还包含主体对国家倡导性道德规范在其所处的历史社会环境中实施所作出的道德情境分析。由于市场化条件下的社会利益主体和社会群体存有多样性及分层性，使人们对国家倡导性道德规范的理解和认同产生多样性，在经济发展、价值多元的社会环境中，主体虽有倾善之心、向善之情，若对社会主义核心价值观的性质及要求未能准确理解，或对其在现实的生活世界中实施的道德情境判断失误，那么主体高尚的德性意向将可能事与愿违。因此，这就需要主体在作价值取向和事实判断的思维认识过程中增强其知物之智力，提升其价值知性。社会主义核心价值观的各个组成部分是个具有层次性和内在联系的有机整体，"三个倡导"涉及国家、社会、个人三个层次，个人是基础，公民要真正做到爱国、敬业、诚信、友善，社会才能实现自由、平等、公正、法治。如此，国家才能实现富强、民主、文明、和谐。在社会主义核心价值观中，以马克思主义为指导思想是统领，贯穿以中国特色社会主义共同理想、爱国主义为核心的民族精神、以改革创新为核心的时代精神和社会主义荣辱观的全部和始终。马克思主义指导思想是其灵魂，中国特色社会主义共同理想为其主题，以爱国主义为核心的民族精神和以改革创新为核心的时代精神是其精髓，而社会主义荣辱观则为其基础。由基础到灵魂是一个由低层次到高层次梯度上升的有序性建构的过程，马克思主义指导思想在整个价值体系中具有最高的引领和统摄作用，是其他三个部分的指导方向和行动指南。

皮亚杰认为哲学是以达到人类各种价值的总协调为其责任，也就是说，要达到一种"不仅考虑到已获得的认识和对这些认识的批评，而且还考虑到人类在其他一切活动中的各种信念与价值的世界观"[1]。这种情境要求我们尽可能地以一种生活于当今时代之中并为了认知时代而生活的强烈的哲学意识去从事学术研究。因此，主体在认知作为客体的社会主义核心价值观过程中，常将其与"它是什么"联系在一起并形成一种知识性意识，以事实判断的形式予以体现，主体在认知过程中的价值知性的提升对社会主义核心价值观在具体社会实践活动中的发动和在整个社会实践过程中的开展显得尤为重要。价值知性的提升过程是主体将具有价值性和真理性的社会主义核心价值观反映至主体的大脑思维中去，使主体在旧有的价值体认结构和已有的以符号形式存在着的知识背景的基础上获取和形成对社会主义核心价值观的整体直观印象。

（二）主体价值悟性。主体价值悟性是指主体在认知和行为实践的过程中，对包含社会主义核心价值观在内的国家倡导性价值规范作出比照所产生的内省能力。主体的这种内省能力还以一种作为省思对象的范式存在着。反思的这种现象被萨特认为是一种自为的永恒的可能性，因为反思的分裂增殖潜在地处于被反思的自为中："实际上只需反映着的自为把为他作为反映的见证提出来，反映的自为把为他作为这反映者的反映提出来就足够了。因此，反思作为要通过一个以不是的方式存在的自为恢复自为的努力，是纯粹而简单的自为的存在和为他人的存在之间的虚无化的中介阶段，而为他人的存在是作为通过以不是的方式而不是的自为对自为进行恢复的活动。"[2]作

[1] 皮亚杰 著，郑文彬 译，《人文科学认识论》，中央编译出版社，1999年，第8页。

[2] 萨特 著，陈宣良等 译，《存在与虚无》，三联书店，1987年，第216页。

为合价值性、目的性与规律性统一体的社会主义核心价值观亦可为主体的反思意识所关照，作为其内核的以人为本的价值理念始终贯串社会主义核心价值观的生成发展过程，主体对作为客体的社会主义核心价值观的认知是与“它对于我具有什么意义”相联系在一起的，形成主客体之间具有何种价值关系的价值性意识，并以主体的价值判断的形式予以体现，而体现出极强人本价值性的社会主义核心价值观以社会整体的价值规范，引领和促进公民个体的发展趋向，个体价值的发展反过来也促成了社会整体价值意识的生成和完善。

因此“必须把观念性，就是说，理念的异在的扬弃、理念从它的他物向自身的回复和回复到了自身，称为精神概念的与众不同的规定性，相反地，对于逻辑理念来说区别之点是直接的简单的在自己内存在，而对于自然来说区别之点见分则是理念的在自己外存在”[1]。由于这种理念在主体的外存在的存在才使得主体与作为客体的社会主义核心价值观产生对象性认知关系具有可能，主体将社会主义核心价值观作为其省思对象是一种以主体自我为出发点，反躬自省主体自我之言行是否科学且符合社会主义核心价值观的心理内省机制，这种省思的本质是一种对主体和作为客体的社会主义核心价值体系的“反思”之“反思”。我们亦可将此种对自我反思的反思称为“被反思”或“非反思”，且并非“反思”向主体揭示出被反思的意识，与此相反，正是“非反思的意识使反思成为可能：有一个反思前的我思作为笛卡尔我思的条件”[2]。此种“非反思”亦是与主体自我意识中的理性认知内在地联系在一起，这种理性是主体在其所处之情境中制定合理的目的和采用有效方法的主观条件。主体此种内省能力的增强有助于主体知晓在什么样的道德情境下作出符合道德理性的正当决定，在主体作出价值决定和行为选择的实践活动中，主体的价值知性和价值悟性才真正得到体现。

二、价值情感体验

列宁有言：“没有人的情感，就从来没有也不可能有人对于真理的追求。”[3]主体情感系统构成了主体完整系统中最为重要的核心部分，它是主体认同、内化社会主义核心价值观的前提，构成了主体道德践行的由衷发生的而非由情境性发生的条件。

（一）价值关联。主体若想将一种认识上升为自己的观念，则其必和其所处的道德

[1] 黑格尔 著，杨祖陶 译，《精神哲学：哲学全书·第三部分》，人民出版社，2006年，第11页。
[2] 黑格尔 著，范扬、张企泰 译，《法哲学原理》，商务印书馆，1980年，第11页。
[3]《列宁全集》第25卷，人民出版社，1988年，第117页。

情境及现实需要发生现实关联，使主体所认知的价值规范具有为我而存在的功用，这也是主体与社会主义核心价值观建立价值关联的真实存在的前提。主体总是根据事物能否满足自身和社会的需求而对其产生肯定或否定的情感并给予甄别，选择它认为对其有价值的事物或规范，而排斥它认为无价值甚或有害的事物，从而使它自身与外部世界产生种种价值关联。黑格尔将主体认知的客体归于主体意识到的外存在，并进一步对这种存在予以解说："凡是在我的意识中的，即是为我而存在的。"[1]这种"为我而存在"的关系被黑格尔视为观念形态的形上学，是作为物质形态的"为我而存在"的关系的基础。马克思的"为我关系说"为我们能更好地从某一视角来认识价值关联提供了依据，马克思认为："凡是有某种关系存在的地方，这种关系都是为我而存在的；动物不对什么东西发生'关系'，而且根本没有关系，对动物来说，它对他物的关系不是作为关系而存在的。"[2]主体建构对象的心理过程也就是构建"为我而存在"关系的过程，"为我而存在"关系就是实践基础上的主客体关系，同时它也包括物质形态的主客体关系和观念形态的主客体关系。"为我关系"中主体是"我"，"'我'的一切活动在本质上都是为了获取'为我'的利益。'我'即主体，'为我'即获取利益，两者规定了一切价值活动的出发点和目的。"[3]主体对这种"为我"利益的价值认知是一个从较低层次开始，即从作为基础阶段的社会主义荣辱观开始而进行的一个由易而难、由具体到抽象的提升过程，这就决定了主体对社会主义核心价值观的价值认同需要一个长期的循序渐进的认知过程。

（二）价值评价。价值评价即评定价值，是主体的价值意向指向价值客体的对象性精神活动，即价值意识在主客体价值关系中的包含价值评判、事实断定、价值选择等的现实表现。社会主义核心价值观具有客观的评价性，体现在以"八荣八耻"为主要内容的社会主义荣辱观，"社会主义荣辱观是以'八荣八耻'为其基本内容，它是与社会主义市场经济相适应，同中华民族传统美德相承接的思想道德体系，社会主义荣辱观明确地指出在我国当今的社会经济和历史条件下，全国人民所应当坚持和反对、提倡和抵制的内容，它为全体社会成员提供了基本的价值标准和行为准则"[4]。社会主义荣辱观内含着八荣和八耻这一整套评价标准，于主体兼有评价与监督的功能。同时，它也是主体自我评价和社会评价的统一。主体自我评价是行为主体对作为具有客体属性的主体的认知和评价等多方面活动。主体不仅以个体的形式存在，也以群体的形

---

[1] 黑格尔 著，贺麟 译，《小逻辑》，商务印书馆，1980年，第82页。
[2]《马克思恩格斯全集》（第3卷），人民出版社，1979年，第34页。
[3] 陈新汉，《社会主义核心价值体系——从价值哲学角度看》，《哲学研究》，2007（11）：19。
[4] 刘必春，《社会主义核心价值体系与大学校园文化建设》，《宁夏社会科学》，2012（6）：170。

式存在着。社会评价活动就是以群体为主体的社会共同体成员来评价作为客体的社会实践行为的认识和评价活动，在一定意义上可理解为社会群体的共同意识对个体行为的是非善恶的评价。而对于在主客体之间的一定价值关系中，作为客体的社会主义核心价值观是否适合主体的需要并使这种需要得以满足，主体总是从自身的需要和德性维度去理解和评价客体对于自身所存有的实有价值大小，从而作出两种基本评价结果：肯定和否定。这一评价通常是由主体通过对价值客体的情感体验并用言语予以表达，“我能去做”与“我不能去做”、“他应该”与“他不应该”，等等，不同层次的正向情感与负面情感的对立体验，使得主体通过此种强烈评价力的作用来确定社会主义核心价值观对自身存有的价值，并以此来确定自己在特定的社会情境中的态度、位置、责任及行为等角色的意义。

（三）价值滤化。主体在与其所处的外部世界产生某种价值关联后，会依据自身已有知识经验和现实需要对外在的道德信息进行评价和过滤。主体之所以能形成感知的相关信息，正是因为它们与主体的情感、期望乃至于价值意识等因素有关，与此无关的信息则会被过滤掉。价值滤化影响着主体的接受和反应机制，包括主体在认知活动中的情感体验、体验中的好恶态度、态度之后的意志和观念产生以及控制外界信息的纳入等。社会主义核心价值观由于其为合价值性、目的性与规律性相统一的价值观而体现出其科学性，但这一价值滤化的过程又会受其自身在成长过程中经各种情感体验活动所积淀而成的德性的影响，有可能暴露出主体在功利与社会主义核心价值观之间存在的矛盾选择。这一矛盾体现出了人的生物性欲望对物质生活资料的需求与作为社会性存在对现实世界的价值性追求之间的对立，这一对立比照出人的生物性与社会性、价值追求和滤化的功利性与伦理性的双重性。

（四）情感体验。主体的情感体验常伴随有价值选择、判断及滤化等心理反应性行为，它使得行为主体将道德规范与道德情境联系起来，使有情感附着的行为主体的情感体验活动发展为具有一种独特自觉意识的心理活动，具有崇尚性道德规范特征的社会主义核心价值观与禁止性行为规范对行为主体的情感附着和情感体验是完全不同的，前者重在道德情感的体验和培育，依托主体的道德情感的内在驱动力来实现，促使行为主体在与外部社会互动中产生知善之智、倾善之情和向善之意，而后者则重在“抑制”，使主体意识到作出不良行为及其后果对社会的负面影响，并由此产生道德倾向与自控行为的体验，使主体制约其自身非理性的欲望和冲动，从而有效建构起主体的道德自律心理机制。这也说明只有当主体从内心体验到自身有价值关联的某种价值，同时产生正向的认同、信任、敬畏的情感体验或负面的厌恶、抗拒、抵制的情感体验时，才谈得上是经过了道德学习和教育的实存情感体验过程。

情感体验的功能主要表现在以下几个方面：第一，情感体验的过程是教育主体和客体经历感动的过程。感动既是教育主体与教育客体在其生命历程中发展机制的一种浓缩的体现，又是一种美丽的情感体验。个体在经历感动的过程中，外界事物及情境以其强烈的感召力影响着具有相似属性及经历的个体，从而导致个体在认知、情感、信念、意志及行为等方面发生积极的整体变化。第二，情感体验可以使社会主义核心价值体系价值意识的存在形态与价值形态取得统一。第三，情感体验使主体对社会主义核心价值体系发生切己的理解和体悟。第四，情感体验使主体强化在践行社会主义核心价值体系的实践过程的认知能力。第五，情感体验有助于主体在经历情感体验的过程中融通社会生存实践中的体验，以达到一定的境界。第六，深切的情感体验有助于主体深层层面的情感价值意识的唤醒。

三、价值意志

主体的意志系统是其价值心理意识的最高表现形式，是主体高度自主的、具有相对独立性的且比较有自觉意识的心理活动。在主体的认知活动、情感体验和意志系统三者之间，主体的意志系统调节着主体的认知活动，控制着主体的情感趋向，同时也决定着主体的实践行为选择。由此可见，主体的意志系统对主体能否真正地接受、内化并践行以社会主义核心价值观为代表的国家倡导性道德规范有着极其重要的影响作用。

（一）价值独立。主体在科学认知情感力量及内化力量的多重作用下形成的坚持追求一定道德价值所必需的意志力量具有独立性的品格，这种独立性的品格有助于主体在处于与其所追求的道德理想不相一致的社会情境中始终坚持自身的价值取向和价值追求，从而使主体在其意志系统强有力的调控和支配下，不屈从不迁就流于低俗的社会生活环境。社会主义核心价值观具有的多层次性使其在被个体和群体进行认同的过程中呈现出差异性，应依据不同主体具有的不同层次的认知水平来应对个体和群体的多层次性和差异性。因此，应坚持实事求是原则，划分出不同的社会群体和个体，加强其对社会主义核心价值观的理解和价值认同。如此，主体的价值意志系统中的独立性品质使得主体在经价值认知、情感体验等心理工作机制之后的社会实践活动中，确保主体内在的道德品质升华，并保证其自觉认同和践履社会主义核心价值观，进而由潜在的道德主体过渡到自在道德主体，并进一步成就自为的道德主体。

（二）价值自律。主体自身的意志力量有助于主体在人的欲望所诱发的趋利性和自利性造成个人行为的任意性的道德践履中，对其行为起到一种评价性的制约作用。这种主体的价值自律既表现为其能在多大程度上战胜困难的坚忍毅力，又表现为其能在多大程度上抑制自身因欲望和情绪所诱发的趋利性和自利性及其行为的任意性。就这一层面而言，价值自律是主体意志力的精髓，它激励和培育的是主体的德性品质，抑制和消解的是主体自身的动物性，具有一体两面的性质与独特效用。因此，对在党政机关的党员干部而言，对社会主义核心价值观的理解和认同应深刻全面，要从思想上真正认同社会主义核心价值观，一定要避免主体思想上产生怀疑和不认同而行为上盲从的行为异化现象。由于不同社会个体和群体社会实践经历的多样性、受教育水平的多层次性以及认知事物的差异性等，使其对社会主义核心价值观的理解和认同存在很大的差异，我们对非党员的社会群体应加强对马克思主义思想理论的倡导和普及工作。

（三）价值自觉。主体自觉的价值意识意指主体自我意识中的内心价值意识处于一种觉醒状态，这充分体现在主体的社会角色定位和主体的价值评判、价值选择处于一种自觉意识状态中。社会主义核心价值观只有成为主体自觉的价值意识，才有可能在社会转型期为社会的发展提供方向和精神动力。在加强主体对社会主义核心价值观的理解和认同时，须要将其与人民群众的实际利益相结合，将经济建设与信仰建设紧密结合。信仰总是基于人们的现实，又是对当下现实的超越，这种现实与对现实超越之间的张力就以主体的动机驱动力形式外化并支配其言行。因此"人类信仰的本质就是自由自觉的主体力图自觉地对现实关系的积极的创造性克服，它不仅是适应世界而且是改造世界，不仅趋利避害有效有用，而且是合法合理尽善尽美"[1]。主体的这种自觉的意识状态之效用，就在于使较少重要的或仅仅暂时重要的趋利性和自利性等反射行动从属于在主体的生命功能中起主导作用的行动的过程，即其"表达生命的条件的感觉和想象"[2]。因此，新时期加强人们对社会主义核心价值观的价值认同，需要高度重视个体利益与集体利益（尤其是物质利益）之间的关系，个体利益与集体利益之间的关系在其本质上实为"有生命的个人的存在是人类历史的第一个前提"与"社会是个体存在的普遍形式"之间的存在关系，个体利益与集体利益之间的关系是一种辩证性的存在，社会主义核心价值观需要在建设和谐社会中体现出把构成人民的"多数单个人利益的特殊性上升为国家利益的普遍性"[3]。主体生命中起主导作用的意志系统的形成和开启，使其本身物自体的趋利性和自利性选择从属于道德理性评判和价值选择，这不仅使得主体意识到其作出价值判断和选择后出自此种选择的行为效果的意义及其社会价值，同时也促使主体意识到自身所扮演的社会角色，并按其所理解的具有自明

---

[1] 顾伟康，《信仰探幽》，上海教育出版社，1993年，第27页。

[2] 马赫 著，李醒民 译，《认识与谬误》，商务印书馆，2007年，第70页。

[3] 黑格尔 著，范扬、张企泰 译，《法哲学原理》，商务印书馆，1980年，第261页。

性的"当然"规范和自身所处的社会道德情境中的角色定位，作出价值选择并在现实的社会实践活动中予以践行。

四、价值践行

践行社会主义核心价值观是推进我国意识形态建设的一项核心和系统性工程，也是一项需要全社会协同推进的长期基础战略任务。只有当社会主义核心价值观最大限度地转化为具有普遍性意义的价值准则和最广大社会民众的实践活动，并在实践过程中实现从理论到实践再到理论这一在建设中转化、在转化中建设的不断双向转化和互动生成的过程，才能使以社会主义核心价值观为代表的国家倡导性价值规范实现最广泛的价值认同并达到转化为一般社会共识的目的，从而使其在民众的日常生活中增强实践的实效性和感召力，以及在建构社会主义和谐社会过程中发挥引领作用。

（一）实践是人生成社会生活的存在方式，同时也赋予人的精神生活以层次性和超越性。马克思认为人的存在环境的改变和人的活动的一致，只能被看作和理解为革命的实践，人的全部社会活动在其本质上是实践的，而人类世界也"只能是实践中的存在"[1]。从这个角度看，人们的价值信念是在其对社会生活的主观感受、认知理解、情感体验和实践外化等活动过程中形成的，这也表明人的社会生活的存在方式是在人类实践活动过程中历史地动态地生成的，实践是人类获取超越其自然生命特殊本质和力量的最根本的存在形式，在实践活动中人才能成为人并显示其自身所特有的存在价值。实践不仅是人的社会生活本性，也赋予人及其所在的社会生活以价值存在和意义引领，实践活动是人凭藉以超越其作为生物性存在与确立其在社会生活中追寻存在价值和人生意义的手段与途径。实践赋予作为主体的人的社会生活以价值意义，主体在社会实践活动中按以社会主义核心价值观为代表的国家倡导性价值规范来要求和约束自己以取得高尚德性与国家倡导性价值规范的协调统一，这种和谐统一的状态既体现了主体科学合理的自我意志系统的建构，又体现了社会道德情境与伦理氛围对其践行社会主义核心价值观的支持与引领。

基于物质生活引领和规范之上的主体的精神生活是一种建立于主体自由意志基础上的行为选择，是主体在出于自身的内在需求和神圣使命的感召下运用理性的自觉来引领和选择过一种有自觉德性的精神生活的存在状态。主体依靠社会实践活动来习得前人在改造对象世界的过程中所积累的知识、经验和德性，并通过对自然的超

[1]《马克思恩格斯选集》(第1卷)，人民出版社，1995年，第56页。

越来寻求和获取主体自我存在的自觉状态。主体正是通过此种使自己的生命活动本身变成自己的意志和意识的对象的活动，使其主体性在实践中得到确证的同时，也使主体在践履社会实践时实现应然对实然的逐步超越，此种超越意味着可能不断代替现实，应然不断代替实然，这一过程也意味着主体精神生活的自我生成和自我实现。在这一基于社会现实并力求超越现实的实践活动中，主体应依据以社会主义核心价值观为代表的国家倡导性价值规范，通过对现实的不断反思、判断和超越，以建构起主体意向的理想的自觉的精神世界和精神生活。并据此来反思、批判和推动现实社会中主体人的思想和行为，以维系和升华主体的精神生活的自觉性和理性精神。主体对社会生活意义的理解和追求价值目标的设计因其自身生活经历和情感体验之不同而呈现出多种状态，因此，社会主义核心价值观的宣传与灌输工作应该建立在人们自愿自觉接受和认同的基础上，而只有在人类的社会生活及实践活动中让人们意识到他们的生存与这些思想和理论紧密相关，同时，运用这些思想、理论能够指引他们的人生历程并在实践活动中取得预期的目标时，才可能让人们自愿自觉地接受社会主义核心价值观。因此，价值践行的过程是把社会主义核心价值观内化成人们心理自觉意识并扎根于人们的内心世界的重要环节。

（二）在践行社会主义核心价值观过程中创新传播载体和传播方式，将社会主义核心价值观与民众的现实诉求结合起来。在践行社会主义核心价值观过程中要善于利用多种手段及途径宣传社会主义核心价值观，以使基于“三个倡导”的社会主义核心价值观融入民众的社会生活和内心世界。社会主义核心价值观应关注民众的现实需求，把核心价值观的精神与民众的需求结合起来，根据民众的现实需要来创新社会主义核心价值观的传播载体和传播方式，将以往民众被动接受宣传信息改变为主动获取信息，以提高社会主义核心价值观传播的主动性和实效性。

首先，创新传播社会主义核心价值观的文化和网络载体。将社会主义核心价值观的精神贯穿于文化产品和文化产品的渗透拓展之中，通过多种文化形式向民众展现核心价值观的精神以形成文化软实力。互联网正逐渐成为最大的社会舆论和思想文化信息的集散地，以互联网为代表的新兴媒体的社会影响力日渐扩大，政府部门应以核心价值观引领互联网的建设和管理，使互联网成为传播社会主义核心价值观的前沿阵地和有效平台，从而将以往政府机关主导的传播转变为民众皆可参与的传播。

其次，创新传播社会主义核心价值观的方式方法。传播学理论认为信息传播有语言传播和非语言传播两种基本方式。语言传播方式是指在人们的社会生活中运用语言符号进行传播的方式，主要包括口头语言和书面语言两种形式，是最重要的传播手段。非语言传播是指除语言传播之外的一切交流形式，包括图像、音乐和人的行为等，是语言传播方式的重要补充。因此，在践行社会主义核心价值观过程中应改变以往仅使用语言传播的方式，将语言传播与非语言传播结合起来，建设传播新渠道。利用大众传媒采取多种方式方法传播社会主义核心价值观。

再次，在传播过程中将社会主义核心价值观与作为主体的民众的现实利益诉求结合起来。培育和践行社会主义核心价值观离不开社会经济发展和民众物质生活水平的提高，作为意识形态本质体现的社会主义核心价值观的形成与发展是建立在一定的物质利益基础之上的，利益意识和主体意识内在地联系在一起，并构成了价值观念结构中彼此不可疏离的两个核心。黑格尔就把利益与人的目的联系在一起：在市民社会中，“他们都把本身利益作为自己的目的”，这是“市民社会的一个原则”[1]。马克思也将人的活动与利益相联系：“人们奋斗所争取的一切，都同他们的利益有关。”[2]由此，他进一步把人对利益目的的追求与历史发展联系起来：“历史不过是追求着自己目的的人的活动而已。”[3]马克思特别注重从社会经济关系特别是现实的利益关系中去寻找解决社会问题的路径。现实的个人也将从自己的利益满足中决定其对某一思想的价值认同，因此，将利益作为创造历史活动中主体所追求的目的这一思想构成了历史唯物主义原理的基础。民众在追求物质利益的过程中产生理想，理想又引领人们去从事追求物质利益的实践活动。践行社会主义核心价值观的主体无疑是广大的人民群众，人民群众的主体性决定着社会主义核心价值观须服务于最广大人民群众的利益诉求。利益不仅是抽象的，更是具体的、现实的，民众的现实利益诉求是各种具体的、现实的物质利益。处于社会主义初级阶段的民众为之奋斗所争取的一切更多的是各种具体的、现实的物质利益。一般情况下，民众获取的利益越多，则其对此理论之信仰愈坚，反之亦然。因此，在传播过程中将社会主义核心价值观与作为主体的民众的现实利益诉求结合起来，确保最广大社会成员共享社会改革和发展所带来的积极成果，使其从践行社会主义核心价值观的社会实践活动中真正受益。

（三）在践行社会主义核心价值观过程中将其内生为主体“有意义的社会生活”和“自觉的精神生活”。主体的有意义的社会生活始终以追问现实生活世界之意义和创造价值为存在根基，这种带有意义性及价值性的社会活动是社会主义核心价值观在“大众化”及“化大众”过程中的目的性追求和动力源泉。社会生活实践既是社会主义核心价值观在人们现实生活世界中的实现形式，也是其自身的基本立足点和落脚点，

[1] 黑格尔 著，范扬、张企泰 译，《法哲学原理》，商务印书馆，1980年，第201页。
[2]《马克思恩格斯全集》(第1卷)，人民出版社，1960年，第82页。
[3]《马克思恩格斯全集》(第2卷)，人民出版社，1963年，第118—119页。

人们的社会生活实践是社会主义核心价值观的来源和形成的基础，因此，社会主义核心价值观需要在社会生活实践中不断地完善和发展，以指导社会实践活动。社会生活实践是促使社会主义核心价值观向现实转化的基本途径，而践行社会主义核心价值观就是一个不断从“他律”转变为“自律”的过程。这个转变过程是与主体在现实世界中的自由密切联系在一起的，主体在价值实践中推进社会主义核心价值观转化为社会共识，就是一个不断从既有之世界跃向应有之世界的创造价值的过程，主体在追求向对象世界外化的类特性时，往往伴随着对象向人的外化，亦即对象世界基质的客观性和丰富性在激发主体人的类本质的无限潜能的同时，亦使主体之外化与内化的过程同步生成发展，因而有了超越自我和认识万物之可能，主体在超越的过程中自觉地把对象世界万物的存在在对象化过程中以主体人所特有的类存在的方式复现出来，这也正是黑格尔意义上的内在必然和外在必然的统一，即基于万物的客观性和意识的能动性的自由。马克思认为在实践活动中作为一种生存存在之主体的自由亦是在对主体人的类生命本质的不懈追求和超越中逐渐生成和完善的。主体的生命正是通过这种实践性的生命活动和历史逻辑性的生成过程，实现着人类自由自觉的生命本性和每个作为主体的人的丰富完善的自由个性。这也是主体人的内在自由（人的全面发展）和外在自由的互化、生成和展开的过程。主体人由自发至自觉终至自由之状态是建立在其感官获得充分发展并占有全部对象的作为“类”的意识的完全觉醒和“类”能力的全面发展的基础上的充分的自由。

当前，随着我国市场经济的快速发展和社会转型的逐步推进，社会的多元化发展使利益分化和社会阶层群体的分化的状况加剧，不同的社会阶层群体对社会主义核心价值观有着不同的认知水平和认同状况，这也决定着社会主义核心价值观实践形式的多样性和复杂性。但这种多样性和复杂性并不妨碍主体在社会实践中将社会主义核心价值观转化为其“有意义的社会生活”和“自觉的精神生活”，实践对象的丰富性和无限性使主体人独有的类本质所蕴含的无限潜能得以激发，并在实践过程中逐步动态地认识、发展、生成和建构自我。“动物只是按照它所属的那个种的尺度和需要来构造，而人懂得按照任何一个种的尺度来进行生产。并且懂得处处都把内在尺度运用于对象，因此，人也按照美的规律来构造”[1]。主体在追求自身类特性并伴随其向对象外化（人的外化）及对象向其外化（人的内化）的过程中按照以社会主义核心价值观之要求逐渐地认识、构建和生成另一个自我。在价值践行中推进社会主义核心价值体系转化为社会民众自觉的精神生活，需要主体在这种自觉理性精神的引领下，对自己存在与

[1] 马克思 著,《1844年经济学哲学手稿》,人民出版社,2000年,第58页。

发展以及对主体人的自由和解放予以高度关注，并在世俗现实世界的践履中表现为一种主体自觉践行和主动追求的理性态度，这种理性精神促使主体着眼于对生命和对象世界的科学理解和把握，并将自我从因受商品拜物教及其文化工业强势主导所陷入的非理性享乐主义困境和被役化的精神状态中解脱出来，在认识、改造客观世界和周边社会的同时提升和形成主体自觉的精神存在。

政治学

公平正义：全面深化改革的重要价值取向[1]

杨雪英[2]

摘　要：公平正义是人类的理想追求，也是中国共产党人的一贯追求和奋斗目标。随着社会经济的发展和改革的深化，一系列社会不公平的问题也日益凸显。因此，必须进行改革，把促进和维护公平正义作为全面深化改革的重要价值取向。

关键词：公平正义　全面深化改革　价值取向

党的十八大报告在第二部分"夺取中国特色社会主义新胜利"中提出，"必须坚持维护社会公平正义"，"公平正义是中国特色社会主义的内在要求"。从党的十七大提出"实现社会公平正义是发展中国特色社会主义的重大任务"，到十八大提出"公平正义是中国特色社会主义的内在要求"，这是我们党对"以人为本"理念的进一步深化，体现了党对中国特色社会主义内涵的不断丰富和发展。社会的公平正义是未来全面建成小康社会和全面深化改革的重要价值取向。

一

公平正义是人类永恒的理想追求。人类的发展史，就是人们不懈追求和促进公平正义的历史。

在我国古代，公、平、中、正、道、义等都是人们追求的最基本的价值目标。历史上各家各派都提出过自己的公平社会理想，都把公平摆在了极其重要的位置。孔子在

[1] 本文发表在《求实》2013年第9期。

[2] 作者简介：杨雪英（1963—　），女，江苏无锡人，硕士，教授，淮海工学院法学院院长、马克思主义学院院长，主要从事马克思主义中国化研究。

《论语·尧曰》中要求“允执其中”。孔子还提出:“有国有家者,不患寡而患不均,不患贫而患不安。盖均无贫,和无寡,安无倾。”儒家追求的是一个“大道之行,天下为公,选贤与能,讲信修睦。故人不独亲其亲,不独子其子;使老有所终,壮有所用,幼有所长,鲜寡孤独废疾者皆有所养”(《礼记·礼运》)的公平、均等的社会。荀子则认为:“义胜利者为治世,利克义者为乱世。”(《荀子·大略》)墨子主张“兼相爱”,因为“天下无大小国,皆天之邑也;人无幼长贵贱,皆天之臣也”,(《墨子·法仪》)并勾画出一个令人向往的“爱无差等”的公平理想社会。墨子面对贫富不均、乱象众生的社会,认为人与动物的本质区别在于“赖其力者生,不赖其力者不生”(《墨子·非乐》),也只有这样,才能真正解决“讥者不得食,寒者不得衣,劳者不得息”(《墨子·非乐》)的民生“三巨患”。同时又提出“官无常贵、民无终贱,有能则举之,无能则下之,举公义辟私怨”(《墨子·尚贤上》),以解决人与人之间社会地位不平等的问题。在分配方面,墨子主张“有财相分”,反对“不与其劳,或其实”(《墨子·尚贤上》),倡导“分财不敢不均”、“有财者勉以分人”(《墨子·尚贤下》),以解决社会财富分配不公的问题。

在西方历史上,正义“justice”一词起源于古希腊文“orthos”,意即“真实”、“公平”、“正义”。在古希腊,政治家梭伦最早把正义界定为“给一个人以其应得”。后来的苏格拉底和柏拉图把正义视为一种善的德行。苏格拉底从培养个人道德出发来阐释正义,他以美德为知识,把德性因素注入到正义观念之中。柏拉图的《理想国》就是一部正义论,在开篇就提出“什么是正义”。他把正义分为国家正义与个人正义,指出国家的正义就是治国者、辅助者和劳动者这三个阶层“各守其职、各安本分”。正义就存在于社会有机体各个部分间的和谐关系中,强调公平即和谐。而个人正义就是“每个人必须在国家里执行一种最适合自己天性的职务”,“正义就是有自己的东西干自己的事情”。柏拉图强调正义是个人和国家的“善德”。亚里士多德认为“公平就是赋予平等的人以平等的权利,给不平等的人以不平等的权利”[1],“人们都承认应该按照各人的价值为之分配的这个原则是合乎绝对正义的”[2],“政治权利的分配必须以人们对于构成城邦各要素的贡献的大小为依据”。[3]在这里,亚里士多德从制度的角度主张一种“分配的公正”。伊壁鸠鲁则提出了社会契约理论,把公平正义看作是人们彼此约定的产物。

近代启蒙思想家伏尔泰、孟德斯鸠、卢梭等人也对实现社会公平正义进行了多方面的思考和研究。空想社会主义者把社会公平正义作为未来理想社会的重要特征。

[1] 亚里士多德 著,吴寿彭 译,《政治学》,商务印书馆,1965年,第136—137页。

[2] 同上,第150页。

[3] 同上,第234—235页。

在莫尔的《乌托邦》、康帕内拉的《太阳城》、巴贝夫的《平等共和国》、圣西门的《实业制度》、傅立叶的《和谐制度》等著作中，他们都在极力追求"社会公正"这一社会理想。对于空想社会主义者的这些思想，马克思和恩格斯是持批评态度的，因为空想社会主义者所谓的"公正"，是以保留私有制和剥削制度为前提的，是不能实现的。马克思主义第一次把公平正义的实现建立在科学的基础之上，指出只有从生产方式的角度、从生产力和生产关系中揭示资产阶级公平的实质，认为以私有制为基础的资本主义掩盖在公平正义理念下的是实质上的不平等，"工人阶级的解放斗争不是要争取阶级特权和垄断权，而是要争取平等的权利与义务，并消灭任何阶级统治。"[1] 马克思明确指出，在未来社会，人与人之间是完全平等的，"一切人，或至少是一个国家的一切公民，或一个社会的一切成员，都应当有平等的政治地位和社会地位。"[2] 恩格斯也指出，公正是人类社会的崇高境界，是社会主义和共产主义的首要价值之所在，"真正的自由和真正的平等只有在共产主义制度下才可能实现：而这样的制度是正义所要求的。"[3] 马克思、恩格斯在《共产党宣言》中展望了无产阶级所追求的未来社会状态："代替那存在着阶级和阶级对立的资产阶级旧社会的，将是这样一个联合体，在那里，每个人的自由发展是一切人的自由发展的条件。"[4]

二

社会公平正义也是中国共产党人的一贯追求和奋斗目标。中国共产党自成立那天起，就把马克思主义作为自己的指导思想写在了自己的旗帜上，而实现公平正义正是马克思主义的崇高社会理想。中国共产党九十多年的奋斗历程就是一个不懈追求、实现和维护社会公平正义的过程。毛泽东所创立的新民主主义政治、经济、文化纲领，始终贯穿着社会公平的理念。新中国成立后，毛泽东高度重视实现社会公平和正义，他对社会主义基本经济制度、政治制度、文化制度的设计和建设以及在社会主义建设过程中对分配制度、工资制度、就业制度、医疗保障制度等的思考都包含着对公平正义的追求。毛泽东始终践行为人民服务的信念，认为中国共产党要"每时每刻地总是警戒着不要脱离群众"，"自由、平等、博爱，是资产阶级的口号，而我们反而为它斗争

[1]《马克思恩格斯选集》(第2卷)，人民出版社，1995年，第609页。
[2]《马克思恩格斯选集》(第3卷)，人民出版社，1995年，第1页。
[3]《马克思恩格斯全集》(第1卷)，人民出版社，1956年，第582页。
[4]《马克思恩格斯选集》(第1卷)，人民出版社，1995年，第294页。

了”。[1]“使农民群众共同富裕起来，穷的要富起来，所有农民都要富裕，并且富裕的程度要大大地超过现在的富裕农民。”[2]毛泽东首提“共同富裕”这个概念，而且把农民的共同富裕作为社会主义建设的重要目标。在分配问题上，毛泽东指出，要“反对平均主义，是正确的；反对过头了，会发生个人主义。过分悬殊也是不对的。我们的提法是既反对平均主义，也反对过分悬殊。”[3]这表明，毛泽东的内心深处也是怕中国社会出现两极分化，从而危及公平正义的。只是由于种种原因，他的这些重要思想没有得到始终一贯地认真落实。

在改革开放历史新时期，总设计师邓小平将公平正义视为社会主义的本质要求，对公平正义问题进行了系统、深刻的理论探索和实践创新。他强调：“我们为社会主义奋斗，不但是因为社会主义有条件比资本主义更快地发展生产力，而且因为只有社会主义才能消除资本主义和其他剥削制度所必然产生的种种贪婪、腐败和不公正现象。”[4] 面对落后的社会生产力，邓小平强调“贫穷不是社会主义”，“坚持社会主义必须摆脱贫穷”。[5]面对改革开放初期的平均主义，提出要“让一部分人、一部分地区先富起来”，“我们坚持走社会主义道路，根本目标就是实现共同富裕，然而平均发展是不可能的。”“社会主义最大的优越性就是共同富裕，这是体现社会主义本质的一个东西”。[6]为此，邓小平还制定了“三步走”的发展战略。邓小平同志关于“先富后富”思想，极大地推动了我国经济和社会的发展。此外，小平同志还有一个极为重要的战略构想，就是从20世纪末开始要更多地关注社会公正、解决贫富差距过大的问题。他在1992年南方谈话中指出：“如果富的愈来愈富，穷的愈来愈穷，两极分化就会产生，而社会主义就应该而且能够避免两极分化。”[7]小平同志认为，少部分人获得那么多财富，大多数人没有，这样发展下去总有一天会出问题。分配不公，会导致两极分化，到一定时候问题就会出来。“可以设想，在20世纪末达到小康水平的时候，就要突出地提出和解决这个问题。”[8] 到1987年，十三大明确提出“在促进效率提高的前提下体现社会公平”，有力地促进了社会公平正义的实现。

党的十三届四中全会以后，江泽民反复强调要把社会公平正义问题作为涉及全社

---

[1]《毛泽东文集》(第7卷)，人民出版社，1999年，第127页。
[2]《毛泽东选集》(第5卷)，人民出版社，1977年，第187—197页。
[3]《毛泽东文集》(第8卷)，人民出版社，1999年，第130页。
[4]《邓小平文选》(第3卷)，人民出版社，1993年，第143页。
[5] 同上，第255页。
[6] 同上，第155页。
[7]《邓小平文选》(第3卷)，人民出版社，1993年，第364页。
[8] 同上，第374页。

会的重要战略问题加以解决，通过发展及体制改革来逐步实现社会公正。江泽民指出，“衡量社会公平的标准必须看是否有利于社会生产力发展和社会进步。”[1]江泽民把生产力发展观和社会公平观紧密联系起来。在分配问题上，江泽民强调要防止平均主义和收入悬殊两种倾向。而且认为“平均主义的分配不公和收入差距过大的分配不公相互影响、互为依存，这两者都必须引起我们足够的重视。”[2]江泽民还提出了实现公平的途径，“只有通过改革大幅度提高劳动生产率和经济效益，才能使分配制度和政策充分发挥积极作用，才能为根本解决平均主义和收入差距过大问题创造物质基础”。[3]党的十六大报告在效率与公平问题上作了调整，提出“初次分配注重效率”，“再分配注重公平”，从而把公平摆到了更加突出的位置。

党的十六大以来，以胡锦涛为总书记的党中央，在领导人民建设中国特色社会主义过程中，提出了一系列关于公平正义的新论断和新思想，明确把实现社会公平正义作为社会主义和谐社会的基本特征和重要目标，极大地丰富和发展了我们党关于公平正义问题的理论。坚持把发展视为党执政兴国的第一要务，明确“为什么要发展”、“为谁发展”、“实现什么样的发展”等重大问题。第一要义是发展，“通过发展增加社会财富、不断改善人民生活，又要通过发展保障社会公平正义，不断促进社会和谐”。[4]2004年10月，党的十六届四中全会的通过的《中共中央关于加强党的执政能力建设的决定》不再提“效率优先”，而是第一次提出了“社会公平”的概念。2005年10月，十六届五中全会提出了“更加注重社会公平，使全体人民共享改革发展成果”的明确要求。2006年10月，党的十六届六中全会通过的《中共中央关于构建社会主义和谐社会若干重大问题的决定》明确提出，“社会公平正义是社会和谐的基本条件，制度是社会公平正义的根本保证。必须加紧建设对保障社会公平正义具有重大作用的制度，保障人民在政治、经济、文化、社会等方面的权利和利益。”至于公平正义的主要内容，2005 年2月，胡锦涛在省部级主要领导干部专题研讨班上提出建立以“权利公平、机会公平、规则公平、分配公平”[5]为主要内容的社会公正保障体系。党的十七大报告也指出“实现社会公平正义是中国共产党的一贯主张，是发展中国特色社会主义的重大任务”，这给公平正义作了一个崭新的历史定位。十八大报告则进一步提出：“必须

[1] 《江泽民文选》(第1卷)，人民出版社，2006年，第48页。

[2] 同上，第50页。

[3] 同上，第52—53页。

[4] 胡锦涛，“在中国共产党第十七次全国代表大会上的报告”，《人民日报》，2007-10-15。

[5] 胡锦涛，“在省部级主要领导干部提高构建社会主义和谐社会能力专题研讨班上的讲话”《人民日报》，2005-06-27。

坚持维护社会公平正义”,“公平正义是中国特色社会主义的内在要求”,建立“以权利公平、机会公平和规则公平为主要内容的社会公平保障体系”。这表明我们党在执政理念和指导思想上实现了一个新的飞跃。

三

尽管公平正义是马克思主义的理想追求,也是中国共产党人的执政目标,但我们也看到,30多年改革开放,在使我国生产力获得空前发展,经济实力显著增强,人民生活大幅度提高的同时,一些社会不公平的问题随之而来而且日益凸显。正如胡锦涛在2005年省部级主要领导干部专题研讨班上指出的,“目前,我国改革发展正处在一个关键时期”,“随着我国社会主义市场经济不断发展,随着我国公有制为主体、多种所有制经济共同发展的基本经济制度和按劳分配为主体、多种分配方式并存的分配制度不断完善,随着我国工业化、城镇化和经济结构调整加速,随着我国社会组织形式、就业结构、社会结构的变革加快,我们正面临着并将长期面对一些亟待解决的突出矛盾和问题。”随着改革的深入,社会的转型和长期形成的传统体制和机制之间的错位越来越大,再加上新的体制和机制的缺失,由此引发了严重的社会失衡,以及阶层分化与利益博弈;财富占有与贫富悬殊;市场机会与就业困难;社会保障与公共服务;利益集团与平民百姓;政治强权与政治民主;资源危机与资本冲动;生态危机与环境污染;司法独立与社会公正;行政滥权与社会公平;道德危机与社会诚信等越来越多、越来越复杂的难以解决的不公正的社会矛盾和问题。具体体现在:

(一)制度设计方面的不公平

制度是影响现代社会和现代人的生存和发展的重要资源,是支配现代社会的根本而优先的力量。制度的基本功能是规定、调节各种经济、政治、社会生活中基本的利益关系。然而,在我们社会转型期,制度和机制存在着严重的错位和缺失。如在经济方面,建国后尤其在第一个五年计划期间,我国仿照前苏联形成了高度集中的计划经济模式,国家实行一系列向城市和工业严重倾斜的经济政策。同时,国家还实行了掠夺农民的价格“剪刀差”政策,通过“剪刀差”形式挤压农业、索取农业剩余,对农民实行高积累政策,使农民应该获得的利益向城市居民转移,阻碍了农民生活水平的提高和农村经济的发展。

国家采取不同的区域政策导致中西部地区的差距不断扩大。从八十年代初开始,我国原有那种以牺牲宏观经济效益、制约东部沿海发展为代价的生产力平衡布局的发展战略开始进行调整，实行不平衡的发展战略，优先发展经济基础好的东部地带，以东部的发展带动中西部地区的发展。这种战略调整促进了沿海地区经济的开放和发展，使得沿海地区成为中国经济发展的先导地区和动力源。它带来的问题就是东西部之间的差距迅速拉大。

二元社会结构的户籍制度造成了城乡的严重分化。长期以来，我国在城乡发展问题上实行的“二元分割”和二元经济结构，造成了严重的二元就业制度、二元收入分配制度、二元教育制度、二元福利保障制度和二元公用事业投入制度等。而严格的户籍管理制度，又强化了城乡的这种二元结构，进一步扩大了城乡差别，使城乡发展严重失调。

在社会保障制度方面，也存在着一系列背离公平的现象。长期以来，国家通过再分配和社会福利等为城市居民提供养老、医疗、保险、低保等基本保障与服务，但社会保障中除了极少的社会救助外，农民在社会保险（包括养老保险、工伤保险、失业保险、医疗保险和生育保险）、社会福利、社会优抚和住房保障等方面无法享受与城市居民同等的待遇。即使有，也存在着社会保障水平低、品种少、覆盖率不高的问题。目前还有农民工这个特殊群体，他们在城市从事的是劳动时间长、劳动强度大且安全系数比较低的一些行业。他们付出最辛勤的劳动，却不能享受与城市人口同样的社会保障和福利制度。

（二）基本权利保障方面的不公平

长期以来，在国家的政治格局中，农民作为最大的一个政治群体，却不能享受与城市居民平等的政治权利。在历年的全国人民代表大会的构成中农民占的比例远低于城市居民。农民的选举权不被尊重和保障，被选举权就更无法保障了。作为最大政治群体的农民不能取得和它巨大人口数量相对应的政治话语权，不能直接参与国家和社会的管理活动，不能有效表达自己的意愿，农民的政治权利包括平等权、自由权、生存权、参政权、自治权等得不到充分体现，其相应的利益也就得不到维护。

在教育权和就业权方面也存在着不公平。在城乡二元结构体制下，形成了一种重城市轻农村“城市中心”价值取向，国家的公共政策和投资优先满足城市的教育。加上与城市相比，农村经济发展较为落后，受农村经济发展水平影响的教育也必然落后。教育投入的严重不足，使农村教育基础设施落后，教学资源匮乏，经费紧张，师资奇缺且水平较低，教育质量差，农村的基础教育无论是硬件还是软件，都与城市有较大的差距。教育权影响就业权。虽然政府非常重视就业问题的解决，但是在就业领域，仍然存在很多不公平的现象，有男女就业的不公平、城乡就业的不公平以及地域就业的不公平。

（三）社会成员的机会存在着不公平

中国现在的不公平主要是机会的不公平。社会成员在接受教育、就业、医疗等方面都存在着不公平的现象。

接受教育机会的不公平主要表现为，一是教学机会的不平等。现在我们国家小学的入学率在99%左右，而那些没有或者不能上学的孩子基本上在一些边远农村、少数民族地区。高等教育的机会更加不均，由于高等教育资源本身的稀缺性，导致城乡在高等教育阶段上的教育机会不均更加明显，农村学生升学的分数线要大大高于城市学生。二是教育质量不平等。城乡之间、东中西之间学校的师资力量存在着较大的差别，再加上学校硬件设备的差距，教育质量存在较大的差别。

就业机会的不公平，主要表现为在就业中存在的如年龄歧视、性别歧视、学历歧视、户籍歧视、地域歧视、身体歧视以及工作经验歧视等。

医疗卫生的资源配置及服务也存在着严重的不公平。长期以来，医疗卫生的资源过多地集中在大城市和中等城市，基层医疗机构得到的资源分配却很少。基层医疗机构特别是像乡镇一级的医疗机构，办医条件比较落后，技术人员素质偏低。中科院调查报告显示，中国政府投入的医疗费用中，80%是为党政干部为主的群体服务的。而最需要医疗服务的低收入人群尤其是广大的农村地区，发病率高，但支付能力低，随着医疗服务价格攀升，“看病难”、“看病贵”问题突出。

（四）收入分配方面的不公平

收入分配不公平是目前中国最大的社会不公平。主要表现在以下几个方面：

1. 城乡居民收入差距日益扩大。中国的改革开放是从打破平均主义的制度设计开始的。相应地我们实行了效率优先、兼顾公平的分配制度及分配机制。所以，在增量改革阶段过后，和GDP数字一起增长的是城乡居民收入差距的不断扩大。

2. 区域之间收入分配的不公平。改革开放以来实行的“一部分地区先富起来”和东、中、西三大经济地带不平衡发展梯度推移的宏观区域经济发展战略，使我国地区经济发展差距尤其是东西部地区差距在不断扩大。人均GDP，东部与中部地区的相对差距为45%左右，而东部与西部地区的相对差距则达到56%左右。中西部部分地区城乡人均收入比高达4倍以上。农民收入的地区差异也在进一步拉大。我国的贫困县，西部地区共307个，占一半以上，按人口计，占90%。

3. 行业之间收入分配的不公平。进入社会转型期以来，我国各行业职工和各个阶层人们的收入水平都有了较大幅度的增长，但是各个行业之间的收入差距日益扩大。尤其是像石油、电力、通信、铁路及金融等垄断行业，获得了高额的垄断利润，从而转化为高额的工资和福利。目前，中国收入最高与最低的行业相差15倍，国企高管的平均收入和社会平均收入更是相差128倍。

以上矛盾和问题如果不解决，就会变成严重阻碍社会成功转型的“历史条件”。而社会公正必须纳入到社会制度的视野中去才能得到有效和合理的解决。罗尔斯在其著名的《正义论》一书中强调，“作为公平的正义是社会制度的首要价值，正像真理是思想体系的首要价值一样”。[1]党的十八大报告在经济建设、社会建设和政治建设等方面，围绕社会公平提出了相应的执政理念和指导思想。

四

十八大报告一开始就强调，我国已经进入全面建成小康社会的决定性阶段。在这个阶段，要加紧建立健全保障社会公平正义制度，逐步建立以权利公平、机会公平和规则公平为主要内容的社会公平保障体系，为此，必须进行改革，把促进和维护公平正义作为全面深化改革的重要价值取向。改革涉及利益的再调整，只有把促进和维护公平正义作为利益分配和调整的主要价值取向，才能使更多的人享受到改革成果，才可能得到更多人的拥护和认同。

（一）加快发展，为公平正义奠定物质基础

以经济建设为中心，大力发展生产力，是社会主义的本质要求。在当代中国，要发展生产力，一是要以科学技术为“第一生产力”，二是要进行改革，改革是社会主义社会发展的直接动力。邓小平指出，“发展是硬道理”，必须用经济发展来解决前进中的各种问题。社会公平正义问题的解决根本上也取决于生产力发展的水平和社会的进步程度。只有发展才能为社会公平正义的实现提供雄厚的物质基础。正如胡锦涛所说：“经过新中国成立以来特别是改革开放以来的不断发展，我国社会生产力水平明显提高，综合国力显著增强，人民生活总体上实现了由温饱到小康的历史性跨越，我们已经具备了较为坚实的物质基础，可以为缩小社会差距、促进社会公平、完善社会保障、发展社会事业、加强社会建设和管理等提供更充分的物质保证。”

[1] 约翰·罗尔斯 著，何怀宏、何包钢、廖申白 译，《正义论》，中国社会科学出版社，1988年，第3页。

（二）加强制度建设，为公平正义提供根本保证

社会公平正义的维护和实现要以制度为基础，完善的体制机制和制度体系是实现公平正义的根本保证。只有通过科学的制度安排，对有限的社会资源进行合理分配，才能有效调节利益关系、化解矛盾冲突，才能维护社会公平正义。

近年来，为促进社会公平正义，我国在加强制度建设方面进行了积极的改革和探索，对促进社会公平起到了积极作用。同时，我们也看到，当前制度建设的状况与实现社会公平正义对制度的需求之间还存在着很大的差距。尤其是改革走到今天，在涉及深层次的全面的利益关系调整过程中出现了一系列新问题，制度建设还有许多"缺口"。对此，十八大报告强调要从政治、经济、社会各个方面加强制度建设维护公平正义。

在经济建设方面，报告提出"毫不动摇鼓励、支持引导非公有制经济发展，保证各种所有制经济依法平等使用生产要素、公平参与市场竞争、同等受到法律保护"；"加快改革财税体制"，"完善促进基本公共服务均等化和主体功能区建设的公共财政体系，构建地方税收制度，形成有利于结构优化、社会公平的税收制度。建立公共资源出让利益合理共享机制"；要"坚持工业反哺农业、城市支持农村和多予少取放活方针，加大强农惠农富农政策力度，让广大农民平等参与现代化进程、共同分享现代化成果"。

在政治建设方面，提出建立有利于公平的民主制度。报告强调要"支持和保证人民通过人民代表大会行使国家权力"。要"提高基层人大代表特别是一线工人、农民、知识分子代表比例，降低党政领导干部代表比例。在人大设立代表联络机构，完善代表联系群众制度"；在权利的制约和监督上，强调要"坚持用制度管权管事管人，保障人民知情权、参与权、表达权、监督权"。

在社会建设方面，提出建立公平的社会政策体系。报告提出要"努力办好人民满意的教育"，要"大力促进教育公平，合理配置教育资源，重点向农村、边远、贫困、民族地区倾斜，支持特殊教育，提高家庭经济困难学生资助水平，积极推动农民工子女平等接受教育"；在增加居民收入方面，强调要"实现发展成果由人民共享"，指出了"努力实现居民收入增长和经济发展同步、劳动报酬增长和劳动生产率同步，提高居民收入在国民收入分配中的比重，提高劳动报酬在初次分配中的比重"的目标；在社会保障体系建设方面，提出"要坚持全覆盖、保基本、多层次、可持续方针，以增强公平性、适应流动性、保证可持续性为重点，全面建成覆盖城乡居民的社会保障体系"。

（三）促进"权利公平、机会公平、规则公平"，完善公平正义的主要内容

十八大报告提出："加紧建设对保障社会公平正义具有重大作用的制度，逐步建立

以权利公平、机会公平、规则公平为主要内容的社会公平保障体系，努力营造公平的社会环境，保证人民平等参与、平等发展权利。”

权利公平，就是要让每个公民享有同样的权利，有平等的生存权和发展权。因为我们的《宪法》明确宣示，中华人民共和国公民在法律面前一律平等，国家尊重和保障人权。改革开放以来，随着经济的快速发展，一些影响权利的制度设置如户籍制度、劳动合同、城乡人口选举比例等也逐渐公平。十八大报告注重公民权利的公平，强调要从“保障每个公民的知情权、参与权、选择权和监督权”四个方面来实现公民的权利公平。

机会公平，是指从总体上保证每个社会成员享有大致相同的基本发展机会。中国长期以来的城乡隔离制度使城乡居民在就业、任职、参政、受教育、受国家救济及取得社会服务等方面存在着明显的不平等，影响了社会的公平和和谐。十八大报告强调“机会公平”，指出要通过顶层设计来建立制度，使大家都享有公平的发展机会。如报告提出，要“合理配置教育资源，尤其是要向农村、边远、贫困和民族地区倾斜”的教育机会公平；要“到2020年，基本公共服务均等化总体实现；全面建成覆盖全体城乡居民的社会保障体系”的享受社会福利、社会保障机会的公平；要“健全现代市场体系”使各种所有制主体“公平参与市场竞争、同等受到法律保护”的参与市场竞争机会的公平；要“提高劳动报酬在初次分配中的比重；初次分配和再分配都要兼顾效率和公平，再分配更加注重公平”，要“完善劳动、资本、技术、管理等要素按贡献参与分配的初次分配机制”的分配机会的公平等。

规则公平，是指由社会成员共同制定和公认或由代表人统一制定并通过的，由社会成员一起遵守的条例和章程。规则公平，一是社会主体都必须遵守法律、法规和“游戏”规则并受其约束。正如十八大报告强调指出的，“任何组织或者个人都不得有超越宪法和法律的特权，绝不允许以言代法、以权压法、徇私枉法”。二是规则本身要体现公平正义，从而保证社会主体享有平等的规则。三是程序公平。要经过民主、科学、公开、完整与透明的程序来制定和执行规则，以保障规则权的平等。十八大报告强调“规则公平”，多管齐下推动规则公平的建立和实现。如在依法治国方面，强调“要推进科学立法、严格执法、公正司法、全民守法，坚持法律面前人人平等，保证有法必依、执法必严、违法必究”。在权力运行制约和监督方面，强调要“坚持用制度管权管事管人，保障人民知情权、参与权、表达权、监督权”，“确保决策权、执行权、监督权既相互制约又相互协调，确保国家机关按照法定权限和程序行使权力”，实现对“公权力”的约束。在权力运行方面，强调“推进权力运行公开化、规范化，完善党务公开、政务公开、司法公开和各领域办事公开制度，健全质询、问责、经济责任审计、引咎辞职、罢免等制度”，规范“公权力”,让权力在阳光下运行。

(四)加快收入分配制度改革,建立公正合理的收入分配格局

改革开放以来,随着经济的迅速发展及城市化、工业化的快速推进,经济总量和社会财富不断增大,但收入分配差距也不断扩大,两极分化严重。劳动收入比重下降,城乡、地区、行业和不同所有制企业收入差距拉大。分配不公会降低低收入者对改革的认同感和参与改革的积极性,从而抑制社会发展进步的动力,成为制约我国经济社会发展的一大障碍。收入分配改革涉及人民最关心、最直接、最现实的利益问题。十八大报告从战略和全局的高度推进收入分配制度改革。

深化分配制度改革。一要规范收入分配秩序,缩小和缓解收入差距。十八大报告提出要“完善劳动、资本、技术、管理等要素按贡献参与分配的初次分配机制,加快健全以税收、社会保障、转移支付为主要手段的再分配调节机制。深化企业和机关事业单位工资制度改革,推行企业工资集体协商制度,保护劳动所得。多渠道增加居民财产性收入”。十八大报告还强调要通过“保护合法收入,增加低收入者收入,调节过高收入,取缔非法收入”来规范收入分配秩序。二要逐步提高居民收入在国民收入分配中的比重,提高劳动报酬在初次分配中的比重。这是实现经济利益收入分配公平正义的起点和重点。正如十八大报告指出的要“实现发展成果由人民共享,必须深化收入分配制度改革,努力实现居民收入增长和经济发展同步、劳动报酬增长和劳动生产率提高同步,提高居民收入在国民收入分配中的比重,提高劳动报酬在初次分配中的比重”。十八大报告通过“二同步”、“二提高”来提高劳动报酬占GDP的比重。三要深化垄断行业收入分配制度改革。要深化国有企业改革,鼓励多种所有制经济发展,促进行业竞争,逐步消除垄断利润。完善对垄断企业的工资总额和工资水平的双重调控政策,规范国有企业,特别是金融企业高管人员的收入,不断完善监管办法。四要加大税收对收入分配的调节作用。要实行有利于低收入者的税收政策。对高收入阶层,我们既要为社会强势集团追求财富创造有利的空间,但又要将他们的财富限定在社会可接受的公平正义范围内。

(五)实施社会保障制度改革,调整社会资源再分配

社会保障制度是社会内部实现公平正义的有效载体。社会保障属于国民收入再分配,更应以体现公平为根本。

实施社会保障制度改革,一是要切实调整财政支出结构,加大财政对社会保障的投入力度。社会成员对社会保障的需求日益增加,而公共财政对社会保障的投入却远

不能满足实际需求，收不抵支现象严重。为此，必须提高社会保障支出在一般性转移支付中的规模和比例，尤其要提高财政对落后地区社会保障的财政转移支付力度，为社会保障制度改革提供稳定的资金支持。二是建立健全城乡一体化的社会保障体系。要加快推进制度整合和城乡衔接，扩大新农保和城镇居民养老保险覆盖面，提高基础养老金，促进城乡一体化社会保障体系建设。三是以养老保险和医疗保险为突破口，扩大社会保险的覆盖面。要将符合条件的各类人群全部纳入制度体系，重点解决农民工、非公有制经济组织从业人员、灵活就业人员的参保工作。完善被征地农民的社会保障政策，切实保障他们的合法权益。继续完善新农保、新农合以及城镇居民基本医疗保险制度，政府要加大农村医疗卫生资金投入，加大卫生扶贫力度。四是逐步提高保障标准，增强保障能力。要根据经济社会发展情况，逐步提高各项社会保障水平，缩小城乡、区域、群体之间的社会保障待遇差距，统筹建立基本养老金正常调整机制，继续提高企业退休人员基本养老金水平，提高新农保和城镇居民社会养老保险基础养老金标准。逐步提高基本医疗保险最高支付限额和住院费用支付比例。健全城乡低保标准动态调整机制，逐步提高城乡最低生活保障水平，让所有社会成员共享改革成果，实现社会的和谐与稳定。

经济学

科技创业家素质评价研究[1]

杨东升[2]

摘　要：本文从分析国外素质评价指标体系构建的理论着手，提出了构建科技创业家素质评价指标体系的方法和步骤。根据问卷调查、访谈和文献研究，并通过德尔菲法、层次分析法等，建立了科技创业家素质评价指标体系，明确了评价指标的内涵、权重赋值和评分标准，阐述了科技创业家素质评价的方法。

关键词：科技创业家　素质评价　指标体系　方法

科技创业家是知识经济时代的英雄，是知识经济发展的主力军，是各个国家和地区提高竞争力的最宝贵的人力资本。对科技创业家进行评价是发现、培养、引进和使用科技创业家的前提。特别是在当前抢占知识经济先机的时期，在引进科技创业家时，如何对众多申请者的素质作出客观合理的评价，是决策者和人力资源开发者面临的难题。

现代人力资源评价，以心理学和管理学作为基础，源自西方19世纪，并在20世纪得到蓬勃发展。近几十年来，西方发达国家测评技术已经运用到人力资源管理的各个领域中，开发出名目繁多、内容丰富的测评技术。其中，最为常见的测评技术有：心理测验、面试、履历分析和评价中心等。我国的人才评价开展相对较晚，近20年来，随着西方现代管理理论与方法在我国的普及和更多学者的关注与研究，我国人才测评的用途、测评方式与手段有了很大改进，测评的范围和领域也在不断拓展。但是，我国对科技人才和企业家评价指标体系及方法的研究，尚处于发展阶段，在指标的选择筛选及研究方法上还有待于进一步深入研究。而对科技创业家评价的研究在西方尚处于起步阶段，在我国还是空白。

---

[1] 本文发表在《南京理工大学学报》2014年第2期，获国家人社部“第二届中国人才发展论坛二等奖”。

[2] 作者简介：杨东升（1961—　），连云港市哲学社会科学界联合会主席、党组书记、研究员。

科技创业家素质的评价就是要从具体的工作岗位出发，做好深入细致的职位分析，在职位分析的基础上，确定所要测评的要素，选择恰当的方法，使测评达到预期的目的。

一、科技创业家素质评价的功能和理论依据

（一）科技创业家素质评价的功能

1. 甄选科技创业家的功能

对人力资源的素质进行评价可以用来对人力资源进行选拔。通过评价，可以把合适的人选用在恰当的位置上。美国于1942年通过使用弗拉纳根（J C Flanagan）等编制的全套心理测验选拔程序，使飞行员的淘汰率由65%下降到36%。中国空军也于20世纪80年代中后期开始研制和启用飞行员选拔心理素质测验系统，使招收飞行员的成功率有了大幅度提高。

随着知识经济的发展，企业的管理工作对科技创业家的素质要求与一般企业家不同，那种仅仅依靠个人的经验来选人是无法很准确地对科技创业家的素质进行全面、客观和科学的评价的。要想在一个较短的时间内对科技创业家的素质进行评估，只有依靠科学的评价手段进行评价，才能帮助决策者进行正确的决策，同时也大大地提高了甄选效率。

2. 预测科技创业家的功能

随着知识经济的发展，人们之间的分工越来越精细，不同的工作对人的素质要求有所不同，这就要求在人员和工作岗位之间选择最佳匹配。因此，预测性的测验越来越重要了。通过人力资源测量，可以对个人的各种心理特点、个性特征，如他的兴趣、爱好、需要、能力和知识技能等多方面进行深入的了解与分析，为合理地使用人才提供有效的信息。

人力资源评价的诊断作用，首先表现为它的咨询作用，一个科技企业或科技创业家的发展目标是否合理，素质开发的方式是否得当，均可以通过评价获得有关信息。其次表现在对人力资源开发方案、开发工作的计划与改进，起着重要参考作用。根据科技创业家素质评价的结果，可以预测到受测者素质发展的方向和潜在的能量，也可以预测其未来发展的程度。

3. 考核科技创业家的功能

人力资源评价能够提供关于个人行为的描述，形成对被测者的全面评价，从而为人力资源考核及培训提供依据。在人力资源开发领域，对被测者的能力水平、工作满

意度水平及可供开发的潜力等方面进行评价，是对被测者进行考核和培训时所应了解的信息。

对于科技创业家的考核方法是多种多样的，素质评价是对其品德、能力、工作态度等方面进行考核的一种有效方法。通过评价了解其存在的不足和问题，针对存在的不足和问题，进行培训提高。

（二）科技创业家素质评价的理论依据

1. 素质的概念

素质（competency），又称“能力”、“资质”、“才干”等，是驱动工作者产生优秀工作绩效的各种个人特征的集合，反映的是可以通过工作者外在的工作行为所表现出来的知识、技能、个性、态度、价值观、内驱力等。素质是判断一个人能否胜任某项工作的起点，是决定并区别绩效好坏差异的个人特征。

2. 才能—因果关系理论

才能—因果关系理论（罗伯特·伍德）：才能是指一个人的潜在的个人特质，包括动机、特质、自我概念、知识和技巧五个方面。才能与一个人的工作表现具有因果关系，即才能导致绩效或可以用来预测绩效及行为表现。

动机、特质和自我概念的才能，可以用来预测行为，这些行为则导致出工作的结果，整个程序是动机/特质→行为→结果，见流程图1和案例图2。

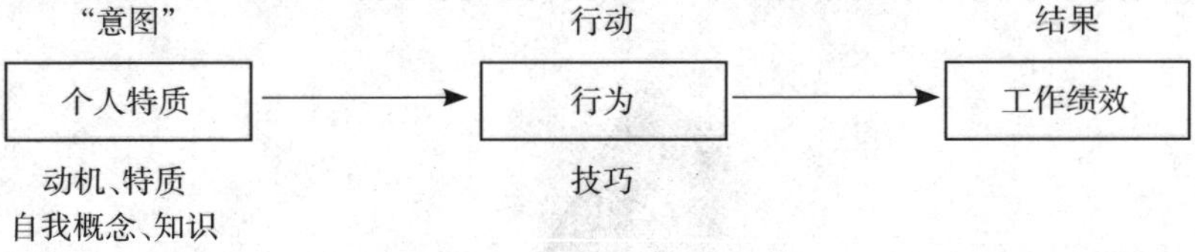

图1　才能—因果流程图

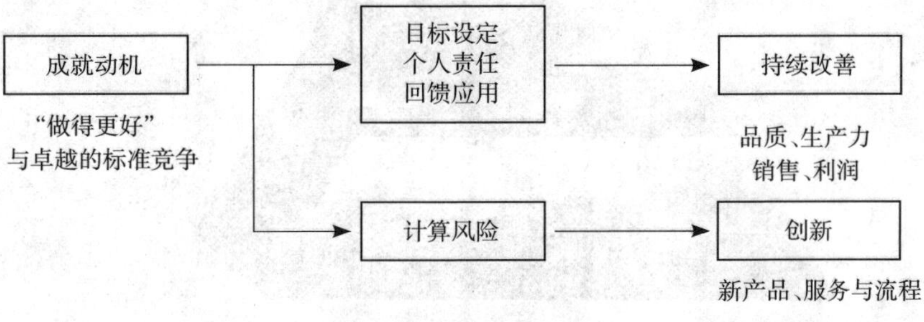

图2　成就动机案例

3. 麦克莱兰的素质理论

对于“素质”的研究，最早来自于美国著名心理学家和管理学专家麦克莱兰(David C.McClelland)的研究。1970年，当时的美国政府邀请麦克莱兰帮助他们甄选驻外外交官(FISO)。麦克莱兰的研究小组采用了行为事件访谈法收集信息，试图研究影响外交官工作绩效的因素。最后通过一系列总结与分析，他们得出作为一名杰出的外交官与一般的外交官在行为和思维方式上的差异，从而得出了FISO的素质。1973年，麦克莱兰教授发表了题为《测量素质而非智力》的文章，论证了行为品质和特征较之过去传统一般潜能测试能够更加有效地预测人们工作绩效的高低。他指出，应该改变过去那种对人的认知能力进行总体测试的方法，转而衡量那些对人在某一特定工作中的绩效表现有直接影响的特征。他把这些特征称作素质。麦克莱兰建议测量一个人的特征来判断此人是否适合执行某项工作，而不是作为一种笼统的评价方法来判断其综合认知能力。

4. 冰山模型素质理论

在麦克莱兰之后，又有很多心理学家和管理学家沿着他的研究思路，对素质理论进行了进一步的研究。在这些研究中较为有名的是美国著名管理咨询公司HAY公司所提出的关于素质的冰山模型(见下图)。在这个模型中，HAY公司提出，人的素质结构就像浮在大海上的一座冰山。冰山露出海面的部分是一个人的行为、知识、技能等一些外在的、可观察的特征，但这一部分仅仅是人的素质的一部分。除此之外，素质还应该包括冰山处于水面以下的部分，即一个的价值观、态度、自我形象、个性品质、内驱

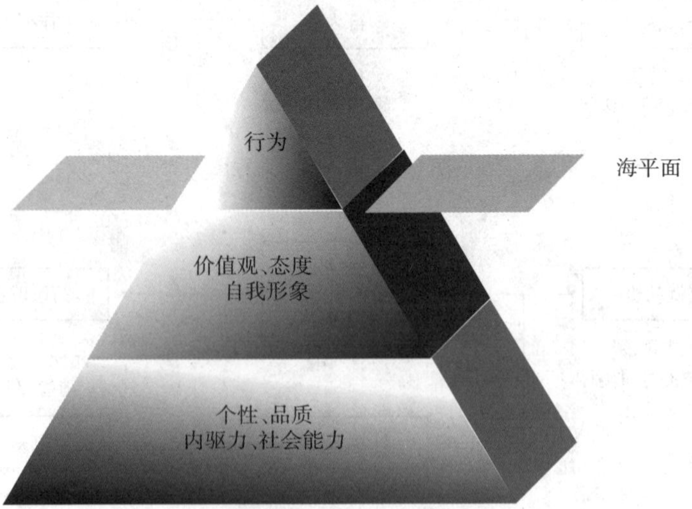

图3　冰山模型

力和社会动机等。并且，冰山模型还认为，真正决定一个人能否取得成功的是冰山水面之下的这部分潜在个人特征。这一点与中国传统的“性格决定人生”的观点颇有异曲同工之意。

而在具体的工作情景之中，通过分析和研究，得到能够解释和预测任职者的工作绩效的一系列素质的组合，就称之为素质模型。

5. 企业家的才能素质

国外对企业家才能素质的研究比较多，具有代表性的研究成果当首推美国。

① 美国普林斯顿大学的研究

关于企业家才能素质包括以下10个方面：

a. 品德超人：良好的品德为社会和公司员工所敬仰，这是素质的基石。

b. 尊重他人：重视采纳别人意见，不专断独裁。

c. 敢担风险：出了问题不怯懦，有果敢精神。

d. 敢于求新：对新事物、新环境、新观念的感觉比较敏感，绝对不能落伍于时代。

e. 善于应变：权宜通达，机动灵活，不抱残守缺，不墨守成规。

f. 勇于负责：对上下级、顾客、社会抱有高度的责任感，不能是自私自利之徒。

g. 精于授权：能揽住大权，也能使小权分散；能抓住大事，而把小事分给部属。

h. 组织能力：能发挥员工才能，善于组织人力、物力、财力，使资源得以合理化配置。

i. 决策才能：依据事实的准确性进行决策，不是主观臆断，而是具有高瞻远瞩的能力。

j. 合作精神：愿与他人一起工作，对员工不是压服，而是说服。

② 美国总经理协会的标准

关于企业家才能素质包括以下14个方面：

a. 堪为楷模，不负众望，能合群。

b. 品德高尚，见识广博，工作勤奋。

c. 头脑灵活，对时代有预见性的洞察力。

d. 有人情味，总能考虑别人的痛处，在部下、同事、上司关系间营造和谐氛围。

e. 既传达命令，还要有坚定的信念，把全体职工的真正声音带到最高决策层。

f. 认清对社会的道义责任，在行动中恪守无误，严守信誉，不为浮名轻举妄动。

g. 使企业与全体员工形成一个不可分离的整体，把企业收益与职工福利联系起来。

h. 判断果断、实践勇敢、坚韧不拔。

i. 进取精神旺盛，有独创精神。

j. 遇到困难不是畏缩，不是考虑“为什么”，而是研究“怎样才能完成”。

k. 对上级不阿谀奉承，不光做面子上的事情。

l. 不文过饰非，否则，只能说明你器量狭窄。

m. 不损公肥私，凡事先替公司着想。

n. 要宽容，不能花言巧语。

二、构建科技创业家素质评价指标体系的基本原则、步骤和方法

（一）基本原则

1. 目的性原则

在编制科技创业家评价指标体系时，要针对评价的目的来选择相应的指标，充分体现出所评价对象的特点。对科技创业家不能局限于对一般能力素质等进行评价，而且还要看其是否拥有管理的潜质和特质等。

2. 明确性原则

明确性原则是指科技创业家评价指标体系中每个评价指标内容要明确、合理并且直观，一个评价指标只能有一个明确的评价内容，不能模棱两可、含糊不清。如果评价指标本身就不明确，那么就没有明确的评价内容，将会影响评价指标体系使用者的判断力。

3. 可操作性原则

可操作性原则指设计要考虑指标评价定量化的可行性，指标体系应具有可操作性强的特点。评价指标要尽量简单明了，不宜过多过繁。科技创业家评价指标体系应力求指标含义简单明确、符合实际要求。为计算简便，在基本满足评价要求的前提下，尽量减少指标个数，使整个指标体系具有较高的使用价值和可操作性。

4. 科学性原则

科学性是任何指标体系建立的重要原则，也是指标体系的首要特征，它直接制约着评价的效度和信度。科学性原则体现在该指标体系能全面、客观、准确地反映情况，符合科技创业家的内涵；同时避免指标间的重叠，组成一个层次分明有机的整体，能较好地度量科技创业家的水平。

（二）基本步骤

设计科技创业家评价指标体系，首先，通过收集资料，了解科技创业家素质评价指标的基本情况。其次，通过多种方法，如文献查阅、头脑风暴、相关专家访谈等，逐步对其进行添加、删减或修改，从不同角度和层面，将其逐渐修订成为一个符合要求的指标体系。最后，进行权重的分配与评分标准的确定。具体包括以下四个步骤。

1. 确定评价内容：采用工作行为特征分析法，在综合分析国外企业家和创业家才能

研究成果的基础上，确定科技创业家三项评价内容，即才能素质、品德素质和身心素质。

2. 根据评价项目确定评价标准体系结构：参照国外有关企业家和创业家素质评价指标的研究结果，初步确定二级评价指标体系。

3. 筛选评价指标：采用德尔菲法对评价体系进行调整，访谈相关专家，对确定的指标进行筛选。

4. 确定评价指标权重：利用德尔菲法和层次分析法确定各项指标的权重分配系数。

（三）基本方法

对于科技创业家评价指标体系的研究可采用以下几种方法赋值及建立评价模型。

1. 德尔菲法

德尔菲（Delphi）法是20世纪40年代美国兰德公司研制的一种直观预测技术，该方法属于专家集体评价法。它是由组织者就拟定的问题设计调查表，通过函件分别向选定的专家组成员征询调查，按照规定程序，专家组成员之间通过组织者的反馈材料匿名地交流意见，通过几轮征询和反馈，专家们的意见逐渐集中，最后获得具有统计意义的专家集体判断结果。德尔菲法具有匿名性、信息反馈性和对结果进行统计分析三大特点，既可以用于预测，也可以用于评估。国内外经验表明，德尔菲法作为解决非结构问题的有效手段，对于实现决策科学化、民主化具有重要价值。

2. 层次分析法

层次分析法（AHP方法）基本原理是排序的原理，即最终将各方法或措施排出优劣次序，作为决策的依据。具体可描述为：层次分析法首先将决策的问题看作受多种因素影响的大系统，这些相互关联、相互制约的因素可以按照它们之间的隶属关系排成从高到低的若干层次，叫做构造递阶层次结构。然后请专家、学者、权威人士对各因素两两比较重要性，再利用数学方法，对各因素层层排序，最后对排序结果进行分析，辅助进行决策。它的主要特点是定性与定量分析相结合，将人的主观判断用数量形式表达出来并进行科学处理。因此，层次分析法更适合社会科学领域的复杂情况，较准确地反映社会科学领域的问题。

3. 模糊综合评判法

模糊综合评判法的基本原理是首先确定被评判对象的因素（指标）集合评价集，再分别确定各个因素的权重及它们的隶属度向量，获得模糊评判矩阵。最后把模糊评判矩阵与因素的权重集进行模糊运算并进行归一化，得到模糊评价综合结果。模糊综合评判法以“模糊集合论”为基础，是运用数学方法研究和处理模糊性现象的一门数学新分支。模糊数学提供了一种处理不肯定性和不精确性问题的新方法，是描述人脑思维处理模糊信息的有力工具。它既可用于“硬”科学方面,又可用于“软”科学方面。

4. 熵值法

熵(Entropy)原是统计物理和热力学中的一个物理概念,在信息系统中的信息熵是信息无序度的度量。信息熵越大,信息的无序度越高,其信息的效能值越小。反之,信息的熵越小,信息的无序度越小,信息的效用值越大。熵值法是根据各指标所含信息有序度的差异性,也就是信息的效能价值来确定指标的权重。

三、科技创业家素质评价指标体系的构建

(一)构建评价指标

根据文献研究和问卷调查,并通过德尔菲法,确定科技创业家素质评价的内容,主要分为才能素质、品德素质和身心素质3项一级指标,并将一级指标细分为31项二级指标,最后建立科技创业家素质模型,具体见表1所示。

表1 科技创业家素质模型

一级指标	二级指标
才能素质B1	对成就的追求C1
	主动积极C2
	把握机会C3
	中等风险偏好C4
	创新精神与能力C5
	竞争意识与统治欲C6
	科技研发能力C7
	科技管理与经营能力C8
	精心策划与解决问题的能力C9
	团队协作精神与内部控制能力C10
	社会交往能力C11
	学习精神与能力C12
	坚持与应变能力C13
	寻求资讯与判断决策能力C14
	重视科学定位和科技专家C15
	效率倾向C16

（续表）

一级指标	二级指标
才能素质B1	自信心与决心C17
	了解自己的极限C18
	说服力与影响力C19
	果断力与监督C20
品德素质B2	诚实守信C21
	具有政治信仰和勇于承担责任C22
	对工作忘我地投入C23
	善心、爱心与勤俭C24
	自觉遵守法纪和行业协约C25
	全力维护企业和出资者利益C26
	关心职工的福利和爱护职工C27
身心素质B3	身体健康C28
	心理健康C29
	意志顽强C30
	注重审美和高品质的工作C31

1. 才能素质二级指标的内涵

科技创业家才能素质的内涵为：

（1）对成就的追求。

a. 把对成就的高度追求作为创业的动力。

b. 成功的欲望与自我控制的有机结合。

c. 把振兴企业与创造财富作为个人价值的体现。

d. 把增加个人财富作为个人经营成效的一种标准。

（2）主动积极。

a. 在他人提出要求之前即主动处理，或因为事件发生才被迫处理。

b. 采取行动拓展新的产品或服务领域。

（3）把握机会。

a. 掌握新的商业机会，对市场前景有敏锐的洞析力。

b. 掌握不寻常的机会以获得融资、土地、工作空间或协助。

（4）中等风险偏好。

a. 具有较强的冒险心理，敢想、敢做、敢动。

b. 勇于征服未知的新市场、新制度。

c. 喜欢承担适中程度的风险。

(5) 创新精神与能力。

a. 具有强烈的创新意识和变革心理。

b. 永不安分守己,与传统道德文化相对抗,超越现实。

c. 不断将创新因素引入生产领域或市场规范。

d. 提出新的想法、措施和工作方法。

(6) 竞争意识与统治欲。

a. 有较强的竞争意识,超越竞争对手,获得市场的分配权。

b. 自主性、统治欲、支配欲强,是个人英雄主义者。

(7) 科技研发能力。

a. 有与公司相关的专业技术研究开发的重要创新成果。

b. 在公司的技术领域中拥有坚强的研发能力。

c. 对公司核心技术的发展前景有战略眼光和预见。

(8) 科技管理与经营能力。

a. 具备良好的科技管理知识和技能。

b. 具备基本的经营知识和技能。

c. 有将研发成果转化为生产的能力。

d. 具有放弃旧产品、研发并生产新产品的眼光和魄力。

(9) 精心策划与解决问题的能力。

a. 将大任务分解为小任务,以方便规划。

b. 发展规划均能预测到可能发生的障碍。

c. 评估替代方案的可行性。

d. 以有逻辑与系统性的方法进行各项活动。

e. 采用替代方案以达成目标。

f. 提出新的概念或创新的解决方案。

(10) 团队协作精神和内部控制能力。

a. 坚信团队合作的重要性。

b. 使个人能力与团队协作有效结合。

c. 具有较强的团队统率力和凝聚力。

(11) 社会交往能力。

a. 有良好社会交往能力,让人感到友好、礼貌、得体。

b. 能敏锐地觉察他人的需要,能关心他人的生活。

c. 具有良好的人际技巧,能与追随者创造出一种合作的人际关系。

（12）学习精神与能力。

a. 具有强烈的学习精神和愿望。

b. 对不熟悉的工作和环境具有超常学习适应的能力。

c. 具有“在失败中学习”的能力,克服不良的习惯。

（13）坚持与应变能力。

a. 采取重复或不同的行动来解决障碍。

b. 面临重大障碍时会采取机动灵活的行动。

c. 在受到挫折时仍坚持长远目标。

（14）寻求资讯与判断决策能力。

a. 个人会进行市场调查,研究如何提供产品或服务。

b. 请教专家,寻求商业或技术建议。

c. 寻求资讯或提出问题以澄清供应商的需求。

d. 使用人际网络或资讯网络来取得有用的资讯。

e. 对事物的是非曲直进行准确判断。

f. 在几个方案中选择一个最佳的方案。

（15）重视科学定位和科技专家。

a. 注重对自己和公司进行科学的战略定位。

b. 将科技专家视为企业的核心资源。

c. 注重选用有研发天赋的年轻科技专家。

d. 为研发人员创造一流的研发工作环境和条件。

（16）效率倾向。

a. 想办法以更快、更低成本的方式来做事。

b. 使用资讯或商业工具来改善效率。

c. 针对改善、改变或行动过程表达对成本与利益的关切。

（17）自信心与决心。

a. 表达个人对完成工作与克服挑战的自信。

b. 面对他人反对或初步失败时,仍然坚持自己的判断。

c. 愿意做自己认为有风险的事。

d. 在追随者希望得到指导时有强烈的支配意识。

（18）了解自己的极限。

a. 明白表达个人的极限。

b. 参与活动以改善个人能力。

c. 表达从过去错误中学到教训。

（19）说服力与影响力。

a. 说服某人购买产品或服务。

b. 说服某人提供融资。

c. 说服看中的某个人做您要他做的事。

d. 向别人保证自己的能力、可信度，或其他个人或公司的特质。

e. 采取行动发展商业关系。

f. 使用有影响力的人为代理人，以完成自己的目标。

g. 使用策略来影响或说服他人。

（20）果断力与监督。

a. 直接向他人提出问题。

b. 告诉别人该做什么。

c. 责备或规范没有达到目标的人。

d. 发展或使用程序来确保工作如期完成，或工作能够符合品质标准。

e. 个人亲自监督专案的各个构面。

2. 品德素质二级指标的内涵

科技创业家品德素质的内涵为：

（1）诚实守信。

a. 正直、诚实和值得信赖。

b. 采取行动确定与他人交易时诚信、公平。

c. 告诉顾客哪些是自己做不到的事。

（2）具有政治信仰和勇于承担责任。

a. 具有高尚的信仰，反对邪教和伪科学。

b. 有强烈的社会责任感和正义感。

（3）对工作忘我地投入。

a. 做个人牺牲或尽更大的努力来完成工作。

b. 为问题负起完全责任，为顾客完成工作。

c. 加入员工的行列以协助完成工作。

d. 表达对顾客满意度的关切。

（4）善心、爱心与勤俭。

a. 有做慈善事业的愿望和行动。

b. 带头节俭，反对浪费。

（5）自觉遵守法纪和行业协约。

a. 有很强的法律意识。

b. 在企业经营中遵守法律法规和国际惯例。

c. 遵守行业协会章程和约定。

（6）全力维护企业和出资者利益。

a. 当公司正当利益受到侵害时，勇于用法律等手段维护。

b. 当公司遇到困难时，首先全力维护出资者利益。

（7）关心职工的福利和爱护职工。

a. 采取行动改善职工的福利。

b. 表达对职工利益的关切。

c. 关心职工的家庭生活和业余生活。

3. 身心素质二级指标的内涵

科技创业家身心素质的内涵为：

（1）身体健康。

a. 身体无重大疾病。

b. 身体能胜任超负荷的工作。

（2）心理健康。

a. 心胸开阔，性情乐观向上。

b. 能较好地缓解工作压力，保持良好的工作状态。

（3）意志顽强。

a. 具有坚强的心理承受能力，坚韧不拔。

b. 能驾驭复杂的局势，处变不惊。

（4）注重审美和高品质的工作。

a. 具有审美意识，崇尚美、创造美。

b. 希望能够制造与提供更高品质的产品与服务。

c. 认为自己与公司的工作优于其他工作。

（二）评价指标权重赋值

本文采用层次分析法确定各要素权重。对于已经建立递阶层次结构，使用排序计算，即构造判断矩阵，分别比较每一层次元素的两两相对重要性来进行的。一般是设h和i为两个指标，设标度a=h/i，如表2所示。

表2 评判量化等级表

评 分 值	两 指 标 相 比	含 义
1	同等重要	指标h和i同等重要
3	稍微重要	指标h比i稍微重要
5	比较重要	指标h比i比较重要
7	十分重要	指标h比i十分重要
9	绝对重要	指标h比i绝对重要
2、4、6、8	介两相邻程度之间	
以上各数的倒数	两指标反过来比较	

现以一级指标为例。经过专家对一级指标进行判断，并综合各位专家的平均值，最终建立判断矩阵，见表3所示。

表3 科技创业家素质模型三大类一级指标两两判断矩阵

A	B1	B2	B3
B1	1	3	5
B2	1/3	1	2
B3	1/5	1/2	1

计算权重的方法可以通过Matlab、Excel或是专门进行层次分析法的软件，本文主要是用Excel方法，见表4所示。

表4 科技创业家素质评价一级指标权重计算

指标	才能素质	品德素质	身心素质	按行相乘	开n次方	权重Wi	AWi	AWi/Wi	CI=(λ-n)/(n-1)	CR=CI/RI
才能素质	1	3	5	15	2.466 21	0.648 329	1.947 382 4	3.003 694 6		
品德素质	1/3	1	2	0.666 67	0.873 58	0.229 651	0.689 800 8	3.003 694 6		
身心素质	1/5	1/2	1	0.1	0.464 16	0.122 02	0.366 511 4	3.003 694 6		
					3.803 95			3.003 694 6	0.001 85	0.003 59

在算出权重后，需要进行一致性检验，以保证权重的有效性，矩阵的λmax代到$CI=(\lambda max-n)/(n-1)$中；通过查RI数值表，得出RI的值；最后用$CR=CI/RI$得出一致性数值。当$CR<0.1$时，判断矩阵合理，否则要对判断矩阵进行调整，按上述步骤重新求解。

由表5可知，当为二阶时候RI零，CR不存在，即才能素质0.65. 品德素质0.23和身心素质0.12的权重是合理的。

表5 平均随机一致性指标RI

阶数	2	3	4	5	6	7	8	9	10	11	12
RI	0	0.52	0.89	1.12	1.26	1.36	1.41	1.46	1.49	1.52	1.54

结合上述步骤，得出二级指标权重最终结果，并将权重取整，如表6所示。

表6 科技创业家素质评价指标权重

一级指标	权重	二级指标	权重
才能素质B1	0.65	对成就的追求C1	0.04
		主动积极C2	0.02
		把握机会C3	0.04
		中等风险偏好C4	0.04
		创新精神与能力C5	0.04
		竞争意识与统治欲C6	0.03
		科技研发能力C7	0.04
		科技管理与经营能力C8	0.04
		精心策划与解决问题的能力C9	0.03
		团队协作精神与内部控制能力C10	0.04
		社会交往能力C11	0.03
		学习精神与能力C12	0.04
		坚持与应变能力C13	0.03
		寻求资讯与判断决策能力C14	0.03
		重视科学定位和科技专家C15	0.03
		效率倾向C16	0.03
		自信心与决心C17	0.03
		了解自己的极限C18	0.02

（续表）

一 级 指 标	权 重	二 级 指 标	权 重
才能素质B1	0.65	说服力与影响力C19	0.03
		果断力与监督C20	0.03
品德素质B2	0.23	诚实守信C21	0.04
		具有政治信仰和勇于承担责任C22	0.03
		对工作忘我地投入C23	0.04
		善心、爱心与勤俭C24	0.02
		自觉遵守法纪和行业协约C25	0.03
		全力维护企业和出资者利益C26	0.03
		关心职工的福利和爱护职工C27	0.03
身心素质B3	0.12	身体健康C28	0.03
		心理健康C29	0.03
		意志顽强C30	0.04
		注重审美和高品质的工作C31	0.02

（三）评价指标评分等次与标准

具体各项指标评分依据科技创业家表现0—100分范围给分，90分以上为优秀；80—89分为良好；70—79分为中等；60—69分为合格；60分以下为不合格。设计技术人员能力评分表如表7所示。

表7　科技创业家素质评价指标评分表

一级指标	权 重	二 级 指 标	权 重	评 分	综合得分
才能素质B1	0.65	对成就的追求C1	0.04		
		主动积极C2	0.02		
		把握机会C3	0.04		
		中等风险偏好C4	0.04		
		创新精神与能力C5	0.04		
		竞争意识与统治欲C6	0.03		
		科技研发能力C7	0.04		
		科技管理与经营能力C8	0.04		

（续表）

一级指标	权　重	二 级 指 标	权　重	评　分	综合得分
才能素质B1	0.65	精心策划与解决问题的能力C9	0.03		
		团队协作精神与内部控制能力C10	0.04		
		社会交往能力C11	0.03		
		学习精神与能力C12	0.04		
		坚持与应变能力C13	0.03		
		寻求资讯与判断决策能力C14	0.03		
		重视科学定位和科技专家C15	0.03		
		效率倾向C16	0.03		
		自信心与决心C17	0.03		
		了解自己的极限C18	0.02		
		说服力与影响力C19	0.03		
		果断力与监督C20	0.03		
品德素质B2	0.23	诚实守信C21	0.04		
		具有政治信仰和勇于承担责任C22	0.03		
		对工作忘我地投入C23	0.04		
		善心、爱心与勤俭C24	0.02		
		自觉遵守法纪和行业协约C25	0.03		
		全力维护企业和出资者利益C26	0.03		
		关心职工的福利和爱护职工C27	0.03		
身心素质B3	0.12	身体健康C28	0.03		
		心理健康C29	0.03		
		意志顽强C30	0.04		
		注重审美和高品质的工作C31	0.02		
总计得分					

四、科技创业家素质评价的主要方法

评价科技创业家最好的办法就是在实践中考察，经过若干年，经历若干重大的实践，就可以判定一个人是否可以称为合格的科技创业家了。但是这种方法所用的周期太长，所花费的成本也太高，不宜在短期内就选拔出合格的人选。通过一些科学、准确、有效的方法也可以评价出哪些人适合做科技创业家，哪些人不适合做科技创业家。这里着重介绍以下四种主要方法：

（一）考核法

考核法是一种古老的人力资源评价的方法，这种方法在目前新方法层出不穷的时代仍然有其强大的生命力。在过去使用这种方法通常采用的是定性的考核，它可以对一位领导者的能力倾向有一个基本的认识，但对其能力究竟在哪些方面强、哪些方面弱，很难作出定量的分析。因此目前采用比较多的一种形式是定性与定量相结合的办法。把每一项能力要素所要考核的内容按等级（通常分为五个等级）进行量化处理。参加考核的人根据对被考核人能力的了解给出相应的等级，然后对所得出的结果进行统计处理，最后得出被考核人的能力等级分数。另外一种形式的考核就是自我考核与他人考核相结合，这种考核可以结合两方面的考核结果进行相关分析，从中可以看出二者之间的一致性与差异性，这样就能比较准确地把握科技创业家的能力发展的状况。

考核主要是侧重了解被评价的科技创业家的素质和在任职期间的现实表现，也是对评价中心技术评价鞭长莫及之处的有效补充。通过多维度的评价能较全面地诊断被评价者的能力倾向及其发展潜能，为组织选拔科技创业家提供可靠依据。

（二）测验法

能力与其所从事的职业有很大的关系，不同的职业对人的能力要求也有所不同。许多研究已经表明人与人之间的差异是巨大的，有些差异甚至比人们所想象的还要大得多。这种差异不仅表现在发展的水平上，而且也表现在发展的类型上。能力发展水平的差异表现在人与人之间的能力高低强弱之分；而能力发展的类型则表现为发展的方面不同。有的人这方面的能力强，而另一个方面的能力就弱，而另一个人则可能正好与之相反。能力测验就是要把人与人之间的这种差别鉴别出来，使其在合适的岗位上发挥最大的作用。能力测验在人力资源开发与使用上也是最为经济的一种方法，把恰当的人用在恰当的位置上可以大量节约人力资源的成本，同时也能充分发挥个人的才能，调动其工作的积极性和创造性。

在能力测验中应用比较广泛的是智力测验和职业能力倾向测验。职业能力倾向测验是对某个人从事某种活动和特定的工作所应具备的潜在能力的一种心理测验。一个人的能力倾向是指经过适应训练或被置于适应的环境下完成某项任务的可能性，而不是当时就已经具有的现实条件。换言之，能力倾向指的是一个人能学会做什么，即一个人获得知识、技能和能力的潜力如何。职业能力倾向有以下几个特点：一是具有相对的稳定性。能力倾向是相对稳定的，它不像人的智力水平几乎很难改变，又不像人的专业知识技能那样容易通过强化训练而在短期内获得提高或由于遗忘而失去。 二是具有相对的广泛性。智力的高低几乎影响人的一切活动的效率，但这是一种间接的影响；专业知识、技能则仅仅影响某一有限或具体的活动；而能力倾向则影响一个人在某种职业领域中从事多种活动的效率。三是一种潜能。能力倾向表现为一种成功的可能性，而不是已有的水平和现实性。如一个人的逻辑推理、判断力强，说明他从事与此相关的工作成功的可能性更大，更会胜任有余。但这仅仅是一种可能而已，有些人可能并没有机会实现他的这种优势。

不同的职业能力是与特定的职业相匹配的，在科技创业家选拔方案中，能力倾向测验是一种很重要的手段，有其实施的现实意义和价值。在进行选拔科技创业家评价时，使用这种测验是为了了解应试者是否具有科技创业家所应具有的一般能力素质和管理能力倾向。如果不具备基本的条件，那他就很难成为一个合格的科技创业家。

（三）面试法

在企业经营管理人员的选拔过程中，面试起着不可替代的作用。目前在发达的工业国家里，企业人力资源选拔中的一个突出环节就是面试。根据不同的岗位需要，确定不同的面试指标，采用不同的面试方法来选拔企业所需要的各种管理人员和技术人员。

国外关于面试研究的文献较多，但结果有很大的差异，信度在0.15—0.95，效度在0.25—0.95 之间不等。其结果不一致的主要原因在于：一方面，面试的研究多数是采用现场研究的方法，无关变量的控制较难；另一个方面，就是效标的选取较为困难，各自所选的效标不太一样，有的是把被试者聘用后的工作绩效作为效标。由于绩效数据的收集方法和标准各不相同，且被试者是否录用往往是由面试、笔试及其他心理测试的综合结果作为依据的，因此，把绩效作为整个选拔系统的效标更为合适，而作为面试的效标只能说明一部分问题。

（四）评价中心技术

评价中心技术（Assessment Center）起源于德国心理学家1929年所建立的一套挑选军官的非常先进的多项评价程序。它是现代人力资源素质评价的一种新方法，是评价方法综合发展的高水平的体现。在国外的许多大的组织机构中，评价中心技术被认为是考察管理潜能的最有效的方法。

评价中心技术是以情景模拟评价为主的一系列有内在联系的评价过程的组合，旨在对应试者在模拟实际工作情境中的表现进行全面评价，从而了解其综合性能力或素质，并帮助他们在职业上进一步得到发展。评价中心技术具体的评价技术有纸笔测验、诊断性面试、文件筐测验、无领导小组讨论、角色扮演、案例分析和管理游戏等。

在科技创业家的选拔评价中，可将应试者置于一系列模拟的工作情境中，由企业的高级管理人员和心理学家组成评价小组，采用多种评价手段，观察和评价应试者在这些模拟工作活动中的心理和行为，以考察应试者的各项能力或预测其潜在的能力，了解应试者是否胜任科技创业家的工作以及预测其工作成就的前景，同时也可以了解其欠缺之处，以确定今后需要重点培训的内容和方式。

评价中心技术的效度系数在测试的方法中是最高的。以至于人们感到评价中心的评价结论有时就像是一个被评价人员自我诺言式的预言，在以后的工作表现中，被测试者在很大程度上受到评价中心报告中对其评语的影响。

基于多主体的港口物流协同机制研究[1]

——以江苏沿海港口物流为例

吴价宝　卢　珂

摘　要：海洋实力是21世纪国家竞争力的重要体现，沿海开发将成为新的经济增长极。作为长三角经济带的重要组成，江苏沿海港口物流的发展仍显不足。当前，江苏沿海港口发展已经上升为国家战略，引起了广泛的研究。本文基于协同学理论视角，将港口物流作为系统进行研究，分析了港口物流的多主体、多层次构成，研究了港口物流协同机制。基于江苏沿海港口物流协同度和物流协同现状，提出政策建议，以期为江苏沿海港口物流的发展提供一些新的思路。

关键词：江苏沿海　港口物流　协同学　多主体

一、引言

沿海港口城市在国际贸易活动中扮演着重要的角色，对区域经济的发展及产业结构演化都会起到一定的推动作用[2]。鼓励并促进沿海港口建设和港口物流的发展，无疑会对中国的经济形成新的激励。但沿海港口城市经济发展，在一定范围内仍然存在着

---

[1] 作者简介：吴价宝（1965—　），男，安徽桐城人，淮海工学院商学院院长，博士，教授，硕士生导师，研究方向为组织与战略管理、技术创新管理；卢珂（1990—　），男，安徽萧县人，硕士研究生。基金项目：本文系教育部人文社会科学研究规划基金项目（项目编号：12YJA630145）以及连云港市“521”新世纪高层次人才培养工程科研项目的部分研究成果。

[2] Adrian E. Coronado Mondragon, Chandra S. Lalwani ect. Intelligent transport systems in multimodal logistics: A case of role and contribution through wireless vehicular networks in a sea port location [J]. Int. J. Production Economics, 2012(137): 165-175; [X.R. Doldán-García, M. L. Chas-Amil, J. Touza. Estimating the economic impacts of maritime port development: The case of A Coruña, Spain [J]. Ocean & Coastal Management, 2011, 54(9): 668-677; Jung-soo SEO, Yeong-sok HA. The Role of Port Size and Incentives in the Choice of Location by Port Users: A Game-Theoretic Approach [J]. The Asian Journal of Shipping and Logistics, 2010, 26(1): 49-66.

部分港口物流与经济发展不协调的情况[1]。在沿海经济版图中，江苏沿海处于中国海洋经济低谷，加快江苏沿海经济发展进程，将江苏沿海建设成中国东部的新的经济增长极，已经成为国家层面的战略[2]。作为中国经济最发达的地区之一，江苏经济无论是在量还是质上都位居全国前列，但江苏沿海港口物流的发展对江苏整体的经济贡献相对较低。

Chengjin Wang，César Ducruet（2012）指出上海洋山港正在向亚太地区的综合物流中心转型，并参照港口体系空间进化模型，进一步考察了洋山港的崛起对长三角空间模式的影响[3]。Daniel Coronado，Manuel Acosta（2006）等以西班牙阿尔赫西拉斯港为例，研究了港口集装箱物流与区域经济的互动关系[4]。杨承新、荣朝和（2008）将协同学理论与港口物流系统协同相结合，从质态协同、量态协同、空间协同和时间协同四个方面对港口物流协同机制进行了研究[5]。何娴（2013）以环渤海港口物流为研究对象，在对港口物流环境进行分析的基础上，提出了环渤海港口物流协同发展战略[6]。何娜，李娜（2012）在对闽南沿海港口物流发展现状和协同发展必要性分析的基础上，提出了闽南沿海港口物流协同发展的政策建议[7]。

笔者通过查阅文献发现，有关协同理论与港口物流相结合的研究仍然缺乏，而现有研究大多侧重于定性研究。且从研究对象上来看，缺乏对江苏沿海港口物流的研究。协同学是德国学者赫尔曼·哈肯（H. Haken）于20世纪70年代创立的，旨在研究由若干子系统构成的复杂系统如何通过协作实现从无序到有序演变的规律[8]。港口物流是一项系统工程，涉及多个主体和多个层次的要素，由若干子系统构成。港口物流发展是动态变化的过程，各子系统实现了由无序向有序的演变。基

---

[1] Bong-min Jung. Economic Contribution of Ports to the Local Economics in Korea[J]. The Asian Journal of Shipping and Logistics，2011，27(1)：1–30; Duan Zhu. Speeding up The Construction and Rebuilding of Port in Coastal Cities[J]. Procedia Engineering，2011，21：333–336.

[2] 凌申，《我国沿海经济低谷区经济增长极的培育——以江苏沿海开发为例》，《国土与自然资源研究》，2012(2)：10—13。

[3] Chengjin Wang，César Ducruet. New port development and global city making：emergence of the Shanghai–Yangshan multilayered gateway hub[J].Journal of Transport Geography，2012(25)：58–69.

[4] Daniel Coronado，Manuel Acosta，Maria del Mar Cerban，Maria del Pilar Lopez. Economic Impact of the Container Traffic at the Port of Algrciras Bay[M]. Berlin：Springer Berlin Heidelberg，2006.

[5] 杨承新、荣朝和，《试论港口物流系统的协同机制》，《综合运输》，2008(11)：56—60。

[6] 何娴，《环渤海港口物流协同发展研究》，《物流工程与管理》，2013，35(4)：24—25。

[7] 何娜、李娜，《闽南地区港口物流协同发展策略研究》，《哈尔滨商业大学学报（社会科学版）》，2012(5)：78—81。

[8] Hermannn Haken. Synergetics：Introduction and Advanced Topics[M]. Berlin：Springer Berlin Heidelberg，2004.

于此，本文从多主体视角出发，借助协同学理论分析港口物流协同机制，并以江苏沿海港口物流为例进行协同度分析，以期为江苏沿海港口物流的发展路径提供一种新的思路。

二、港口物流协同机制构建

港口物流系统是一个由多个主体构成的、具有多层次且涉及多要素共同作用的系统，具有开放性、复杂性和随机性，是开放性系统、复杂性系统并伴随着随机涨落现象，符合协同学理论研究对象的特点。因此，将协同学理论与港口物流相结合进行研究是可行的。

（一）港口物流系统构成与协同关联

港口物流协同，是指港口物流系统在序参量的控制和引导下，在某个时间段中达到了平衡的状态，即达到了协同状态[1]。上文中提出，港口物流系统是一个由多主体、多层次和多要素构成的系统。港口物流系统由多个主体构成，受到了系统内部环境和外部环境中多种要素的共同作用。因此，港口物流协同是在港口物流系统内外部环境中多种要素共同作用下而实现的多主体协同状态。

港口物流系统是一个由多个主体构成的复杂系统，具有两层含义。第一，基于单个港口为中心的视角，多主体主要包括港口及其周边相互联系并保持匹配的货物供给方、货物需求方、政府部门、银行及金融机构和港口物流服务方等。第二，基于港口物流区域系统的视角，多主体则为多个港口之间通过中介因素建立联系，并通过特定机制形成的复杂系统。根据港口物流多主体构成，可以将港口物流系统划分为支撑层面、操作层面、管理层面、决策层面和系统层面（如图1）。港口物流基础设施、临港产业和腹地经济为港口物流系统提供了支撑，构成了港口物流系统的支撑层面。操作层面则主要由与港口物流直接相关的具体活动组成，如集货、存货、配货、中转、装卸、加工和保税等。港口物流系统管理层面则包括港口物流运营、港口物流信息和港口物流服务等。港口物流政策、港口物流规划和港口物流可持续发展组成了港口物流决策层面。港口物流系统中的多主体通过整合多种要素，最终对区域经济系统、社会系统和环境系统产生影响，构成了港口物流的系统层面。其中，协同内部高层次协同为低层

[1] 孙玲，《协同学理论方法及应用研究》，哈尔滨工程大学，2009年。

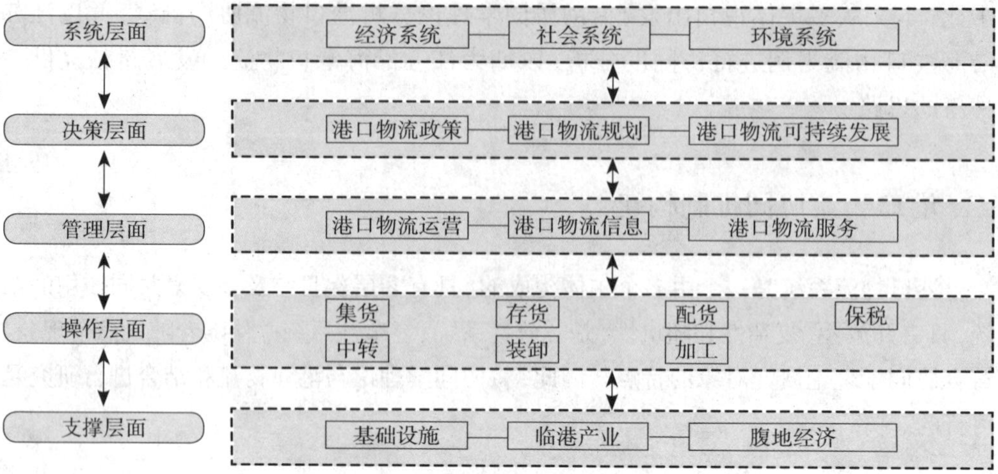

图1　港口物流系统多层次构成

次协同提供了保障，而低层次协同则为高层次协同的基础[1]。

（二）港口物流协同机制分析

通过对港口物流多主体、多要素和多层面的结构分析以及对文献的梳理，本文从港口物流多主体协同动力机制、协同过程机制和协同外部机制对港口物流协同机制进行分析。

1. 港口物流多主体协同动力机制

港口物流协同的目标是通过对多种要素进行整合并优化配置，使港口物流系统中各子系统有机地结合起来。从而使得港口物流系统总体效益并不是多主体的简单相加，而是实现“1+1>2”的效果，即通过港口物流协同机制达到港口物流系统总体效益最大化的目的。实现效益最大化，也是促进港口物流系统内部多主体实现协同的动力机制。而这种动力机制则可以由港口物流系统整体动力机制以及单个主体的动力机制构成。

港口物流系统是一个区域内多个主体共同组成的区域系统，各主体之间明确对各自功能的定位，相互协调，使得市场、人力、资金等资源得到合理流动实现优化配置，最终避免资源的不必要浪费。对于单个主体而言，通过与其他主体相互协作，可以更客观地认清当前现状，对自身的功能有更明确的定位，有利于发挥港口的优势。

2. 港口物流多主体协同过程机制

在港口物流多主体协同过程中，形成了竞争合作机制、耦合机制、资源整合机

[1] 周凌云、穆东、李佳成，《区域物流系统多主体协同内涵与机制》，《综合运输》，2010（3）：43—46。

制、学习机制和创新机制等。可以将多主体在协同过程中形成的效应统称为协同过程机制。

在港口物流系统中，各港口之间必然存在着竞争关系，竞争的焦点则存在于共同腹地的货源及资源。同时，港口在信息、人才、资金等方面的竞争日趋激烈。港口之间的过度竞争会造成资源的不必要浪费，而在保持竞争关系的前提下，多主体之间进行合作，协调竞争合作关系，有利于共同腹地的开发和资源的合理利用，形成竞争合作机制。

以单个港口为中心的港口物流系统是指由港口及货物供给方、货物需求方、政府部门、银行及金融机构和港口物流服务方等构成的子系统。实际上，港口物流涉及运输、装卸、仓储、加工、流通和信息服务等多个方面，而这些业务分别由不同部门或机构提供。在各机构之间建立耦合机制，使得各方以港口物流为中心协调运作，形成耦合效应。

港口物流系统拥有多种资源，但是在港口物流系统中，资源的分布与港口物流发展的需求在通常情况下并不是相称的，资源整合则是实现优化资源配置的过程。港口物流多主体在对各自功能定位进行分析的基础上，对资源进行优化配置，实现资源共享，是提高资源使用效率、取得港口物流规模效益的保障，最终形成港口物流资源整合机制。

港口物流多主体之间的协同必然会要求港口之间在处理问题时，跨边界相互学习。学习的过程也是港口物流适应内外环境变化的过程，包括业务流程学习、组织学习和管理制度学习等多方面内容。而学习过程并不仅存在于港口之间，在港口内部同样存在内部学习。港口内部和港口间的学习过程，会在一定程度上提高港口物流绩效，形成港口物流学习机制。

创新行为产生于系统内部，是推动系统前进的重要动力支持之一。创新本身的动力来源于对系统运行效率低下的不满。港口物流多主体之间的协作为港口对自身的认识提供了可比对象，也间接为港口物流创新起到了推动作用。而多主体通过统一的协调，更容易通过创新资源的集聚，产生港口物流创新机制。

3. 港口物流多主体协同外部机制

港口物流多主体协同外部机制，是港口物流系统的组成部分之一，贯穿于港口物流协同的过程之中。协同外部机制与动力机制和协同过程机制共同作用于港口物流系统，组成了港口物流协同机制。可以从两个方面分别探讨港口物流多主体协同外部机制，即动态协同和宏观调控。港口物流系统是一个动态的系统。在协同状态下港口物流系统达到了平衡，但是内部各要素仍然是动态变化的，实际上港口物流系统所达到的协同是动态协同状态。多主体在协同过程中会存在利益争端，而仅靠相关主体协调处理，会存在效率低下甚至问题难以解决的情况，需要对港口物流进行宏观调控。港口协会组织和政府部门机构都可以成为港口物流宏观调控组织，通过行政等多种手段促使相关主体解决问题。

三、实证分析

（一）港口物流协同度模型

假设港口物流系统子系统的序参量向量为 $Q_d=(Q_{1d},Q_{2d},Q_{3d},\cdots,Q_{nd}),n\geqslant 1$。在协同学理论中，系统的有序度可以分为两种类型，即增长型和衰减型系统有序度。

定义1 Q_d为港口物流子系统的序参量变量，港口物流子系统的序参量分量为Q_{id}，则序参量分量Q_{id}的系统有序度为$U(Q_{id})$，如式（1）所示。

$$U(Q_{id})=\begin{cases}\dfrac{Q_{id}-B_{id}}{A_{id}-B_{id}},\text{当 } Q_d \text{ 为增长型系统有序度时；}\\ \dfrac{A_{id}-Q_{id}}{A_{id}-B_{id}},\text{当 } Q_d \text{ 为衰减型系统有序度时。}\end{cases} \quad \text{式(1)}$$

在式（1）中，A_{id}和B_{id}构成了Q_{id}的取值区间，即$Q_{id}\in[B_{id},A_{id}]$。可以通过调节A_{id}和B_{id}的取值来达到缩小或放大$U(Q_{id})$取值的目的。$U(Q_{id})$表征该分量对子系统有序程度的贡献。

定义2 $U(Q_{id})$通过特定的集成法则，可以组合成衡量序参量变量Q_d对系统有序程度的"总贡献"的值$V(Q_d)$，即序参量变量Q_d的系统有序度。其中，集成法则可以通过线性加权求和法实现，如式（2）所示。

$$V(Q_d)=\sum_{i=1}^{n}\omega_i U(Q_{id}),\omega_i>0,\sum\omega_i=1 \quad \text{式(2)}$$

由定义2可知，$V(Q_d)$属于$[0,1]$，其中$V(Q_d)$的值越大，说明序参量变量Q_d对系统达到有序状态的总贡献程度越大，即系统的有序程度越高，反之则越低。在公式（2）中，ω代表序参量分量Q_{id}对应的权重值。

定义3 假设系统在运行初始时刻为$t0$，系统内部各子系统序参量的有序度为$V0(Q_j),j=1,2,3\cdots,m$，则系统在运行过程中的某一时刻为$t1$，此时系统内部各子系统序参量的有序度为$V1(Q_j),j=1,2,3\cdots,m$。则定义港口物流系统协同度为SPLS。

$$SPLS=sig*\left(\sqrt[m]{\prod_{i=1}^{m}|V1(Q_j)-V0(Q_j)|}\right) \quad \text{式(3)}$$

其中，

$$sig=\begin{cases}1, V1(Q_j) > V0(Q_j), j=1,2,3,\cdots,m\\ -1, V1(Q_j) \leqslant V0(Q_j), j=1,2,3,\cdots,m\end{cases} \quad 式(4)$$

港口物流系统协同度可以采用几何平均法获得，值越大，说明系统协同度越高，反之越低。Sig判断函数的目的是保证当$V1(Q_j) > V0(Q_j)$成立时，系统具有正向的协同度。

（二）江苏沿海港口物流协同度

港口物流系统综合指标体系的构建，是研究江苏沿海港口物流协同度的基础。在文献研究的基础上[1]，结合港口物流自身的特点，遵循科学性、系统性、准确性、动态性以及可行性等原则，构建了港口物流系统综合指标体系，如表1所示。

表1　港口物流系统评价指标体系

一级指标	二级指标	一级指标	二级指标
港口物流基础设施	生产用码头泊位数 X1	临港产业条件	三产所占比重 X11
	万吨级生产用码头泊位数 X2		固定资产投资 X12
	码头岸线长度 X3		规模以上工业产值 X13
	公路通车里程 X4	港口物流支持	港口物流信息化程度 X14
港口物流规模	货物吞吐量 X5		港口城市金融发展程度 X15
	集装箱吞吐量 X6		港口物流创新能力 X16
	外贸货物吞吐量 X7	可持续发展潜力	GDP 增长率 X17
腹地经济条件	港口城市 GDP X8		货物吞吐量增长率 X18
	社会消费品零售额 X9		集装箱吞吐量增长率 X19
	外贸进出口总额 X10		外贸进出口总额增长率 X20

本文取$A_{id}=Max(Q_{id})$，$B_{id}=Max(Q_{id})$，可将系统有序度计算转化为数据标准化过程。查阅 2004 至 2013 年的江苏沿海的统计数据，运用熵权法所求各指标权重如

[1] 陈宇、温广璐，《基于信息熵的港口物流能力模糊综合评价》，《物流技术》，2012，31（5）：130—132；B.S. Hoyle. European Port Cities In Transition［M］. UK：Belhaven Press London，1992；康树春、刘斌，《2007 中国港口综合竞争力指数排行榜报告》，《中国远洋航务》，2008（3）：35—40；卢珂、吴价宝、潘培培、贺永正，《青岛港口物流发展与产业结构关联研究》，《山东交通学院学报》，2014，22（1）：28—32，38。

表 2 所示。

表2　各指标的权重

指标	X1	X2	X3	X4	X5	X6	X7	X8	X9	X10
权重	0.027	0.034	0.028	0.016	0.035	0.102	0.057	0.030	0.120	0.054
指标	X11	X12	X13	X14	X15	X16	X17	X18	X19	X20
权重	0.013	0.124	0.128	0.058	0.056	0.058	0.026	0.008	0.014	0.011

由定义 1，可以求得江苏沿海连云港、盐城和南通的港口物流各序参量分量的系统有序度。利用表 2 所求得权重以及各序参量分量的系统有序度，根据公式（2），可以求得各序参量变量的系统有序度。并基于此通过公式（3）求得各港口物流协同度如表 3 和图 2 所示。

表3　江苏沿海三市港口物流协同度

	2005	2006	2007	2008	2009	2010	2011	2012	2013
连云港	0.014	−0.016	−0.014	0.016	−0.017	0.020	0.015	−0.017	0.016
盐城	−0.008	0.0107	−0.011	0.026	0.025	0.026	0.014	0.030	−0.012
南通	−0.010	−0.012	0.012	−0.015	−0.020	0.032	0.021	−0.017	0.020

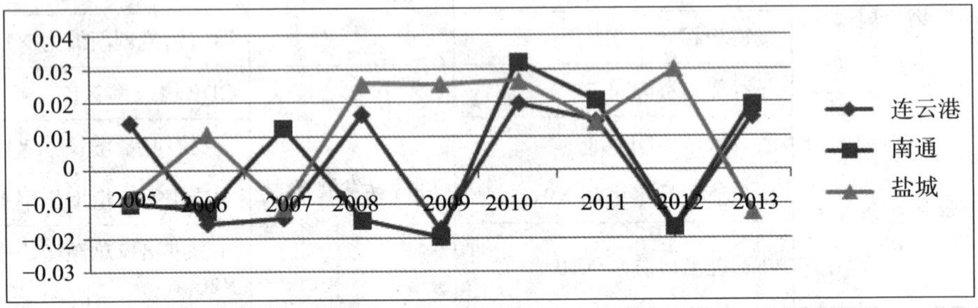

图2　江苏沿海三市港口物流协同度

由表3和图2中，可知连云港、盐城和南通历年港口物流协同度总体上均呈现了波动的状态。其中，连云港港口物流协同度在2006年、2007年、2009年和2012均呈现了负值，而在2013年协同度达到了0.016，整体为以均值为中心升降的波动状态。盐城港口物流协同度在2005年、2007年和2013年为负值，总体为向上发展的趋势，但是在2013年出现了较大的下滑，协同度为-0.012。南通港口物流协同度的发展在近年来呈现了“W”形，在2008年、2009年和2012年均为负值，但在2010年、2011年和2013年协同度均为正值且水平较高，总体为波动式上升的状态。

通过对表3中的各港口城市港口物流协同度进行求平均值运算，可以得到江苏沿海港口物流协同度，如表4和图3所示。可知，在初期江苏沿海港口物流协同度均为负值，即江苏沿海港口物流在2005至2007年为不协同或欠协同的状态。但在此之后则出现了上升的趋势，2009年出现负值，这可能与当时全球的经济环境有关，2010年协同度达到最大值，近三年则出现了波动。江苏沿海港口物流协同度虽然有所波动，但是在总体上呈现出上升的趋势。通过上述分析可知，江苏沿海港口物流在近10年来得到了较大的发展，并且港口物流从不协同逐渐的发展为协同的状态，但是江苏沿海港口物流总体协同水平仍然不高。

表4　江苏沿海港口物流协同度

	2005	2006	2007	2008	2009	2010	2011	2012	2013
江苏沿海	−0.001	−0.006	−0.004	0.009	−0.004	0.026	0.017	−0.001	0.008

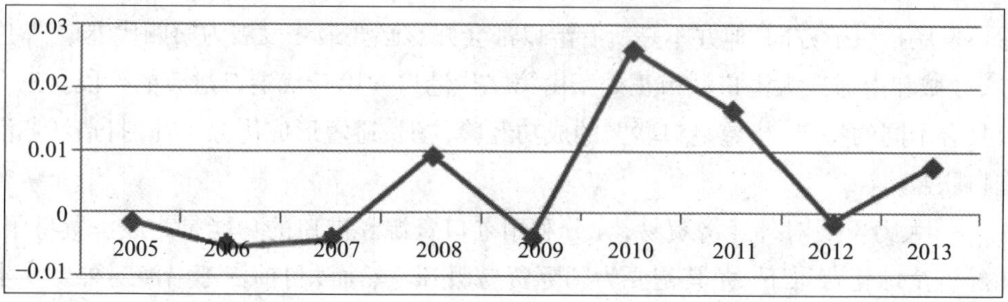

图3　江苏沿海港口物流协同度

四、对江苏港口物流协同的政策建议

作为沿海经济发展的主要动力，对江苏沿海港口城市的发展现状进行剖析，无论是对单个港口城市经济还是对全省经济的发展，都具有重要的意义。江苏位于中国东部沿海中心区域，直接面临着黄海和太平洋，与上海、浙江共同构成了长江三角洲城市群。江苏沿海港口具有进行港口物流发展的得天独厚的自然优势和区位优势。其中，作为新亚欧大陆东桥头堡的连云港，对于推动中部地区并带动沿海地区经济发展起到的作用越来越明显[1]。港口物流发展与其腹地经济发展是相互依赖、相互促进的关系，

[1] 李正锋,《江苏沿海港口发展定位探析》,《物流工程与管理》,2011,33(1): 30—35。

港口物流得益于腹地经济的发展，同时也推动着腹地的经济发展[1]。作为江苏沿海经济腹地的江苏北部地区的经济基础，相对长江三角洲其他地区稍显薄弱，没能为江苏沿海提供充分的经济支撑和市场空间。针对江苏沿海港口的各自特点，江苏省制定了港口物流发展规划，取得了一定的成效，但仍然缺乏更科学的港口布局，各个海港甚至港口内部子港口缺乏协作，且优良港口相对较少[2]。在港口之间相互合作方面，江苏沿海港口进展缓慢，合作范围比较狭窄且合作层次相对不足[3]。

基于江苏沿海港口物流协同度和笔者在调研过程中所了解的港口物流协同现状，本文提出政策建议如下：

1. 加强港口物流基础设施建设，提高港口物流信息化水平。通过对江苏沿海港口物流现状的论述，可知与同处长江三角洲的浙江、上海相比，江苏沿海港口物流基础设施相对落后，这也在很大程度上制约着江苏沿海经济的发展。加强港口物流基础设施建设，提高港口物流信息化水平，是建设现代化港口的需要，也是开发江苏沿海港口的前提。

2. 对港口进行合理定位，打造江苏港口联盟。第四代港口概念的提出，为现代化港口发展指引了方向，但并不是所有港口都会并有必要最终发展为第四代港口[4]。连云港、盐城和南通三大港口城市正处于由第二代港口向第三代港口过渡的阶段。三大港口具有不同的特点，借鉴港口联盟的成功经验，扬长避短形成优势互补，打造江苏沿海港口联盟。

3. 大力发展对外经济贸易，充分利用港口资源。港口的功能是为经济贸易服务，在经济全球化背景下，尤其是要为国际贸易服务。然而，目前江苏沿海对外贸易水平仍然不足，使得港口对经济的支撑功能、放大功能不能发挥出应有的作用。在很大程度上，江苏沿海港口主要为我国中西部经济发展提供服务，这种状况必须得到改变。因此，江苏沿海地区必须高度重视并大力发展对外经济贸易，充分利用港口资源，形成港口物流与区域经济相互支持、相互促进的局面。

4. 加快临港产业结构转型，优化沿海港口产业结构。临港产业结构演进与沿海港

---

[1] Weigend G. Some elements in the study of port geography [J]. Geographical Review, 1958, 48(2): 185–200；胡列格、段娟，《两种港口经济腹地范围划分方法的对比——实现港区两型发展的途径》，《系统工程》，2013，31(2): 37–41。

[2] 吉启轩、宋晓村、邱宇、章志，《江苏省沿海港口发展现状研究》，《淮海工学院学报（人文社会科学版）》，2013，11(5): 55—58。

[3] 陈晓峰，《江苏沿海港口战略联盟建设的基本思路与功能定位》，《南通大学学报（社会科学版）》，2012，28(2): 31—38。

[4] 孙光圻、刘洋，《第四代港口对中国港口建设的启示》，《中国港湾建设》，2010(5): 71—73。

口经济发展是相互支撑、相互推动的关系。江苏沿海港口城市的产业主要集中在第二产业，而第三产业尤其是港口物流业的发展水平还比较低，这使得港口对区域经济的引领作用难以发挥。因此，必须加快临港产业结构的转型升级，一方面，通过产业转型升级来推进港口的转型升级，另一方面，又通过港口的转型升级来促进临港产业的转型升级。

五、结语

21世纪是人类大规模发展海洋经济的时期，海洋经济将成为新的经济增长点[1]。本文根据协同学的相关理论，将港口物流作为系统进行研究，分析了港口物流的多主体、多层次构成，并基于此从港口物流协同动力机制、过程机制和外部机制研究了港口物流协同机制。在此基础上，构建了港口物流协同度模型，对江苏沿海港口物流协同度进行了定量分析，并结合江苏沿海港口物流的现状提出了政策建议。关于港口物流协同机制，无论是理论还是实证方面都有继续研究的空间。在对江苏沿海港口物流协同的进一步研究中，笔者将分析江苏沿海港口与周边港口城市之间的港口物流协同机制。而港口物流系统涉及多种主体，如港口、政府和服务机构等，还可以基于不同主体的视角，对港口物流协同机制进行进一步研究。

---

[1] Xuebing Dong, Shunfeng Song, Hui Zhu. Industrial structure and economic fluctuation-Evidence from China [J]. The Social Science Journal, 2011, 48(3): 468-477；王淼，《21世纪我国海洋经济发展的战略思考》，《中国软科学》，2003(11): 27—32。

中国对外直接投资动力机制的探讨

张纪风[1]

摘　要：近年来，中国对外直接投资飞速发展，其背后的动力机制引起了国内外学术界的广泛关注。本文从探讨中国对外直接投资所引发的理论问题入手，分析中国对外直接投资的微观动因，指出中国对外直接投资的动力机制是由企业所有权优势和国家特定优势共同组成。企业所有权优势是中国对外直接投资的基础，国家特定优势是中国对外直接投资的重要推动力量。

关键词：对外直接投资　动力机制　所有权优势　国家特定优势

改革开放30多年来，中国一直是外商直接投资（Foreign Direct Investment，FDI）的重要东道国，但是自21世纪初中国实施"走出去"战略以来，中国企业国际化进程不断加快，对外直接投资（Outward Foreign Direct Investment，OFDI）飞速发展。即便在全球金融危机期间和之后，在全球对外直接投资增长乏力的背景下，中国OFDI仍屡创新高，逆势上扬。2002年中国对外直接投资流量仅为27亿美元，到2008年已经突破500亿美元大关，达到559亿美元，2012年又创历史新高，达到878亿美元，位居美国和日本之后，排名世界第三。中国对外直接投资自2002年建立《对外直接投资统计制度》以来已经实现连续十年的正增长，2002—2012年的年均增长率高达41.6%。

2008年，中国对外直接投资首次突破500亿美元大关时，中国人均GDP才0.34万美元。历史上，一些国家如日本、韩国、新加坡也曾在经济发展水平较低时有过对外直接投资，但都是零星个案，并没有形成大规模"走出去"的浪潮。1993年，美国对外直接投资超过500亿美元时，其人均GDP已经达到2.6万美元。20世纪80年代中后期日

[1] 作者简介：张纪凤，淮海工学院商学院副教授，东南大学经济管理学院博士生。本文为江苏省社科基金项目《江苏对外直接投资带动产业转型升级研究》（项目编号：13EYC023）和江苏省教育厅高校哲学社会科学基金项目《江苏OFDI对贸易结构转型升级影响的机理及实证研究》（项目编号：2014SJB647）的阶段性成果。

本企业大举海外扩张，其人均GDP已经超过2万美元。根据邓宁的"投资发展路径理论"，中国还远没有达到大规模对外投资的经济收入水平，那么，究竟是什么原因导致了2002年之后的中国企业大规模"走出去"浪潮呢？作为一个发展中国家，中国对外直接投资的动力机制是什么？研究这一问题不仅是对传统对外投资理论的新扩展，而且还对中国今后对外投资政策措施的制定具有重要的理论指导意义。

一、中国对外直接投资的理论新课题

1. 对传统对外直接投资理论的挑战

传统对外直接投资理论以作为市场先行者的发达国家大型跨国公司为研究对象，从垄断优势、不完全市场和交易成本等角度对发达国家大型跨国公司的OFDI行为作出解释，认为OFDI行为是建立在"企业特定优势"(Firm-specific advantages)的基础上。企业进行对外直接投资之前必须具备某种垄断优势，这些优势来源于企业排他性的技术占有、营销和管理技能等，对外直接投资就是企业利用其垄断优势来获取超额利润或租金。邓宁(1981)提出的"国际生产折衷理论"(OLI范式)也强调企业同时具备"所有权特定优势"、"内部化特定优势"和"区位特定优势"才可能从事对外直接投资。

以"国际生产折衷理论"为代表的传统对外直接投资理论能否解释中国企业近年来的大规模OFDI行为？与欧美老牌跨国公司相比，中国企业对外直接投资是否拥有所有权优势呢？一些学者持肯定观点，认为虽然中国跨国公司缺乏传统意义上的所有权优势，但中国政府提供的国家特定优势(Country-specific advantages)作为特定要素为中国企业提供了新的竞争优势来源(裴长洪、樊瑛，2010)。另外，中国企业在向亚洲一些国家投资时，相对发达国家跨国公司具有特殊优势。这些国家通常具有和中国相似的经营环境，主要指不稳定的经济发展模式、半透明的政府管制、不完全的市场竞争等，而中国企业在类似市场环境下长期经营，经验丰富。利用在亚洲国家的文化联系及华人社交网络也是中国企业特有的所有权优势。

另一些学者则持否定观点，认为中国跨国公司缺乏发达国家跨国公司所拥有的系统整合和内部协调管理方面的知识型核心能力，中国跨国公司的规模优势建立在国家特定优势基础上，包括低廉的劳动力、丰富的自然资源等，但这种优势并不具有持续性。因此，没有形成核心技术优势的中国企业很难成功国际化(Rugman & Li，2007)。

2. 对发展中国家对外直接投资理论的挑战

20世纪70年代初发展中国家对外直接投资兴起，它带来了一波研究发展中国家对外直接投资的浪潮。美国哈佛大学教授威尔斯（Wells）提出了“小规模技术理论”，认为发展中国家跨国公司具有小规模生产的技术优势，这种优势的形成是与其母国市场特征紧密相关的。低收入国家市场的一个普遍特征是市场需求量有限，大规模生产技术无法从这种小规模市场中获得规模收益，而许多发展中国家跨国公司正是因为开发了满足这种小规模市场需求的技术而获得竞争优势的。然而，“小规模技术理论”无法解释中国企业OFDI拥有的技术优势，中国企业的技术优势并非是适用小规模生产的，相反，中国作为世界工厂，所从事的大多是大规模的加工贸易型生产，其技术优势也是适用大规模生产的。

小岛清的“边际产业转移”理论指出一国对外直接投资的产业应当是在本国丧失比较优势，但在它国仍具有比较优势的产业。东亚的雁阵模式就是“边际产业转移”理论最好的例证，通过OFDI实现劳动密集型产业在东亚的区域转移，最初从日本开始，然后是NIEs（香港、新加坡、韩国、台湾），其次是ASEAN-4（泰国、马来西亚、印度尼西亚、菲律宾），最后到中国。“边际产业转移”理论能否解释我国目前的OFDI现象呢？诚然，目前一些中国企业如苏泊尔、江淮动力、宗申动力、阳光照明等在越南、柬埔寨等劳动力成本比较低的国家设有海外工厂，但从我国制造业自身产业结构演进过程来看，还没有到大规模向海外转移生产能力的发展阶段。一方面国内劳动力成本仍具有比较优势，另一方面东中西区域差异使国内仍然存在产业梯度转移的地理空间。因此，产业转移类OFDI在我国对外直接投资中只占很小的比例。

无论是发达国家的对外投资理论还是发展中国家的对外投资理论在解释中国OFDI时都存在明显的不足。与发达国家的老牌竞争对手相比，中国企业并不具备明显的竞争优势，甚至基本处于劣势，但是它们仍大举对外投资。它们不仅到发展中国家投资（称为“平行投资”），而且还到技术更为先进的发达国家投资（称为“上行投资”）。因此，在研究中国OFDI动力机制的问题上，不仅要考虑传统的企业所有权优势，而且还必须从发展中国家视角出发，分析中国OFDI的国家特定优势。

二、中国对外直接投资的微观动因分析

中国目前的OFDI具有“二元性”，既包括对发达国家的逆梯度上行投资，也包括对发展中国家的顺梯度平行投资。从投资动因上看，中国向发达国家的投资主要有市场寻求型（差异化产品）、战略资产寻求型；向发展中国家的投资主要有自然资源寻求型和市场寻求型（标准化产品）。

1. 自然资源寻求型OFDI

为缓和经济发展过程中日益增长的能源和矿产资源的供需矛盾，中国自20世纪

90年代就开始以OFDI的方式在资源丰富的国家进行自然资源的开采和利用，主要集中于非洲和中亚，如赞比亚（铜矿）、秘鲁（铁矿石）、哈萨克斯坦（石油开发与提炼）。甚至中国在向部分发达国家的逆向投资中，也存在自然资源寻求的动机，如美国（林业）、澳大利亚（铁矿石）和加拿大（木材、渔业）。截至2012年，采矿业OFDI存量为747.8亿美元，占中国OFDI总存量的14.1%，是中国第三大OFDI行业。这一类投资的主体以国有大型企业为主，如中石油、中石化、中海油、中国铝业、中国五矿等。在投资方式上，多以股权投资方式为主，如宝钢集团公司通过股权投资，拥有与力拓集团合资组建的宝瑞吉矿山公司项目46%股权，项目设计年产铁矿石1 000万吨，全部销往中国市场。总之，伴随着高速的城市化进程和重工业产能的扩张，资源寻求在未来很长时期内都将是中国企业OFDI的重要动因，这一动因不仅符合国家的整体利益和战略安全要求，也有利于企业的可持续发展。

2. 市场寻求型OFDI

作为世界第一的出口大国，中国产品的出口频遭贸易保护的困扰。1995—2012年，针对中国出口产品的反倾销调查数量一直居全球之首。2012年，全球发起反倾销调查208起，针对中国的有60起，占总量的29%，调查大多来自于与中国存在较大贸易逆差的国家。为了维持出口市场份额，部分中国企业不得不将生产基地转移到受限相对宽松的第三国（如毛里求斯、牙买加等）。这种投资属于贸易保护引发的防守型OFDI。另一种防守型OFDI是由于中国国内要素价格变化导致的成本上升引起的。中国沿海地区劳动用工成本上升、生产用原材料价格上涨、银根紧缩等导致的高融资成本因素抬高了企业的生产成本，使一些劳动密集型企业竞争力下降，一些企业逐渐将生产转移到其他成本相对低廉的国家（如越南、柬埔寨等）。第三种防守型OFDI是为了绕开区域经济一体化对非成员国的贸易限制，如为了进入美国市场在墨西哥的投资，为了进入东南亚市场，在柬埔寨和越南的投资等。在高收入国家的市场寻求型OFDI则大多集中于技术密集型产业的差异化产品，如华为、海尔、联想等企业在美国、欧洲的投资。这些企业通过在东道国设立分支机构来更好地接近市场和服务客户，降低运输成本和信息成本。

3. 战略资产寻求型OFDI

战略资产寻求型OFDI是一种资产寻求型（asset-seeking）对外直接投资，即企业在东道国的直接投资是为了获取战略性资产或互补性资产，以提高其所有权优势。中国以低成本优势、加工贸易方式嵌入到全球生产网络，在国际分工中逐渐形成了以劳动密集型、低成本生产制造为核心的比较优势。由于我国企业长期处于全球生产价值链的低端环节，而国际领先跨国公司由于具备先进的技术、高效率的产品设计和研发能力，以及全球著名品牌、成熟的营销和服务网络，占据了生产价值链的高端环节。因此，在对外直接投资过程中，领先技术、著名品牌、营销网络等成为中国企业最看重的战略资产。早期中国企业通过OFDI从国外获取的战略资产主要是先进的管理经验和市场信息，从而更好地促进本国产品的出口。现在，中国的跨国公司更看重的是从东道国获取技术密集型产业的专有技术、知识和技能等。

三、中国对外直接投资的企业所有权优势分析

截止到2012年底，我国有1.6万家企业开展了对外直接投资活动，其中有61家企业跻身世界500强企业名单，3家进入联合国全球最大跨国公司排行榜，10家进入联合国发展中国家最大跨国公司行列。虽然中国跨国公司缺乏传统意义上的所有权优势，但是中国企业把企业层面的资源和能力与国家层面的要素禀赋优势有机结合起来，通过外部获取和内部积累的动态交互过程，最终形成“比较所有权优势”（孙黎等，2010）。因此，与绝大多数发展中国家企业相比，中国企业在生产技术、经营管理、人员素质等方面具有明显的竞争优势，具体体现在大规模低成本生产、局部技术创新、市场定位和销售能力上。

1. 大规模低成本生产优势

大规模低成本生产优势是中国企业的特有优势。中国企业的低成本优势主要体现在以下三个方面：一是中国廉价的要素市场，例如原料、半成品、劳动力以及其他生产要素；二是中国资本市场使其享有的低成本资金资源。中国一些国有企业能以低于市场的利率获得资金，典型的是以国家银行的低息贷款形式；三是中国企业在劳动密集型产业生产和质量控制上积累了大量的经验知识。在这种低成本优势基础上，中国企业进行海外竞争时，能与本国的供应链网络保持密切联系，最大化他们的低成本融资优势，并且将质量管理、生产技术、成本管理等知识转移到其海外子公司。

在参与全球价值链分工与协作过程中，中国许多企业以代工模式为跨国公司贴牌生产（OEM）。格兰仕就是其中的典型企业之一，其微波炉产品的产销量已连续十二年居全球第一，其最大的特色就是大规模低成本的生产优势。正是由于这种低成本优势，格兰仕在全球微波炉产业链上成功地扮演了“全球制造者”的角色，实现了以低于欧美同行几倍甚至十几倍的价格供应高品质产品。虽然贴牌生产的利润很低，但是庞大的生产规模还是使格兰仕获得了大量的利润，这些利润又为格兰仕国际化的发展奠定了雄厚的经济基础。

2. 局部技术创新优势

随着技术发展的日新月异，企业开发新产品或改进老产品并尽快将其推向市场的

能力，以及发明新工艺、降低生产成本的能力等日益成为企业竞争力强弱的重要决定因素。因此，企业对外直接投资必须具备相应的技术优势，特别是应具备通过开发新产品、新工艺，以及改造现有产品、工艺等方式获得的发明创新优势。在对外直接投资理论文献中，技术能力被广泛视为竞争优势和市场能力形成的基础，技术能力较强的公司往往国际化的可能性更大。

与发达国家企业相比，发展中国家跨国企业的所有权优势往往体现在“适应性技术”上，即对现有技术的市场化改造上，使之更适合细分市场的需要。中兴通讯一直坚持自主创新并建立战略性技术联盟，这使中兴在PHS、TD-SCDMA、Home Gateway等产品上有明显的技术优势，从而形成了中兴通讯作为国际领先通信企业的局部技术创新优势。中兴通讯非常重视技术研发，目前，所获专利总数已经超过4 000项，国际专利达350项，其中90%以上为发明专利，优秀的技术研发能力使中兴通讯国际化进程有序展开。

3. 市场定位和销售能力

产品差异化并不仅仅体现在技术水平和生产工艺上，还包括对产品物质形态做少量变化、由广告形成的商标以及不同的销售条件等。产品差异化在一定程度上与企业的营销能力有关。市场调查、推销、广告和促销等活动是企业国际化必需的。一些大型跨国企业，如可口可乐、肯德基、麦当劳等，在市场营销活动上所付出的努力和投入，远远超过其在实验室中的R&D投入。

与大型跨国公司相比，我国企业生产的产品往往同质化现象严重，价格弹性低，缺乏核心竞争优势。因此，中国企业走出去的第一步通常选择需求层次相仿的发展中国家市场，通过OFDI设立海外分支机构，研究设计和生产适合当地条件的产品，迎合当地市场的口味。在这样的目标市场选择上，我国企业与大型跨国公司并不构成直接的竞争，而是作为大型跨国公司的市场补充，填补更为零散的市场空白。目前，中国企业在东南亚、非洲、拉美、中东欧地区以及一些发达国家与当地企业积极开展经贸合作，在市场定位和销售能力上形成差异化优势，建立了良好的信誉。

四、中国对外直接投资的国家特定优势分析

目前，中国企业对外直接投资的主体构成主要是国有企业，其中以国有大中型企业为主，如大型能源企业（中石化、中石油、中海油）、大型生产企业（宝钢、上汽、联想集团）、大型专业外贸公司（华润、五矿）、大型物流企业（中远、中航）等。长期来自于政府的政策支持作为异质性资源为其OFDI提供了竞争优势的新来源，形成了国家特定

优势（裴长洪、樊瑛，2010）。

1. 国家政策支持体系

作为中国对外开放政策的重要组成部分，“走出去”战略的主要指导思想最早见于1992年党的十四大报告，该报告指出企业开展OFDI就是为了“更多更好地利用国外资金、资源、技术和管理经验”。1997年9月，在党的十五大报告中第一次明确提出“鼓励能够发挥我国比较优势的对外投资，更好地利用国内国外两个市场、两种资源”。随后，在历年政府工作报告中，均对“走出去”战略有明确表述。在“走出去”战略思想指导下，中国政府加大了对国有大中型企业OFDI的支持力度，如各种直接的财政补贴和间接的优惠贷款，以及其他外汇审批管理等方面的便利措施。这些政策优势有效弥补了中国企业“走出去”的所有权劣势。另外，中国政府通过多双边经贸磋商机制或投资促进机制，与有关国家签订自由贸易区协议、双边投资保护协定等，为中国企业“走出去”营造了良好的国际氛围。截止到2012年底，中国已累计签订150多个双边投资协定，成为对外签订双边投资协定最多的发展中国家。

2. 政府服务支撑体系

政府的服务支撑体系具体包括：一是提供信息咨询服务。商务部通过对外投资和经济合作门户网站、对外投资和经济合作项目信息库的建设，以及对重点国家重点行业的市场环境和投资环境的调查分析，编写翔实的《对外投资合作国别（地区）指南》，为企业提供准确、详细的投资项目市场环境评估报告。二是加强投资载体建设，注重发挥境外经贸合作区的作用。随着中西部生产成本的上升，中国沿海地区的产业向内地转移的空间越来越小。当降低生产成本、转移生产能力成为主要投资动因时，境外经贸合作区的建设可以有效引导同类企业在某个东道国形成产业集聚，使中国境外投资企业可以借助产业集聚带来的规模优势、信息优势和资金优势拓展海外市场。目前已建立的柬埔寨西哈努克港经济特区、泰中罗勇工业园、越南龙江工业园、赞比亚中国经贸合作区、埃及苏伊士经贸合作区等在促进中国企业形成集聚态势，减少投资风险，获取规模经济效应等方面发挥了重要作用。

五、结论和政策建议

尽管中国OFDI发展历程还比较短，投资总量在全球OFDI中所占比重还较小，但是中国OFDI已经具备明显的中国特色，其动力机制也有别于其他国家。本文的研究表明企业所有权优势是中国OFDI的基础，国家特定优势是中国OFDI的重要推动力量。为了进一步发挥这些优势，促进中国企业大规模“走出去”，本文提出如下建议：

1. 充分发挥市场在资源配置中的决定性作用，培育中国企业的所有权优势

美欧日等发达国家开始大规模海外投资的时候，已经拥有了一批具有国际竞争力的跨国企业，而我国OFDI的企业中真正具有国际竞争优势的企业屈指可数。在相关领域的对外投资主体尚未培育成熟，投资主体缺乏竞争优势，这使我国OFDI的进一步发展受到了很大的限制。因此，政府必须进一步发挥市场在资源配置中的决定性作用，通过公平有序的市场竞争来培育中国企业的所有权优势。一方面，进一步全面深化国企改革，推进混合所有制改革，推进国有资本和非公有资本相互融合，形成更加市场化的经营机制以激活国有企业的活力；另一方面，进一步放宽市场准入条件，给予民营企业与国有企业同样的待遇，通过公平竞争来进一步推动民营企业的发展，从而培育出更多具有所有权优势的国有企业和民营企业，壮大我国“走出去”企业的队伍。

2. 继续发挥国有企业在我国OFDI中的主体优势，并加强对国有企业“走出去”的监管

国有企业一直是我国对外直接投资的主力军，占中国对外直接投资存量的比重高达60%左右。其中，中央企业（中石油、中石化、中海油等）开展的自然资源寻求型OFDI、战略资产寻求型OFDI更是直接反映了中国对某些战略性产业或资源的国际诉求，体现了国家的战略导向特征。因此，对于国有企业“走出去”，政府应当继续给予资源、信息、技术等方面的支持，通过对外直接投资增强国有企业的竞争优势，同时保障国家经济安全和资源供给安全。针对国有企业OFDI中存在的管理松懈、国有资产流失、亏损严重、监管机制不到位等问题，政府必须加强对国有企业海外直接投资的监管，通过建立有效的投资主体监督约束机制来规范其OFDI行为，真正解决“谁投资、谁负责”的问题，防止国有资产流失。

3. 积极支持中小民营企业“走出去”，带动出口贸易增长

市场寻求是我国OFDI的主要动因。在金融危机后期，随着我国外贸出口形势的日益严峻，2014年5月国务院发布了《国务院办公厅关于支持外贸稳定增长的若干意见》的报告，再次强调要充分发挥“走出去”的贸易促进作用，通过企业“走出去”来带动产品出口。中小民营企业是我国对外贸易的重要组成部分，许多中小企业对于如何“走出去”还缺乏经验。因此，政府一方面要为中小企业“走出去”提供资金扶持和政策便利，减轻企业海外经营成本、降低投资风险，提高其国际竞争能力；另一方面，通过提供信息服务平台和咨询服务平台来帮助中小企业熟悉东道国市场环境、文化习俗，规范其海外经营活动，增强“走出去”的实力。

4. 有效完善OFDI的政策支持体系和服务支撑体系

现在中国很多企业“走出去”的意愿很强烈，但是普遍缺乏对东道国环境的了解，

面临较高的投资风险和投资成本。因此，政府一方面要给予财税方面的政策支持，鼓励企业勇于“走出去”，另一方面，有关对外直接投资方面的投资咨询、评估等配套服务也必须要跟上。这些辅助性服务为企业提供必要的投资信息，能最大限度地降低企业的试错成本，降低企业进入东道国市场的难度和风险，加速企业竞争优势的形成。另外，在对外直接投资项目审核制度上，应适当简化审批程序，给予企业更多的自主权，在条件成熟时将对外直接投资项目核准制改为备案登记制。

参考文献

1. Dunning J. H., “Explaining the international direct investment position of countries: towards a dynamic or developmental approach”, Weltwirt schaftliches Arch, 1981(117).
2. 裴长洪、樊瑛,《中国企业对外直接投资的国家特定优势》,《中国工业经济》,2010(7)。
3. Rugman A, Li J., “Will China’s multinationals succeed globally or regionally?”, European Management Journal, 2007(5).
4. 小岛清 著,周宝廉 译,《对外贸易论》,南开大学出版社,1987年。
5. 孙黎、任兵、阎大颖、彭维刚,《比较所有权优势:中国和印度企业跨国并购的理论框架》,《中大管理研究》,2010(5)。

人民币升值的结构调整效应及其政策选择

翟仁祥[1]

摘　要：本文从真实汇率视角构建一个贸易品—非贸易品两部门模型，分析在人民币升值背景下如何实现我国产业结构优化升级。理论研究表明，人民币升值能够提高非贸易部门的就业比例和产出比重、增加工资水平和推动产业结构优化升级。为了持续促进产业结构优化升级进程，在实践层面上，需要增加服务产品供给和居民消费需求。由于有效需求的增加和供给能力的提高具有时滞性，因此人民币升值速度必须控制在实体经济可承受范围之内。

关键词：人民币升值　真实汇率　两部门模型　产业结构

一、引言

真实汇率（Real Exchange Rate）通常被称为实际汇率，是汇率问题研究的一个核心实证概念。由于研究目标的不同，真实汇率有纷繁复杂的分类，但总的来看，真实汇率被划分为外部真实汇率与内部真实汇率。在开放经济背景下，真实汇率不仅反映一个经济体国际竞争力和福利水平的变化（外部真实汇率），也反映国内不同经济部门激励机制的变化（内部真实汇率）。在成熟的市场经济体制内，经济基本面变化会带来真实汇率的相应调整，引导资本、劳动力等生产要素在不同经济部门之间展开优化配置，进而对维护宏观经济内外均衡、保障经济体增长潜力等发挥重要作用。因此，汇率是一个重大的产业政策变量或重大结构调整政策变量。但直到目前，人民币在很大程度上还是与美元挂钩，其真实汇率的形成机制并没有充分反映出中国经济基本面变化对真

[1] 作者简介：翟仁祥，讲师，硕士，现任职于淮海工学院商学院。本文系国家社科基金重点项目“海洋经济战略下我国沿海地区产业转型升级问题研究（11AJY001）”的阶段性成果。

实汇率调整的影响，通过真实汇率变化合理调节经济部门之间的资源配置也在一定程度上受到制约，进而在很大程度上左右着我国产业结构调整的方向和程度。我国过去二十多年的经济发展表明，服务业发展水平与人民币实际汇率的调整密切相关。

在过去二十多年的经济增长过程中，服务业增长出现明显中断的有两个阶段。一个阶段是从1992年到1996年，其间服务业占比从34.8%下降到32.8%；另一个阶段是从2002年到2008年，占比从41.5%下降到40%。与之相比，从1980年到1992年服务业占比从21.6%上升到34.8%；从1996年到2002年占比从32.8%上升到41.5%。两段时间加起来18年，服务业占比共上升21.9个百分点，平均每年上升1.2个百分点。倘若在中断期间的10年中，这个比重以正常速度增长，即每年上升1.2个百分点，到2009年底时，中国服务业占比应该达到56.4%，实际上，除了2009年第四季度，服务业比重短暂性升至54.36%，从2009年至2012年的其他季度，服务业比重基本上在45%上下5个百分点摇摆。

与此相一致的是，1992年到1996年的服务业停滞对应着1990年到1994年的人民币贬值，2002年到2008年的服务业停滞对应着2001年到2005年的人民币贬值，而服务业在1996年到2002年的迅速发展则对应着人民币在1994年到2001年间的显著升值。2005年7月21日，中国开始实行以市场供求为基础、参考一揽子货币进行调节、有管理的浮动汇率制度，之后人民币出现了大幅度升值，2009年服务业的份额从2008年的40%大幅上升到42.6%，一年间猛涨2.6个百分点。而在此之前，这一份额自2005年起停止下降，徘徊在40%的水平，直到2009年大幅上升。这与2005年7月开始的人民币汇率改革以及随之而来的人民币汇率止跌回升，在时间上也大致吻合。

当前，在欧洲、美国、日本经济增速下滑和中国经济仍然保持高速增长的背景下，人民币已经实现了快速升值，再加上我国“人口红利”正在消失，经济结构亟需调整。本文通过建立一个能够反映我国经济特征事实的一般均衡框架，探讨在人民币升值背景下如何优化我国产业结构，这对于正在谋求经济发展方式转变的中国来讲有着重要的理论价值和政策意义。

二、相关文献回顾

我国服务业发展滞后这一经济现象基本上是一个公认的事实，并已经受到学者越来越多的关注。江小涓等（2004）认为经济增长将促使服务业需求上升，城市化进程对服务业发展产生正相关影响。[1]林民书等（2005）发现缺乏高素质的劳动力、落后的生

[1] 江小涓、李辉，《服务业与中国经济：相关性与加快增长的潜力》，《经济研究》，2004（1）：4—15。

产经营方式、企业跨地区生产经营的体制性障碍是服务业发展滞后的主要原因。[1]这些研究尚未在理论层面上说明的一个重要问题是，在我国过去三十多年的经济发展过程中，服务业发展滞后为什么是与人民币汇率贬值紧密联系在一起的。

大量的实证研究基本认为人民币汇率存在着严重的低估，卢锋（2006）根据“巴拉萨—萨缪尔森效应假说”，整理了中国自改革开放以来制造业和服务业部门工资和单位劳动成本相对变动的大量数据，并与13个发达国家进行对比，提出了人民币真实汇率严重低估的观点。[2]但林毅夫（2007）认为“巴拉萨—萨缪尔森效应假说”中阐述的劳动生产率的相对变化对真实汇率的影响在中国并不成立，并且贸易顺差增长中有虚假成分，所以人民币币值并没有被严重低估。[3]也有很多学者认为，人民币汇率并没有被低估，人民币大幅升值非但无益于全球，反而会削弱世界经济增长。抛开学术层面上孰对孰错，在现实层面上，人民币却出现了显性的持续升值。

自2003年以来，在日本、美国的鼓吹下，人民币升值压力越来越大，高乐咏等（2008）从政治经济学视角出发，阐述了美国逼迫人民币升值的深层原因是基于维护美国在世界经济中的权威地位。[4]不同学者对人民币升值对我国经济影响利弊有着截然相反的结论，喻均林等（2006）认为稳定、适度的人民币汇率有利于拉动消费需求、刺激国内经济增长、创造国际收支平衡。[5]而李众敏等（2008）认为人民币升值一方面对产出、出口有着明显的负面影响，且随着升值幅度的提高，负面影响呈递进趋势，另一方面对平抑国内资产价格、降低恶性通货膨胀风险具有明显效果。[6]因此有部分学者认为，如果在人民币升值的同时存在技术进步，则不仅可以抵消人民币升值对宏观经济的负面影响，而且有利于国内经济增长方式转型。

上述文献一方面将汇率升值看成是未知的，进而讨论汇率升值的预期影响，另一方面假设在汇率外生变动的前提下，从宏观层面上研究汇率升值对各个宏观经济变量带来的影响。总之，已有的研究基本上没有从产业层面去理解，在人民币币值变动的

---

[1] 林民书、韩润娥，《我国第三产业发展滞后的原因及结构调整》，《厦门大学学报》，2005（1）：111—118。

[2] 卢锋，《我国劳动生产率增长及国际比较（1978—2004）》，http：/ /old. ccer. edu. cn /cn /Read News.asp? NewsID = 6444，2006-4-3；卢锋，《外汇储备过万亿美元的深层根源与认识启示》，http：/ /old. ccer. edu. cn /cn /ReadNews.asp? NewsID = 7366，2006-11-14。

[3] 林毅夫，《关于人民币汇率问题的思考与政策建议》，《世界经济》，2007（3）：3—12。

[4] 高乐咏、王孝松，《美国逼迫人民币升值的深层原因探讨——政治经济学视角》，《南开学报（哲学社会科学版）》，2008（4）：108—115。

[5] 喻均林、晏水清、巫晶，《人民币升值对中国经济的负面影响及其防范对策》，《经济与管理》，2006（1）：78—80。

[6] 李众敏、吴凌燕，《人民币升值对中国经济的影响研究：基于全球贸易分析模型的初步评估》，《世界经济》，2008（11）：57—64。

情况下产业结构演变的逻辑基础,以及在此演变过程中如何实现产业结构优化等更为重要的命题。实际上,也正是这方面研究的缺失,导致了近年来关于人民币汇率是否应该升值的无穷尽的争论,而这正是本文研究的重点。

三、基本模型:供给方视角

张斌等(2006)在一个贸易品—非贸易品两部门模型中讨论了真实汇率外生条件下两部门间的生产率变化对产业结构与贸易余额的影响,但在该模型中将人民币汇率外生作为一个固定不变的量。[1]本文在借鉴张斌(2006)两部门模型基础上,将人民币汇率作为内生变量,认为一国经济增长的过程可以用一个贸易品与非贸易品构成的两部门模型来描述,两部门生产函数采用科布—道格拉斯生产函数。

$$Y_T = A_T F(K_T, L_T) = A_T K_T^{\alpha} L_T^{1-\alpha} \quad 式(1)$$

$$Y_N = A_N F(k_N, L_N) = A_N K_N^{\beta} L_N^{1-\beta} \quad 式(2)$$

其中,下标T代表贸易品部门,下标N代表非贸易品部门;Y、A、K、L分别代表产出、全要素生产率、资本与劳动;$0 < \beta < \alpha < 1$,即贸易品部门资本密集度高于非贸易品部门资本密集度。

两部门代表性厂商面临利润最大化,满足利润最大化的边际条件为:

$$w = P_T A_T (1 - \alpha) k_T^{\alpha} \quad 式(3)$$

$$w = P_N A_N (1 - \beta) k_N^{\beta} \quad 式(4)$$

$$r = \alpha P_T A_T k_T^{\alpha-1} \quad 式(5)$$

$$r = \beta P_N A_N k_N^{\beta-1} \quad 式(6)$$

其中,$k_T = K_T/L_T$、$k_N = K_N/L_N$分别表示贸易部门和非贸易部门的资本劳动比率,P_T、P_N分别表示贸易品和非贸易品价格。

在上述经济增长系统中,我们认为w、r、k_T和k_N为内生变量,分别代表工资、资本边际收益率、贸易部门的资本劳动比和非贸易部门的资本劳动比。内生变量r隐含假定国际资本的流动性受到了一定程度的阻碍。令$IRER = P_N/P_T$,实际上,$IRER$为双边内部真实汇率。本文旨在通过这个重要变量来刻画外生的人民币实际汇率的变化。

---

[1] 张斌、何帆,《货币升值的后果——基于中国经济特征事实的理论框架》,《经济研究》,2006(5):20—30。

需要说明的是，外部真实汇率和内部真实汇率二者之间关系保持得非常密切[1]，但两者之间也并不完全一致[2]。2005年7月21日开始进行人民币汇率改革，实现了从人民币盯住美元单一货币的汇率机制到盯住一揽子货币的汇率机制的转变，使得人民币在国际市场上运用更加灵活，人民币升值速度加快。人民币实际汇率的升值会对贸易品行业与非贸易品行业之间的相对价格产生重要影响：当人民币实际汇率升值时，以人民币表示的贸易品进口价格趋向下跌，根据国际商品交易的一价定律，同种贸易品的国内价格往往也会下跌。但非贸易品行业的价格受汇率变动的影响较小。因此，人民币实际汇率的升值往往会使内部真实汇率出现相同方向的变化[3]。另外，如果贸易品部门价格的涨势由于人民币的升值或者国外通胀率的下降而有所减弱，那么国内总体通胀率的上升将意味着非贸易品行业更高的通胀率。这就表明，在人民币外部真实汇率升值的情况下，外部真实汇率与内部真实汇率基本上是趋于一致的。因此，在本文下面论述中，如果没有作出特别说明，内外部真实汇率不做区分，统一用真实汇率表示。

在上述系统中，我们可以认为w、r、k_T和k_N为内生变量。为简单起见，令$P_T = 1$，式(3)和式(5)联立得：$w/r = (1-\alpha)k_T/\alpha$，式(4)和式(6)联立得：$w/r = (1-\beta)k_N/\beta$，经简单化简得到：

$$k_N = \frac{(1-\alpha)\beta}{\alpha(1-\beta)} \cdot k_T \qquad 式(7)$$

进而有：

$$k_T = k_T(IRER, A_T/A_N, \alpha, \beta) \qquad 式(8)$$

$$k_N = k_N(IRER, A_T/A_N, \alpha, \beta) \qquad 式(9)$$

$$w = w(IRER, A_T/A_N, \alpha, \beta) \qquad 式(10)$$

$$r = r(IRER, A_T/A_N, \alpha, \beta) \qquad 式(11)$$

计算式(8-11)一阶偏微分得：$\frac{\partial k_T}{\partial IRER} > 0$，$\frac{\partial k_N}{\partial IRER} > 0$，$\frac{\partial w}{\partial IRER} > 0$，$\frac{\partial r}{\partial IRER} < 0$。由

[1] 关于这两者间关系已经存在大量研究，本文不做进一步阐述，感兴趣的读者可参考张斌、何帆(2006)的相关研究。

[2] 例如，在人民币外部真实汇率变化不大的情况下，国内很多领域的非贸易品价格较贸易品价格还是有可能出现明显上升，也就是内部真实汇率发生较大变化。其背后原因可能在于：1）给定贸易品价格不变前提下，国内总体物价上升(通货膨胀)通过非贸易品价格上升体现出来，国内非贸易品价格相对贸易品上升；2）由于中国商品在国际市场上占有较大比重、面临更为激烈的竞争，中国商品的国际市场价格与国内市场价格都下降，国内非贸易品价格相对贸易品上升。

[3] 本文涉及相对价格调整机制虽然不同于Ballasa-Samuelsen效应，但两者并不矛盾。

此得到命题1。

命题1：实际汇率上升导致贸易品和非贸易品两部门资本劳动比的同时上升，工资水平的上升以及资本边际收益率的下降。

实际汇率上升使贸易品和非贸易品两部门资本劳动比上升的逻辑关系是：实际汇率上升一方面使得本国出口的贸易品滞销，供给出现过剩，价格出现下滑，另一方面也使得进口的贸易品更加廉价。这两者在总体上降低了贸易品的价格。如果假设非贸易品在这个过程中价格不发生变化，那么非贸易品价格与贸易品价格之比趋于上升。由此，资本和劳动力将会向非贸易部门转移，这使得贸易品和非贸易品两部门资本劳动比都上升。

更具体的，假设最初贸易品部门有100个单位的资本，10个单位的劳动力，则资本劳动比为10:1；非贸易品部门有50个单位的资本，25个单位的劳动力，则资本劳动比为2:1。由于实际汇率的提升，假设从贸易品部门流出的资本劳动比介于这两者之间（取4:1），假设流转20个单位的资本，5个单位的劳动力；最终结果是贸易品部门的资本劳动比为16:1，非贸易品部门的资本劳动比为2.33:1；很显然，贸易品部门和非贸易品部门资本劳动比都上升。转换结果使得资本边际效率降低，即资本边际收益率r降低，劳动收益率w上升[1]。

另假设两部门的资本、劳动总量保持固定，而且被充分利用，则有：

$$L_T = \frac{K/k_T(IRER, A_T/A_N, \alpha, \beta) - \mu L}{1 - \mu} \qquad \text{式(12)}$$

$$L_N = \frac{L - K/k_N(IRER, A_T/A_N, \alpha, \beta)}{1 - \mu} \qquad \text{式(13)}$$

其中，$\mu = \frac{k_N}{k_T} = \frac{(1-\alpha)\beta}{\alpha(1-\beta)}$。通过计算一阶偏微分可得：$\frac{\partial L_T}{\partial IRER} < 0$，$\frac{\partial L_N}{\partial IRER} > 0$，进而得到命题2。

命题2：在其他条件不变情况下，随着人民币真实汇率上升，劳动力将从贸易品部门向非贸易品部门转移，非贸易品部门相对于贸易品部门就业比重上升。

一方面，人民币升值将使得以外币衡量的我国居民收入水平上升，进口品价格降低，收入效应将使得居民将更多的收入用于购买非贸易品。另一方面，人民币持续升

[1] 由于非贸易品部门为劳动相对密集型行业，根据斯托尔珀—萨缪尔森（Stolper-Samuelson）定理，非贸易品部门价格上升将导致劳动者收益率上升，资本边际收益率下降。对非贸易品部门而言，相对于资本有更多劳动力流入，这使得转移出去的资本劳动比小于贸易品部门的资本劳动比。又由于转移到非贸易品部门的资本和劳动力都来自于贸易品部门，而贸易品部门又是资本密集型，因此，转移出去的资本劳动比肯定大于非贸易品部门的资本劳动比。

值也将使得以外币衡量的我国出口品价格更为昂贵，出口品竞争力降低，出口下降，出口品部门劳动力将会出现过剩局面，剩余劳动力必将从贸易品部门向非贸易品部门转移，增加非贸易品供给。

将式（12）和（13）带入到生产函数式（1）和（2）得到：

$$\frac{Y_N}{Y_T}=\frac{A_N}{A_T}\cdot\frac{k_N^{\beta}(L-K/k_N)}{k_T^{\alpha}(K/k_T-\mu L)} \qquad 式(14)$$

该方程即为非贸易品相对供给曲线，并有：$\frac{\partial(Y_N/Y_T)}{\partial IRER}>0$，由此，得到命题3。

命题3：在其他条件不变情况下，人民币实际汇率升值使得非贸易品部门产出相对于贸易品部门产出增加；反之，人民币实际汇率贬值将使得非贸易品部门相对于贸易品部门的产出减少。

命题3从理论上论证了服务业发展比重为什么会有两次中断。具体来说，这又可能有两种原因。一方面是人民币贬值促进出口，导致第二产业增长提速，即使服务业正常大幅增长，其份额也会下降；另一方面是人民币汇率变化改变了服务业与出口行业的相对利润率。人民币贬值，意味着出口行业的外汇利润折算成人民币后增加，提高了出口行业以人民币计价的利润率，这进一步促使资源向出口行业转移，进而抑制了服务业发展。

四、模型之扩展：需求方视角

以上分析从两部门经济中的供给方，论证了在两部门产品相对价格外生情况下，两部门相对全要素生产率变化对资本、劳动在两部门之间重新配置的影响，以及由此引致的总体资本收益率、工资、两部门相对就业水平与两部门相对产出水平的变化。

为了论证以上产业结构变化对贸易收支的影响，需要引入两部门经济中的需求方。令经济中代表性家庭的最大化跨时期支出水平为：

$$Max\left\{U_t=\sum_{s=t}^{\infty}\beta^{s-t}u(E_s)\right\} \qquad 式(15)$$

支出水平E包括了贸易品E_T和非贸易品E_N两种产品的支出，且效用函数满足不变替代弹性形式：

$$\begin{cases}U(E_T,E_N)=\left[m^{\frac{1}{\theta}}E_T^{\frac{\theta-1}{\theta}}+(1-m)^{\frac{1}{\theta}}E_N^{\frac{\theta-1}{\theta}}\right]^{\frac{\theta}{\theta-1}}\\ s.t.\quad E_T+IRER\cdot E_N=E\end{cases} \qquad 式(16)$$

E代表总支出水平，$0 < \theta < 1$代表贸易品与非贸易品替代弹性，m和$1-m$分别代表贸易品、非贸易品支出份额，$0 < m < 1$，求解最优化问题得到：

$$\frac{mE_N}{(1-m)E_T} = IRER^{-\theta} \qquad 式(17)$$

式(17)表明，贸易品部门和非贸易品部门支出比例取决于两部门产品相对价格、两部门产品替代弹性以及产出支出份额m。

一个经济体的贸易余额可表示为：

$$TB = Y_T - E_T \qquad 式(18)$$

TB代表贸易余额，Y_T代表贸易品生产，E_T代表国内贸易品支出，贸易余额等于本国生产的贸易品减去本国贸易品支出。式(18)两边同时除以国内总产出$(Y_T + Y_N)$，代入$Y_N = E_N$，得到：

$$\frac{TB}{Y_T+Y_N} = \frac{Y_T - \frac{mY_N}{(1-m)}IRER^{\theta}}{Y_T+Y_N} = \frac{1 - \frac{mY_N}{(1-m)Y_T}IRER^{\theta}}{1+Y_N/Y_T} \qquad 式(19)$$

由于$\frac{\partial(Y_N/Y_T)}{\partial IRER} > 0$，显见$\partial\left(\frac{TB}{Y_T+Y_N}\right)/\partial IRER < 0$，因此，得到命题4。

命题4：在其他条件不变情况下，随着人民币汇率持续升值，贸易顺差会不断减少，贸易品的国外需求减少，为保持经济平稳增长，非贸易品的国内相对需求必须作出相应的增加。

命题4是很好理解的，也是符合现实的。在其他条件不变情况下，人民币汇率升值将使得资本和劳动力逐渐向非贸易品领域转移，贸易品产量降低。假设贸易品的国内需求不变，进而贸易顺差会不断减少，外需减少。在此状态下，只有增加非贸易品的需求才能够弥补外需减少所带来的空缺。

以上是分别从相对供给和相对需求角度展开的分析，为了进一步深化理解，有必要将非贸易品的相对供给和相对需求置于一个局部均衡框架中进行分析。非贸易品的相对供给曲线为式(14)，而相对需求曲线为式(17)，可用图1表示局部均衡状态。

具体分析，在人民币汇率从$IRER_0$上升到$IRER_1$情况下，供给和需求之间的关系可以分为三种典型情况[1]：第一种，非贸易品的相对供给曲线从SS转移到$S'S'$，相对需求曲线从DD转移到$D'D'$；第二种，当非贸易品的相对供给曲线从SS转移到$S'S'$的时候，需

[1] 实际上，远远不止这三种情况。但毫无疑问，这三种典型情况最具有代表性和现实性意义，所以本文重点阐释这三种情况。

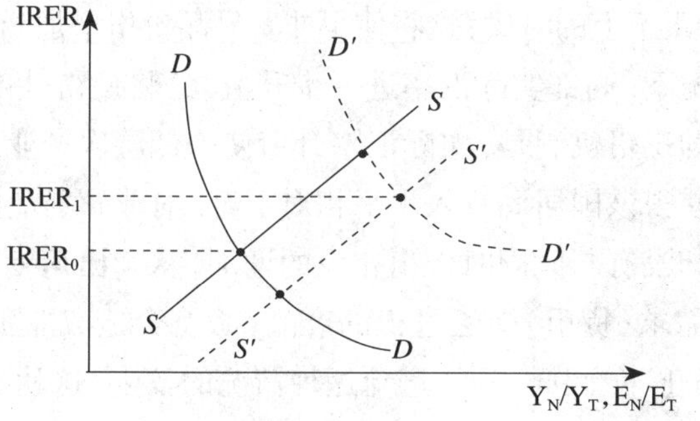

图1　非贸易品局部均衡状态

求曲线并没有从DD转移到$D'D'$；第三种，当非贸易品的相对需求曲线从DD转移到$D'D'$的时候，相对供给曲线并没有从SS转移到$S'S'$。

第一种情况（供需均衡）：这属于正常情况，也是一种最理想的情况。在这种情况下，随着人民币汇率的升值，产业结构将逐渐得到优化，服务业供需两方面都得到快速发展，从事于第三产业的人口和产业所占比重都将持续上升，从事于第二产业的人口将大幅度减少，随之第二产业技术创新步伐加快，中低层次的产品将会逐渐被高层次产品所取代，经济系统将进入一个可持续发展的、不断创新的崭新时代，这也正是很多支持人民币升值专家的共同愿景。

第二种情况（相对需求不足）：当非贸易品的相对供给曲线从SS转移到$S'S'$的时候，相对需求曲线必须从DD转移到$D'D'$，否则将会形成内需不足。人民币汇率上升提高了非贸易品的相对价格，诱使供给增加，但是如果需求没有做到相应的增加，时间一长，供给大于需求将使得非贸易品相对价格下跌，实际汇率反而会趋于贬值。这种情况形成的逻辑机制是，实际汇率升值一方面使得低层次产业逐渐消失，外需减少，另一方面虽然服务产品的内供增加，但内需却并没有相应的增加，外需和内需的共同衰退使得总需求减少，这将使得一国或地区陷入需求不足的经济衰退之中，最终人民币不但不能够升值反而会陷入贬值当中。因此，为了避免这种情况的发生，这就要求人民币升值的过程中要不断地提高人民的收入水平。

第三种情况（相对供给不足）：当非贸易品的相对需求曲线从DD转移到$D'D'$的时候，相对供给曲线必须从SS转移到$S'S'$，否则将会形成供给不足。真实汇率的上升将降低贸易品的进口价格，使人们可以将更多的收入用于购买非贸易品[1]。当非贸易品的相

[1] 实际上，如果中央政府通过降低利率等措施实施宽松货币政策，过多的货币也必将创造额外的需求，就像目前我们所看到的这样。

对需求增加，而供给跟不上的时候，这将使得非贸易品价格增加，在国内贸易品价格不发生大的变化的情况下，内部实际汇率进一步升值，这将使得外部实际汇率进一步升值。这种情况形成的逻辑机制是，实际汇率升值使得低层次产业逐渐消失，贸易品供给减少。汇率升值使得该国居民收入水平相对上升，对非贸易品的需求上升，另一方面服务产品的供给却没有与此同时作出相应的增加，从产出角度来看，总供给没有增加。这使得过多的需求（货币）追逐过少的产品，必将会造成非贸易品的过度投机倾向[1]以及“产业空心化”。因此，为了避免这种情况的发生，这就要求人民币升值的过程中不断提高国内有效供给的能力。

根据上述三种典型状态的分析，可以得到推论。

推论：人民币升值能够优化一国产业结构在现实中并不一定能够成立。在汇率升值的背景下，产业结构优化的关键是，一方面通过各种收入政策措施切实增加居民的收入水平和需求能力，另一方面通过各种产业政策措施鼓励企业进入服务行业，增加服务业产品的相对供给。

人民币升值增加了企业对服务业的投资意愿，但更重要的一点是，劳动和资本等生产要素也要进得去。因此，为了使资本和劳动力等生产要素能够顺利地向非贸易部门转移，必须建立公平竞争的市场环境，逐渐放开民营企业进入非贸易部门的各种潜在或显性限制，打开服务业市场准入大门，发挥市场机制作用，使要素资源能够流入服务业部门。另外，企业供给能力的增加也需要居民的需求能力作出相应的提高。因此需要进一步提高居民收入在国民经济中所占比重，逐渐缩小城市居民内部收入差距和城乡收入差距，实施区域协调发展战略，提高城市化进程，实施这些措施将有助于提高居民收入水平，进而逐渐增强居民对服务产品的有效需求能力。

五、结论性评论

针对我国服务业发展严重滞后这个事实，本文从人民币汇率这个视角，基于一个贸易品和非贸易品的两部门模型分析了造成目前我国产业结构不合理的原因，以及在人民币升值背景下推动产业结构优化等问题。本文研究发现，人民币升值会带来，一是贸易品和非贸易品的资本劳动比的同时上升，工资水平的逐渐上升以及边际收益率

[1] 由于非贸易行业的垄断以及发展不足等原因，在人民币升值背景下，当大量的资金流入到非贸易品行业时，由于投资渠道过窄，结果造成了像房地产市场等价格增速过快，甚至出现泡沫的局面。这一方面不利于房地产市场的正常发展，另一方面也使得那些受控制的非贸易品行业失去了利用充裕的资金快速发展的机会。

的下降；二是劳动力从贸易品部门向非贸易品部门转移，非贸易品部门相对于贸易品部门就业和产值比重逐步上升；三是贸易顺差会不断减少。总而言之，人民币升值能够提高非贸易品部门在就业和产出中所占比重，能够使产业结构不断合理化。在现实层面上，非贸易品部门获得发展的关键是，一方面逐渐放宽服务业行业准入门槛，增加服务产品的相对供给，另一方面通过各种政策措施提高居民的收入水平。

不过，需要注意的一点是，人民币升值速度不能过快。理论分析告诉我们，为了消除人民币升值对实体经济的危害，升值的过程中必须伴随着居民对非贸易品需求的增加和企业对非贸易品供给能力的提升，而需求的增加和供给能力的提高无疑是具有时滞性的，因此，人民币升值速度必须控制在实体经济可承受范围之内。

企业研究开发费税前加计扣除若干问题分析

管永权　赵新贵[1]

摘　要：为促进企业技术创新，我国规定对企业研究开发费在计算应纳税所得额时实行加计扣除政策。针对该政策在实务中反映出来的问题，本文指出国家税收政策有必要根据科技产业化优先发展领域的变化及时作出调整；并根据最新的财税文件明确了可以税前加计扣除的研究开发费的范围；还就以委托开发形式进行的研究开发活动中研究开发费用的确定，以及财政性资金用于研究开发活动加计扣除的处理和研究开发活动领用材料及研发成功产品的处理等问题提出了看法。

关键词：研究开发　加计扣除　费用确定　财政性资金　研发成品

一、可以税前加计扣除研究开发费的研究开发活动范围

为规范企业研发费税前加计扣除政策的执行，国家税务总局曾颁布国税发［2008］116号文《关于印发〈企业研究开发费用税前扣除管理办法（试行）〉的通知》。根据该文件，所有财务核算健全并能准确归集研究开发费用的居民企业从事研究开发活动都可适用研发费加计扣除办法。这里的研究开发活动，是指企业为获得科学与技术新知识，创造性运用科学技术新知识，或实质性改进技术、工艺、产品（服务）而持续进行的具有明确目标的研究开发活动，且该研究开发活动应是属于《国家重点支持的高新技术领域》和国家发展改革委员会等部门公布的《当前优先发展的高技术产业化重点领域指南（2007年度）》规定的项目。2011年国家相关部门在充分调研的基础上，根据国内外技术发展现状及趋势，又研究提出了《当前优先发展的高技术产业化重点领域指

[1] 作者简介：管永权，南京铁道职业技术学院教授；赵新贵，连云港市科学技术协会高级会计师。

南(2011年度)》。相比2007年的“指南”,2011年的“指南”新增了高技术服务产业和生物技术药物及关键技术、先进节能技术、海洋保护与生态修复技术及装备等15项重点领域,删除了8项已基本实现产业化的重点领域,并对各领域下的具体内容进行了调整。税收政策鼓励的研发活动应与时俱进地适用修订后的“指南”,然而,至目前为止,税收政策仍未见这方面的变化。这就容易导致税企双方在实务中对可加计扣除研发费的研究开发活动的范围产生争议。因此,这方面还有待于国家政策的进一步明确。

二、可以税前加计扣除的研究开发费范围

国税发[2008]116号文以正列举的方式,明确了企业可在税前加计扣除的八项研发费。相比较财企[2007]194号文《关于企业加强研发费用财务管理的若干意见》和国科发火发[2008]362号文《高新技术企业认定管理工作指引》,国税发[2008]116号文列举的研发费的范围最小。为进一步引导企业增加研发费投入,财政部、国家税务总局出台了财税[2013]70号文《关于研究开发费用税前加计扣除有关政策问题的通知》,其中最主要的一个内容,就是对国税发[2008]116号文中研发费的范围进行了补充和完善:

(一)企业依照国务院有关主管部门或者省级人民政府规定的范围和标准,为在职直接从事研发活动人员缴纳的基本养老保险费、基本医疗保险费、失业保险费、工伤保险费、生育保险费和住房公积金。国税发[2008]116号文中的人员费用只包括企业支付在职直接从事研发活动人员的工资、薪金、奖金、津贴、补贴,并不包括为研发人员缴纳的“五险一金”。财税[2013]70号文这一规定对完善科技人员收入分配政策,激发科技人员积极性和创造性,加快高素质创新人才队伍建设将具有积极意义。财企[2007]194号文的研发费也包括企业为在职研发人员缴纳的“五险一金”,因此,财税[2013]70号文的这一规定还有利于减少财税差异。但是,高新技术企业认定中的研发费目前仍不包括为研发人员缴纳的“五险一金”。

(二)专门用于研发活动的仪器、设备的运行维护、调整、检验、维修等费用。国税发[2008]116号文研发费中有关仪器、设备的费用只包括专门用于研发活动的仪器、设备的折旧费、租赁费。财税[2013]70号文的这一规定与财企[2007]194号文的相关规定基本相同,但不包括财企[2007]194号文中用于研发活动的房屋维修费。

(三)不构成固定资产的样品、样机及一般测试手段购置费。样品、样机及一般测试手段购置费是企业研发活动中的必要支出,国科发火发[2008]362号文和财企[2007]194号文均包括这方面的内容,而国税发[2008]116号文并无这方面的内容,

这显然是不合理的。企业需要注意的是这方面的支出是否符合资本化条件，如果符合资本化条件，则应作为仪器、设备，计提折旧在税前扣除。

（四）新药研制的临床试验费。药物研发过程长，费用高、风险大，临床试验在新药研发过程中越来越重要，临床评价也是研发中最重要的一个环节。然而这方面的内容在国税发[2008]116号文、国科发火发[2008]362号文和财企[2007]194号文均未涉及。财税[2013]70号文明确规定新药研制的临床试验费可作为研发费加计扣除，这对广大医药企业是一个利好消息。

（五）研发成果的鉴定费用。研发成果的鉴定对企业有着重要意义，既是对研发人员成果的认可和激励，也是确定研发成果是否可以推广应用、产品是否成熟、是否可投入生产或者继续改进的重要依据。国税发[2008]116文只将研发成果的论证、评审、验收费用纳入研发费，而并不包括研发成果的鉴定费用。国科发火发[2008]362号文和财企[2007]194号文也不包括这项内容。企业需要注意的是哪些费用可以作为研发成果的鉴定费用，这方面还需要财税、科技部门的进一步明确。

此前，财税[2013]13号文《关于中关村、东湖、张江国家自主创新示范区和合芜蚌自主创新综合试验区有关研究开发费用加计扣除试点政策的通知》曾就完善试点地区企业研发费加计扣除明确了相关政策，其中关于研发费的内容与财税[2013]70号文基本一致。但财税[2013]13号文仅适用于特定的试点地区的企业，财税[2013]70号文则适用于所有从事研发活动的居民企业，并从2013年1月1日起执行。

三、不同形式研究开发活动中研究开发费用的确定

一些技术复杂、规模较大的研究开发项目，往往不是企业自身能独立完成的，因此，除企业独立开展研发活动外，实践中还有委托开发、合作开发、集团集中开发等形式。对于不同形式的研发活动，国税发[2008]116号文都规定了研发费税前加计扣除应具备的条件。这里我们需要重点关注委托开发应注意的问题：

（一）正确区分合作开发和委托开发。根据国税发[2008]116号文，对企业合作开发的项目，由合作各方就自身承担的研发费用分别按照规定计算加计扣除。而对企业委托外单位进行开发的研发活动，则应由委托方按照规定计算加计扣除研发费，受托方不得再进行加计扣除。合作开发下知识产权应由合作各方共同拥有。委托开发下委托项目的知识产权应属于委托方，如果项目的知识产权属于受托方，则不属于委托开发，而是技术成果使用权的转让。

（二）委托开发中研发费加计扣除基数的确定。根据国税发[2008]116号文，委托

开发中受托方应向委托方提供研发项目的费用支出明细情况，否则，委托方不得加计扣除研发费。而委托方向受托方支付的金额，往往还包括受托方的合理利润等，那么，委托方加计扣除研发费的基数，是受托方提供的费用支出明细上的费用，还是委托方向受托方实际支付的金额呢？目前并无政策对此加以明确。有观点认为，可以加计扣除的研发费必须是相关文件列举的费用，因此，不但委托方向受托方支付的属于利润部分的金额不能加计扣除，受托方提供的费用支出明细中不属于相关文件列举的研发费也不得加计扣除。笔者认为这种观点值得商榷。首先，委托开发的研发费是由委托方加计扣除的，因此，这里可加计扣除的费用应该是委托方而非受托方实际发生的费用，对于委托方而言，其实际发生的费用就是向受托方支付的全部金额；其次，国税发[2008]116号文要求，企业必须对研发费实行专账管理，而受托方为进行成本核算，一般是以受托项目为对象，对其发生的所有成本费用进行归集，不可能对研发费实行专账管理；再次，基于保护商业秘密的考虑，受托方向委托方提供的费用支出明细，其真实性往往很难得到保证，无论是委托方还是税务部门，要查证其真实性的难度都是很大的，而根据国税发[2008]116号文，企业申报的研发费不真实的，不得享受加计扣除政策。

在笔者看来，国税发[2008]116号文之所以要求受托方向委托方提供受托研发项目的费用支出明细情况，主要是为定性考查委托项目的真实性，而不是为定量确定委托项目发生的研发费。在社会专业化分工相对充分的情况下，企业之所以将某些研发项目委托给其他单位，既有自身技术实力的考量，也有经济上的权衡。一些项目如果自主研发，代价往往要远高于委托开发所支付的费用。税收政策对促进生产力发展的社会专业化分工应予以支持。

四、财政性资金用于研究开发活动加计扣除的处理

目前，我国各级政府已建立了比较完善的对企业研发活动的政策扶持机制，包括各种形式的财政性资金补助。那么，企业研发活动使用财政性资金发生的研发费应如何处理呢？

（一）财政性资金用于研发活动发生的研发费不得加计扣除。在国税发[2008]116号文附件“研发项目可加计扣除研究开发费用情况归集表”中，明确规定第36行“从有关部门和母公司取得的研究开发费用专项拨款”不能加计扣除。因此，企业使用财政性资金发生的研发费不得加计扣除。这是因为根据《企业所得税法实施条例》，不征税收入用于支出所形成的费用，不得在计算应纳税所得额时扣除；用于支出所形

成的资产，其计算的折旧、摊销不得在计算应纳税所得额时扣除。而根据财税［2008］151号文《关于财政性资金、行政事业性收费、政府性基金有关企业所得税政策问题的通知》，企业取得的由国务院财政、税务主管部门规定专项用途，并经国务院批准的财政性资金，准予作为不征税收入。既然不征税收入产生的支出不得在税前扣除，当然也就更不能加计扣除了。

（二）财政性资金用于研发活动能否税收筹划？假设某企业2012年取得当地政府补助研发活动的财政性资金600万元，当年全部用于研发费支出。2012年该企业利润总额1 000万元，无其他纳税调整事项。该企业将取得的财政性资金600万元作为纳税调整减少额的同时，应将所发生的支出作为纳税调整增加额，所以其应纳税所得额仍为1 000万元。有观点提出，如果该企业将取得的财政性资金作为征税收入，则不需要作上述纳税调整，但纳税调整减少额可以增加一项“加计扣除”300万元，则企业最终的应纳税所得额减少为700万元。该筹划的依据是：根据财税［2011］70号文《关于专项用途财政性资金企业所得税处理问题的通知》，企业从县级以上各级人民政府财政部门及其他部门取得的应计入收入总额的财政性资金，只有同时符合以下三个条件才作为不征税收入：1. 企业能够提供规定资金专项用途的资金拨付文件；2. 财政部门或其他拨付资金的政府部门对该资金有专门的资金管理办法或具体管理要求；3. 企业对该资金以及以该资金发生的支出单独进行核算。这种观点认为，企业完全可以通过主观操作，使其取得的财政性资金不符合上述条件，从而将取得的600万元财政性资金不作为不征税收入，则不但发生的支出可在税前扣除，还可加计扣除50%。

笔者认为这种筹划并不可行。首先，国税发［2008］116号文对不允许加计扣除的研发费只以资金来源为依据，而无论该资金的性质。其次，财税［2011］70号文规定不征税收入的三个条件中，企业可以操作的实际上只有第三条，即对该资金的收支不单独进行核算，而这种操作实际上也是不可行的：一方面，政府拨款文件一般会对财政性资金的会计核算有具体要求，如果企业不按要求进行核算，有关部门在项目验收时也会要求其纠正；另一方面，企业对研发费必须进行专账管理，这是其在税前加计扣除的一个必要条件。企业为将财政性资金不作为不征税收入而故意对其收支不进行单独核算，既不符合相关文件对会计核算的要求，也不符合研发费加计扣除的规定。也正因为如此，目前很多地方对此问题的处理意见是：企业取得的专门用于研发活动的财政性资金，无论是否作为不征税收入，所发生的研发费均不允许加计扣除。

因此，试图通过在会计核算上作文章进行纳税筹划是不可行的。实际上，企业取得的财政性资金往往并不要求其全部用于研发活动，如财税［2011］100号文《关于软件产品增值税政策的通知》对软件企业即征即退的增值税，其用途就包括软件产品研发和扩大再生产。如果我们将取得的财政性资金尽量用于文件规定的其他用途，同时尽量以自有资金用于研发活动，才应该是一个更好的筹划方案。

五、研究开发活动领用材料及研发成功产品的处理

企业研发活动一个主要目的是通过技术、工艺的改进研发出更有价值成果的新产品。在此过程中，有两个问题需要明确：

（一）研发过程中领用材料等是否需要转出进项税额？《增值税暂行条例》对一般纳税人不得抵扣增值税进项税额的情况作了正列举，包括用于非增值税应税项目、免征增值税项目的购进货物或者应税劳务等五种情况。增值税一般纳税人的研发活动显然并不属于《增值税暂行条例》所列举的不得抵扣进项税额的任何情形，所以其在研发过程中所耗用的材料等，无论是计入当期损益还是形成无形资产，其进项税额都可以抵扣。这里要注意，根据财税[2013]37号文《关于在全国开展交通运输业和部分现代服务业营业税改征增值税试点税收政策的通知》，研发服务已纳入“营改增”范畴，且免征增值税，其耗用的材料等进项税额当然也就不能抵扣。但财税[2013]37号文中的研发服务并不等同于国税发[2008]116号文中的研发活动，前者是指接受他人委托进行的研发活动，后者则是将研发的成果应用于自己的生产经营活动。

（二）研发成功的新产品，是否应冲减研发费？目前并无政策对此进行明确，实务中存在以下两种处理方法：1. 研发成功的新产品，按其成本冲减研发费；2. 研发成功的新产品，待以后销售时冲减研发费。

笔者认为，第一种观点是不合适的。首先，企业进行研发活动是为了技术、工艺改进等目的，并不是为了生产产品，研发过程中当然也就不可能进行产品成本的核算，而只会按相关文件要求进行研发费用的归集。企业在研发新产品过程中必然要经历若干次失败，在新产品研发成功后，不可能合理、准确地计算出其成本；其次，国税发[2008]116号文已明确，企业研发活动直接消耗的材料、燃料等可以加计扣除，文件并未要求将最终研发成功的新产品所消耗的材料、燃料等费用剔除。因此，要求以研发成功的新产品的成本冲减研发费，既不可能，也与政策规定不符。

第二种观点目前为很多地方税务部门所采纳，如浙江省国家税务局2013年企业所得税政策问题解答就明确提出：样品在以后年度出售，其对应的销售收入应冲减该项目对应的研发费用，如项目对应的研发费用已在以前年度扣除，企业应做纳税调整。笔者认为这一观点是合理的，但这里需要解决的问题是，此时应如何冲减已发生的研发费呢？假设某企业一项研发活动共发生研发费500万元，研发成功一批新产品，作价

100万元对外销售。那么企业税前扣除的研发费是（500-100）×150%=600万元呢，还是500×150%-100=650万元呢？如果按前者处理，实际上相当于将研发过程中消耗的材料等作价从可加计扣除的研发费中剔除，如上所述，这种处理并不合适。而后一种处理方法，既符合文件规定，计算结果也对企业更为有利。

企业技术转让税收优惠政策分析

闫小如　赵新贵[1]

摘　要: 为促进企业技术创新,我国对企业技术转让的流转税和所得税都给予了一定的优惠政策。流转税方面,企业技术转让在营业税政策下和"营改增"后都享受免税政策,本文主要分析了免征流转税的技术转让包括哪些业务,其计税依据是什么,"营改增"后技术转让免征增值税对纳税人的影响及政策建议;所得税方面,本文主要分析了可享受技术转让优惠政策的主体和业务范围,以及企业在预缴所得税和所得税汇算清缴时应如何正确处理。企业技术转让无论享受流转税还是所得税优惠政策,都应履行一定程序,本文最后分别就企业技术转让享受流转税和所得税优惠政策如何履行相关程序作了说明。

关键词: 技术转让　流转税　所得税　优惠政策　程序

技术转让是指转让者将其拥有的专利和非专利技术的所有权或使用权有偿转让他人的行为。为促进企业技术创新,优化科技资源配置,加速技术转移,促进科技成果转化和产业化,近年来,我国对企业技术转让先后出台了若干优惠政策。本文就企业技术转让有关税收优惠政策作一分析。

一、企业技术转让流转税优惠政策

(一)企业技术转让流转税优惠政策具体内容

营业税政策下,技术转让属于"转让无形资产"税目,适用税率5%。根据财税字[1999]273号文《关于贯彻落实〈中共中央、国务院关于加强技术创新,发展高科技,实现产业化的决定〉有关税收问题的通知》,单位和个人从事技术转让、技术开发业务和

[1] 作者简介:闫小如,连云港市第一人民医院经济师;赵新贵,连云港市科学技术协会高级会计师。

与之相关的技术咨询、技术服务业务取得的收入，免征营业税。自2012年我国在上海市开始“营改增”试点以来，一直延续了技术转让免征流转税的政策。如财税[2013]106号文《关于将铁路运输和邮政业纳入营业税改征增值税试点的通知》“附件3：营业税改征增值税试点过渡政策的规定”就明确规定，试点纳税人提供技术转让、技术开发和与之相关的技术咨询、技术服务免征增值税。

（二）企业技术转让免征流转税应关注的问题

1. 技术转让免征流转税的业务范围。企业在技术转让时，往往会向受让方提供可行性论证、技术预测、专题技术调查、分析评价报告等技术咨询、技术服务。“营改增”前，技术咨询属于营业税税目中的服务业，与技术转让属不同税目；“营改增”后，技术咨询和技术转让同属“研发和技术服务”应税范围。无论在营业税政策下还是“营改增”后，纳税人提供技术咨询、技术服务都不能免征流转税，但对纳税人提供与技术转让、技术开发相关的技术咨询、技术服务，则可免征流转税。根据财税[2013]106号文附件3，这里的“相关性”，是指转让方（或受托方）根据技术转让或开发合同的规定，为帮助受让方（或委托方）掌握所转让（或委托开发）的技术，而提供的技术咨询、技术服务业务，且这部分技术咨询、服务的价款与技术转让（或开发）的价款应当开在同一张发票上。

2. 技术转让免征流转税的计税依据。企业在进行技术转让时，一般会同时提供一定的载体。财税字[1999]273号文曾规定：（1）以图纸、资料等为载体提供已有技术或开发成果的，其免税营业额为向对方收取的全部价款和价外费用；（2）以样品、样机、设备等货物为载体提供已有技术或开发成果的，其免税营业额不包括货物的价值；（3）提供生物技术时附带提供的微生物菌种母本和动、植物新品种，应包括在免征营业税的营业额内，但批量销售的微生物菌种，应当征收增值税。“营改增”后，目前尚无文件对技术转让免征增值税的销售额作明确规定。当然，这并不意味着纳税人可以随意确定免征增值税的技术转让销售额。根据财税[2013]106号文“附件1：营业税改征增值税试点实施办法”，纳税人兼营免税、减税项目的，应当分别核算免税、减税项目的销售额，未分别核算的，不得免税、减税。该文同时规定，纳税人提供应税服务的价格明显偏低或者偏高且不具有合理商业目的的，主管税务机关有权按照规定办法确定销售额。笔者认为，为便于纳税人操作，避免税企争议，相关部门应对技术转让免征增值税的销售额出台类似于营业税政策下的具体规定。

3. “营改增”后技术转让免征增值税对纳税人的影响。尽管技术转让在“营改增”前后都免征流转税，但由于营业税和增值税征税原理不同，两种政策产生的效应也存在很大差异。营业税是价内税，而增值税是价外税，是对应税项目在各流转环节中的增值额计征的，其征收方式是一个环环相扣的链条，任何一个环节征税或抵扣不足，都会导致该链条的脱节，使税负在不同环节间发生转移。实际上，只有在增值税应税项目最终进入消费领域从而退出市场流转时对其免税，纳税人的总体税负才会降低。如果在中间环节免税，则其所免税款在整个流转环节中并未被真正免掉，而是要由下一环节纳税人负担。根据财税[2013]106号文，适用免征增值税规定的应税服务不得开具增值税专用发票，这一规定对我国技术转让市场已产生极大影响。正因为此，目前有很多提供技术转让服务的纳税人宁愿放弃免税权。根据财税[2013]106号文，纳税人提供应税服务适用免税、减税规定的，可以放弃免税、减税，但这依然会给纳税人带来很大影响。首先，纳税人放弃免税、减税，必将使其税负较“营改增”前有所增加，同时，根据财税[2007]127号文《关于增值税纳税人放弃免税权有关问题的通知》，纳税人一经放弃免税权，其生产销售的全部增值税应税货物或劳务均应按照适用税率征税，不得选择某一免税项目放弃免税权，也不得根据不同的销售对象选择部分货物或劳务放弃免税权。如果纳税人存在多个免征增值税项目，放弃免税、减税必然对其产生极大影响。鉴于此，目前业内广泛建议“营改增”后应将技术转让免征增值税改为即征即退，这样既保证了“营改增”后纳税人的税负不增加，又不会导致增值税抵扣链条的脱节。

二、企业技术转让所得税优惠政策

（一）企业技术转让所得税优惠政策具体内容

根据《企业所得税法》及其“实施条例”，我国居民企业在一个纳税年度内技术转让所得不超过500万元的部分，免征企业所得税；超过500万元部分，减半征收企业所得税。企业同时从事适用不同所得税待遇的项目，其优惠项目应当单独计算所得，并合理分摊期间费用；没有单独计算的，不得享受企业所得税优惠。

（二）企业技术转让享受所得税优惠政策应关注的问题

1. 享受技术转让所得税优惠政策的范围。

（1）享受技术转让所得税优惠政策的主体。与流转税优惠政策不同的是，享受技术转让所得税优惠政策的主体只能是居民企业。对于非居民企业，根据相关规定，其在中国境内取得的技术转让所得，可减按10%的税率征收预提所得税。

（2）享受所得税优惠政策的技术转让业务范围。根据财税[2010]111号文《关于居民企业技术转让有关企业所得税政策问题的通知》，可以享受企业所得税优惠政策的技术转让范围，包括居民企业转让专利技术、计算机软件著作权、集成电路布图设计权、植物新品种、生物医药新品种，以及财政部和国家税务总局确定的其他技术。该文同时明确，这里的技术转让，是指居民企业转让其拥有符合本通知规定技术的所有权或5年以上全球独占许可使用权的行为。根据《最高人民法院关于审理技术合同纠纷案件适用法律若干问题的解释》，专利实施许可包括3种方式：① 独占实施许可，即让与人在约定许可实施专利的范围内，将该专利仅许可一个受让人实施，让与人依约定不得实施该专利；② 排他实施许可，即让与人在约定许可实施专利的范围内，将该专利仅许可一个受让人实施，但让与人依约定可以自行实施该专利；③ 普通实施许可，即让与人在约定许可实施专利的范围内许可他人实施该专利，并且可以自行实施该专利。技术秘密的许可包括独占实施许可和排他实施许可。例外情况是，根据财税[2013]72号文《关于中关村国家自主创新示范区技术转让企业所得税试点政策的通知》，中关村国家自主创新示范区居民企业转让规定的技术5年以上非独占许可使用权也可享受优惠政策。这里我们可以看到，可以享受所得税优惠政策的技术转让，不论是主体，还是业务范围，都较流转税政策更为从紧。

（3）享受所得税优惠政策的技术转让相关业务。根据国税函[2009]212号文《关于技术转让所得减免企业所得税有关问题的通知》，技术转让收入是指当事人履行技术转让合同后获得的价款，除不包括销售或转让设备、仪器、零部件、原材料等非技术性收入外，对不属于与技术转让项目密不可分的技术咨询、技术服务、技术培训等收入，也不得计入技术转让收入。那么我们如何把握这里的“密不可分”呢？国家税务总局公告2013年第62号《关于技术转让所得减免企业所得税有关问题的公告》对此专门予以明确，即可以计入技术转让收入的技术咨询、技术服务、技术培训收入，是指转让方为使受让方掌握所转让的技术投入使用、实现产业化而提供的必要的技术咨询、技术服务、技术培训所产生的收入，并应同时符合以下条件：① 在技术转让合同中约定的与该技术转让相关的技术咨询、技术服务、技术培训；② 技术咨询、技术服务、技术培训收入与该技术转让项目收入一并收取价款。

2. 企业技术转让所得预缴所得税的处理。我国企业所得税优惠形式包括税基式优惠和税额式优惠两种方式，前者包括免税收入、减计收入、加计扣除、减免或抵扣应纳税所得额等，后者包括减免税额和抵免税额。根据国家税务总局公告2011年第64号《关于发布〈中华人民共和国企业所得税月（季）度预缴纳税申报表〉等报表的公告》，企业预缴所得税时可以享受的优惠政策只包括免税收入和减免所得税额。国家税务总局在2012年第14号公告《小型微利企业预缴企业所得税有关问题的公告》的解读中也提到，现行企业所得税月（季）度预缴纳税申报表填报时，不能直接反映应纳税所得额减免，只能反映减免所得税额。因此，对小型微利企业所得税额减免按50%计入应纳税所得额，按20%的税率缴纳企业所得税，并与法定税率之间换算成15%的实际减免税额进行纳税申报。技术转让所得税优惠政策属于税基式优惠中的减免应纳税所得额，在没有特别规定的情况下，企业在预缴所得税时不能享受该项优惠政策。

3. 企业技术转让所得汇算清缴的处理。这里应注意几下几个问题：

（1）高新技术企业技术转让处理。根据税法，对符合规定条件的国家需要重点扶持的高新技术企业，减按15%的税率征收企业所得税。根据国税函[2010]157号文《关于进一步明确企业所得税过渡期优惠政策执行口径问题的通知》，居民企业从事减半征收所得税的项目，是指就该部分所得单独核算并依照25%的法定税率减半缴纳企业所得税。如某高新技术企业2013年技术转让所得700万元，其他所得200万元，无其他纳税调整事项。则在表五"税收优惠明细表"第31行"符合条件的技术转让所得"应填报技术转让所得500万元和超过500万元的减半部分，即该行应填写600万元；第35行"国家需要重点扶持的高新技术企业"应填报其他所得200万元的减免税额。主表第23行"纳税调整后所得"为300万元，包括技术转让所得100万元和其他所得200万元；第27行"应纳所得税额"为纳税调整后所得与法定税率25%的乘积，即300万元×25%=75万元；第28行"减免所得税额"，应以"纳税调整后所得"扣除其中的技术转让所得100万元后的余额与10%相乘的金额填写，即200万元×10%=20万元。如果第28行以纳税调整后所得的全额即300万元乘以10%，则企业技术转让所得超过500万元部分就是按照15%的税率而非25%的法定税率减半缴纳所得税，这显然是不正确的。

（2）企业不同项目发生亏损的处理。国税函[2010]148号文《关于做好2009年度企业所得税汇算清缴工作的通知》曾规定，企业取得的免税收入、减计收入以及减征、免征所得额项目，不得弥补当期及以前年度应税项目亏损；当期形成亏损的减征、免征所得额项目，也不得用当期和以后纳税年度应税项目所得抵补。该政策甫一出台便在业界引起较大争议，又因该文件是针对2009年企业所得税汇算清缴，目前其有效性也有争议。因此对该问题的处理，尚需相关部门进一步明确。

（3）企业技术转让所得的计算。国税函[2009]212号文曾规定，符合条件的技术转让所得应按以下方法计算：技术转让所得=技术转让收入-技术转让成本-相关税费。该文同时强调，享受技术转让所得减免所得税优惠的企业，应单独计算技术转让所得，并合理分摊企业的期间费用，否则不得享受技术转让所得企业所得税优惠。那么企业技术转让所得应如何分摊期间费用呢？文件并未明确。实务中，一般可参照国税发[2009]80号文《关于实施国家重点扶持的公共基础设施项目企业所得税优惠问题的通知》的规定，即期间共同费用的合理分摊比例可以按照投资额、销售收入、资产额、人员工资等参数确定。这里有争议的是，需要分摊的期间费用是纳税调整前费用，还是纳税调整后费用？我们通过一个案例作说明：某企业2013年技术转让收入2 000万元，技术转让成本及相关税费1 200万元，其他项目收入500万元，成本300万元。期间费用500万元，其中业务招待费等事项需纳税调增50万元。企业利润总额为(2 000−1 200)+(500−300)−500=500万元。期间费用在不同项目间按收入比例分摊，技术转让项目分摊比例为80%，其他项目分摊比例为20%。

如果以纳税调整前期间费用在不同项目间分摊，则企业技术转让应分摊期间费用500万 ×80%=400万元。技术转让所得=2 000−1 200−400=400万元。纳税调整后所得=利润总额+纳税调整增加额−纳税调整减少额=500+50−400=150万。

如果以纳税调整后期间费用在不同项目间分摊，则企业不同项目应分摊的期间费用为500−50=450万元。技术转让应分摊期间费用450万 ×80%=360万元。技术转让所得为2 000−1 200−360=440万元。纳税调整后所得=利润总额+纳税调整增加额−纳税调整减少额=500+50−440=110万。

这两种方法目前在各地均有应用，后一种方法显然对纳税人更为有利。笔者也认为第一种方法是不合适的，因为任何项目的应纳税所得额的计算都应以税法上的口径为标准。如果以纳税调整前期间费用作为不同项目的分摊基数，将产生很不合理的情况。如某企业2013年发生技术转让收入1 000万元，成本及相关税费500万元，期间费用300万元，业务招待费等事项纳税调增20万元。该企业2013年无其他业务，利润总额200万元。如果以纳税调整前期间费用作为技术转让项目应分摊的费用，则企业技术转让所得=技术转让收入−技术转让成本−相关税费−分摊期间费用=1000−500−300=200万元，纳税调整后所得=利润总额+纳税调整增加额−纳税调整减少额=200+20−200=20万。在企业只有免税所得的情况下，却因为纳税调整事项的存在而产生应纳税所得额，这显然是不合理的。

三、企业技术转让享受优惠政策的程序

企业技术转让无论享受流转税还是所得税优惠政策，都应履行一定程序。流转税方面，“营改增”后根据财税[2013]106号文，试点纳税人申请免征增值税时，须持技术转让、开发的书面合同，到试点纳税人所在地省级科技主管部门进行认定，并持有关书面合同和科技主管部门审核意见证明文件报主管国家税务局备查。所得税方面，根

据财税[2010]111号文,企业技术转让应签订技术转让合同。这里要注意技术转让与技术开发的区别。技术转让是对已掌握的技术成果所有权或使用权的转让,包括专利权转让、专利申请权转让、技术秘密转让、专利实施许可等;而技术开发是对尚未掌握的新技术、新产品、新工艺或者新材料及其系统的研究开发。技术开发可以享受免征流转税优惠政策,但不能享受减免应纳税所得额优惠政策。境内技术转让须经省级以上科技部门认定登记,跨境技术转让须经省级以上商务部门认定登记,涉及财政经费支持产生技术的转让,需省级以上科技部门审批。我国企业所得税优惠政策管理包括审批和备案管理两种方式,备案管理又包括事先备案和事后报送相关资料两种方式。企业技术转让所得税优惠政策管理实行的是后一种方式。根据国税函[2009]212号文,企业发生技术转让,应在纳税年度终了后至报送年度纳税申报表前,向主管税务机关报送相关部门出具的技术合同登记证明等资料,办理减免税备案手续。

股价受分数布朗运动驱动的混合期权定价模型

赵 巍[1]

摘 要：分数布朗运动由于具有自相似和长期相关等分形特性，已成为数理金融研究中更为合适的工具。本文通过假定股票价格服从几何分数布朗运动，构建了Itô型分数Black-Scholes市场；接着在分数风险中性测度下，利用随机微分方程和拟鞅(quasi-martingale)定价方法给出了分数Black-Scholes定价模型；进而讨论了股价受分数布朗运动驱动的混合期权定价模型。研究结果表明，与标准期权价格相比，分数期权价格要同时取决于到期日和Hurst参数。

关键词：分数布朗运动　拟鞅定价　分数Black-Scholes模型　混合期权

一、引 言

自从Bachelier(1900)关于债券价格运动的研究以来，产生了许多描述股票价格收益行为的模型[2]。针对Bachelier的算术布朗运动模型出现价格的负值，Samuelson提出了几何布朗运动模型[3]，Osborne(1959)也建议用正态分布随机变量来建模对数股票价格[4]。随后，布朗运动以其良好的随机计算性质而被广泛应用于期权定价中。然而大量的实证研究表明，大多数股票市场中的随机现象都体现出很强的肥尾、自相似和长期

[1] 作者简介：赵巍(1980—)江苏连云港人，东南大学博士、南京大学博士后、美国戴顿大学访问学者，淮海工学院商学院副院长、副教授，主要从事金融工程和金融复杂性研究。

[2] Bachelier L. Thorie de la speculation[J]. Annales Scientifiques de l' Ecole Normale Dupericure, 1900, III-17: 21-86.

[3] Samuelson P A. Rational theory of warrants pricing[J]. In The Random Character of Stock Market Prices, 1964, Ed. P. Cootner, pp.506-532.

[4] Osborne M F M. Brownian Motion in the stock market. Operations Research, 1959, 7: 145-173.

相关等分形特征,这导致了大量由布朗运动驱动的定价模型不符合真实的市场。

Mandelbrot和Van Ness(1968)[1]提出的分数布朗运动,已成为弥补上述模型缺陷最为简单的方法。许多研究者以不同方法给出了分数布朗运动的离散逼近,还在分数轨道积分(fractional pathwise integrals)意义下用多种途径证明了分数Black-Scholes模型下的欧式期权定价存在套利[2],这使得分数布朗运动似乎不适宜用于驱动期权定价模型。而Hu和Oksendal(2003)在分数伊藤积分意义下证明,分数Black-Scholes市场不存在套利且完备[3]。

Necula[4]在此基础上,通过随机积分的计算证明了分数Black-Scholes公式;刘韶跃等(2004)[5]利用这一结论对可降低权利金的权证进行了定价。本文立足通常鞅定价的研究思路,在分数风险中性测度下,利用随机微分方程和拟鞅(quasi-martingale)定价方法对分数Black-Scholes定价模型进行了求解;并将此种思想推广到股价受分数布朗运动驱动的混合期权定价模型中,最后对得到的分数期权价格和标准期权价格进行了比较。

二、Itô型分数Black-Scholes市场

考虑金融市场上存在两种投资可能性,一种是无风险资产债券,满足:

$$dM(t)=rM(t)dt \qquad \text{式(1)}$$

其中,无风险利率r为常数。

另一种是风险资产,如股票,满足:

$$dS(t)=\mu(t)S(t)+\sigma(t)S(t)dB_H(t) \qquad \text{式(2)}$$

称$S(t)$满足几何分数布朗运动。若$\mu(t)=\mu,\sigma(t)=\sigma$为常数,根据Necula论文中引理

[1] Mandelbrot B B, Van Ness J W. Fractional Brownian motion, fractional Noises and Application[J]. SIAM Review, 1968, 10: 422–437.

[2] Lin S J. Stochastic analysis of fractional Brownian motion, fractional noise and applications[J]. SIAM Review, 1995, 10: 422–437; Roger L C G. Arbitrage with fractional Brownian motion[J]. Mathematical Finance, 1997, 7: 95–105; Decreusefond L, Ustunel A S. Stochastic analysis of the fractional Brownian motion[J]. Potential Analysis, 1999, 10: 177–214.

[3] Yaozhong Hu, Oksendal B. Fractional white noise calculus and application to Finance[J]. Infinite Dimensional analysis, quantum probability and related topics. 2000, 1(6): 1: 32.

[4] Ciprian Necula. Option pricing in a fractional Brownian motion environment[J]. Preprint, Academy of Economic Studies Burcharest, Romania, 2002, www.dofin.ase.ro/.

[5] 刘韶跃、杨向群,《分数布朗运动环境中欧式未定权益的定价》,《应用概率统计》, 2004, 11(20): 429—434。

1.5有

$$S(t)=S\exp\left(\mu t-\frac{1}{2}\sigma^2 t^{2H}+\sigma B_H(t)\right) \quad 式(3)$$

其中,$S(0)=S$。

若保持其余Black-Scholes模型条件不变,则此时的市场为Itô型分数Black-Scholes市场。Hu和Oksendal证明分数Black-Scholes市场不存在套利,且是完全市场[1]。则在风险中性测度Q下

$$S(t)=S\exp\left(rt-\frac{1}{2}\sigma^2 t^{2H}+\sigma B_H(t)\right) \quad 式(4)$$

设$\{F_t^H,0\leqslant t\leqslant T\}$表示由$B_H(t)$产生的$F_t^H=\sigma(B_H(u),0\leqslant u\leqslant t)$关于$P$完备的$\sigma$-流。考虑时间区间$[0,T]$,投资者在时刻$t$的财富用$F(t)$表示,即

$$F(t)=a(t)S(t)+b(t)M(t) \quad 式(5)$$

其中,$a(t)$,$b(t)$分别对应股票和债券的数目。若$F(t)$满足下面的方程

$$dF(t)=a(t)dS(t)+b(t)dM(t) \quad 式(6)$$

称投资策略$\{a(t),b(t)\}$是自融资策略。此时,财富过程满足线性随机微分方程

$$\begin{aligned}dF(t)&=a(t)dS(t)+(F(t)-a(t)S(t))rdt\\&=rF(t)dt+a(t)S(t)\sigma dB_H(t)\end{aligned}$$

有

$$e^{-rt}F(t)=F(0)+\int_0^t e^{-r\tau}\sigma a(\tau)S(\tau)dB_H^Q(\tau)$$

另一方面,由分数Clark-Clone定理[2]

$$\begin{aligned}e^{-rT}F(T)&=E[F(T)]+e^{-rT}\int_0^T e^{r(T-\tau)}a(\tau)S(\tau)dB_H^Q(\tau)\\&=E[F(T)]+\int_0^T e^{-r\tau}a(\tau)S(\tau)dB_H^Q(\tau)\end{aligned}$$

再由分数Girsanov公式[3]

---

[1] Yao zhong Hu, Oksendal B. Fractional white noise calculus and application to Finance [J]. Infinite Dimensinal analysis, quantum probality and related topics. 2000, 1(6): 1: 32.

[2] Ciprian Necula. Option pricing in a fractional Brownian motion environment [J]. Preprint, Academy of Economic Studies Burcharest, Romania, 2002, www. dofin. ase. ro/.

[3] Ibid.

$$\tilde{E}_t^Q[e^{-rT}F(T)] = \tilde{E}_t^Q(E[F(T)]) + \tilde{E}_t^Q[\int_0^T e^{-r\tau}a(\tau)S(\tau)dB_H^Q(\tau)]$$

$$=E[F(T)] + \int_0^t e^{-r\tau}a(\tau)S(\tau)dB_H^Q(\tau)$$

从而得到下面的定理。

定理1（分数风险中性定价公式）任意自然σ－流F_T^H上的可测未定权益F在任意时刻$t \in [0,T]$的价格为

$$F(t) = e^{-r(T-t)}\tilde{E}_t^Q[F(T)]$$

其中，$\tilde{E}_t^Q[\cdot]$为概率测度Q下的拟条件数学期望。

三、分数Black-Scholes期权定价模型

考虑另一风险中性测度R下随机过程

$$B_H^R(t) = B_H^Q(t) - \theta t^{2H} \quad \text{式(7)}$$

由分数Girsanov公式[1]，$B_H^R(t)$为风险中性测度R下的分数布朗运动。考虑

$$Z(t) = \exp\left(\theta B_H(t) - \frac{\theta^2}{2}t^{2H}\right) \quad \text{式(8)}$$

则可利用下面引理进行拟鞅等价测度的计算

引理[2]若欧式未定权益f满足$\tilde{E}_t[f(B_H(T))] < \infty$。则对任意$t \leq T$，有下面的对等关系：

$$\tilde{E}_t^R[f(B_H(T))] = \frac{1}{Z(t)}\tilde{E}_t^Q[f(B_H(T))Z(T)]$$

其中，$\tilde{E}_t^Q[\cdot]$，$\tilde{E}_t^R[\cdot]$分别为风险中性测度Q和R下的拟条件数学期望。

定理2（分数Black-Scholes公式）标的资产S，到期日为T，执行价为K的欧式买权在任意时刻$t \in [0,T]$的价格为

$$C(t,S(t)) = S(t)N(d_1) - Ke^{-r(T-t)}N(d_2) \quad \text{式(9)}$$

其中

[1] Ciprian Necula. Option pricing in a fractional Brownian motion environment [J]. Preprint, Academy of Economic Studies Burcharest, Romania, 2002, www. dofin. ase. ro/.

[2] Ibid.

$$d_1 = \left[\ln\left(\frac{S(t)}{K}\right) + r(T-t) + \frac{\sigma^2}{2}(T^{2H} - t^{2H}) \right] / (\sigma\sqrt{T^{2H} - t^{2H}}) \qquad \text{式}(10)$$

$$d_2 = \left[\ln\left(\frac{S(t)}{K}\right) + r(T-t) - \frac{\sigma^2}{2}(T^{2H} - t^{2H}) \right] / (\sigma\sqrt{T^{2H} - t^{2H}}) \qquad \text{式}(11)$$

证明 由定理1

$$\begin{aligned} C(t,S(t)) &= e^{-r(T-t)} \tilde{E}_t^Q [F(S(T))] \\ &= e^{-r(T-t)} \tilde{E}_t^Q [\max((S(T)-K),0)] \\ &= e^{-r(T-t)} \tilde{E}_t^Q [S(T) I_{\{S(T)>K\}}] - K e^{-r(T-t)} \tilde{E}_t^Q [I_{\{S(T)>K\}}] \\ &\triangleq C_1 - C_2 \end{aligned}$$

其中，$C_1 = e^{-r(T-t)} \tilde{E}_t^Q [S(T) I_{\{S(T)>K\}}]$，$C_2 = K e^{-r(T-t)} \tilde{E}_t^Q [I_{\{S(T)>K\}}]$。

考虑测度R下随机过程 $$B_H^R(t) = B_H^Q(t) - \sigma t^{2H} \qquad \text{式}(12)$$

令
$$Z(t) = \exp\left(\sigma B_H(t) - \frac{\sigma^2}{2} t^{2H}\right) \qquad \text{式}(13)$$

由引理
$$\begin{aligned} \tilde{E}_t^Q [S(T) I_{\{S(T)>K\}}] &= e^{rT} \tilde{E}_t^Q [Z(T) I_{\{S(T)>K\}}] \\ &= Z(t) e^{rT} \tilde{E}_t^R [I_{\{S(T)>K\}}] \\ &= S(t) e^{r(T-t)} \tilde{E}_t^R [I_{\{S(T)>K\}}] \end{aligned}$$

根据
$$\ln S(T) = \ln S + rT + \frac{1}{2}\sigma^2 T^{2H} + \sigma B_H^R(T)$$

可得
$$\begin{aligned} C_1 &= e^{-r(T-t)} \tilde{E}_t^Q [S(T) I_{\{S(T)>K\}}] \\ &= S(t) \tilde{E}_t^R [I_{\{S(T)>K\}}] \\ &= S(t) P_r^R (\ln S(T) > \ln K) \\ &= S(t) P_r^R \left(\ln S(t) + r(T-t) + \frac{1}{2}\sigma^2 (T^{2H} - t^{2H}) + \sigma \Delta B_H^R(T) > \ln K \right) \\ &= S(t) N(d_1) \end{aligned}$$

其中，$d_1=\left[\ln\left(\frac{S(t)}{K}\right)+r(T-t)+\frac{\sigma^2}{2}(T^{2H}-t^{2H})\right]/(\sigma\sqrt{T^{2H}-t^{2H}})$。

其次

$$C_2=Ke^{-r(T-t)}\tilde{E}_t^Q[I_{\{S(T)>K\}}]=Ke^{-r(T-t)}P_t^Q[I_{\{S(T)>K\}}]=Ke^{-r(T-t)}N(d_2)$$

其中，$d_2=\left[\ln\left(\frac{S(t)}{K}\right)+r(T-t)-\frac{\sigma^2}{2}(T^{2H}-t^{2H})\right]/(\sigma\sqrt{T^{2H}-t^{2H}})$。

所以，欧式买权的评价模型为

$$C(t,S(t))=S(t)N(d_1)-Ke^{-r(T-t)}N(d_2)$$

证毕。

四、分数混合期权定价公式

混合期权是以期权作为标的资产的期权，可分为4种不同的混合期权：买权的买权、买权的卖权、卖权的买权和卖权的卖权，本文着重介绍买权的买权。

买权的买权（A Call on A Call，CC）到期现金流量为

$$CC_{T_1}=\begin{cases}C(T_1,S(T_1))-K_1, & C(T_1,S(T_1))>K_1\\ 0, & \text{否则}\end{cases}$$

其中，T_1，K_1表混合买权到期日和履约价，$C(T_1,S(T_1))$表示到期日T、履约价K的标的买权在T_1的价格（$T_1<T$）。

在风险中性下，有

$$CC_T=e^{-r(T-t)}E_t^Q[\max(0,C(T_1,S(T_1))-K_1)] \quad \text{式(14)}$$

其中，$S(T_1)=S(t)\exp\left(r(T_1-t)-\frac{1}{2}\sigma_1^2(T_1^{2H}-t^{2H})+\sigma_1(B_{H_1}(T_1)-B_{H_1}(t))\right)$。

设$C(T_1,X)=K_1$，则有

$$\begin{aligned}CC_{T_1}&=e^{-r(T_1-t)}E_t^Q[(C(T_1,S(T_1))-K_1)I_A]\\&=e^{-r(T_1-t)}E_t^Q[C(T_1,S(T_1))I_A]-K_1e^{-r(T_1-t)}E_t^Q[I_A]\end{aligned}$$

其中，

$$
\begin{aligned}
A &= \{S(T_1)\,|S(T_1) > X\} \\
&= \left\{ -\frac{B_{H_1}(T_1) - B_{H_1}(t)}{\sqrt{T_1^{2H} - t^{2H}}} \,\middle|\, -\frac{B_{H_1}(T_1) - B_{H_1}(t)}{\sqrt{T_1^{2H} - t^{2H}}} < a_2 \right\}
\end{aligned}
$$

$$
a_2 = \left[\ln\left(\frac{S(t)}{X}\right) + r(T_1 - t) - \frac{\sigma^2}{2}(T_1^{2H} - t^{2H}) \right] / (\sigma\sqrt{T_1^{2H} - t^{2H}})
$$

有

$$
CC_{T_1} = e^{-r(T_1-t)} \tilde{E}_t^Q[C(T_1, S(T_1))I_A] - K_1 e^{-r(T_1-t)} N(a_2)
$$

而

$$
C(T_1, S(T_1)) = e^{-r(T-T_1)} \tilde{E}_{T_1}^Q[(S(T) - K)I_{\{S(T)>K\}}]
$$

其中

$$
S(T) = S(T_1)\exp(r(T - T_1) - \frac{1}{2}\sigma_1^2(T^{2H} - T_1^{2H}) + \sigma_1(B_H(T) - B_H(T_1)))
$$

故

$$
\begin{aligned}
\tilde{E}_t^Q[C(T_1, S(T_1))I_A] &= e^{-r(T-T_1)} E_t^Q[(S(T) - K)I_B] \\
&= e^{-r(T-T_1)} E_t^Q[S(T)I_B] - Ke^{-r(T_1-t)} E_t^Q[I_B]
\end{aligned}
$$

其中

$$
\begin{aligned}
B &= \{(S(T_1), S(T))\,|S(T_1) > X, S(T) > K\} \\
&= \left\{ \left(-\frac{B_{H_1}(T_1) - B_{H_1}(t)}{\sqrt{T_1^{2H} - t^{2H}}}, -\frac{B_{H_1}(T) - B_{H_1}(t)}{\sqrt{T^{2H} - t^{2H}}} \right) \,\middle|\, -\frac{B_{H_1}(T_1) - B_{H_1}(t)}{\sqrt{T_1^{2H} - t^{2H}}} \right. \\
&\quad \left. < a_2, -\frac{B_{H_1}(T) - B_{H_1}(t)}{\sqrt{T^{2H} - t^{2H}}} < b_2 \right\}
\end{aligned}
$$

其中

$$
b_2 = \left[\ln\left(\frac{S(t)}{K}\right) + r(T - t) - \frac{\sigma^2}{2}(T^{2H} - t^{2H}) \right] / (\sigma\sqrt{T^{2H} - t^{2H}})
$$

所以

$$
\begin{aligned}
CC_{T_1} &= e^{-r(T-t)} \tilde{E}_t^Q[S(T)I_B] - Ke^{-r(T-t)} N_2(a_2, b_2, \rho) - K_1 e^{-r(T_1-t)} N(a_2) \\
&= S(t)N_2(a_1, b_1; \rho) - Ke^{-r(T-t)} N_2(a_2, b_2; \rho) - K_1 e^{-r(T_1-t)} N(a_2)
\end{aligned}
$$

其中

$$a_1 = a_2 + \sigma\sqrt{T_1^{2H} - t^{2H}}$$

$$b_1 = b_2 + \sigma\sqrt{T^{2H} - t^{2H}}$$

$$N_2(x,y;\rho) = \frac{1}{2\pi\sqrt{1-\rho^2}}\int_{-\infty}^{x}\int_{-\infty}^{y}\exp\left[\frac{-1}{2(1-\rho^2)}(u^2 - 2\rho uv + v^2)\right]dudv$$

$$\begin{aligned}\rho &= Corr\left(-\frac{B_H^Q(T_1) - B_H^Q(t)}{\sqrt{T_1^{2H} - t^{2H}}}, -\frac{B_H^Q(T) - B_H^Q(t)}{\sqrt{T^{2H} - t^{2H}}}\right)\\ &= Corr\left(\frac{B_H^Q(T_1) - B_H^Q(t)}{\sqrt{T_1^{2H} - t^{2H}}}, \frac{B_H^Q(T) - B_H^Q(T_1)}{\sqrt{T^{2H} - t^{2H}}} + \frac{B_H^Q(T_1) - B_H^Q(t)}{\sqrt{T^{2H} - t^{2H}}}\right)\\ &= Corr\left(\frac{B_H^Q(T_1) - B_H^Q(t)}{\sqrt{T_1^{2H} - t^{2H}}}, \frac{B_H^Q(T_1) - B_H^Q(t)}{\sqrt{T^{2H} - t^{2H}}}\right)\\ &= \frac{T_1^{2H} - t^{2H}}{\sqrt{T_1^{2H} - t^{2H}}\cdot\sqrt{T^{2H} - t^{2H}}}\\ &= \frac{\sqrt{T_1^{2H} - t^{2H}}}{\sqrt{T^{2H} - t^{2H}}}\end{aligned}$$

五、结　论

分数布朗运动的出现，导致基于布朗运动假设及鞅定价方法建立的期权定价模型需要改进。本文立足通常鞅定价方法的基本研究思路，采用拟鞅定价的方法重新求解了Itô型分数Black-Scholes市场中的期权定价公式，进而讨论了股价受分数布朗运动驱动的混合期权定价模型。从得到的结果看出，相比通常的期权定价公式，分数期权价格不仅与到期时间有关，还取决于长记忆参数H。假设 $t_1 \leqslant t_2 \leqslant t \leqslant T$，考虑到期日均为$T$，签约日分别为$t_1$和$t_2$的两种期权。对通常的Black-Scholes模型而言，两者在时刻t的期权价格相同；而对分数Black-Scholes模型，前者的价格还受到标的资产价格在时间区间$[t_1, t_2]$的影响，这正是分数布朗运动中长记忆性驱动的结果。

农村保险销售模式创新思路研究

——以苏北农村地区为例

胡晓萌[1]

摘　要：本文以文化地理学相关理论为指导，以苏北农村地区为研究对象，通过对我国已有农村保险销售模式的全新解读，和对苏北农村地区保险文化扩散基础环境的分析，尝试构建以“点—圈—区”销售网络和“门店—中心代办点—代办点”保险服务平台为组织架构的“等级营销”销售模式，力求为农村保险销售问题研究提供新的思路。

关键词：农村　保险销售模式　苏北　文化地理学

随着我国农村保险市场的不断发展，农村保险销售的各种问题逐渐暴露，许多学者也对其进行了研究。但这些研究存在一定的“城市倾向”，多以“经济理性”为出发点，不注重对“文化感性”的关注。保险销售的核心就是保险文化的输出，与“市民”相比，“农民”的决策行为更多的受到“文化感性”因素的支配。有鉴于此，本文拟以苏北农村地区为例，在文化地理学相关理论的指导下，通过对我国已有农村保险销售模式的全新解读和对案例区域保险文化扩散的基础环境的分析，尝试构建适合该区域的保险销售模式，力求为农村保险销售问题研究提供新的思路。

一、相关理论阐释

文化地理学是研究一定空间范围内诸文化要素的分布、组合和发展及其形成条件的科学[2]，研究内容主要包括文化区、文化综合、文化源地与扩散、文化景观四个方

[1] 作者简介：胡晓萌，硕士，现供职于中国人民财产保险股份有限公司连云港市分公司，主要研究方向：区域经济学与保险经济学。

[2] 李旭旦 著，《人文地理概论》，科学技术出版社，1985年；吴传钧 著，《人文地理导论》，江苏教育出版社，1989年。

面[1]。与本文研究相关的内容主要为文化区和文化扩散的相关理论，在此只对这部分内容做简要介绍。

（一）文化区

文化区是指在其内部的文化特征方面具有相同或者相似的空间属性的区域，可分为形式文化区和功能文化区两大类。其中，形式文化区是指某种文化现象或具有某些相互联系的文化现象在空间分布上具有集中的核心与模糊的边界的文化区；功能文化区是指具有某种机能作用的地区，在功能文化区中实现功能作用的组织的所在地为核心区。

（二）文化扩散

文化扩散是指文化信息在空间上从某一区域传播到另一区域的过程[2]，这个过程可以概括为：注意→兴趣→评价→试验→采用[3]。依据扩散的选择性可以将文化扩散划分为接触扩散（文化不分等级和地区，接触即可扩散）、随机扩散（文化在扩散过程中对被扩散区域和人口进行随机选择）和等级扩散（文化信息的传播者有目的有选择地将文化信息传播给不同等级的文化节点或不同等级的人）三种类型[4]。影响文化扩散的因素主要可归结为自然条件、文化势能差、文化距离、文化惯性与革新、技术手段五个方面。① 自然条件是文化形成、发展和扩散的物质基础，其为文化扩散提供可能并影响扩散过程。② 文化势能是指区域文化为人提供幸福和自由的能力。区域间的文化势能差是文化扩散的先决条件。一般情况下，自然、经济、社会等条件较好的区域文化势能较高，文化信息多由高势能区域向低势能区域扩散。文化势能在人类个体或群体上固化后形成文化场。掌握较多政治、经济、社会资源的人一般具有较强的文化场，接受和传播文化的能力较强。③ 文化距离包括空间距离和人际距离两种形态。根据Hagerstrand的研究，在其他条件不变的情况下，文化在扩散初期扩散速度较慢，随着时间推移逐渐加快，到一定界限后扩散速度逐渐减慢[5]。④ 文化惯性与革新是区域文化的矛盾属性：区域文化既有沿着固有的方向发展的趋势即惯性，又有与外部文化发生

---

[1] 张晶，《论文化地理学的基本理论与主要内容》，《人文地理》，1997，12（1）：39—43。

[2] Hagerstrand T.，*Innovation Diffusion as a Spatial Process*，University of Chicago Press，1967.

[3] 窦文章，《文化传播的空间基础及模式分析》，《人文地理》，1996，11（4）：60—63。

[4] 王康弘、耿侃，《文化信息的空间扩散分析》，《人文地理》，1998，13（3）：50—54；罗平、何素芳、伍兆强等，《基于扩展CA的文化传播时空模拟研究》，《热带地理》，2002，22（4）：371—374。

[5] Hagerstrand T.，Regional forecasting and social engineering in Mchisholmet［M］. Regional forecasting. London. 1971.

交流与融合的需求即革新。强文化场对惯性或革新的倾向性对整个区域文化的倾向性有导向性作用。⑤ 技术手段是指文化信息传播的载体。随着信息技术的发展,文化势能差、文化革新对文化扩散的影响程度逐渐增强,其他因素的影响逐渐减弱。

二、已有模式解读

随着农村保险业务的开展,在我国形成了多种农村保险销售模式,如联“合”(新农合)互动模式、“保银”协作模式、全村统保模式和小型团单模式等[1]。根据保险产品具体营销者的性质不同,可将现有模式分为机构代理模式(如联“合”互动、“保银”协作)和非机构代理模式(如全村统保和小型团单)两大类(表1)。

表1 我国现有农村保险销售模式的特点和不足(基于文化地理学视角)

种类	销售方式	文化扩散过程特点	不足之处
机构代理模式	第三方机构代理销售保险产品,保险企业向其支付一定佣金。	① 将代理机构的工作人员作为保险文化的强文化场。 ② 将代理机构的作业场地作为保险文化的功能文化区及其核心区。 ③ 主要采用接触扩散的方式进行保险文化传播。	① 代理机构空间密度较小,几乎不会移动,再加上接触扩散的文化扩散方式制约文化扩散的范围和效率。 ② 不同产品在同一空间同时销售使农民对保险产品产生对比之下的不认同感。 ③ 代理机构出于逐利的目的会出现捆绑、强制销售等行为,影响保险企业和产品形象。
非机构代理模式	保险企业直接派驻营销员或者通过政府官员、技术人员等地方能人作为代理人进行保险营销。	① 将地方能人或者驻村营销员作为保险文化的强文化场。 ② 主要采用等级扩散的方式进行保险文化传播。 ③ 一般不设固定的保险文化功能文化区。	① 由于受到强文化场个人素质和稳定性的制约,保险文化无法持续、准确地传达给农民,致使出现纠纷的可能性较大。 ② 由于一般不设固定的保险文化功能文化区,使得出现承保或理赔服务延误的可能性较大。

[1] 吴海波,《农村小额保险销售模式比较研究》,《上海保险》,2010,(8):34—37。

以文化地理学的视角对我国现有农村保险销售模式进行解读可以发现，这两类销售模式各自都有其特点和不足之处。要合理的借鉴已有模式，对所研究区域的保险销售模式进行构建，就有必要对该区域保险文化扩散的基础环境进行分析。

三、基础环境分析

区域文化扩散的基础环境直接影响区域文化扩散的方式及文化区的形成。由于本文研究的案例区域为苏北农村地区，所以本文将从前文所述的影响文化扩散的五因素角度对该地区保险文化扩散的基础环境进行分析。

（一）自然环境

苏北地区地形以平原为主，地势相对平坦。从气候方面来看，苏北地区四季分明，雨热同季，但各种气象灾害发生较为频繁。此外，苏北地区农业设施的建设水平不高，农业生产经常会因大风、干旱、洪涝等灾害气候的影响而减产，而文化大规模扩散常启动于灾变事件后[1]。因此，苏北农村地区这些自然环境方面的特点有利于保险文化的传播。

（二）文化势能差

从苏北地区内部来看，城市和农村、农村已参保户和未参保户之间对保险文化理解上的差异构成了文化势能差，使苏北农村地区具备了保险文化扩散的先决条件。而从苏北地区和周边地区的差异来看，其与“长三角”和“环渤海”这两大经济“高地”在社会经济发展水平上的差距造成其文化势能相对较低，这对该地区农村保险文化的植入具有促进作用。

（三）文化距离

苏北农村的聚落多为具有血缘关系的人集中居住而成，并逐步演变成村民小组。而苏北农村地区面积较大，村民小组之间的距离较远，呈现出人口“小集中、大分散”的特征。这种聚落空间形态决定了该地区村民小组内部成员间文化距离较近，村民小组之间文化距离较远。在这种情况下，以保险文化的接触扩散为主的机构代理模式受到扩散范围、扩散速度的限制，无法取得较好的销售效果。

---

[1] 王康弘、耿侃，《文化信息的空间扩散分析》，《人文地理》，1998，13（3）：50—54。

（四）技术手段

苏北农村地区道路、通信等基础设施的配置并不十分完备，常住居民多为留守老人和儿童，能够使用先进手段（如网络等）进行信息传播的人员数量较少，该地区的信息传播仍然以“口耳相传”的方式为主。有鉴于此，该地区保险文化的扩散无法完全依靠先进的技术手段进行，而传统的借助户外活动、纸质宣传品进行的扩散又受到文化距离的限制，宣传效果非常有限。

（五）文化惯性与革新

“口耳相传”的传播方使苏北农村地区文化具有“传承为主、扩散为辅”的特点；人口分布的“小集中、大分散”，使信息传播多数限于村民小组内部，造成了苏北地区农村文化的“小群体性”特点。在二者的共同作用下，多数居民接受新事物的意愿不强，小群体与外部文化交流受到制约，就形成了一定的文化惯性。在保险文化扩散过程中，这种文化惯性主要表现为：农民因不接受保险文化而不愿投保；因“别人投保，我也投保”而形成的从众性投保；由于对理赔等服务存在争议或不满引发的群体性退保。

2012年苏北地区农民人均纯收入已全面突破9 000元，农村居民已具备一定的保险购买力；该地区农业生产、农民养老等方面的保障体系还不是很健全，居民也有较大的保险需求，因此该地区具有保险文化植入的“土壤”。那些有别于小群体文化特征，具有较强的变革意识、接受和传播文化信息的能力以及较好“群众基础”的个体，是区域文化的革新力量，也是保险文化扩散过程中不可或缺的媒介资源。

四、新模式构建

根据文化地理学的相关理论，构建区域保险销售模式的核心就是实现保险文化的全面植入。其一般要经历以下过程：第一步是保险文化的“播种”与“育秧”，在文化扩散中处于引发“关注”和“兴趣”阶段；第二步是保险文化功能文化区即“试验田”和“营销场地”的设立，在文化扩散中处于“评价”和“试验”阶段；第三步是保险文化的“大范围种植”即保险文化形式文化区的形成，在文化扩散中处于最终“采用”阶段。

（一）扩散方式选择

在保险文化植入初期，首先应该对文化扩散方式作出选择。通过前文的分析，以接触扩散为主的保险文化传播方式不适宜苏北农村地区。保险产品销售的强目的性决定了保险文化的扩散不会采用随机扩散的方式。加之苏北地区文化距离的特点和文化扩散速度与时间的关系特征，从整体来说，苏北保险文化的传播方式应该以等级扩散为主。

（二）强文化场选育

实现保险文化的等级扩散，应首先选育保险文化的“接入点”。“接入点”应具备以下条件：较强的变革意识；善于使用先进的信息传播技术手段，有较强的接受和传播保险文化的能力；有较好的“群众基础”，是群体内的强文化场；本职工作的作业时间和空间相对自由，可以参与保险产品营销。结合前文对保险文化扩散基础环境的分析，并借鉴全村统保和小型团单模式中对强文化场的选择，大学生村官、致富能手、乡村医生、零售点业主、农村经济合作组织负责人较为适合作为保险文化的“接入点”。“接入点”选定后，对其进行保险知识和产品信息的宣导，使其成为本土非职业保险营销员，并鼓励其进一步将保险文化向他人传播并进行农村保险产品营销。至此也就完成了保险文化的“播种”与“育秧”。

（三）功能文化区设立

保险文化功能文化区有保险营销场地和保险“试验田”两种形态。在文化扩散的过程中，保险营销场地的作用主要是满足被扩散者的“评价”需求，同时也兼有引发“关注”和“兴趣”的作用；保险“试验田”的作用主要是满足被扩散者的“试验”需求。

营销场地兼有保险文化宣传和保险服务两种功能。营销场地在空间上很难移动，其进行文化信息传播的方式以接触扩散为主。因此营销场地应具备以下条件：是强文化场经常活动的地点；有较大的人流量；具有一定的室内空间，能够放置保险文化宣传品并开展简单的保险销售与服务工作。参照以上标准，村委会所在地、乡村卫生室、农村零售店、农村经济合作组织办公室等场所适宜作为保险营销场地。在原有的营销场地中，中介机构的作业场地条件较好，可以适当优化并继续使用；保险公司已经设立的门店可以根据业务量、维护成本等因素综合考虑，予以适当撤并。

在保险公司的鼓励下，“接入点”会采用各种方式进行保险文化传播。其中，采用等级扩散的方式进行保险文化扩散和保险销售的必然结果之一就是保险“试验田”的设立，这也是保险文化植入过程中必不可少的一个环节。由于要满足被扩散者的“试验”和“评价”需求，保险“试验田”应具备以下条件：具有较多的面临同质风险的保源数量；具有较强的购买力和保险需求；具有一定的榜样示范效应。参照以上标准，各类农村经济合作组织适宜作为保险“试验田”进行重点培养。“试验”成功后，参与“试验”的保源也具有了传播保险文化的功能，就形成了能量更为强大的强文化场和保险文化功能文化区。

（四）形式文化区形成

完成强文化场的培育和功能文化区的设立后，区域内部一定数量的个体已具有了保险文化特征，这些个体会采用文化扩散的各种方式进行保险文化的传播。此时，保险文化处于扩散中期，区域内尚未接触保险文化的个体之间文化上的差异性较小，从扩散过程来看，保险文化的扩散已经进入“采用”阶段。因此，此时的扩散方式以接触扩散为主，扩散速度较快。在这个阶段，强文化场和功能文化区的示范带动效应以及农村居民的从众心理开始发挥作用，进一步促进保险文化的传播。随着时间和文化距离的推移，文化扩散逐渐减慢并趋于停滞，最终形成了保险文化特征在空间上具有集中的核心区和模糊的边界的分布状态，即保险文化的形式文化区。

（五）销售组织构架

结合上文分析，现将苏北农村保险销售组织设计为“等级营销”模式。该模式具体包括两个模块:“点—圈—区”销售网络和“门店—中心代办点—代办点”保险服务平台。在销售网络中，“点”即为前文所述的“接入点”。通过必要的宣导和依法合规前提下的激励措施，鼓励其进行市场开拓。在开拓初期指导其将营销的主要目标设定为农村经济合作组织的保源，以此发展农村本土保险营销团队，并鼓励其进行进一步的保险营销，完成“圈”的培养。在“点”和“圈”的共同作用下，整个区域的农村居民最终接受、传播保险文化并购买保险产品，从空间角度看，就形成了具有保险文化特征的“区”。

要实现农村保险展业的可持续运行，只有销售网络是不够的，还需要一定的平台进行保险宣传和保险服务工作，为保险销售提供支撑。结合前文对苏北农村文化距离特征的分析，可将农村保险服务平台分三级进行设立。第一级为“门店”，即保险公司设立的乡镇门店，每个重点中心镇设置一个。“门店”具有较为完整的保险服务功能，如产品宣传、承保出单、理赔手续审核等，是连接保险公司和农村市场的“纽带”。第二级为“中心代办点”，一般借助“新农合”和农村金融机构的作业场地进行布置，一般每镇设置一个。其主要功能为产品宣传、承保材料的收集与初步审核、理赔款的中转与发放等。第三级是农村保险“代办点”，至少应每一到二个村设置一个，具体数量由本土保险营销员和营销团队自行确定。“代办点”可借助村委会所在地、乡村卫生室、农村零售店、农村经济合作组织办公室等场所灵活布置，主要承担保险文化宣传、收集保源信息、简单保险服务（如初步签订投保意向、保单配送、理赔协助）等功能。“代办点”也是乡村保险营销员从事保险营销活动的主要场所。

五、不足与展望

本文以苏北农村地区为例，在文化地理学理论的指导下，构建了农村保险销售的“等级营销”模式，但该模式是否切实可行，还需要进一步的讨论和付诸实践检验。因此，本文的研究目的重在提供一种新的思路，即以人的感性因素和在此基础上形成的区域文化特征的影响为依据进行区域保险销售模式的创新。受笔者知识储备和篇幅所限，本文的研究还存在诸多不足：如本文只借鉴了文化地理学中的部分理论作为理论指导，理论来源相对单一；没有对保障“等级营销”模式可持续高效运行的措施进行深入研究等。此外，多数情况下，人的决策行为受理性因素和感性因素的共同影响，因此，如何充分借鉴相关理论，将感性因素和理性因素进行综合分析，为区域保险销售模式的优化创新和相应的保障措施的发展完善提供新的思路和依据，还有待于进一步研究和探讨。

大数据时代CPI业务模式初探

刘　振[1]

摘　要：随着互联网、物联网、云计算等的迅猛发展，以及视频监控、电子商店等的广泛普及，全球数据量呈巨量甚至超量增长，一个以信息爆炸为特征的大数据时代已经到来，这对CPI调查工作提出更高的要求和挑战。对此，我们在继续做好现有CPI调查工作的基础上，积极探索如何应对大数据时代到来的CPI业务发展模式，更好地让居民消费价格调查服务于社会大众，实现CPI价格调查工作与时代接轨。

关键词：大数据　CPI　业务模式

一、CPI调查工作现状

CPI是一个反映居民家庭一般所购买的消费商品和服务价格水平变动情况的宏观经济指标，它是进行经济分析和决策、价格总水平监测和调控以及国民经济核算的重要指标。居民消费价格调查是经济社会统计调查工作中的一个重要组成部分，是运用科学的统计调查方法，系统地调查、搜集和整理主要商品、服务项目的价格及消费额资料，并编制生成居民消费价格指数。特别是CPI手持数据采集工作推广以来，通过CPI手持数据采集系统管理端和手机端的有效结合，CPI调查数据的准确度和及时性都有了很大的提高。

（一）数据报送快捷，及时性有很大提高

通过CPI手持数据采集上报，较原来纸质报表报送，数据上报方式更加便捷，经过培训，辅调员熟练使用数据采集器以后，直接将规格品价格数据录入采集系统，完成数据上报，工作量明显减轻，省出更多时间对数据进行自查，数据报送的及时

[1] 作者简介：刘振，国家统计局连云港调查队。该文为第十八次全国统计科学讨论会入选论文，并于2014年8月28日被国家级报纸《中国信息报》“统计导刊” 7版采用。

性大大提高。

（二）实现适时审核，价格数据质量得到提升

按照CPI调查方案要求，辅调员对所调查规格品“逢五逢十”进行价格采集，传统方式下业务人员对价格数据审核存有一定的滞后性，开展CPI手持数据采集工作以后，业务人员可直接依据CPI数据采集管理系统，及时掌握辅调员的价格数据，实现数据适时审核，保证源头价格数据的准确性。

（三）便于业务联系和辅调员的日常管理

通过与电信部门商定为采价手机增添政务通功能，各辅调员CPI采价手机与业务人员的管理手机之间实现信息互通功能，在政务网互打不收取费用，有利于业务人员和各辅调员之间的业务联系和价格数据适时查询，强化了辅调员的日常管理。

总体来看，目前的CPI调查工作已经形成一个完整的CPI数据生产链，有规律和有计划地进行CPI数据的上报和生成，最大程度上避免外界因素对价格数据真实性的干扰，保证CPI数据调查质量，提高CPI的公信力，是践行统计“三个提高”、“四大工程”的重要尝试，也是对即将到来的大数据时代的有益探索。

二、CPI调查工作中存在的问题

（一）调查对象不配合现象时有发生

价格调查中对鲜活商品等部分规格品要求“逢五逢十”采价，采价频次较高、调查范围较广，在与农贸市场摊主、商家等频繁接触过程中，摊主、小贩等调查对象对CPI采价工作的理解和支持不到位，特别是在采价员只问价不买东西的情况下很容易引起调查对象的不配合，采价“闭门羹”现象时有发生。

（二）部分采价原则较难执行彻底

消费价格调查采价的基本原则主要有同质可比、把握趋势、三定原则、实际成交价、有价必有物和众数原则等，从CPI实际业务工作来看，比较难以执行到位的采价原则主要有同质可比、实际成交价和众数原则。

1. 同质可比原则。同质可比原则是指在每一个固定的调查周期内，必须保持所调查规格品的主要性能指标前后一致，使前后价格具有可比性，它是CPI编制的重要依据。在实际工作中因技术更新、产品升级换代等原因，诸如手机、电脑等电子产品的缺价情况

较为普遍，采价员往往会面临是以价格涨跌幅度合理还是以产品性能指标接近的两难选择，同质可比原则一般只能在正确把握价格趋势的前提下被合理地放宽，很难完全实现所有调查规格品的同质可比。另外，像衣着类规格品一般实体店中库存件数不多，所以一旦销售以后，多数情况要更换规格品，像药店中同一药品规格种类较多、产地较多，选定的某一款药品缺价的情况比较常见，类似情况的存在同质可比原则受到挑战。

2. 实际成交价原则。在市场经济条件下，商品的成交价与挂牌价（或起初的口头报价）之间往往有较大的差异，按照方案要求必须采集实际成交价，因为实际成交价体现了居民对某一规格品的实际消费支出，采集实际成交价格最有意义。在实际采价中，大多数规格品比较容易把握，但是像服装、电器、家具等规格品，因为采价员只采不买，而服装、电器、家具等又存在较大的讨价还价空间，所以采价员想要准确取得规格品的实际成交价除非商家配合程度较高愿意提供相应的销售凭证，否则准确采到实际成交价确实存在困难。

3. 众数原则。所谓众数采价原则，是说由于规格品的实际成交价有时相差较多，所以我们采集的价格不是最高价，也不是最低价，而是成交笔数最多的价格，即“众数”价格。执行众数原则的前提是采价员要掌握某一规格品实际成交的多笔价格记录，进行价格间对比，才能取得要求的“众数”价格，对于农贸市场中鲜菜、鲜瓜果等食品类价格可以通过多问几个摊点较为容易地取得“众数”价格，对于大多数的工业消费品等则只能采取其他变通的方法进行采价。

（三）在不同调查点找到完全相同的规格品或有困难

消价方案制度规定对同一工业消费品及服务项目的具体规格品，大中城市应选择3—4个调查点，小城市和县应选择2—3个调查点进行价格调查。大部分工业消费品可以在不同采价点找到相同品牌、性能、型号等完全一致的规格品，完成价格采集，个别工业消费品比如包装食品、服装、部分家电、家具等因为超市、商家或者卖场为在竞争中取得产品优势而定制不同的进货规格要求，有的规格甚至成为其特供产品，这些不同的经营策略给在不同采价点找到品牌、型号、产地等完全一致的规格品并取得价格带来一定困难。

（四）部分规格品的采价量不够

按照消价方案制度要求对同一规格品一般要询价2个采价点以上，然后根据众数原则进行采价，但在实际工作中存在部分规格品采价量不够的情况。例如在对农贸市场数据核查时，我们发现个别辅调员由于个人责任意识不到位或者忌于摊主不配合的心理对部分鲜活商品只询问一个采价点价格便完成上报，因而上报的价格数据代表性不强，不能够充分完全地反映实际市场价格走势。

（五）采价摊点变动影响价格数据质量

通过对价格数据的抽查和实地采价，我们发现采价摊点不同价格存在较大差异，特别是对于鲜活商品而言，一是农贸市场中鲜活商品摊点较多，二是农贸市场中固定摊位和零散摊点并存，因固定摊点摊位费较高、菜品较好，进货成本较高，零散摊点菜品自产自销的居多，因而同一规格品二者间价格存在较大差异。而辅调员对农贸市场采价时偶尔存在采价摊点更换的情况，一定程度上造成价格人为的不可比。

（六）辅调员操作技能水平尚待提高

CPI价格调查工作涉及食品、烟酒、衣着等生活的方方面面，从采价员的聘用情况来看，一般聘用生活阅历较为丰富、沟通能力较强的人员从事采价工作，通过经常性的业务培训，采价员基本上能够较为熟练地操作HTC采价手机完成日常采价数据上报，但部分采价员受自身业务能力所限存在对电脑、日常OFFICE软件、邮件发送等缺乏相应操作技能的情况，影响到日常业务交流和价格原始记录表等电子档案资料报送管理工作。

三、大数据时代CPI调查面临的挑战

大数据（big data），或称巨量资料，指的是所涉及的资料量规模巨大到无法透过目前主流软件工具，在合理时间内达到撷取、管理、处理、并整理成为能够实现帮助企业经营决策等更积极目的的资讯，也就是说需要新处理模式才能具有更强的决策力、洞察力和流程优化能力的海量、高增长率和多样化的信息资产。大数据具有海量、高速、多样化和价值密度低的特点，当前大数据越来越受到关注。统计调查部门作为对数据信息进行加工、处理和发布的权威部门，大数据时代的到来对其工作带来的影响和改变不可避免，CPI调查工作以其数据产生流程和业务调查模式的特点必然面临着大数据时代的冲击和挑战。

（一）大数据对CPI采集方式产生冲击

在大数据背景下，互联网、物联网等的发展和运用，加快了信息化向社会经济各方面和居民日常生活的渗透，数据来源范围更为广泛，数据采集渠道更为多样化，这对

CPI通过聘用辅调员对实体采价点进行定期价格数据采集的传统方式必然会产生冲击，因为大数据下涉及居民日常消费方方面面的价格数据可以直接通过电子交易记录等网络交易平台进行直接查询和获得。

（二）大数据对CPI数据质量要求更为严格

大数据时代，信息集中共享、信息平台公开化透明化会是必然的发展趋势，在社会公众能够便捷、快速查询和适时获取统计信息产品和服务的同时，统计数据质量则会比传统情况下更为敏感、更受关注、要求更高，这对CPI的价格数据来源是否有根有据，价格获取途径是否真实合理、CPI价格趋势能否客观公正地代表实际情况都会是一种挑战。

（三）大数据对CPI价格数据加工分析要求更高

大数据时代，调查队传统意义上的专业明细分工会被打破，各调查专业间的融合和交叉会是一种必然，由CPI价格变动走势衍生出的数据加工分析链条除了传统意义下与之联系紧密的生产领域PPI、IPI之外，业务人员可能还要继续深入思考和分析由商家定价策略带来的战略定位、盈利要求、财务状况、资金管理等情形，对CPI价格数据加工分析要求更高，其层次和深度更深更广，为公众生产出高质量的CPI统计数据产品和服务也成为一种发展趋势。

四、大数据时代CPI业务模式初探

（一）CPI价格数据采集方式改变

目前的CPI数据产生流程主要是借助于手持数据采集器（HTC采价手机）、CPI数据采集管理系统、CPI数据汇总程序，通过辅调员原始数据即采即审即报→市、县队业务人员即报即审、汇总上报→总队数据审核、汇总上报→国家数据审核汇总→指数层层发布，而大数据时代面对海量的价格数据，CPI数据生产方式的数据入口则应在商家交易平台或者销售系统中加入查询、筛选、萃取、导入等一系列智能技术操作端口，以此获取所需的规格品价格和信息，然后通过相应的数据处理加工程序生成CPI各类指数（如下图），这样一方面减少了辅调员的采价环节，可以避免辅调员采价过程中主动或被动的采价失误造成的数据失真，另一方面通过在平台上的查询和搜索可以迅速精准地定位不同采价点间规格品的各类信息，为代表规格品选择、规格品缺价时的正确更换、同一规格品在不同采价点的准确采价以及同质可比、众数原则、实际成交价格等采价原则的更好贯彻提供更为有利的执行环境。

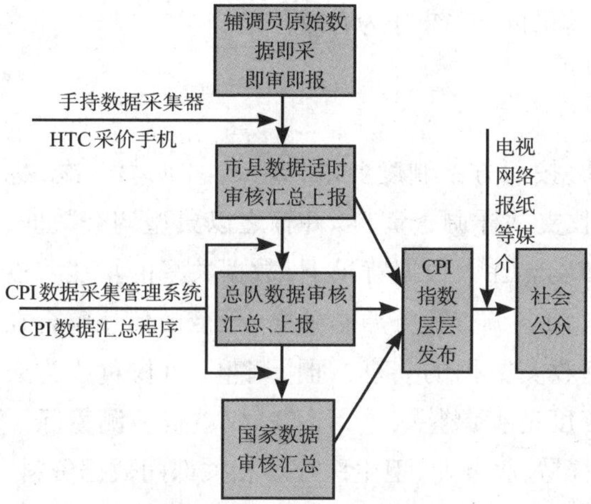

现代CPI数据生产方式

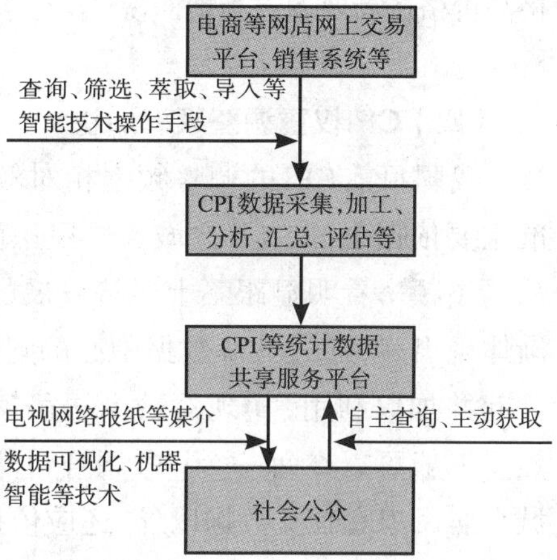

大数据时代CPI数据生产方式

（二）CPI调查技术手段革新

大数据背景下，一是CPI数据采集方式将全面依赖于信息技术手段，借助云计算等有效工具，对海量数据中进行分析和萃取，深度挖掘流量与有价值的价格信息；二是建立CPI统计信息集中管理平台，包括对CPI数据采集、数据加工、数据汇总、数据评估、数据发布、公众查询等在内的一系列统计数据管理体系，实现与大数据的完美衔接和运用。

（三）电商等网店逐步成为CPI主体采集对象，实体店作为适当补充

目前淘宝、天猫、当当、京东商城、苏宁易购等众多的网络交易平台，经营的商品涉及食品、衣着、电器、家具、建材等诸多与居民生活息息相关的消费品，CPI调查的八大类商品和服务中的大多数规格品都能够在商家交易平台上找到具有代表性的商品和价格，电商等网店逐渐成为未来CPI数据采集的主要渠道，当然除了大型的、全国型的交易平台以外，为了实现CPI更好地代表本地区的价格走势，还应综合地区型的网络交易平台、调查点网页数据等在线信息，例如目前连云港市出现的“连云港菜篮子网”（http://www.lygclz.com/）农副产品网购平台，涉及了禽蛋肉、水产品、水果、蔬菜、调味品、粮油、休闲食品等居民常用的农副产品，现行CPI调查的食品16个大类中有六成以上在该交易平台上都可以查询到代表规格品的价格信息，而且与本地区农贸市场、超市等农副产品价格相差不大，在充分评估其与实体店价格差异以及大众感受匹配度的前提下，这可以作为本地区对部分食品类价格网络试采的探索。就目前发展来看，CPI调查中的药品、医疗服务、教育服务等部分规格品价格采集在电商交易平台依然难以有效实现，CPI部分规

格品价格还需要通过当地医院、学校等实体采价点采集作为有效补充。

（四）CPI权重调整频率加快

我国目前CPI的调整频率相对较低，按照方案制度要求，每5年才调整一次，标准主要依据全国14万户城乡居民家庭收支抽样调查资料，并辅之以典型调查数据，从调整频率看明显跟不上经济发展的节奏。在大数据背景下，数据共享的功能将逐渐体现出来，通过共享数据中心的建设，将各调查业务原本独立、分散的信息整合在一起并加以利用，实现对城乡居民家庭收支数据的共享，加快调整CPI权重成为必然。一般可以在每一个CPI调查自然年度适度调整权重，而CPI权重资料测算除了城乡居民家庭收支数据以外，还应依据贸易、服务业、卫生医疗等相关部门数据资料，同时通过加强与大型超市、商场、电商等调查点的联系，获取大型超市、商场等的历史销售明细资料，为CPI调查的小类、基本分类权重分配提供合理的参考依据和来源。当然，从目前获取的超市、商场历史销售明细来看，他们一般依据产地、款式、品牌等设置大、中、小类，例如连云港市2014年中央百货品类分析表中的化妆品中类按照进口、合资、国产划分，男式服装中类划分男式正装和男式休闲，并在男式正装下划分为男式正装和男式单品，男式休闲下划分为商务休闲、时尚休闲和大众休闲小类，这与CPI的类别细分存在较大的差异，给CPI权数实际测算工作带来一定的困难，因此站在CPI权数测算角度考虑如何实现商家销售明细分类设置与CPI分类有效衔接也是大数据时代值得推进的工作。

（五）CPI业务人员职能转变

大数据时代，价格数据是主要从电商交易中取得，电商的销售策略比如淘宝网的秒杀、限时抢购、节日促销等活动导致同一规格品某一采价日价格波动频繁，幅度较大，加上网店规避了实体店的人员成本、场租、水电费等常规性经营费用支出，商品价格较实体店明显偏低，因而对于价格数据采集分析、CPI指数编制等要求要远高于我们目前的统计调查水平，CPI业务人员需要专业化的数据挖掘与分析处理能力，一是能够对交易平台、行政记录、信息系统等的海量价格数据进行准确筛选定位，并对价格数据全面把控和重点审核，二是能够把CPI数据与其他关联专业统计数据进行整合分析和加工。

（六）CPI数据发布更为公开透明

一是CPI数据发布方式更完善。目前的CPI数据主要是借助于电视、网络、报纸等新闻媒体进行定期公布，大数据时代随着数据可视化、人机交互、机器智能等先进技术的发展和应用，数据发布形式将更加多样。二是CPI数据更公开透明。由于数据的大规模存储与共享，数据信息不再是秘密，因而对于关注度较高的CPI数据应该尽可能公开原始数据、权重测算资料、编制方法、各类价格指数等数据资料，而公众对CPI数据的关注和需求也由传统上的被动接受转为主动查询和获取。

（七）CPI调查统计服务职能提升

现行的价格统计服务，主要以信息产品为载体，以为政府决策服务为导向，虽然CPI指数每月都会在电台、报纸等主流媒体上公布和解读，与居民息息相关的产品价格走势信息也会及时跟踪和发布，但是我们在与为我们提供源头数据的调查对象沟通交流中发现，绝大多数的调查者对CPI基本都是一知半解甚至有的从未听说过，这给日常采价工作带来极大的不便。大数据时代CPI服务主体应该摒弃过去政府统计长期以党政机关为单一服务对象的观念，转向以满足更多社会群体，以投资者、企业经营者、个体工商户乃至农贸市场中摊主等调查对象的客观需求为导向，更好地宣传和解读CPI，在强调依法调查的同时，引导社会公众充分利用价格数据产品服务于自身的生产经营和消费活动，并主动参与到价格数据采集、分析、使用的环节中来，从而建立调查者与调查对象间的一种新型合作关系，实现真正意义上的互惠双赢。

五、应对大数据对CPI调查工作的几点建议

（一）转变已有观念，积极接纳大数据思维

应对大数据时代的到来，应该转变已有的传统观念，积极接纳大数据思维。比如在CPI日常工作中，通过加大培训和沟通交流等方式向辅调员积极传输大数据的讯息，让辅调员了解CPI调查工作的前沿情况和未来发展动向，为迎接大数据CPI调查工作可能出现的一系列变革做好充分准备，同时CPI业务人员加强对大数据的学习和思考，改微观的价格趋势变动为宏观的关联性和全局意识，获取适应大数据的思维方式。

（二）认真总结探索，适时完善创新CPI制度方案

一方面不断引导一线辅调员从日常采价工作出发，及时发现和总结衣着、药品、房租等规格品采价过程中遇到的问题，结合商场、超市等调查点的交易数据寻求符合客观情况的采价方法；另一方面业务人员在日常数据审核和质量检查工作中，积极研究和探索规格品缺价、季节性商品价格采集等特殊问题的有效解决方案，以及大数据时代CPI网络数据采价、商超数据与CPI调查如何有效衔接等新情况和新问题，推进CPI

调查方案制度的完善和创新。

（三）加强人员管理，增强业务人员专业能力

为了更好地应对大数据时代的挑战，CPI调查工作需要既拥有扎实过硬的统计专业知识和统计法规知识，又懂得网络知识、大数据技术的业务人员，所以加强CPI人员管理和队伍建设，提升CPI业务人员的专业能力至关重要。具体来看，一是提升CPI业务人员的沟通能力。大数据时代，与他人沟通合作的能力显得尤为重要，CPI业务人员要能及时有效地与调查点和相关单位沟通，及时获取有利于CPI调查的价格信息、网络数据等价格资料；二是增强CPI业务人员的调研能力和信息灵敏度。大数据时代，信息交流的渠道明显增多，信息传递的效率显著提高，CPI业务人员应增强调研能力和及时捕捉有用价格信息的能力；三是提升业务人员对电商等海量数据资料的有效加工分析能力。因为大数据时代，CPI业务调查工作更多的会是由“数据采集”走向“数据分析”，业务人员对数据的加工分析能力的高低将在一定程度上决定CPI数据质量和调查工作的优劣程度。

（四）强化价格宣传，提升CPI的公众效益

大数据时代对CPI服务职能提出了更高的要求，因此着眼于当下，应充分利用CPI调查，强化价格宣传，为社会公众、政府部门等服务对象提供简明有效的统计服务，提升CPI的公众效益。建立“用户至上”的理念，真正考虑从用户角度出发，除了提供真实可靠的CPI数据产品以外，充分发挥信息产品即价格信息分析统计服务职能，在CPI日常工作中以调查的八大类商品和服务为素材，对采价中价格波动明显的规格品及时向摊主和商家问明原因，重点关注与居民需求息息相关的粮油、肉蛋禽、鲜菜鲜果等的价格走势以及倾向性、苗头性的价格波动情况，深入挖掘价格信息，提高信息视觉和灵敏度，同时与新闻单位建立定期联系机制，固定当地主流媒体民生板块的一位或几位新闻记者作为长期合作记者，通过电视、报纸、网络等新闻媒体及时发布粮油、肉禽蛋、鲜菜等民生价格变动情况并公布月度CPI数据，精心为各级党政领导、部门、专家学者、社会公众提供优质的调查信息和咨询服务。

参考文献

1. 维克托·迈尔·舍恩伯格、肯尼思·库克耶 著，盛杨燕、周涛 译，《大数据时代》，浙江人民出版社，2013年。

2. 李世超,《利用大数据改革CPI调查方法初探》,《中国信息报》, 2013年12月17日7版“统计导刊”。

3. 于溯泳,《浅谈大数据在CPI调查中的应用》,《中国信息报》,2014年6月12日7版“统计导刊”。

4. 路桥区统计局,《“大数据”现象对政府统计工作影响的分析》, http: //xxgk.luqiao.gov.cn/InfoPub/ArticleView.aspx?ID=141551。

江苏省开放型经济发展水平测度与区域差异分析

卢　山[1]

摘　要: 本文采用多目标线性加权函数分析方法,从开放基础、开放规模与程度、开放效益和开放潜力四个层面构建包含24个指标的市域开放型经济发展水平的综合评价体系,对江苏省13个省辖市的开放型经济发展水平进行测度。本文研究发现江苏省市域开放型经济发展水平差异较大,依次呈现由苏南、苏中向苏北梯次递减的区域特征;苏北地区的连云港和宿迁开放潜力较大。文章最后提出提升开放型经济发展水平的政策建议。

关键词: 开放型经济　综合评价　政策建议

一、引　言

江苏省作为经济开放的前沿,在全国占有突出的地位,2013年外贸进出口总额5 480.9亿美元,占全国进出口总额的13.2%,增长速度超出全国平均水平8.1个百分点;利用外资规模保持全国领先,全年实际到账外资357.6亿美元,占全国实际使用外商直接投资金额的30.41%,增速高出全国平均水平6个百分点。江苏开放型经济在取得了巨大成就的同时也还存在较为明显的区域差异性。江苏省提出要充分把握和利用"两带一路"的战略机遇,在更高水平上构建江苏省的开放型经济新体系,形成全方位的开放格局。在此背景下,研究如何充分发挥自身优势准确定位、进一步深化区域合作,推动苏北地区开放型经济勃兴,苏中地区更好更快发展,苏南地区实现从数量型向质量型的转型升级,建设更高水平的开放型经济,对于江苏省更好、更快实现"两个

[1] 作者简介:卢山(1972—　),男,江苏连云港人,连云港市委党校副教授,研究方向为经济与产业管理。本文为江苏省"333工程"培养资金资助项目"一带一路战略下苏北更高水平开放型经济体系建设研究"(项目号:BRA2014120);连云港市社科基金"经济转型评价方法研究"(项目号:12LKT10)。

率先”的发展目标具有重要的理论意义和现实意义。

目前对于开放型经济的研究主要集中于以下几个层面[1]：一是对于开放型经济内涵的界定；二是学术界从宏观、中观和微观三个维度对开放型经济空间层面的研究；三是对开放型经济从沿海、沿边到内陆的逐次研究；四是对江苏省开放型经济发展的研究，如陈宏付[2]对苏北沿海地区开放型经济发展的战略进行了研究；张雨、戴翔[3]和田伯平[4]分别研究了江苏省开放型经济转型和可持续发展问题；刘志彪、陈柳[5]以新时期新要求提出构建江苏更高水平开放型经济体系的发展思路。在这些研究中，还存在两点不足：一对于开放型经济评价指标没有结合市域开放型经济发展特征构建综合评价体系，难以反映市域开放型经济发展水平；二是评价指标缺少影响开放型经济发展的政府与市场关系因素，也没有考虑地方基础设施水平对于开放型经济发展潜力的影响。本研究力图弥补上述不足之处，依据江苏省市域开放型经济发展特征构建综合评价指标体系，研判江苏省13个地级市开放型经济发展水平，分析江苏省开放型经济发展的区域和区内差异，提出更高水平发展开放型经济的政策建议。

二、评价指标选取与评价方法

（一）评价指标选取

本文从江苏省市域开放型经济发展特征出发，依据研究需要，遵循系统性、可比性和可操作性等原则，从新时期开放型经济的发展目标和含义出发，结合尹立仑[6]、黄伟新等[7]和王晓亮[8]的前期研究，构建市域开放型经济发展水平的综合评价指标体系，包括开放基础、开放规模与程度、开放效益和开放潜力4个一级指标，下设6个二级指标和24个三级指标。由于江苏省经济发展具有较强的区域差异性，为体现指标的可比性，所有指标都是采用相对指标，这样更能反映地区的发展特征，各指标内容及权重见表1。

---

[1] 高新才、咸春林，《开放型经济：一个文献综述》，《经济问题探索》，2012（3）：74—77。

[2] 陈宏付，《加快苏北沿海地区开放型经济发展的战略思考》，《生产力研究》，2009（3）。

[3] 张雨、戴翔，《江苏开放型经济转型问题探析》，《江苏社会科学》，2012（1）：252—256。

[4] 田伯平，《江苏开放型经济可持续发展研究——基于体制、政策和环境的视角》，《江苏社会科学》，2011（3）：236—243。

[5] 刘志彪、陈柳，《构建江苏更高水平开放型经济体系》，《唯实》，2014（1）：26—28。

[6] 尹立仑，《我国开放型经济体系地区性评价指标的构建与意义》，《河北企业》，2013（8）：46—48。

[7] 黄伟新、龚新蜀，《我国沿边地区开放型经济发展水平评价及影响因素的实证分析》，《经济问题探索》，2014（1）：39—46。

[8] 王晓亮、王英，《区域开放型经济发展水平评价指标体系构建》，《地域研究与开发》，2013，32（3）：27—31。

（二）评价方法

采用均方差决策法确定指标权重。首先采用极差变换法对数据进行标准化处理，由于各项指标都是正向指标，因此标准化数据为$Z_{ij}=(x_{ij}-x_{jmin})/(x_{jmax}-x_{jmin})$；其次，采用多目标线性加权函数对开放型经济指标进行求解，测度开放型经济发展水平指数O_i，其计算公式为$O_i(W)=\sum Z_{ij}\times W(q_j)\times 100$，其中$W(q_j)$是指标权重。研究对象为江苏省13个地级市，数据来源于《江苏统计年鉴2013》，部分数据来源于各市2013年统计公报。

表1　市域开放型经济发展水平评价指标体系及权重

一级指标		二级指标	三级指标		指标内容
指标名	权重		指标名	权重	
开放基础	0.441	经济实力	地区GDP比重（%）	0.039	地区GDP/全省GDP
			人均GDP	0.046	地区GDP/地区总人口
		经济结构	二三产业比重	0.052	（第二产业GDP+第三产业GDP）/地区GDP
		经济活力	人均社会消费品零售总额	0.045	地区社会消费品零售总额/地区总人口
			人均固定资产投资	0.049	地区固定资产投资额/地区总人口
开放规模与程度	0.163	对内开放度	内资企业工业总产值比重	0.034	地区内资企业工业总产值比重/地区工业总产值
			国内旅游收入比	0.043	地区国内旅游收入/地区旅游总收入
		对外开放度	外贸依存度	0.036	（出口总额+进口总额）/地区GDP
			外资依存度	0.037	FDI/GDP
			国际旅游收入比	0.046	外汇旅游收入/地区旅游总收入
			外资企业工业总产值比重	0.041	外资企业工业总产值比重/地区工业总产值
			高新技术产值比	0.049	高新技术产业产值/地区工业总产值
			对外投资比重	0.039	对外投资/GDP
开放效益	0.165	外资贡献度	外资企业就业贡献度	0.036	外资企业就业人数/地区总就业人数

（续表）

一级指标		二级指标	三级指标		指标内容
指标名	权重		指标名	权重	
开放效益	0.165	外资贡献度	外贸经济贡献度	0.034	净出口增量 / 地区 GDP 增量
开放潜力	0.231	创新能力	专利申请授权量比	0.048	三项专利申请授权量 / 三项专利申请受理量
			公共财政科学技术预算支出比	0.039	公共财政科学技术预算支出 / GDP
		人力资本水平	教育经济费支出占 GDP 比重	0.045	教育经济费支出 / 地区 GDP
			万人在校大学生人数	0.035	在校大学生人数 / 地区总人口（万人）
		政府与市场关系	财政支出占 GDP 比重	0.047	财政支出 / 地区 GDP
			固定资产中国家预算内资金比重	0.035	国家预算内固定资产投资 / 地区固定资产投资
		基础设施能力	高等级公路比重	0.046	高等级公路里程 / 地区公路里程
			邮电业务总量占 GDP 比重	0.038	邮电业务总量 / 地区 GDP
			工业用电量比重	0.041	工业用电量 / 全年用电量

三、评价结果分析

运用上述评价方法与模型，对江苏省省辖13个市2012年24项指标数据进行处理，计算得出相应评价值，反映江苏省各城市的开放型经济发展水平（表2）。依据计算结果，分别将开放基础、开放规模与程度、开放效益和开放潜力划分为四个等级，并采用评价单元的首末位差d测度开放型经济区域发展水平的差异性。

（一）开放基础分析

在江苏省的13个省辖市中，开放基础较强的前三名依次是无锡市、苏州市和南京市，排在后三位的是淮安市、连云港市和宿迁市，和经济发展程度高度相关。苏南苏北差异明显，首末位差d为21.3。苏南的平均水平为18.3，苏中为9.47，苏北为2.88，苏中和苏北地区分别低于全省平均水平0.86和7.45。强开放基础（大于15）的城市有无锡、苏州、南京和常州4市；较强开放基础（大于10，小于15）的城市有镇江、南通和扬州3市；中等开放基础（大于5，小于10）的城市有泰州、徐州2市；低开放基础的城市有盐城、淮安、连云港和宿迁4市，以上数据在一定程度上表明经济实力、经济结构和经济活力的高低是影响开放型经济发展的重要经济基础。

表2　江苏省市域开放型经济发展水平综合评价结果

指标/地区	开放基础		开放规模与程度		开放效益		开放潜力		综合得分	
	得分	排序	得分	排序	得分	排序	得分	排序	得分	排序
南京市	19.37	3	15.34	3	4.93	3	15.84	5	15.51	3
苏州市	20.79	2	16.77	1	10.90	1	22.50	1	18.90	1
无锡市	21.33	1	15.10	4	5.85	2	14.59	10	16.20	2
常州市	16.57	4	14.82	6	4.06	4	15.42	6	13.95	4
镇江市	13.45	5	13.89	7	3.88	6	12.23	11	11.66	6
南通市	10.77	6	15.78	2	4.02	5	17.33	4	11.99	5
扬州市	10.13	7	12.80	8	2.45	7	9.13	13	9.06	7
泰州市	7.52	8	12.13	9	2.34	8	9.32	12	7.83	10
徐州市	6.34	9	14.89	5	0.49	12	15.31	7	8.84	8
连云港市	2.27	12	10.51	11	2.04	10	21.20	2	7.95	9
淮安市	2.78	11	11.79	10	2.42	9	15.10	9	7.04	11
盐城市	3.01	10	9.91	12	1.52	11	15.21	8	6.71	12
宿迁市	0.001	13	7.22	13	0.11	13	18.14	3	5.38	13
苏南平均	18.30		15.18		5.92		16.12		15.24	
苏中平均	9.47		13.57		2.94		11.93		9.63	
苏北平均	2.88		10.86		1.32		16.99		7.18	
全省平均	10.33		13.15		3.46		15.49		10.85	

（二）开放规模与程度分析

虽然各地开放基础存在较大的差异，但是从开放规模和程度来看，差异减小，首末位差d为9.55。排在前三位的是苏州、南通和南京，排在后三位的是连云港、盐城、宿迁,苏中的南通开放程度明显。苏南的平均水平为15.8,苏中为13.57,苏北为10.86,相对于开放基础,差距幅度缩小。高开放规模(大于15)的城市有苏州、南通、南京和无锡4市;较强开放规模(大于10,小于15)的城市有徐州、常州、镇江、扬州、泰州、淮安、连云港7市;中等开放基础(大于5,小于10)的城市有盐城和宿迁2市,苏南、苏中和苏北之间的差距呈收敛的趋势。

(三)开放效益分析

开放效益反映一地区开放型经济的发展成效。从江苏省的13个省辖市来看,开放效益较强的前三名依次是苏州市、无锡市和南京市,排在后三位的是盐城、徐州和宿迁市。苏南苏北差异明显,首末位差d为10.79。苏南的平均水平为5.92,苏中为2.94,苏北为1.32,苏中和苏北地区分别低于全省平均水平0.52和2.14。强开放效益(大于10)的城市仅有苏州一市;较强开放效益(大于3,小于10)的城市有无锡、南京、常州、南通和镇江5市;中等开放效益(大于1,小于3)的城市有扬州、泰州、淮安、连云港和盐城5市;低开放效益的城市有徐州和宿迁2市。开放效益的区域内部差异特征在苏北内部表现较为明显。

(四)开放潜力分析

开放潜力是一地区提升开放型经济发展水平的重要支撑,主要体现在地区创新能力、人力资本结构和人力资本水平、政府与市场的关系和基础设施完善程度四个层面。从测度结果来看,苏州、连云港和宿迁分列前三位,透露出一种明显的变化,即经济发展相对落后,开放基础、开放规模和开放效益也比较靠后的连云港和宿迁发展开放型经济的潜力巨大,反映出这两市之前的开放型经济还只是一种初级阶段的开放型经济,提升空间巨大。而经济基础相对较好的苏中地区,扬州和泰州开放潜力分别排在最后一位和倒数第二位,继续扩大提升开放型经济的潜力不大,值得进一步的深入研究。从开放潜力的市域差异来看,首末位差d达到13.37,差异较大;苏南平均值为16.12,苏中平均值为11.93,苏北平均值16.99,苏北平均值最高,这也印证了上述结论,即经济发展水平相对落后的苏北地区发展开放型经济的提升空间巨大。高开放潜力(大于20)的城市有苏州和连云港2市;较高开放潜力(大于15,小于20)的城市有宿迁、南通、南京、常州、徐州、盐城、淮安7市;中等开放潜力(大于10,小于15)的城市有无锡、镇江2市;低开放潜力的城市有泰州和扬州2市。

(五)综合得分

从江苏省13个省辖市开放型经济发展水平综合评价得分来看,开放型经济发展水平最高的是苏州，无锡和南京分列二、三位；开放型经济发展水平最低的是宿迁，首末位差d为13.52，超出全省平均值2.67，差异显著。苏南平均值为15.24，苏中为9.63，苏北为7.18，全省平均值为10.85，苏中和苏北平均值分别低于全省平均值1.22和3.67。高水平（大于15分）开放型经济的城市有苏州、无锡、南京3市。较高水平（大于10分，小于15分）的城市有常州、南通、镇江3市。中水平（大于5，小于10分）开放型经济的城市有扬州、徐州、连云港、泰州、淮安、盐城和宿迁7市。苏中的南通市各项指标已迈入苏南的行列。整体上看，开放型经济发展水平较高的区域依然是苏南地区，苏中和苏北地区出现一定的分异，如苏中地区的泰州开放型经济发展水平低于苏北的徐州和连云港。

四、结论与政策建议

本文着眼于江苏省开放型经济发展水平的研究，从开放基础、开放规模与程度、开放效益和开放潜力四个层面构建包含24个指标的市域开放型经济发展水平综合评价体系，对江苏省13个省辖市的开放型经济发展水平进行测度。研究发现江苏省开放型经济发展水平区域差异较大，依次呈现由苏南、苏中向苏北梯次递减的特征，但苏北地区的连云港和宿迁开放潜力较大。

针对开放型发展水平的差异性特征，结合地域资源禀赋，江苏省在进一步扩大开放型经济新优势战略下应在以下方面有所作为。(1) 加快江苏省对接上海自由贸易试验区的研究和战略部署。苏南地区探索建立以苏州为中心的自由贸易园区，苏北地区建立以连云港为核心的自由贸易港区。加快贸易自由化、投资自由化和服务便利化进程的改革力度，进一步促进江苏省的外贸产业升级，尤其要大力开放和发展服务业。从被动嵌入全球价值链转向主动嵌入全球价值量，提升全球价值链的控制力。(2) 减少政府对市场的干预，释放开放型经济发展的市场微观基础活力。全面推行“负面清单”管理模式，倒逼政府简政放权、减少行政审批。(3) 加快“走出去”进程。在加快“引进来”的基础上，进一步促进有条件的企业“走出去”，从出口导向转向利用开放体系的高级要素实现内外融合发展。加大对外贸型企业的研发投入和激励，提升技术创新能力和核心技术研发能力，增强品牌营销能力，由“微笑曲线”两端实现全球价值链的攀升。(4) 强化省内基础设施的统一规划和管理，协调港口发展，促进省内快速交通网络建设，尤其是沿海港口的疏运体系建设。加强海关特殊监管和商检、质检、金融之间的区域联动，统筹全省开放布局、开放重点；采取区域化的政策机制促进开放型经济体制机制创新，通过改革和创新释放开放型经济发展的新红利。

法学

诉讼服务之法治化思考及其改造

薛剑祥[1]

摘　要：2008年以来，诉讼服务改革在全国法院遍地开花，各地法院都投入了极大的热情和精力，从硬件设施建设、软件程序开发、制度机制完善和文明规范运行等方面构建起庞大的诉讼服务体系，一时间诉讼服务成为司法改革的亮点被放置在各级法院工作报告的显眼位置。然而，当前部分地区的诉讼服务改革在推进过程中也呈现出一定的非法治化、非规范性倾向，基于诉讼服务内容的开放性而表现出的改革措施的盲目性和随意性已经或正在削弱这项改革的可期待成效，亟需进行重新审视、规范和修正。本文着眼于当前人民法院诉讼服务改革的司法实践，辩证分析了诉讼服务改革去法治化的现实矛盾，以实现诉讼服务法治化为依归，提出了诉讼服务统一化、法律制度化以及废除诉前调解制度、完善判后答疑等具体建议，希望藉此更好地规范和推进这项改革。

关键词：诉讼服务　司法改革　法治化

一、诉讼服务改革现状考察

（一）司法改革视野下的诉讼服务

为当事人提供公正高效的司法服务，保障民众实效性地接近司法，是世界各国数十年来司法改革的基本目标，它有助于保障现代社会中司法的公信力和正当性。毋庸置疑，开庭审理、强制执行等一切司法适用活动都是司法服务的具体实践。从当事人对于公平正义的感知角度来看，相较于上述传统意义的司法活动，诉讼引导、案件查询、材料转呈等法定程序之外的诉讼服务显得更加直接和细致入微。诉讼服务不是审判，但关乎审判，在很大程度上影响着审判的效率和效果，塑造当事人对于裁判正义的起初的感性的印象、理解和记忆。如果说案件在严格的程序保障下得到公正裁判，这使当事人“看见”正义，那么

[1] 作者简介：薛剑祥，连云港市中级人民法院党组书记、院长。本文获“2014年法治江苏高层论坛”二等奖。

诉讼服务则使其感受到正义，就好像沐浴在正义阳光下感受到的温暖一样。

追根溯源，马锡五审判方式不失为诉讼服务的一个典型。[1]贯穿着为人民服务宗旨的法院工作在几十年的实践中始终没有停止对诉讼服务进行探索和改进。然而，作为司法改革的一项内容，诉讼服务却可以说是近年来伴随司法改革进程兴起的一次新的实践。对于此项改革，我们可以在几份文件中窥见一斑：

表1　全国法院诉讼服务司法改革的部署及成效

《关于进一步加强司法便民工作的若干意见》（2009年2月）	人民法院应当设立立案大厅或诉讼服务中心，配备必要的工作人员，认真做好信访接待、诉讼引导、案件查询、办案人员联系、诉讼材料接转、诉讼疑问解答、判后答疑、引导当事人合理选择纠纷解决方式等方面的工作，并应配置必需的服务设施……
《中国的司法改革白皮书》（2012年10月）	司法机关普遍建立诉讼服务中心、业务受理接待中心，建立健全首问负责、服务承诺、办事公开、文明接待等制度；改进诉讼引导、查询咨询、诉前调解、举报受理等服务；利用信息技术，开通服务热线，探索推行网上预约立案、送达、庭审、查询等便民措施，为公众提供便利的诉讼环境。
《最高人民法院2013年工作报告》（2013年3月）	加强"立案信访窗口"建设，93.3%的中级法院和90.1%的基层法院已实现"立案信访窗口"标准化、规范化，充分发挥其诉讼引导、立案审查、诉前调解、救助服务、查询咨询、判后答疑、信访接待等功能。

总体来讲，诉讼服务司法改革带有自上而下的中国式改革的一般表征，上级部署，下面落实。与此同时，这场改革又表现出一些对传统路线的悖逆，在很大程度上，它是一场积聚了基层无限创造性的自下而上的改革。在诉讼服务较为成熟的地区，不仅改革时间早，且时至今日已经形成了独具特色的系统化诉讼服务体系。[2]

[1] 马锡五审判方式是抗日战争时期，马锡五同志任陕甘宁边区高等法院陇东分庭庭长时创造的群众路线的审判方式。其主要内容是经常下乡深入调查研究，简化诉讼手续，实行巡回审判、就地审判，通过将审判与调解相结合，及时解决疑难案件，纠正错案。

[2] 天津样本：2012年10月30日，最高人民法院召开新闻发布会，通报近五年来人民法院司法为民的相关情况。天津高院介绍了司法为民工作中的亮点举措。据悉，天津法院于2008年建立全市三级法院统一的标准化诉讼服务中心，承担诉讼指导、诉前调解、案件查询、材料收转、联系法官、法律咨询、判后答疑、信访接待、公告送达、律师阅卷、便民服务等十余项职能。几年来，累计接待群众60余万次，提供在线服务11.2万人次；常州样本：2006年，该市新北法院在全国率先设立诉讼服务中心，把立案庭的一些功能纳入其中，增加约见法官、诉讼指导等职责。至2010年，该市全部建成了以"门诊式"服务为特色的诉讼服务体系，并在江苏全省法院推广。其基本理念是，当事人到法院打官司就好比患者到医院看病，诉讼服务中心的工作就是"门诊"，法院要争取在"门诊"这个阶段就把当事人的"病"看好、治好，从而避免拖到费时耗钱的审判业务庭去"住院治疗"。

（二）诉讼服务的实践样态

由于实践总结的不足和理论论证的缺乏，对于诉讼服务尚没有形成严格统一的认识。不过，从改革实践中提炼的几个特点可以勾画诉讼服务的大概轮廓：贯穿从纠纷、事件向司法案件转化以及司法案件处理及完毕的全过程，以咨询服务、提示告知、材料转承和其他特定事项办理为主要内容，以司法者为服务主体，以不限于诉讼参加人的纠纷相关主体和社会公众为服务对象，具有提升效率、畅通交流、增进信任等多重价值。

1. 诉讼服务具有时间上的全程性。并非所有纠纷都会转化为案件，若不进入司法途径，那么就没有所谓的诉讼，而诉讼服务却不限于纠纷转化为案件之后，也不限于案件处理完毕之前，诉讼服务是一个在诉讼案件产生前即已存在并伴随延伸到诉讼结束后的全程式服务。在这个意义上，诉讼服务这个概念并不准确。在诉前，基于防范矛盾纠纷所进行的法律宣传、诉前调解都是现实中诉讼服务的重要内容，而在诉后，则表现为判后答疑、上诉材料收转以及案件回访等行为。

2. 诉讼服务具有受众的广泛性。包括当事人、证人、鉴定人、代理人等在内的诉讼参加人是诉讼服务的基本对象。一般来说，诉讼服务主要是针对纠纷当事人进行的。除此之外，诉讼服务还存在于和纠纷相关人、社会公众以及媒体等社会主体的交流过程中。譬如媒体服务，在资讯发达的现代社会，任何公共权力机构都无法置身于传媒视线之外。尊重司法规律和传媒规律，做好针对媒体的相关服务对于树立和保持司法公信至关重要，这些服务主要包括信息公开、庭审旁听便利等。

3. 诉讼服务具有内容的开放性。在诉讼服务改革的创新谱系中，新方式新方法层出不穷。正如前文提到的，作为一次带有明显自下而上特征的司法改革，诉讼服务的创新充满了巨大的创造性和开放性，就其功能论现实诉讼服务无外乎如图1所示的几个方面。

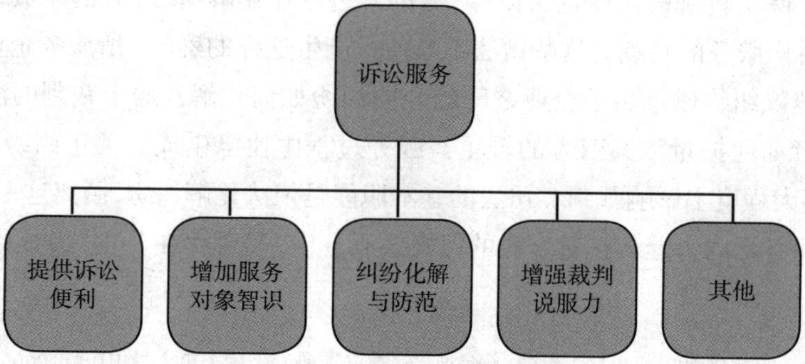

图1　诉讼服务功能分类

二、诉讼服务现实困境：去法治化的若干矛盾分析

我国的司法改革由于缺少整体布局，改革具有一定的随意性，发展很不平衡。各地区之间在司法程序和司法机关的人事组织方面都出现了较大的差距；新的改革举措层出不穷；在落实最高司法机关制定的改革方案方面，也出现了较大的灵活性和差别，这样就难免出现与改革的初衷或目标相悖的司法不统一的结果。由于司法机关本身不具备立法权限，其推行的程序改革如果与现行法律不符，就会招致对于改革的合法性、正当性及成本等方面的质疑，并容易造成“良性违法”或“违法改革”的现象。[1]实践中，诉讼服务改革对于司法能动性的运用极大地开拓了诉讼服务的广度和深度，同时也带来一些问题，许多举措超出了依法司法的必要限度，表现出去法治化的倾向。

（一）保姆式诉讼服务：司法功能的延伸or司法的越位

【材料一】河南省社旗县人民法院通过积极探索建立了“141”服务企业发展新机制。即“一卡”:“服务企业信息卡”，设立服务企业办公室，各业务部门在办案过程中获得的企业信息，通过“服务企业信息卡”交给“服企办”。“四制”：一是“办案联动制”，对需要协调各部门处理的案件，由“服企办”发出意见书，各部门接到意见书应立即参与解决；二是“法律宣讲制”，根据企业维权需求，抽调业务骨干进行宣讲；三是“维企稳定制”，组成稳定小组，进驻发生纠纷企业化解矛盾；四是“助企维权制”，组建维权小组对企业经营管理中的风险提出应对之策。“一通道”是指开辟“绿色通道”，优先办理涉企案件。

近年来，一些法院在服务大局的浪潮中，纷纷出台司法服务企业的创新举措。在方式方法上除了传统的法律宣讲以外，有的开进企业化解纠纷，有的派员在企业设立专门负责诉讼服务的站点。这些做法不禁使人产生这样的疑问：所服务企业与员工之间的劳动争议纠纷以及两个企业之间的合同纠纷如何化解？居中裁判的法院是否需要掂量或者如何掂量涉案双方的轻重？服务过程中业已生成的关于纠纷解决的“前见”会在多大程度上影响裁判？司法的基本职能是依法化解纠纷，脱离这一基础，司法的其他功能将无以为继。在对企业的保姆式服务中，是否存在“司法万能论”的影子，

[1] 范愉，“司法改革研究”，载朱景文主编，《法理学研究》（下册），中国人民大学出版社，2006年1月第1版，第666页。

司法是否做了难以承受事实上也做不好的事情？

（二）诉前调解：司法举措的创新or程序正当性的流失

【材料二】上海市浦东新区人民法院2006年2月起率先将诉前调解作为法院解决纠纷的一个“程序”进行了探索实践。在立案庭设立诉前调解机构，由1名法官和3名书记员组成，负责对诉前调解的组织、协调和管理，对案件的筛选，对当事人调解意向的引导，对调解员及辅助人员的调配和管理、安排调解、组织培训，对纠纷的后续处理等。这是该院在诉讼调解“适度社会化”理念下的司法创新，已成为诉讼调解的必要补充，与诉讼调解共同构成了当前的司法调解。据统计，4年多来该院通过诉前调解已解决纠纷22 566件，分流了20%的民商事案件，纠纷平均处理周期仅7天。

诉前调解是全国法院的普遍做法。在强调和谐理念和调解作用的司法思想指导下，调解的价值被不当扩大，许多情况下法官为了调解而想方设法进行调解，出现强迫调解、欺骗调解和无序调解等非法调解现象。实践操作中，诉前调解虽然在实体处理上与诉讼调解一样适用法律，但其程序法制却存在难以掩饰的硬伤。案件的程序外运转在使其失去程序正义性的同时，也必然对实体公正产生影响。正如学者所言，作为立案过程中的调解，它不同于普通的诉讼外调解，也不同于传统类型的诉讼调解，这些特征使得它在性质定位和类型划分上存在着正当性缺失的问题，并且在尚未立案时法院就介入实体内容的解决，似乎有悖管辖制度以及诉权理论的要求，在其性质、效力来源以及正当性基础等问题上存在着一些模糊地带。

（三）判后答疑：裁判说理的延续or上诉权的侵犯

【材料三】江西省九江县法院实行判后答疑制度至今已有5年之久。2010年，该院推出《法官判后答疑制度的暂行规定》后，每一位承办民事案件的法官都会在宣判后或送达判决书时对败诉一方的当事人主动询问对判决有无疑虑，并对存有的疑虑以浅显易懂的语言进行详细的解释和说明，直到当事人明白。当事人还可以在判决之后向法院立案庭申请答疑。近3年来，九江县法院共审理案件2 624件，其中经判决的案件1 126件，实行判后答疑的案件474件，占判决案件数的42.1%，经过判后答疑的案件上诉率为零。

判后答疑促进当事人与法官对裁判结果达成共识，深化、充实了审判公开原则的内涵，从整体上节省了司法资源。[1]作为诉讼服务改革中规范化水平相对较高的制度创设，判后答疑虽然有了一些制度化的进步，但对于判后答疑的案件范围、适用对象、答疑主体、有权要求答疑的主体、答疑方式、答疑后的处理，尤其是答疑错误的司法救济和责任等仍然缺乏符合法治要求的统一规范。实践中，判后答疑往往异化为压降案件上诉率的手段，既有违司法规律，也侵害了当事人的上诉权利。同样的权利风险发生在诉讼服务的其他领域，在对小额速裁程序选择适用的法律释明中，法官的言行对当事人程序选择权的行使发挥着不可忽视的作用，出于对司法业绩的考核因素的考虑，法官通过释明引导当事人消极选择适用小额速裁程序，导致新民事诉讼法的这一制度创新在落实中举步维艰。可见，掺杂了不当私念的诉讼服务对当事人诉讼权利造成了多么大的伤害。

（四）纠纷分流：提高效率or程序阻滞

【材料四】徐伟觉得自己变成了一个“专职找茬者”。他是北京某区法院立案庭法官，但一到年底，他的工作就不再是立案，而是“挡差”——想方设法把案件拒之门外，“能不立，就不立”。一年一度“年终立案难”，已持续多年。

【材料五】(2013)6月19日至20日，来自最高人民法院及山东、天津、河北等15省市高院立案庭的有关负责同志共30余人，围绕“立案难”现象、成因、对策及民事诉讼司法解释等内容，进行了集中调研和座谈交流。

当前诉讼服务改革业已取得明显成效，正在向信息化、精细化、人性化深度发展。梳理成绩的同时，缘何在诉讼服务的基础领域——立案上发生问题，且严重程度使之与执行难并列？不只在以往、在年底，即使在现在、在平时也非常突出。如果连立案都成为问题，那么何谈诉讼服务。在许多地方，诸如诉讼引导、纠纷分流异化为推脱职责的工具，出现矛盾往外引、纠纷向外流的不正常现象，其背后是法院基于本位主义的利己考量。如果诉讼服务不能以当事人为中心，而是坚持司法者本位主义，以政绩考核为准，诉讼服务将付之空谈。

三、诉讼服务法治化的理性思考

（一）诉讼服务作为司法权运行的具体形式，须在法治框架内进行

诉讼服务的主体是司法机关，其目的和价值在于促进和保障公正审判，并将这种

[1] 彭海青，《“判后答疑”的优势及其规范化探索》，《学术交流》，2011(1)。

审判的公正性彰显于世，让当事人切实感受到公平正义。无论是诉讼引导、案件分流，抑或判后答疑，都是司法权运行的具体方式，是司法权外化于形的表现形式。作为国家权力的组成，司法权固有公权扩张的盲目和冲动，如不假以有效的限制和管控，就会像一匹脱缰的野马肆无忌惮地奔行，其结果必然是对脆弱私权的侵犯。权力的控制手段很多，在众多的手段中惟有法律是最有效的控制手段。[1]法治为国家权力提供合法性根据并有效约束国家权力，是法治的基本的也是核心的要求。通过法治赋予国家权力以合法性，旨在使国家权力纳入一定的制度轨道，使之成为一支合法的管理和支配社会的力量而发挥社会整合功能。[2]在严格依法办事的诉讼领域，三大诉讼法及实体法构成了司法权运行的制度保障，使得司法权在规则之治下顺畅运行的同时，维护和保障权利人的合法权益。

诉讼服务有别于审判程序，一般情况下，诉讼服务正是在一种"无法"的状态下运行，它体现了法官的主观能动性和面对具体情形的智慧。比如巡回法庭工作机制的创立，对于地处边远的纠纷诉讼和具有典型教育意义的案件，法官开设巡回审判，到纠纷现场进行审理，一方面能够提供当事人便利，另一方面充分发挥了庭审的教育功能，起到了预防减少类案纠纷的作用。这种对于审判权运行机制的具体创新，正是特定情况下的司法创造。诉讼服务的法治化并不必然要求其在法律制度下运行，但是在应然状态下，它至少不能减损法律实施的效果，不能减损当事人对于法律正义的认同，换言之，就是为推动和保障公正审判发挥积极作用，体现法治精神，增进司法的独立性、中立性、程序性和公正性，而不是模糊这些特性。

（二）服务型司法理念下诉讼服务的合法性规制

服务型司法是近几十年来世界范围内盛行的一种司法理念，它强调法院要为社会提供服务，到法院打官司的当事人是纳税人和司法服务的利用者，而法院是提供司法服务的专门机构。基于服务型司法的理念，法院应当采取各种便民措施，促进民众更快捷、更低成本、更实效性地接近司法和正义。在西方发达的司法制度下，诉讼效率低下、诉讼成本高昂以及司法资源配置不均同样困扰着司法者，考验着当事人的耐心，为了解决这一问题，西方各国纷纷在服务型司法理念下进行了简化诉讼程序便利当事人诉讼等系列改革。

中国的国体和政体决定了司法权来自人民、属于人民、服务人民。中国司法改革

---

[1] 卓泽渊 著，《法治国家论》，法律出版社，2004年，第87页。

[2] 叶传星，"法治的社会功能"，载朱景文主编，《法理学研究》（上册），中国人民大学出版社，2006年，第295页。

始终坚持群众路线，充分体现人民的意愿，着眼于解决民众不满意的问题，自觉接受人民的监督和检验。诉讼服务在中国具有更为牢固的思想基础和民众基础。由于法治传统缺失等先天不足，诉讼服务往往在政绩考核压力下滑向激进而狂热的群众运动，时不时表现出突破法治的冲动。对于司法而言，对规则和原则的放弃，则意味着社会的失序。因此，即使在个案中放弃原则和规则可能是当事人所满意的，但从长期和社会整体而言，它是一种有害的行动。放弃原则和规则的司法，与服务型司法理念格格不入。我们正在推行的诉讼服务改革必须确定合理的界限，其标准就是法律的制度和法治的原则。

（三）诉讼服务法治化契合我国审判方式改革的需要

我国审判方式改革的目标模式是适应严格执法和司法公正的要求，建立一套公正的、公开的、民主的、高效的审判程序制度，而要达到这一目标，必须看到我国原有的超职权主义的审判方式严格限制了当事人的处分权，使当事人不能充分参与程序的过程，也不能享有和行使必要的攻击和防御的程序权利。而法官在审判过程中，包揽干预太多，法官和当事人的职责混淆，法官过多地操纵和过度地操作和控制庭审活动，使当事人完全成为被动的诉讼主体，实践证明，这既不利于追求客观的真实也极易导致司法的腐败。[1]推进审判方式改革，诉讼服务扮演着重要角色，其所蕴含的诉权平等保障、司法民主理念以及诉讼效率意识与我国审判方式改革的价值追求相协调。在工具价值上，诉讼服务实现了以往围绕庭审展开的高度集中的法官审判权的分解，一方面，法官专制的程序控制权部分地通过诉讼引导等诉讼服务的形式在庭审外行使，另一方面，高度集中的庭审权、询问权被诉讼服务引导下的当事人诉权的主动行使所替代，实现了由纠问到主动诉请陈辞的转化。

实践中，诉讼服务改革与审判方式改革的要求还不相适应。一是诉讼服务的非制度化、非统一性造成诉讼当事人的平等地位难以保证。诉讼服务过于注重行为细节的创新，而忽视了统一的制度化构建，在一个地域范围内，关于诉讼服务的内容、方式、程度没有统一的规定，形成诉讼服务地域间的不平等。在针对不同对象的诉讼服务中同样存在不平等，确定是否给予诉讼服务以及给予何种诉讼服务的随意性过大。二是诉讼服务在法律上的不可苛责性造成司法职权与法律责任的不对等，诉讼服务设定缺乏严谨的法律考证，在设置服务主体职权的同时，未对其法律责任及后果作出规定，造成诉讼服务出现不作为或作为不当时，当事人诉权难以有效救济的情况。如在对当事人

---

[1] 王利明 著，《司法改革研究》（修订版），法律出版社，2001年，第339页。

以合理方式化解纠纷的诉讼引导中，假如司法人员引导错误，造成当事人诉权或胜诉权的永久灭失，那么这种损失如何救济恢复就成为一个棘手的难题。

（四）诉讼服务法治化有利于控制改革的成本

诉讼服务改革对于法院业绩评价立竿见影的效果使得改革成本往往被决策者所忽视，但这是一个客观存在的事实。首先是基础设施建设的投入，据统计，全国九成以上法院都建立了诉讼服务中心，相较于改造前的立案庭，中心办公面积、物质装备均有不同程度扩大和提升，在经费保障水平总体偏低的法院系统，诉讼服务的巨大投资无疑加剧了办案经费不足的紧张局面。其次，人力投入是更大的支出，根据诉讼服务内容的多寡，有的法院诉讼服务中心规模超过了传统的业务庭室，这种情况在兼具纠纷化解职能的诉讼服务中心较为普遍。除此之外，一些法院主动延伸诉讼服务，建立村居、社区法官制度，甚至实现了一村（居）一法官驻守排查化解矛盾，诉讼服务细致入微，成本也殊为巨大。在案多人少矛盾背景下，我们不得不对诉讼服务改革进行严格的成本计算和控制。这是基于严峻现实的应对之策，也是法治的鲜明个性和固有要求。法律制度存在善恶、正义与否和效益、成本等两方面问题，法律制度的作用之一就是平衡两者关系。[1]因此，法治天然地要求对包括诉讼服务改革在内的一切司法活动作成本收益的考量。诉讼服务实现法治化，可以消除不切实际的改革创新所造成的成本浪费，降低制度落实的实践成本，从而站在经济分析的角度对既定诉讼服务的合理性予以证明。

（五）诉讼服务法治化有利于厘清司法职权配置的界限

为法院在这个人数和复杂性不断增长的世界中界定角色，特别是确定如何配置这个小小的司法过程所拥有的资源，成为摆在法学家面前的一道难题。[2]诉讼服务的不统一不清晰及其非法治化实际上反映了法院自身定位及其司法权配置在一定程度上的混乱。在诉讼服务内容上，其与市场化的法律服务存在一些重合，许多情况下，法院做了应该由法律服务市场进行自由配置的事情，有越俎代庖之嫌。从法律服务专业化、市场化发展的角度看，厘清司法职权配置，认真履行好法律赋予的职责，把属于市场的还给市场，对法院从事哪些诉讼服务、如何推进这些服务作出具体规定，应是诉讼

---

[1] 张乃根 著，《西方法哲学史纲》，中国政法大学出版社，2002年，第602页。

[2] 尼尔·K.考默萨 著，申卫星、王琦 译，《法律的限度——法治、权利的供给与需求》，商务印书馆，2007年，第197页。

服务改革的方向。厘清诉讼服务改革中的司法职权配置需要重点解决诉讼服务与需求不对称的问题。当前,诉讼服务改革仍然难以摆脱法院本位主义的影响,搞诉讼服务在便利当事人诉讼的同时,不可否认的另一个动机甚至是更为重要的动机是满足政绩宣传的需要,或应付落实上级政策或跟风上马。由此带来的问题非常明显,要么是诉讼服务内容匮乏,要么是服务与当事人需要发生错位,不符合实际情况。这种供给不足和供需错位在很大程度上影响了诉讼效率,也削弱了当事人对于司法公正和权威的感知。

四、诉讼服务法治化的实施路径

(一)推进诉讼服务法治化的原则

1. 加强宏观指导和顶层设计。最高司法机关应对诉讼服务进行深入的理论论证,对改革取得的基层经验做法进行全面总结和反思,在制定新一轮司法改革规划时将诉讼服务司法改革作为重点,修改原有的相关制度规定,提供长远、科学、有效的业务指导。其中,非常重要的一点是建立诉讼服务改革成效的论证评价体系,科学评估诉讼服务改革的科学性、可操作性和实效性,为诉讼服务改革树立正确的导向。一方面,体现诉讼服务的人性化,根据诉讼服务对象的实际需求设定诉讼服务内容和方式,真正方便当事人诉讼。另一方面,体现诉讼服务的平等性,注重对弱势群体诉权的保障,同时在诉讼引导、调查取证等便利诉讼的过程中平衡不同方面的诉请,避免给当事人造成对于司法公正的合理怀疑。

2. 寻找统一化和差异性的平衡。如前文所述,诉讼服务尚缺乏统一的认识和明确的界限。原因是,各地在诉讼服务旗帜下的实践有统一、有差异,总体上呈现出主流相同、创新各异的实践样态。针对这一情况,笔者认为,首先要通过规范化推进基本诉讼服务的统一化,只有统一,我们才能获得理论研究和实践探讨的精确概念体系。譬如对于诉讼服务中心的称谓、建设标准进行统一,对于诉讼服务的内容、方式、功能、流程等进行统一。其次,在统一的前提下体现差异性,这是由客观存在的主体之间的差异造成的,在城乡二元结构下,司法也具有明显的二元结构特征,因此,在城镇大幅度推进网上办案诉讼服务改革时,在农村地区则应把注意力放在网下。在地区差异造成的诉讼服务改革差异中,西部辽阔地域上的流动法庭服务未必适宜在繁华都市推行。

(二)推进诉讼服务法治化的可能措施

1. 立法确认。通过立法对成熟的诉讼服务进行法制化改造,使之成为可供司法的法律制度。这与诉讼服务的规范化不同，后者解决的是技术层面的规则问题——“在法产生之前存在的一种约束性规则”，是走向法制化的前提。实现法律制度化则是诉讼服务实现法治化的完结和最高形式。法律程序使当事人有机会主张他们的证据方法和理由……这些步骤本身就是权利，因此其程序必须由法律来规定。[1]上升为法律程序，原先的诉讼服务便获得了规范司法活动的法律效力，而不仅仅是作为司法适用的辅助工具了。实践中不乏诉讼服务升级为法律制度的范例，可以为诉讼服务的法治化提供一些路径参考。例如，为应对案多人少矛盾，一些法院对案件实行分类管理，将部分事实清楚、法律适用明确、争议不大的案件剥离出来，成立专门的案件速裁组或速裁庭，既提高了办案效率，又缓解了办案压力，这也是修改后民事诉讼法小额速裁制度的发源，而在新法出台之前，它只是部分法院便利当事人诉讼的一项司法服务。

2. 创制司法文件。相对于立法确认的严格性和程序繁琐性，司法文件具有更多的灵活性，也是当前规范诉讼服务行之有效的主要形式。2009年12月，最高人民法院印发《关于进一步加强人民法院“立案信访窗口”建设的若干意见（试行）》，对立案信访窗口基础诉讼服务内容及其方式作出了具体规定，虽然在立案调解等制度落实中出现了一些问题，但在总体上对于指导全国法院诉讼服务改革发挥了建设性作用。2010年12月，最高人民法院印发《关于大力推广巡回审判方便人民群众诉讼的意见》，也在全国掀起了巡回审判方式的大改革。针对目前诉讼服务的基本情况，笔者建议通过司法文件形式加强对信访接待、纠纷分流、司法公开等诉讼服务项目的规范引导。

3. 与法律适用的衔接。社会生活纷繁复杂决定了法律制度不可能对每一个具体行为进行规范，法律制度具有鲜明的类规范特征，即原则性地对某一类行为进行调整。因此，诉讼服务并不是以法律制度的形式呈现，而是作为法治精神下推动法律实施的辅助措施的集合。对于法律制度的具体贯彻和落实应该成为法治化诉讼服务实现的主要形式。其实现路径正如某些法院对于民事诉讼法送达制度的落实：上海市第一中级人民法院“在线诉讼服务”平台服务规则规定“当事人通过服务密码登录平台，查看或下载诉讼材料（包括起诉状、证据、受理通知书、缴费通知书、应诉通知书、举证通知书、出庭通知书、传票等），与我院将有关诉讼材料送达给当事人具有同等法律效力。当事人查看的时间，即为上述诉讼材料送达的时间。”实践中，关于法律具体制度的落实可以通过诉讼服务得以实现。

---

[1] 黑格尔 著，范扬、张企太 译，《法哲学研究》，商务印书馆，1961年，第231页。

（三）现实中诉讼服务项目的废立存留

对于基本的诉讼服务项目，如风险提示、材料收转、信访接待、法官联络、司法救助等，应当加大力度，规范推进。对于诉讼引导、纠纷分流、补充调查取证（签发调查凭证）、判后答疑等对当事人诉权行使有较大影响的诉讼服务项目，对于信息发布、庭审直播等司法公开服务项目，应当在充分论证的基础上作细致的制度化安排，或进行立法的确认，或以司法文件进行规定，或作为法律制度的实践方式。对于超越司法界限的各种形式的司法服务，如企业走访、无讼创建等活动，应当停止，排除在诉讼服务改革项目之外。当前如火如荼的诉前调解由于其程序外运转带来的巨大合法性风险，应当叫停。对于部分法院推行的诉讼服务窗口开设诉讼保全担保服务、信息档案查询数字化、远程视频庭审等创新服务举措，应当在充分论证的基础上逐步规范并加以推广。

五、结　语

一个法律制度通过下面一系列办法来达到，或无论如何力图达到法律秩序的目的：承认某种利益；由司法过程（今天还要加上行政过程）按照一种权威性技术所发展和适用的各种法令来确定在什么限度内承认与实现那些利益；以及努力保障在确定限度内被承认的利益。[1]诉讼服务所保障的利益的合法性与确定限度决定了其作为手段的合法性和确定限度，脱离法治或者在法治之外发展出一套以实现合法利益为目的的程序体系将是难以想象的。诉讼服务法治化是其作为司法权运行方式的必然要求和应有之义，同时也只有建立在法治轨道上的诉讼服务，才能让当事人切实感受到公平正义。

[1] 罗斯科·庞德 著，沈宗灵 译，《通过法律的社会控制》，商务印书馆，1984年，第33页。

新商标法下对混淆可能性理论的理解与适用

成　龙[1]

摘　要:《商标法》的修改引入新的理念和理论，引起多方面的关注。本文从混淆可能性理论的概念入手，剖析混淆可能性在新《商标法》相关修改条款中的体现形式，并对引入混淆可能性理论作原因分析，从而分析在认定商标混淆可能性时需关注的六大要素。

关键词: 混淆可能性　理解　适用　商标法

新《商标法》于2014年5月1日正式施行，这是我国《商标法》第三次进行修订，此次修订的一大亮点是将原《商标法》第52条第1项改为两项，作为第57条的第1、2项。并且在第2项"未经商标注册人的许可，在同一种商品上使用与其注册商标近似的商标，或者在类似商品上使用与注册商标相同或者近似的商标"增加了"容易导致混淆"的限定，明确将"混淆可能性"作为商标侵权的要件。"混淆可能性"理论在新商标法中的地位和作用逐步得到体现，也引起更多人的关注。

一、混淆可能性的概念及在新《商标法》中的体现

混淆可能性，最早见于1987年美国的《兰哈姆法》的第43条，将混淆可能性的保护范围规定为"任何人在商业活动中，使用任何文字、名称、标记或图案或上述要素的结合于有关的商品或服务或商品容器之上，由此可能导致混淆，或导致误解或欺骗，使人误认为其与他人有附属、关联、联营关系，或者是使人误认为其商品或服务或商业活

[1] 作者简介：成龙，海州市市场监督管理局副局长。

动源于他人或由他人赞助或许可的，应当承担民事责任。”

在我国，普遍认同的概念是，混淆可能性是指经营者对任一商标的使用可能使相关公众将不同经营者的商品或服务误认为来源于同一个经营者或虽然能区分商品或服务源于不同经营者，但却可能误认为这些经营者之间存在隶属、赞助、联营、许可或其他经济上的关系。

“混淆可能性”与商标侵权息息相关。一般情况下，正是由于对商品或服务的来源发生了混淆，才导致侵权行为的发生。保护消费者不受混淆也是此次《商标法》修改所体现的基本法理之一，这一点从修订的法条可以得到见证。

首先，对于可能导致消费者混淆的商标注册申请，商标局不予核准。如新《商标法》第13条第2款规定：“就相同或者类似商品申请注册的商标是复制、模仿或者翻译他人未在中国注册的驰名商标，容易导致混淆的，不予注册并禁止使用。”新《商标法》第30条规定：“申请注册的商标，凡不符合本法有关规定或者同他人在同一种商品或者类似商品上已经注册的或者初步审定的商标相同或者近似的，由商标局驳回申请，不予公告。”

其次，注册商标的转让和许可使用，以不引起消费者混淆为前提。具体而言，新《商标法》第42条第2款规定：“转让注册商标的，商标注册人对其在同一种商品上注册的近似商标，或者在类似商品上注册的相同或者近似的商标，应当一并转让。”第3款规定：“对容易导致混淆或者有其他不良影响的转让，商标局不予核准。”第43条第3款规定：“经许可使用他人注册商标的，必须在使用该注册商标的商品上标明被许可人的名称和商品产地。”

第三，侵犯注册商标专用权的行为无不以“混淆可能性”为构成要件。新《商标法》第48条关于“商标的使用”的定义由原《商标法实施条例》第3条内容衍生而来，并且新增了“用于识别商品来源的行为”这一内容。另一方面就是将原52条第1项内容修改为两项，并在第2项“未经商标注册人的许可，在同一种商品上使用与其注册商标近似的商标，或者在类似商品上使用与注册商标相同或者近似的商标”增加了“容易导致混淆”的限定。

二、商标法修改中引入混淆可能性的原因分析

原《商标法》在第52条列举商标侵权行为时只是强调“商标近似”作为判断侵权的重要标准，没有明确将“混淆可能性”作为构成侵权要件之一。但最高人民法院《关于审理商标民事纠纷案件适用法律若干问题的解释》（法释［2002］32号）第9条和第

11条规定，在认定商品类似和商标近似时就使用了“对商品来源产生误认”、“容易造成混淆”作为判断的标准之一。随着法律的逐步完善和成熟，“混淆可能性”在《商标法》第三次修改中正式得以体现，其主要原因有：

1. 商标结构原理的需求。商标是经营者用来标识其提供的商品或服务，并使该商品或服务区别于其他经营者提供的商品或服务的标志。商标主要由三个要素构成：（1）商标标识，即文字、图形、字母、数字、三维标志、颜色组合和声音等，以及上述要素的组合；（2）商品或服务类型，即该符号被商品或服务的生产商或销售商作为商标实际使用；（3）识别功能，即标识销售商的产品并将其与其他人生产或销售的商品区别开来。从商标的结构分析可以看出，商标并非仅仅由商标标识和商品服务类别构成，而是由商标标识、商品服务类别以及商标的识别功能共同构成的统一体，保护商标不是单纯为了保护商标标识，而是为了保护商标标识与产品来源或经营者信誉之间的关系。“混淆可能性”的引入，正是上述三要素完整统一的客观需求。

2. 商标基本功能的决定。商标的功能决定了商标权保护的内容和形式。一般认为，商标具有指示商品来源功能、保证商品质量功能和投资功能，其中指示商品来源功能是商标最核心、最基础的功能。为了保障商标指示商品来源功能的实现，就要防止侵权者通过使用他人的商标而将自己的商品伪装成他人的产品，欺骗公众从而侵占商标权人的商誉。换言之，需要确保商标的来源指示功能，防止他人假冒或仿冒注册商标，从而杜绝误导、欺骗消费者行为的发生。因此，评判是否构成商标侵权，关键在于是否可能导致消费者对商品来源发生混淆。商标的核心功能决定了应当将“混淆可能性”作为侵权的评判构件。

3. 商标立法宗旨的体现。我国商标法的价值定位集中于“加强商标管理”、“保护商标专用权”、“保护商标权人利益”、“维护消费者利益”和“促进市场经济发展”这五个方面。从“维护消费者利益”的角度看，消费者是商标的直接使用者、商标意义的确定者和商标价值的决定者，商标的核心价值在于让消费者借助商标识别商标权人的商品或服务，从而达到维护消费者利益的目的。从“保护商标权人利益”的角度看，要保护好商标所代表的信息、所体现的商业信誉，就应当防止消费者对商品或服务发生混淆。因此，将“混淆可能性”作为是否侵犯商标权的构成要件，既符合“维护消费者权益”的价值取向，也契合保护商标权人利益的立法宗旨。

4. 国际法律发展的趋势。随着知识产权保护一体化、国际化的发展，许多国家、地区、组织在对商标侵权的法律研究、制定方面走在了世界的前列，并达成了一致的意见。“混淆可能性”作为商标侵权的构成要件就是典型之一。美国的《兰哈姆法》第2条、第32条、第43条将导致消费者混淆、误认或欺骗，作为驳回商标注册申请或构成商标侵权的事由；德国《商标法》第31条规定："商标、商号、姓名……，只要足以在交易中引起混淆，均不影响本法的适用。"可见德国的《商标法》确认商标侵权的前提条件也是"是否使消费者对产品的来源发生混淆和误认"；《欧共体商标条例》第8条第1款、第9条第1款都明确规定："在相同或类似商品上使用相同或近似商标时，除非存在混淆的可能，否则不应驳回商标注册申请，或者不应当认定构成商标侵权"；我国台湾地区的《商标法》规定：对于在与类似商品或服务上使用与商标权利人相同的商标，或在相同的商品或服务上使用与商标权利人近似的商标，达到"有致相关消费者混淆误认之虞者，为侵害商标权"。我国作为世界经济大国，加入世贸组织已有十多年，在新《商标法》中引入"混淆可能性"理论，这是跟国际接轨的需要，是学习借鉴先进法律的体现。

三、认定商标混淆可能性需关注的要素

在判断两个商标之间是否存在着混淆可能性，没有固定的量化标准，没有统一的判断模式，只能在个案中从相关消费者的视角，结合一些要素，但又不限于这些要素，进行综合分析和认定。

1. 商标法意义上的使用。该要素主要包括两个具体要件，一是商标要具有使用行为，二是这种使用要符合商标法意义上的商标性使用。不存在商标使用行为，必然不会发生混淆；不符合商标法意义上的使用行为，同样也得不到商标法的保护。涉外定牌加工行为，正是因为不构成商标法意义上的"商标使用"行为，没有对消费者造成欺骗，也不会使其对商品或服务的来源产生混淆、误认，而不被认为是商标侵权行为。

2. 商标的显著性。《商标法》第9条规定："商标应当有显著特征，便于识别。"显著性不仅包括商标标识本身固有的显著性，而且还包括由商标使用而获得的显著性，也可以称为知名度。一般说来，商标的知名度越高，被人使用造成混淆的可能性就越大，其保护的范围就越大。正如新《商标法》第13条规定："为相关公众所熟知的商标，持有人认为其权利受到侵害时，可以依照本法规定请求驰名商标保护。"反之，知名度弱的商标，造成混淆的可能性就越小，其保护的范围相对窄。

3. 商标标识、商品或服务的近似程度。判断两个商标是否相同或近似，最重要的因素是商标标识是否相同、近似和商品或服务的内容是否相同或类似。商标标识是否近似应从商标的音、形、义、结构、图形的构成、颜色，包括新增加的声音以及组合等方面综合考虑。商品或服务是否类似应考虑他们之间存在的特定关系，如许可、赞助、销售渠道、经营方式、文化理念等方面来综合认定其关联度。另一方面，商标标识近似和

商品或服务类似两者是可以相互补充的，虽然不需要两者都达到混淆的可能才被认定为混淆，但需要将两者结合起来考虑。

4. 相关公众的注意力程度。所谓相关公众，最高人民法院《关于审理商标民事纠纷案件适用法律若干问题的解释》（法释［2002］32号）第8条如此规定："相关公众是指与商标所标识的某类商品或服务有关的消费者和与前述商品或服务的营销有密切联系的其他经营者。"简称相关消费者和相关经营者。相关公众在购买商品或接受服务时，注意力程度的不同也会导致混淆可能性的概率不一样。对于价值较小，消费者注意力较低的商品或服务，混淆的可能性自然就大；而对于价值较高，消费者注意力较高的商品或服务，混淆的可能性就相应较小。

5. 实际混淆的证据。混淆的可能性并不要求已经造成了实际混淆，而是仅要求极有可能造成混淆。因为如果一定要等到实际混淆发生才可以获得救济的话，就有可能对商标权造成难以弥补的损失。所以，在主张认定商标侵权中，如果有证据证明已经发生了实际的混淆，这将非常有利于支持存在混淆的可能性；如果没有实际造成混淆的证据，只能从其他各种相关因素中推断相关公众在两个商标之间发生混淆的可能性。

6. 行为人的主观意图。在认定商标侵权中，如果能证明当事人明知、应知或者存在主观故意，目的就是通过使用相同或近似的商标而假冒商标持有人的商标，则可以直接认定两个商标之间存在混淆的可能性，判定其行为构成商标侵权行为。

商业银行限制竞争典型案件探析

祁晓行　仲雷雷[1]

摘　要：本文以查处一起商业银行限制竞争行为案件为例，剖析了工商部门在查处类似案件中案件管辖、定性等方面的问题，进而基于当前职能、体制调整和改革的视角，从履职重点、法律修订、专业化队伍建设等方面对工商部门强化竞争执法工作进行了研究和探讨。

关键词：工商　限制竞争　案例分析

商业银行是依据《商业银行法》设立的从事吸收公众存款、发放贷款、办理结算等业务的企业法人，在设立条件、程序等方面有着特殊的市场准入规则，因而在其相关的经营领域缺少充分的竞争。作为强势和优势地位的一方，商业银行往往借发放贷款等业务之机，附加一些不合理的条件给用户或消费者，造成了交易的不公平和不公正。囿于管辖权以及法律法规适用上的争议，各地工商机关对商业银行限制竞争行为的查处和规制经常“望而却步”，长期以来难有突破。连云港工商局自2013年以来连续查办了10起商业银行限制竞争案件，目前已经结案7起。本文结合其中一起银行发放贷款附加不合理条件的办案实践，就规制商业银行限制竞争行为以及工商部门强化竞争执法工作谈几点粗浅认识。

一、简要案情

2013年6月，连云港市赣榆工商局陆续接到群众举报，反映该县多家商业银行在办理房屋抵押贷款中，利用优势地位转嫁自身义务。该局高度重视，立即请示了上级

[1] 作者简介：祁晓行，连云港市工商局综合执法处处长；仲雷雷，任职于赣榆市场监督管理局。本文于2014年6月，在国家工商总局竞争执法局、《工商行政管理》编辑部举办的“竞争执法与市场监管”有奖征文中，获得纪念奖。

局,经过上级局的授权及时组织执法人员调查取证。

经调查,商业银行的主要业务之一是发放贷款,个人住房按揭贷款是其贷款业务的一个方面。开发商在开发初期,商业银行就与开发商签订《商用房贷款业务银企合作协议》,约定由商业银行对购买开发商楼盘的购房户提供按揭抵押贷款,贷款作为购房款直接打入房地产开发商设在商业银行的指定账户内,同时开发商对购房户的贷款提供担保,并负责办妥房屋抵押登记,将《房屋他项权证》交由银行抵押。当购房户在开发商处购买房屋时,首先与开发商签订购房合同,并在开发商指定的和其有贷款合作业务的银行办理按揭抵押贷款。在此过程中,房地产开发商按照协议约定,负责办理房屋抵押,并要求购房户承担办理房屋他项权证的费用。购房户为了顺利获得购房贷款,只能缴纳此笔费用,缴纳标准为商业用房550元/户,普通商品房80元/户。

房屋他项权证是房屋产权登记机关颁发给抵押权人或典权人等权利人的法定凭证,他项权利人依法凭证行使他项权利,《房屋他项权证》的申请人为购房户和银行双方,《房屋他项权证》上所载明的房屋他项权利人为放贷银行。国家发改委、财政部《关于规范房屋登记费计费方式和收费标准等有关问题的通知》(发改价格[2008]924号)第五条规定:"房屋登记费向申请人收取。但按规定需由当事人双方共同申请的,只能向登记为房屋权利人的一方收取。"因此,房屋他项权登记费应当由当事人缴纳。

二、对本案的辨析

案件事实已经调查清楚,商业银行利用自身优势地位转嫁本应由自己承担的费用的行为确实存在。但对商业银行的这种行为应该如何定性和适用法律,在办案单位内部产生了争议。

(一)管辖权的争议

管辖权问题是工商部门查处银行业不正当竞争行为中遇到的一个老问题。银行提出管辖权异议主要依据的是《商业银行法》和《银行业监督管理法》等法律法规授权银监机构对商业银行及其业务活动进行监督管理,并规定商业银行开展业务应当遵守公平竞争的原则,不得从事不正当竞争。办案人员认为,上述法律法规只是禁止商业银行不正当竞争行为的原则性规定,对商业银行的不正当竞争行为并没有具体规定。

《商业银行法》第十条规定,"商业银行依法接受国务院银行业监督管理机构的监督管理,但法律规定其有关业务接受其他监督管理部门或者机构监督管理的,依照其规定”。该条规定表明其他监管部门有权依照法律规定对银行的有关业务进行监督管理。国家工商行政管理总局《关于商业银行等金融企业不正当竞争管辖权问题的答复》明确指出,《反不正当竞争法》第三条第二款关于“法律、行政法规规定由其他部门监督检查的,依照其规定”的规定,是指有关法律、行政法规对《反不正当竞争法》规定的不正当竞争行为明确规定由其他部门进行监督检查的,从其规定。由于《银行业监督管理法》对金融机构的不正当竞争行为没有具体规定,该法第二条、第三条的原则性规定并不能排除工商行政管理部门依据《反不正当竞争法》对金融机构不正当竞争行为的管辖权。因此,除《商业银行法》明确规定由银行业监督管理机构查处的不正当竞争行为外,工商行政管理部门对金融机构的其他不正当竞争行为和限制竞争行为,包括金融机构的不正当有奖销售、商业贿赂、虚假宣传等不正当竞争行为,具有监督检查权。

(二)向购房户转嫁收取房屋他项权证登记费主体的确定

确定谁是向购房户转嫁收取房屋他项权证登记费的主体,实质上就是明确谁是违法主体。

第一种意见认为:是房屋登记部门向购房户收取了费用。从国家发改委、财政部《关于规范房屋登记费计费方式和收费标准等有关问题的通知》作出的“房屋登记费向申请人收取。但按规定需由当事人双方共同申请的,只能向登记为房屋权利人的一方收取”规定看,是规范房屋登记部门的收费行为;从房管部门出具的、加盖有公章的收据上,可以看出缴费人是购房户的姓名。所以,是房屋登记部门违反收费规定向购房户收取的费用。

第二种意见认为:是开发商向购房户收取了该笔费用。从证据上看,是开发商在交房时,以代购房户办理各类证件、缴纳各项费用的名义向购房户收取的。

第三种意见认为:应该是商业银行收取的。工商机关对于收费行为规制的关键点在于转嫁。办证费用虽然是购房户交给开发商的,但开发商是按照约定受托为银行代办《房屋他项权证》而收取的,开发商是代理行为,法律责任应当由银行承担。开发商到登记部门去为银行办证交费,不管登记部门出具的收据上写的是谁的名字,都不能改变开发商代银行收取办证费用和将《房屋他项权证》交给银行持有的事实。至于房屋登记部门收取此笔费用,只是一种规费的收取,不存在转嫁或者强制的行为特征,但没有尽到审慎审查的义务。工商部门对房屋登记部门的规费收取并无管辖权,但可以行政建议书的形式函告房屋登记部门予以整改和规范。

由此,办案单位认定是商业银行通过开发商向购房户收取了办证费用。

（三）案件的定性

承办人在调查初期认为本案可以以侵犯消费者合法权益定性，且省内外的兄弟单位在处理此种案件时也都以侵害消费者合法权益进行处理。《消费者权益保护法》第二十四条规定："经营者不得以格式合同、通知、声明、店堂告示等方式作出对消费者不公平、不合理的规定，或者减轻、免除其损害消费者合法权益应当承担的民事责任。"本案中，商业银行正是利用和开发商的合作协议把自己的义务通过开发商转嫁给了购房户。但《消费者权益保护法》在法律责任环节对此违法行为并没有明确的处罚规定。

而《江苏省实施〈消费者权益保护法〉办法》第十一条："供水、供电、供气、邮电通信等公用企业、事业单位和其他依法具有独占地位的经营者，应当采取措施，规范交易、服务行为，保证商品和服务质量，严格执行价格规定，为消费者提供方便，不得作出对消费者不公平、不合理的规定，不得限定消费者购买或者接受其指定的商品或者服务，不得擅自增加收费项目或者提高收费标准"的规定，同样适用商业银行的此种违法行为。且本法第二十七条规定："经营者违反本办法第九条，第十条，第十一条，第十二条，第十三条第一款、第三款，第十六条的规定，法律、法规对处罚机关和处罚方式有规定的，依照法律、法规的规定执行；法律、法规未作规定的，由工商行政管理部门或者其他行政部门根据职责分工，责令其改正，并可以给予警告、处以二百元以上二千元以下的罚款"，对此种违法行为的罚则也非常明确。但"责令其改正，并可以给予警告、处以二百元以上二千元以下的罚款"的法律责任，对违法所得动辄几万、几十万甚至上百万的商业银行来说，可以说是微乎其微，并不能体现过罚相当的法治精神，反映不出法律法规的公正公平。至此，办案人员认为从侵害消费者权益角度对此案件定性也不合适。

本案中，商业银行利用自身的优势地位，在和开发商的贷款合作中限定由开发商负责办理房屋他项权证作为双方合作的前提条件，开发商（利益第三方）为了能够顺利出售自己的楼盘，只能按照商业银行的要求负责办妥房屋他项权证。而购房户在开发商处购买房屋，要想拿到按揭抵押贷款，必须到开发商指定的商业银行办理，并缴纳房屋他项权证登记费。如果不满足此条件，购买楼盘的消费者就不能顺利获得按揭贷款，而拿不到按揭贷款，相当一部分购房户因不能一次性付清买房的所有款项而最后放弃买房打算。为了能够顺利获得按揭贷款，购房户也只能按照开发商的要求缴纳房屋他项权证登记费，否则是拿不到贷款的。在此过程中，开发商是商业银行办理房屋他项权证的代理人，在实际操作中，购房户的按揭抵押贷款也是由开发商负责办理的，开发商办理的原则是开发商与商业银行签订的《商用房贷款业务银企合作协议》，商业银行正是利用此协议通过开发商转嫁自身的义务。

此外,《商业银行法》等相关法律在贷款合作环节并无必须由借款人或者其他用户代为办理《房屋他项权证》的规定,将办妥《房屋他项权证》、缴纳房屋他项权登记费作为办理贷款的条件,属于附加的不合理条件。

因此,商业银行利用金融企业的优势地位,在发放按揭贷款的过程中附加不合理条件,转嫁房屋他项权证登记费的行为,属于《关于禁止公用企业限制竞争行为的若干规定》第四条第六项所列"对不接受其不合理条件的用户、消费者拒绝、中断或者削减供应相关商品,或者滥收费用"的限制竞争行为,应当依据《反不正当竞争法》第二十三条的规定,依法予以处罚。经过研究,办案单位一致认为商业银行的行为构成不正当竞争。

三、案件引发的思考

对银行限制竞争案件的查处,引发了我们对于竞争执法工作现实和未来的几点思考:

首先,竞争执法应当成为工商部门的主业。一是从欧美等市场化程度较高的国家看,普遍形成了较为完善的竞争执法法律体系,设立了专司竞争执法和消费者权益保护的机构。随着世界经济一体化趋势的加快和我国国际化程度的加深,加强不正当竞争和限制竞争执法势在必行。工商部门具有相对成熟完善的市场监管和行政执法法律体系和专职队伍,应该在竞争执法中敢于担当。二是从职能调整看,随着工商登记从"先证后照"改为"先照后证"、注册资本从实缴制改为认缴制、企业年检从形式审查改为年度报告以及食品职能划转等改革的陆续到位,证照类、"两虚一抽"类、食品类等三大类型案件必然大幅减少,竞争执法是工商部门执法办案的不二选择。三是从现实情况看,当前一些行业限制竞争、商业贿赂、商业欺诈、侵权假冒等不正当竞争行为突出,阻碍了资源的合理配置和市场优势的发挥,损害了广大经营者和消费者的合法权益。工商部门也只有加强竞争执法,才能更好地响应各级党委、政府的期望和要求,才能呼应中小企业对公平竞争市场秩序的需求,也才能顺应社会公众对自身权益保护的诉求。

其次,"两反"应当成为工商部门执法办案的主打。一方面,《反不正当竞争法》明确规制的11种不正当竞争行为特别是限制竞争行为,是工商机关执法办案的重点。但是基于我国部门立法的特点,近年来陆续出台的《商业银行法》、《保险法》、《电力法》、《电信条例》等法律法规,以及对相关领域管辖过于笼统的司法解释,使得《反不正当竞争法》实施部分操作性差的问题越来越突出。前几年连云港工商局在上级局指导下承办"全国反垄断第一案"时,也感受到具体实施《反垄断法》时操作难的问题。

必须强化积极行政的理念，凝聚全系统的意志、资源，组织查处侵害群众利益和公平秩序的不正当竞争行为。特别是对于限定竞争个案查处中的争议，应该以宽容、呵护的心态保护办案人员的积极性，在案件管辖、证据完善、案件定性、法条适用等方面形成合力，切忌“一棍子打死”，防止出现因追求“复议无撤销、诉讼无败诉”就苛求案件“无复议、无诉讼”。从而通过执法实践，推动竞争执法领域的巩固和拓展。另一方面，应尽快修改《反不正当竞争法》。从执法实践看，《反不正当竞争法》明显存在着法律责任不够完善、操作性比较差的问题。如对公用企业和其他依法具有独占地位的经营者仅是处以五万元以上二十万元以下的罚款，难以对财大气粗的公用企业起到预防与惩戒的作用。《反不正当竞争法》所规制的11种违法行为除了假冒仿冒、商业贿赂外，都没有对当事人追究刑事责任的处罚，惩戒过轻不足以形成震慑，必然出现不正当竞争行为违法低成本、高收益的现象。

第三，专业化队伍应当成为竞争执法的主力。不正当竞争行为是市场竞争发展到一定程度的产物，这要求反不正当竞争匹配具有相当法律素养和业务技能的机构和人员。在这方面，全省工商系统的省、市两级执法人才库建设已经做了积极的探索。笔者建议在专业人才选拔、高层次培训、案件交流以及晋职晋级等方面形成完善的工作机制，努力打造一支适应竞争执法需要的专业化人才队伍。

试论重大行政决策合法性审查机制的完善[1]

周　毓[2]

摘　要：合法是决策的第一要件。合法性审查是依法决策的过滤器和防火墙。党的十八届四中全会通过的《中共中央关于全面推进依法治国若干重大问题的决定》明确提出“建立行政机关内部重大决策合法性审查机制”，并把合法性审查确定为重大行政决策法定程序。本文从法学角度对重大行政决策合法性审查的法律性质和意义进行论述，结合实际分析了当前开展合法性审查的难点与问题，提出要在审查对象、审查范围、审查方式、审查流程、审查效力等方面进行制度完善的具体建议，为国家制定重大行政决策合法性审查规则提供参考。

关键词：重大行政决策　合法性审查　机制

行政决策是行政管理活动的首要环节和重要内容，是行政权力运行的起点。依法行政首先要依法决策。规范行政决策权力特别是重大行政决策权力，是规范行政权力的重点。党的十八届四中全会通过的《中共中央关于全面推进依法治国若干重大问题的决定》明确提出“建立行政机关内部重大决策合法性审查机制”，并把合法性审查与公众参与、专家论证、风险评估、集体讨论决定一起确定为重大行政决策法定程序。为落实这项任务，必须对已经建立和正在探索过程中的重大行政决策合法性审查机制总结经验，深化对此问题的法学研究，破解实践中存在的难题，促进重大行政决策的法治化。

---

[1] 本文于2014年12月在江苏省法制办召开的“全面深化改革与政府法制工作”专题研讨会上宣读，并收录在于爱荣主编《改革与法治》（江苏人民出版社）一书中；本论文的核心内容以《合法性审查：重大决策的“防火墙”》为题，已发表在2015年第1期省委主办的《群众》（决策资讯）。

[2] 作者简介：周毓（1975—　），男，河南民权人，连云港市政府法制办公室副主任，副教授，法学学士学位。

一、重大行政决策合法性审查的概念

重大行政决策是行政机关基于行政职权作出的重要、重大行政行为，是重大行政管理活动的首要环节和重要内容。具体是指关系本行政区域全局性、战略性和基础性的经济调节、市场监管、社会管理、公共服务等政务事项，一般须经过专家论证并通过政府法定会议作出决定。“合法是行政决策的第一要件”，合法性审查是保证依法作出重大行政决策的关键环节和必经程序，是“过滤器”和“防火墙”，使违法决策消灭于萌芽之中。

所谓重大行政决策合法性审查是指行政决策主体在重大行政决策过程中，为保证决策依法进行而依据一定的标准和程序对重大行政决策行为是否符合法律规定进行调查、论证、审核并作出法律评价的一种内部行政程序制度或活动。其构成要素一般有以下几点：（1）主体要素，就是谁来审查。重大行政决策合法性审查是一种行政审查，不包括法院的合法性审查，其审查主体应是特定的行政机构或者行政机关委托的机构，可以说本质上是一种行政系统内部的事前监督活动，而行政复议是行政系统内部的事后监督活动。（2）行政要素，就是审查的对象。按照依法行政的要求，所有的行政决策都必须合法，才能从源头上保证行政行为的合法性。但是，行政是注重效率的，要求政府对所有的行政决策都进行合法性审查在实践中缺乏可行性。这并不意味着一般行政决策事项不需要法制审查，而是不作为必经程序要求，其法制把关具有灵活性。合法性审查的行政决策为重大行政决策事项，是政府重要的行政管理事务，是关系本行政区全局性、战略性和基础性的政务事项，该事项的范围具有一定的开放性和扩张性。（3）法律要素，就是审查的依据问题。合法性审查的“法”要从广义来理解，包括宪法、法律、行政法规、地方性法规、规章等。对于其他规范性文件能否作为审查合法性的标准，实践中存在争议，笔者认为，法律法规等都可以作为合法性审查独立的依据，其他规范性文件只能作为一种辅助性的审查依据。不能单独依据没有法律、法规和规章依据的其他规范性文件对重大行政决策的合法性作出评价和判断。（4）内容要素，就是审查的具体内容。审查内容主要是对重大行政决策事项是否符合决策机关的职责权限、决策程序是否依法进行、决策内容是否符合法律要求、决策实施的效果是否合乎法律目的等进行调查、论证、审核并作出法律评价。（5）目的要素，就是审查所要达到的目标。重大行政决策合法性审查的最终目的是依法行政，要将行政决策机关的自由裁量权纳入理性的轨道，从而确保政府的决策符合法律精神、公正。

二、完善重大行政决策合法性审查机制的意义

（一）完善重大行政决策合法性审查机制是建设法治中国、法治政府的需要

党的十八届三中全会正式提出建设法治中国的理念和目标，要求“坚持依法治国、依法执政、依法行政共同推进，坚持法治国家、法治政府、法治社会一体建设”。加快建设法治中国，很大程度上要通过推进依法行政，建设法治政府来实现。法治政府建设主要包括政府决策、执行和监督的法治化，而首要是政府依法决策，因为政府所有的管理服务行为均是从做决定开始的。如果决策出现失误，那将是最大的失误，是源头上的失误，它比执行失误具有更大的危害性。对重大行政决策进行合法性审查，并不是剥夺、削弱政府的决策权，而是使政府的决策过程纳入法律的控制之下，防止违法决策和滥用决策权，实现依法行政，促进法治中国建设。

（二）完善重大行政决策合法性审查机制是实现行政决策民主化、科学化的前提和保障

民主决策、科学决策和依法决策是对政府决策的三大要求。依法决策可以将决策过程中运用先进科学思想、技术的方式以法律的形式固定下来，使决策过程中的各种不同意见得以充分表达的信息公开、公众参与等方式得到固化，以反映广大人民群众的根本利益和要求。而合法性的事前审查是确保政府决策依法进行的“过滤器”，能够有效避免决策过程中的非理性干扰。

（三）完善重大行政决策合法性审查机制是重大行政决策的必经程序和关键环节

重大行政决策是一个由诸多环节共同构成的过程，要保证决策的科学化、民主化和法治化，关键是确定重大行政决策的必经程序。2010年出台的《国务院关于加强法治政府建设的意见》就提出要“坚持依法科学民主决策”，并将合法性审查程序与公众参与、专家论证、风险评估、集体讨论等一并确定为重大行政决策的必经程序。重大行政决策合法性审查作为行政系统的内部监督和控制的必经程序，是一种重要的行政自制形式，该制度的设计从程序角度倒逼行政机关在决策过程中做到自觉约束和规范自己的行为，从而达到控制行政自由裁量权的目的。

（四）完善重大行政决策合法性审查机制是顺应政府信息公开的时代需要

重大行政决策公开既是行政法治原则的主要内容，也是政府信息公开的基本要求。党的十八届四中全会提出要“坚持以公开为常态、不公开为例外原则，推进决策

公开、执行公开、管理公开、服务公开、结果公开”。重大行政决策是全局性、战略性、基础性的决策，要做到决策事项、依据和结果对社会公众公开。除涉及国家机密、国家安全、外汇汇率、货币政策等事项需要保密外，合法性审查的相关信息也应依法向社会公开，这是内部程序外部化的表现，能够促进建设更加透明的政府。

三、重大行政决策合法性审查机制的难点

随着依法行政观念逐渐确立，重大决策和政府签订合同及处理重大信访疑难案件等涉法事务交由法制机构进行合法性审查，已成为地方政府决策实践的普遍做法。但也存在一些问题，如规定审查的规范位阶较低，权威不足；审查的事项范围不清，尚未覆盖政府重要决策各个领域；审查把关不严，很多情况下只能“开路条”，不让“设关卡”；法制机构的审查力量和能力还比较薄弱，承担不了更多的审查任务；审查理论研究不足；等等，与如火如荼的依法决策的法治实践要求相比还不能完全适应。

（一）重大行政决策合法性审查的规范位阶较低

从当前中央和地方立法和制度建设实践来看，对合法性审查进行规范一般都是通过制定规范性文件的形式，很少采用立法形式。在国家层面，中国特色的行政法律体系基本形成，但统一的《行政程序法》至今尚未出台，也没有其他法律或行政法规对重大行政决策合法性审查作出规定，只是在国务院关于加强法治政府建设的综合性文件中提出要建立重大行政决策合法性审查制度。国务院加快了重大行政决策法治化进程，制定了《重大行政决策程序条例》草案并向社会征求意见，该草案设置单独一章规定了重大行政决策合法性审查制度。在地方层面，个别地方政府采取了地方政府规章的法律形式，把重大行政决策作为一种特殊的行政活动予以规范，如《山东省行政程序条例》、《广西壮族自治区行政机关重大决策程序暂行规定》等，而大部分地方政府则采取了专门性的行政规范性文件对此进行规范。总体而言，这些行政规范性文件存在着法律位阶较低、约束力较弱、权威不足等问题，在现实中难以得到有效的遵守和执行，很难建立起刚性的合法性审查机制。

（二）重大行政决策合法性审查的审查主体规定比较单一

构建重大行政决策合法性审查机制首先要明确由谁来审查，审查主体的审查能力和法律地位对合法性审查意义重大。现实中各地普遍将决策机关的法制机构作为审

查主体，必要时，可以聘请法律专家进行审查。而国务院的《重大行政决策程序条例》征求意见稿甚至对专家审查也没有规定。总体来看当前审查主体方面存在几点不足，难以保证重大决策合法性审查机制有效运行：一是审查主体往往是决策机关内设部门，独立性不足，不能很好发挥监督作用；二是专家审查具有外部性，客观性较强，但法律地位不明确，难以独立承担相应的责任；三是忽略了组织化的高校科研机关、律师事务所以及其他决策咨询机构的智囊参谋作用，没有顺应国家向社会采购公共服务的发展趋势。

（三）重大行政决策合法性审查的审查内容规定过于粗略

审查标准应将合法性审查这一总的原则予以具体化，一般地方都规定了三个标准：一是职权标准，即是否符合决策机关的职责权限；二是程序标准，决策程序是否合法；三是决策内容标准。个别地方政府甚至将合理性也纳入审查范围之内。总体来说，这些标准尚需进一步细化，以增强审查规则的可操作性，审查标准的种类有待进一步完善，审查的强度即进行书面审查还是实质审查需进一步规定。

（四）重大行政决策合法性审查的审查程序不健全

依法决策不仅仅要求重大行政决策在法律范围内依据职权进行，同时还必须遵循法定的方法、步骤，否则属于违法决策。在大部分地方重大行政决策中，虽然都将重大行政决策合法性审查作为必经程序进行规定，但对审查如何启动、审查的期限、审查的方法等缺乏明确的规定。由于审查程序规定不够完善，经常出现临在重大决策前要求法制部门出具审查意见的情况，往往把法律审查意见作为“挡箭牌”，认为只要决策材料中有法律审查意见其合法性就没问题了，以至于使重大行政决策合法性审查流于形式，达不到制度设置的预期目的。

（五）重大行政决策合法性审查的法律效力不够明确

合法性审查意见是对重大行政决策过程合法性的法律评价，直接决定着其能否发挥有效防范、制止违法决策的制度功能。实践中各地均对合法性审查的法律形式作出了原则规定，但大部分未明确合法性审查意见的具体内容；个别地方对意见的种类作出了规定，但存在着条理不规范，可操作性不强等问题。虽然国务院已把重大行政决策合法性审查作为必经程序确定下来，但有些地方仍然未给予明确。至于合法性审查意见的法律地位，则很少有明确规定，审查意见是不是决策的依据，其对决策承办单位有何法律效力，等等，这些问题尚需从规范层面进一步明确。

四、完善重大行政决策合法性审查的法律机制

（一）明确重大行政决策的范围

重大决策事项的范围是开展重大决策合法性审查的前提和基础，重大决策事项的范围界定不具体明确，是当前重大决策相关制度难以落实的重要原因。何谓重大行政决策在实践中存在较大争议，各地大都以概括加列举的方式确定重大事项的范围，但仍存在操作性不强，范围不明确的现象，导致部分政府及部门以没有明确规定为由拒绝合法性审查。因此，各地政府应该对重大决策事项范围界定进行研究，明确细化量化标准，然后结合实际确定后向社会公布，并自发布之日起15日内向上一级政府报送备案。只要是政府重大的涉法事务（如各类政府合同、征地补偿安置方案等），都应纳入合法性审查范围。

（二）构建以政府法制机构为主的合法性审查主体模式

审查主体模式的选择要考虑到审查能力、审查的效能和审查的客观性，同事也要注意现行的行政管理体制。笔者建议应构建以政府法制机构的审查为主体，以符合条件的社会组织和律师事务所审查为补充的审查主体体系。政府法制办应定性为重大行政决策合法性审查工作的组织机构，为重大行政决策行为提供保障，真正发挥法制机构的"参谋、助手和顾问"的作用。实行行政机关内部分别审查模式，本级人民政府的审查由其所在的法制机构审查，职能部门的重大行政决策由其内设法制机构进行审查并报上级法制部门备案。政府法制机构工作人员要具备处理政府法律事务的专业水平，为政府提供"离得近、叫得应、专业熟、信息灵、反应快、保密好"的专业服务。要成立重大行政决策合法性审查委员会，充分发挥专家审查的作用。重大行政决策合法性审查委员会具有较强的客观性和公正性，过硬的法律知识又可以弥补法制机构内部人员专业知识的局限，对于特别重大、疑难、复杂的重大行政决策事项可以由其来审查，发挥其组织化的作用。

（三）细化合法性审查的审查标准

审查标准是重大行政决策合法性审查制度的核心要素。地方实践中审查标准并未统一，笔者认为合法性审查就是围绕重大行政决策是否合法进行审查，而不包括是否合理、是否科学。重大行政决策作为一种行政行为，笔者建议应从职权、程序、内容、依据等方面进一步细化其操作标准。职权标准是判断决策主体是否在法定职责权限内作出行政决策，这是一个实体法意义上的判断，主要审查决策机关有无决策职权、是

否超越决策职权、是否滥用决策职权。程序标准要求决策的作出必须符合法定程序，主要审查是否经过公众参与、专家论证、风险评估等步骤，是否按照次序进行活动、是否符合法定的时限以及是否符合正当的法律程序等。内容标准一般要求审查决策方案涉及的权利、义务，要审查决策事项是否明确具体，内容是否符合法律规定，或是不违反法律的禁止性规定，决策内容是否有可实现性等。

（四）完善合法性审查的审查程序

审查基本流程应包括以下内容：一是初步审查的提出。政府或政府部门在提出重大行政决策的建议或方案时，应向法制机构提出合法性审查的初步审查。二是初步审查。法制机构收到审查要求后，在五日内组织人员对决策进行初步审查，并反馈审查意见。三是正式审查的提出。重大行政决策经过前期调研、征求意见、专家论证后，要提请政府法制机构对此正式审查。四是正式审查。政府法制机构收到申请后，应在10日内组织人员进行审查，必要时可以委托研究机构或律师事务所进行审查。五是形成审查意见。由法制机构负责人签字后提交决策机关。特别是对合法性审查的期限应作出明确规定，要有一个相应的时间限制，防止久审不决。

（五）明确合法性审查意见的法律效力

合法性审查意见是政府法制机构通过规范的书面法律文件作出的法律评价，具有法律上的约束力和影响力。各地多将其规定为“重要依据”、“主要依据”、“重要参考依据”等，笔者建议明确将其定位为重大行政决策的“依据”。合法性审查后，审查机构应出具审查人签名并加盖审查机构印章的法律审查意见书，审查意见书应采取格式化文本，省级审查机构应积极示范推广。意见书应包含以下内容：审查的重大行政决策方案的名称；关于重大行政决策方案是否存在问题的明确判断；发现存在合法性方面问题或者法律风险的，应同时说明理由，并根据情况提出修改建议。要建立一套严格的保障机制和责任机制，突出审查意见的依据地位和必经程序，对未经合法性审查直接作出决策的要追究其违反程序的法律责任，对于不采纳合法性审查意见而作出的违法决策，应依据《公务员法》第五十四条的规定，追究决策机关的行政责任和法律责任。

（六）完善配套法律及相关制度规定等

尽快出台《行政程序法》和《重大行政决策程序条例》，从行政基本法层面给重大行政决策合法性审查提供刚性的法律依据，实现审查的法制统一。建立党委重大决策合法性审查制度，参照《中国共产党党内法规和规范性文件备案规定》对党内规范性文件的审查规定，构建党内重大决策程序制度，实现党委政府同步的重大决策合法性审查机制。要积极推行政府法律顾问制度，建立法制专家咨询委员会，完善决策咨询规则，保证专家顾问在制定重大行政决策中发挥积极作用。进一步推进地方政府信息公开制度的完善，加快电子政务建设，提高行政透明度，把重大行政决策过程建立在公众监督之下。

参考文献

1. 杜欣霖，《完善重大行政决策合法性审查机制》，《行政管理改革》，2014(2)。
2. 杨海坤，《建立健全科学民主行政决策的法律机制》，《政治与法律》，2006(3)。
3. 姚锐敏，《关于规章和其他规范性文件在合法性审查中的地位和作用的思考》，《行政论坛》，2008(6)。
4. 崔卓兰，《行政自制——探索行政法理论视野之新拓展》，《法制与社会发展》，2008(3)。
5. 王仰文，《重大行政决策合法性审查问题研究》，《理论月刊》，2012(1)。

民间文学著作权保护问题初探

——以东海县民间文艺家朱守和与赵某、高某民间文学作品侵权纠纷案为例

张守忠[1]

摘　要：本文以发生在东海县的民间文艺家朱守和与赵某、高某民间文学作品侵权纠纷案为例，分析了民间文学著作权的侵权手段，阐述了民间文学著作权的维权困境，提出了破解民间文学著作权维权困境的出路。

关键词：民间文学　侵权案例　侵权手段　维权困境　出路

一、问题的提出

朱守和，1942年1月出生，东海县人，中国民间文艺家协会会员，从事民间文学50年，连任东海县民间文艺家协会主席18年，曾任连云港市作家协会副主席、连云港市民间文艺家协会副主席。1960年开始发表民间文艺作品，1988年在《民间文学》发表《苗二赖子的传说》等民间故事，其中《苗坦之传说》《卫哲治传说》《水晶仙子传说》《房四姐》《刘二姐赶会》等5项口头文学入选省、市"非遗"保护名录。先后搜集整理、编辑出版《东海民间故事》、《拆轿杀驴斗州官》、《东海民歌》、《东海孝妇》、《东海传说》、《连云港情歌》、《连云港民间机智人物传说》、《连云港风物传说》、《灵山秀水安峰镇》、《东海民间小调》、《东海民谣》、《东海民俗》、《东海故事传说》、《东海水晶博览》；编撰类书《东海诗存》和《东海方言词典（未定稿）》；出版专著《水晶之都》、《诗咏东海水晶》；参加采编《东海县民间文学集成》、《中国民间歌谣集成·江苏卷》(1987)。1991年，被全国艺术科学规划领导小组、中国民间文艺家协

[1] 作者简介：张守忠，连云港市民间文艺家协会副主席、东海县党史办副主任、江苏省民间文艺家协会会员、江苏省作家协会会员、江苏省散文学会会员、江苏省传统文化促进会理事。

会、中国民间文学集成全国编辑委员会授予“中国民间文学集成”先进工作者。2005年被连云港市文化局授予“市特色文化标兵”称号，2014年被市民俗学会授予“市民俗文化研究资源专家”称号。在东海县，乃至连云港市，在民间文艺界，提起朱守和，大家都有口皆碑。夸他是一位德艺双馨的老艺术家。他已经成为东海县民间文学的一张名片。

最近几年，他认为县内的赵某、高某在有关报刊媒体发表的部分民间文学作品侵犯了自己的著作权利。他通过私下沟通协调、去县文联和县委宣传部投诉等多种方法维护自己的权利，可是收效甚微。他常常感觉力不从心，疲惫不堪，无可奈何，无能为力。个人的著作权利维护陷入了困境。

二、侵权案例

笔者对朱守和告县内赵某、高某的材料进行认真的分析、整理，从30件案例中选取了以下5个典型案例，作为研究对象。

1.《水晶仙子的传说》(民间传说)，收录于《水晶之都》一书，作品署名朱守和、张永安。在朱守和不知情的情况下，2014年《连云港文学·民间文学》发表了同名文章，作品署名为朱守和、赵某。

2.《羽山的传说》(民间传说)，收录于《东海传说》一书，作品署名为朱守和。后赵某以同名发表于《羽山文化》(连云港市内部资料性出版物)第10期。

3.《送灶歌》(民间歌谣)，收录于《东海县民间文学集成》，作品署名为朱守和、徐福松。2012年10月，高某以同名在《山花》(东海县李埝乡办杂志)发表。

4.《炀帝逼出“姐儿溜”》(民间故事)，发表于1987年10月8日《乡土报》，作者署名为徐福松、朱守和。高某以个人名义同名发表于2010年第1期《海陵潮》(东海县内部资料性刊物)。

5.《房四姐》、《刘二姐赶会》侵权案。1987年，朱守和、徐福松受县里安排，赴东海县李埝乡收集整理民间传说、故事和歌谣。采集到民歌《房四姐》碎片四五百行，不连贯不成型，朱守和亲自修改补充，最后定稿为16章1 008行长歌，打破了民间文学界长期认为的苏北无长歌的历史。后来在《乡土报》、《连云港文学》发表，收录在《连云港市县三套集成》中，作品署名为徐福松、高兰彪、朱守和。同时收集的《刘二姐赶会》，开始也是碎片，后经朱守和、徐福松一个多月的反复采访收集、查询资料、确定别字，才得以定稿，作品署名为徐福松、高兰彪、朱守和。这两首长歌都没有高某的事情。然而，高某在自己编辑的《山花》杂志上，发表《房四姐》、《刘二姐赶会》时，在作者署名上，未经同意，私自加上了自己的名字。在接受县报采访时，高某把这两首民歌整理的功劳归为自己。2009年31期《山花》上，高某说："长歌《房四姐》是李埝乡文化站挖掘整理（高某一直为李埝乡文化站长）的。"2014年37期《山花》杂志上，高某撰文说："（自己）徒步15村，风雨兼程数千里，走访中老年妇女10多人，终于完成《房四姐》。"

三、民间文学著作权侵权手段分析

1. 剽窃他人作品，如《羽山的传说》、《送灶歌》、《炀帝逼出"姐儿溜"》三篇文章的署名问题。

2. 没有参加创作，为谋取个人名利，在他人作品上署名，如《水晶仙子的传说》的署名问题；《房四姐》、《刘二姐赶会》的事实侵权问题。

3. 未经著作权人许可，发表其作品，如《水晶仙子的传说》的发表。

4. 未经作者许可，将与他人合作创作的作品当成自己单独创作的作品发表。

5. 歪曲、篡改他人作品。

6. 使用他人作品，应当支付报酬而未支付，如《水晶仙子的传说》的发表。

7. 未经著作权人许可，以摄制电影或者类似摄制电影的方法使用作品，或者以改编、翻译、注释等方式使用作品。

8. 其他侵权手段，等等。

四、民间文学著作权维权困境

1. 民间文学著作权界定难

民间文学是"五四"新文化运动后出现和流行的学术名词，是指民众在生活文化和生活世界里传承、传播、共享的口头传统和语辞艺术。从文类上来说，包括神话、史诗、民间传说、民间故事、民间歌谣、民间叙事、民间小戏、说唱文学、谚语、谜语、曲艺等。民间文学是集体创作口头流传的，没有明确的著作权人。如果民间文学有著作权，那到底归谁？是属于民间文学作品的传承人，是属于民间文学的收集整理人，是民间文学作品所属的民族，还是当地政府机构，还是群体代表，民俗界、法律界意见不统一。

2. 保护与否尚存分歧

部分学者认为，民间文学是人类的智力劳动成果，谁创造了它们，谁就应该成为它们的权利主体，要向保护其他著作权一样，保护民间文学的著作权益。但也有学者认为，过分强调民间文学权益可能不利于民间文学的传播利用，甚至导致民间文学丧失原本的生活状态[1]。

3. 法律保护不够完善

我国关于民间文学作品的法律保护，按《中华人民共和国著作权法》规定："民间文学艺术作品的著作权保护办法由国务院另行规定。"但是国务院至今都没有作出规定。《中华人民共和国非物质文化遗产法》、《中华人民共和国文物保护法》和《图书、期刊版权保护试行条例》等法律法规也只是原则性的规定，民间文学权利人的权利保护很难做到有法可依，很难得到完整的权利保护。

五、破解民间文学著作权维权困境的出路

1. 科学界定民间文学作品的权利主体

著作权保护作品的创造者，只要有主体创作行为，就应该得到法律的保护，取得著作权。但只有先确定其著作权主体，才能得到著作权的保护，这是最基本的前提[2]。

首先，对于分布比较集中、能够与特定的行政区划吻合的民间文学艺术，由当地政府的文化行政主管部门或版权行政主管部门作为法定代理机构代为行使权利。少数民族地区则由自治地方的自治机构为法定代理机构。对于具备"法人"或"其他组织"资格的来源群体，则由其自行行使权利，可以自行成立代表组织，也可以委托其他民间团体代为行使和管理。其次，对于流传地分散、跨区域或民族的甚至全国性的民间文学艺术，则由国家作为权利行使主体。可由国家行政主管部门或版权行政主管部门代为行使权利。第三，民间文学作品以纸质作品形式出现的过程中，如果整理挖掘者在原来的基础上进行了大量的创新或创作，就应该享有其著作权，由本人享有法律赋予的一切权利。这里要着重区分民间文学艺术作品和民间文学艺术形式创作的作品两个概念。用民间文学艺术形式创作的作品和民间文学艺术作品看似都是民间文学艺术的一种再现，但是其实质是不同的。从本质上说，著作权法所保护的是具有作者独创性的表达。因此，只要是作者经过独立思考、付出创造性劳动，创作产生而非抄袭、模仿出来的作品，就应受著作权法保护[3]。另外，在界定民间文学著作权权利主体的工作中，不可忽视对传承人、发现人、整理人、记录人的权利保护。这部分人对其传承、发

[1] 张志勇，《民间文艺如何破解维权难题？》，《中国艺术报》，2012年8月1日。

[2] 王蓓蓓、龙治宇，《民间文学艺术的著作权保护问题》，《滨州学院学报》，2012，28（4）。

[3] 李珞珈，《浅论民间文学艺术作品的法律保护》，《法制与社会》，2014•8（下）。

现、整理、记录的民间文学艺术虽然不享有著作权，但是享有标明身份、姓名及获得相应报酬的权利。这些权利同样受法律的保护，不容侵犯。朱守和与赵某、高某民间文学作品著作权侵权纠纷案中，从严格意义上说，有的就不是侵犯著作权，而是侵犯了传承、发现、整理、记录过程中的身份、姓名、获得相应报酬等权利。

2. 多管齐下，提高民间文艺家和全社会的维权意识

民间文学在其传承、传播中大都经过不自觉或自觉的探索与加工，那么这种推荐式探索的产物就是具有独创性的智力成果，理应纳入知识产权的保护范围[1]。因此，要积极利用包括新媒体在内的多种媒体和平台，大张旗鼓地宣传民间文学的维权工作，逐步形成全社会保护民间文学著作权权益的共同意志与愿望。各级文联组织，要成立专门保护民间文艺家权益的部门，练就一支懂法律、熟悉民间文艺特点的专业维权力量，形成有人抓、有人管的权益保障组织体系。国家要建立民间文艺权属登记制度，尽快建立民间文艺资源数据库。当前比较切实可行的办法是，民间文学艺术家，应该尽快把自己的作品送交当地市级以上文化行政主管部门进行作品登记。一旦登记成功，即使你的作品没有公开发表，你的著作权以及其他权利已经得到了法律保护和认可。对于侵权行为，民间文艺家也要敢于斗争，通过公开揭露、诉诸领导和新闻媒体、司法诉讼等多种手段，切实维护自身的合法权益。

3. 积极推进民间文艺立法工作

尽管目前我国已经颁布了《中华人民共和国著作权法》《中华人民共和国非物质文化遗产法》《中华人民共和国专利法》《中华人民共和国商标法》《中华人民共和国反不正当竞争法》等法律法规，但是对于民间文艺保护仍存在不少未尽事宜，对民间文学艺术的知识产权保护存在漏洞，不能对其进行充分有效的保护。基于民间文学艺术的特殊性，笔者认为，制定专门法来对民间文学艺术的知识产权进行保护刻不容缓。可喜的是，2014年9月，国家版权局出台了《民间文学艺术作品著作权保护条例》(征求意见稿)，正在全国范围内广泛征求意见。但愿这个条例能早日实施。同时，力争早日出台专门的《民间文艺保护法》或者《民间文学艺术作品保护法》，从制度建设层面不断完善民间文艺保护的顶层设计，让民间文学艺术著作权保护真正做到有法可依。

[1] 张锠，《对中国民间文艺权益保护的思考》，《中国艺术报》，2014年1月6日。

社会学

手机：由“媒介”到“媒体”

——媒介融合背景下智能手机媒体的现实审视和前景展望

荆　翡[1]

摘　要：手机由传播接收信息的媒介发展到通过智能操作系统不断扩展功用的自媒体，在完成身份转变的同时，也发挥了诸如使政府传播与信息沟通方式发生转变、拉动相关产业经济发展、形成特定文化现象、对社会生活产生异化等作用，对传统媒体形成了巨大的冲击，促使媒介融合步伐加快，在营销领域创造新的增长点，已成为真正意义上的“第五媒体”。

关键词：媒介融合　手机媒体　舆论引导

学界对手机媒体的讨论如火如荼，其中有相当一部分成果混淆了手机作为物质与技术层面的“媒介”和作为组织与结构层面的“媒体”之间的区分，一些研究成果甚至在同一语境讨论中将两者混用，这显然不利于概念的厘清和理论的总结。“媒介”特指信息传播的物质与技术手段，而“媒体”则特指信息内容提供和传播的机构和组织。在人类传播的历史上，媒介的发展贯穿始终；媒体的产生则是媒介发展到一定历史阶段的产物。从诞生至今短短40年的时间，手机由只有通话和信息发送功能的非智能机，发展到具有独立的操作系统，由用户自行安装程序，通过移动通信网络来实现无线网络接入的智能机，而且借助于不断完善的功能、数量日益壮大的使用者、日臻完美的信息传播质量和制作传播信息一体化的特性，由作为移动通话工具的媒介日渐成为普通大众提供和分享他们了解事实的自媒体，这种由内容传播平台到传播内容提供者和传播者兼具的特性使其实现了从“媒介”到“媒体”的身份转变。

---

[1] 作者简介：荆翡（1982—　），连云港师范高等专科学校人文与美术学院讲师。研究方向：广告及新媒体传播。本文系江苏省教育厅2013年度高校哲学社会科学基金项目“手机媒体在政府舆论引导中的传播策略研究”阶段性成果（2013SJD860007）；2012年度连云港市社会科学基金项目“媒介融合语境下手机媒体在政府舆论引导中的传播策略研究”阶段性成果（12LKT35）。

一、手机媒体发展的社会背景

随着电信网、广播电视网、互联网三网融合的实质运营，媒介融合已成为当代媒介发展的主旋律。媒介融合已经不止涉及在有规则、可预知的范围内流通的商业生产和服务，还发生在人们手中掌握了诸如智能手机这样的自媒体之后，受众之间的相互联系流动在各种媒体传播渠道中。智能手机作为自媒体，凭借单一手段就可以承担过去需要几种方式才能分别提供的服务内容，导致过去存在于一种媒介及其用途之间的一对一的关系正在消失。这样的融合涉及媒体生产方式和消费方式的变化，正如伊锡尔·德索拉·普尔断言："当传播手段变得普及、去中心化和容易获得时，自由就会获得促进。"媒介融合时代的通俗文化和文化流动，使形态融合下产生的自由和民主表现得更为突出。

2012年，手机首次超越台式电脑成为中国第一大上网终端。据中国互联网络信息中心（CNNIC）的数据，2012年全年我国手机网民数量已达4.3亿人，年增长率达18.1%，远超网民整体增幅。值得注意的是，网民中使用手机上网的比例继续上升，已由69.3%上升至74.5,%，手机作为第一大上网终端的地位逐步确立。

手机以与受众接触距离最近、时间最频繁等特性而成为带体温的媒体，从根本上弥补了传统媒体照顾不到的信息空位。作为随身携带的个性化媒体，手机以移动性、个性化、互动性、多媒体融合、传播范围广效率高的特点满足了受众对于信息传播和获取的几乎所有要求。在手机媒体时代，任何一个智能手机的用户既是受传者、也是传播者，藉此产生了"草根记者""公民新闻"等现象，部分记者还将其作为采集和报道新闻的手段。智能手机结合了分享媒体的所有特点，具有吸引力元素最大化的优势和跨媒体叙事的能力，信息的采集和传播能力也实现了最大化，麦克卢汉在《理解媒介》一书中较早地预言了这种现象："人们忽然成为游徙不定的知识采集者，这一游徙性前所未有，人的博学多识也亘古未有，从割裂的专门化程序中解放出来的自由亦前所未有。另一方面，人们卷入整个社会过程的深度也是前所未有的，因为电子媒介使我们的中枢神经系统在全球范围内延伸，使我们顷刻之间与人类的一切经验互相关联。"

二、手机媒体发展的现实审视

2012年，智能手机媒体的发展日益呈现网络化、全球化、全民化等特点，它已经成为人类有史以来最强势、并且对中国政治、经济、文化和社会生活领域产生深刻影响的媒体。

（一）智能手机媒体促使政府信息传播沟通方式发生转变

传统媒体时代，政府传播形象主要依赖报刊、电视、广播等渠道，而在媒介融合背景下，传统媒体呈现出对人们持续关注吸引力不足、传播速度受限、与受众互动不足、对意见领袖的影响力不足等劣势，加之移动终端和社会化媒体的广泛普及，提高了人们的信息传播能力，这就对政府的传播能力提出了更高的要求。

据人民网舆情监测室公布的《2012年腾讯政务微博报告》显示，腾讯平台上共有45 030个党政机构微博，25 054个党政官员微博，共计70 084个政务微博。国家行政学院电子政务中心发布的《2012年中国政务微博评估报告》也表明，至2012年12月20日，我国政务微博账号数量已经超过17万个。借助手机媒体，政务微博成为政府与民众沟通的新平台。2013年雅安地震发生后，四川人民政府新闻办公室的官方微博也不间断地发布了包括公安、消防、卫生等部门的权威救灾信息，并及时对借助于手机无线网络传播的谣言与不实信息加以澄清，通过手机实现了信息的快速交互。

微博、微信等手机媒体支持的微媒介均具有“草根性”的特点，这样的特点决定了政府使用该媒介话语表达时应该以尊重群众、有人情味的姿态出现，充满关怀，注重平等沟通和理性引导，面对舆论焦点时不缺席、不失声，具备贴近实际、贴近群众、贴近生活的态度。符合上述传播要求，政府就能够利用智能手机媒介构建良好的服务形象。微博、微信对信息的公开和转发，有利于政府机构了解社情民意，而这恰恰是政府工作和塑造服务形象的重点。利用智能手机无线移动网络平台还能够倾听民意、挖掘民需、改善民生，进行网络舆情监控、开设民意反馈窗口，及时捕捉群众需求，并根据这些需求及时作出反馈。这样的方式能够帮助政府培养和影响更多的意见领袖，从而为今后的传播聚集更多的关注者。政府通过使用智能手机平台监测网络舆情，开设民意反馈窗口等方式捕捉民众需求，给予合理回复和解决，使民众认可政府的服务姿态和施政效率，提升服务满意度，为政府工作的透明公开创造良好环境。

（二）智能手机媒体拉动了相关产业经济的发展

智能手机在当下与其说是个通讯终端，不如说正日渐成为满足人们随时随地随心所欲购买和使用各种软件的平台，平台的一端是智能手机用户，另一端是产品提供商，上亿用户通过这个平台实现自由交易。通信运营商移动网络业务的发展数据显示，智能手机3G技术在2009年至2011年商用三年间，直接拉动运营业及手机组件的上下游产业如终端、芯片、系统设备、仪表等行业GDP增加612亿元；通过产业关联效应，间接带动国民经济其他行业，如手机饰品行业、手机软件开发和外观设计、手机相关技术，以及无线通信、网络、基站及相关的软件硬件的产品增加产值1 768亿元。同时，通过网络投资、业务运营和聚合业务开发企业，3G直接创造就业岗位43.1万个。随着移动通讯领域4G技术的应用和普及，这些数据还会以迅猛的速度增长。

由于智能手机对数据流量拉动起到非常重要的作用，加大对智能终端的投入也成为通信网络运营商的发力点。据介绍，以中国移动某一个省份为例，平均用户ARPU（每月每用户收入）仅为63.81元，而智能终端的用户ARPU达到101.6元。中国移动2012年前三季度业务数据显示，数据业务特别是无线上网业务发展对中国移动ARPU值的稳定发展起到了积极作用。报告显示，中国移动在2012年前三季度的营业收入为4 085.89亿元，同比增长6.4%，ARPU值达67元。前三季ARPU持续下降，但数据业务特别是无线上网业务的良好发展对稳定ARPU起到了积极作用。2012年前三季度无线业务流量比上年同期增长188.1%。其中，手机邮箱、手机阅读、手机视频等数据业务保持了快速增长。数据显示，前三季无线上网业务总流量为6 260亿MB，其中移动数据流量为2 001亿MB，WLAN业务流量为4 259亿MB 。由此可以看出，智能手机的普及和无线移动网络的应用能为通讯服务商带来巨大的收益，并促使运营商相关的服务中心、服务设施等产业实现更新换代。此外，银行与智能手机媒体相关联之后产生的手机银行、手机支付、手机购物、手机刷卡机等业务的发展也将为移动通信行业和银行、商场等其他服务行业的业绩带来新的增长点，这些都将对产业经济的增长和发展起到直接的促进作用。

（三）智能手机媒体促成新文化现象的产生

每隔几分钟低下头看一次手机屏幕，吃饭前先拍照，上厕所时间延长（随时随地地滑屏刷屏，复制粘贴转发），在旅行的途中边拍边转发，这些现象都能在你和你身边的朋友身上找到对应。操作的简便和智能手机的普及，加上微信基于腾讯QQ平台上的用户积累，微信的社交影响力在智能手机使用者中迅速得到扩大和推广。微信提供公众平台、朋友圈、消息推送等功能，用户可以通过摇一摇、搜索号码、附近的人、扫描二维码方式添加好友和关注公众平台，同时微信帮将内容分享给好友以及将用户看到的精彩内容分享到微信朋友圈，无形之中诞生了分享文化。如今越来越多的用户通过智能手机微信平台快速发送语音、视频、图片和文字，与微信圈中朋友分享。

除了微信所引发的文化现象，2012年初，“屌丝”一词也随着以智能手机为代表的无线移动网络传播而在中国大陆地区广泛流行起来。“屌丝”一词最早出现时有着确切的男性指向，后来，关于“女屌丝”的提法逐渐增多，此时的“屌丝”不再仅指向年轻男子，而扩大为一种普遍心态，“屌丝”属性逐渐得到了更多群体的身份确认。有些人利用屌丝一词自我设障，降低成功期望，以此来缓解巨大的社会压力，这部分人当中多数拥有自我意识，他们主动归类“屌丝”，以此来表达对现状的不满和无奈。他们的生活并不窘迫，偶尔吐槽，但也搜索各种正能量，智能手机和移动网络平台为屌丝增加了吐槽渠道和途径。归根结底，屌丝吐槽文化的流行不过是又一种网络亚文化的崛起，它意味着中国人获得了更多的自己诠释生活的角度与权利，彰显自己个性，颠覆主流文化的意识觉醒，而智能手机为这样的觉醒提供了交流通道。

（四）智能手机对社会生活的异化

所谓异化是人的生产及其产品反过来统治人的一种社会现象。智能手机最吸引人的地方在于无数种扩展软件，从游戏到生活，包罗万象。迷路了查地图，饿了搜索附近美食，无聊看看新闻，遇到新鲜事拍个照或视频发个微博，出了车祸手机拍照、互留电话以便事后理赔、随时收发邮件，戴上耳机唱个KTV、用手机的移动网络购物、支付……这是典型的智能手机用户的生活，智能手机里的相关应用几乎“包办”了我们生活的方方面面，而这恰恰就是智能手机对我们社会生活异化的具体表现。有人用玩笑的口吻嘲讽这种现象：“百年前躺着吸鸦片、百年后躺着玩手机，姿态有着惊人的相似。”这种嘲讽表达了智能手机给生活带来便捷的同时，也让人们产生严重手机依赖症的社会话语。由单一的通话工具到看新闻、刷微博、收发邮件、上网购物等多媒体工具的身份转变，智能手机不仅打破了受众对手机最初的认识，更在潜移默化中改变着受众的生活方式。在带来更多方便和惊喜的同时，人们对其依赖程度也在不断加深，智能手机正在悄悄“接管”甚至“绑架”一些人的生活，让其深陷其中不能自拔。如何摆脱智能手机带来的负面影响，不仅考验个人毅力，更成为一个引人深思的社会问题。

三、手机媒体发展的前景展望

（一）对传统媒体的冲击不断加大，促使媒体融合的速度加快

随着通信技术的发展和智能手机用户的普及，手机媒介已具备了构成大众传播媒体需要的三个要件：专业或有意识的传播者、可以大规模传播信息的媒介、数量众多的受众。手机媒体发展势头的强劲，使传统媒体开始向手机媒体融合，以谋求新的发展机遇。在突发事件报道中，报纸、电台、电视台等传统媒体会进一步与手机自媒体联姻，使报道趋向零时差，从而有效克服信息渠道的限制。报纸联姻微博、微博联姻电视

台，传统媒体的官方微博微信等借助手机媒体的媒介形式会在新闻线索的采集和信息发布中发挥重要的作用，使谣言和不实报道得以澄清，传统媒体将借助智能手机平台与受众实现高度互动。

与传统媒体相比，智能手机媒体带来的最大价值是读者的创造。传统媒体依靠精英控制内容的过去在今天正被随时随地的行业意见领袖、草根以及大众内容创造者改变，如何吸引这些人的加入是关键。这样的现状促使更多传统媒体思考如何借助手机媒体进行传播内容与方式的创新。上海的《新闻晨报》手机版邀请读者拍图片参与新闻互动，读者接触手机媒体提供的报道时还会接触到二维码，只要扫一下二维码，就可以成为《新闻晨报》的微信好友，第一时间接收该报的新闻信息。此外，各大卫视加强与受众互动的移动社交应用平台建设、纸质媒介的数字化转身、公用电话亭Wi-Fi信号的接入和运营都将因其能改善用户体验的优势而适应未来媒介融合发展的趋势、获得进一步发展。所有的尝试都昭示着传统媒体的变革正在悄然进行，他们有的正在改变传统媒体的赢利模式，有的正在借助手机媒体的力量拉近与读者的距离，有的正在发挥其新闻话题的影响力，他们都在用互动的方式重塑传统媒体的影响力，这些行动不一定具有革命性，却一定是传统媒体在媒介融合背景下针对智能手机媒体的发展而进行的有益尝试和大胆创新。

（二）在社会属性和商业属性的博弈中，手机媒体的商业属性会胜出

手机由媒介发展到媒体，已经做了相当多商业营销的探索，并且从这些尝试中获得了客观收益，藉此实现盈利。未来智能手机媒体的APP通过内容植入、背景植入、道具植入等方式，营销价值会进一步凸显，“商店+社区”模式的兴起和兴盛将会推动广告业务维持高增长的态势，这样的态势会促使移动广告网络的建设和完善。二维码等智能手机媒体常用的APP也将使得手机媒体广告形式更为丰富和多样。一些网站的移动新闻客户端将会与线下商家开始合作互动营销业务，锁屏广告也将作为一个新的领域而成为移动广告开发的蓝海。从传播的角度看，广告就是信息，如果能够选择受众喜闻乐见且赋予他们权力的方式，受众是愿意且乐于接受这些信息的。这就对学界和业界思考媒介融合背景下如何有效改变受众对广告的态度提出了更高的要求。

（三）手机APP的应用从娱乐领域拓展到生活领域，目标受众也由青年人向两级扩散

中国人民大学舆论研究所的调查显示，休闲娱乐是手机上网最主要的目的，其次是信息服务。受众日新月异的需求决定了满足需求的新产品将不断涌现。手机媒体的开发，不仅发生在新闻领域，还包括诸如游戏、搜索、音乐等信息产品及服务产品和

社区产品的开发。手机媒体的开发趋势将突破“内容为王”的局限，把内容、服务、社区等有机结合，构建用户与媒体之间、用户与用户之间的牢固关系，如星巴克推出别具匠心的闹钟形态的APP EarlyBird（早起鸟），用户在设定的起床时间闹铃响起后，只需按提示点击起床按钮，就可得到一颗星，如果能在一小时内走进任一星巴克店，就能买到一杯打折的咖啡。这款APP，让使用者从睁开眼睛的那刻起便与这个品牌联系在一起，藉此将手机传播的特性转化为媒体和宣传品牌的直接效益。

从细分市场看，智能手机作为“电子保姆”服务功能将得到进一步强化，除已有的APP儿童市场份额继续扩大之外，老年人对手机媒体所提供的APP服务需求量也将显著提升。老年人的消费能力在增强，对手机的要求也在提高，老年手机也需要能满足老年人的社交需求和实现健康管理功能，这就要求手机媒体平台能够提供结合智能感应能力的服务功能，如自动定位老人的位置、自动感应健康状况、自动和亲人联系、自动提醒甚至提醒按时吃药、喝水，记录他们生活相册等APP软件诞生。香港地区已经有部分地区开始应用老年人专用的APP软件，包括协助老人就近医疗、社会福利分析等内容，这也是大陆手机媒体未来发展的一个重要方向和赢利点。

总之，“好玩+有用+互动+分享”将是未来企业APP商业模式的主要方向，今后APP产品的研发和推广都将借助智能手机媒体的平台对产品进行360度展示，通过带游戏感、互动性、功用价值的APP增强用户兴趣，借助智能手机移动网络提供的服务让用户随时分享至社交媒体，让这样的发散性传播在给企业带来更多客户的同时提升企业的品牌形象。

参考文献

1. Henry Jenkins.CONVERGENCE CULTURE Where Old and New Media Collid〔M〕.New York University Press，2006.
2. 伊锡尔·德索拉·普尔（Ithiel de Sola Pool），《自由的科技：论电子时代的言论自由》〔M〕（Technologies of Freedom：On Free Speech in an Electronic Age）剑桥，马萨诸塞州：哈佛大学出版社，1983。
3. 刘滢，《手机：个性化的大众媒体》〔M〕．北京：人民出版社，2012。
4. McLuhan，Marshall，Understanding media〔M〕.New York：McGraw Hill.1964.

技术进步、环境污染及其困境摆脱研究

孙　军　高彦彦[1]

摘　要：不论在理论还是现实层面上都没有充分证据表明环境污染在全球有降低的迹象。本文通过理论分析指出，发达国家技术进步考虑更多的是自身利润状况，而不是进步本身给社会带来的影响，这导致了环境污染的持续增加；而末端治理模式使得发达国家企业或者将污染部分向后发国家转移，或者进行技术创新，但新技术又会导致新的污染产生。当越来越多的后发国家进入工业化进程时，末端治理下的技术进步将变得不可持续。由此，后发国家对污染的治理更应该采取顶端治理模式，本文给出了我国顶端治理下的技术进步模式及其政策支撑体系。

关键词：技术进步　环境污染　污染避难所　末端治理　顶端治理

一、引　言

技术进步是企业发展、经济增长的主要动力，不过伴随着技术进步的工业化历程表明，人类对环境和生态系统造成了越来越严重的破坏。20世纪五六十年代，工业化国家的环境污染问题日益突出，历史上发生的伦敦毒雾事件（1952）、日本水俣病事件（1956）等著名的环境公害都是首先在发达国家产生的，重化工业发展造成的资源消耗和环境损害曾使发达国家付出沉重的代价。

---

[1] 作者简介：孙军（1979—　），男，山东莱西人，南京大学经济学博士，淮海工学院商学院副教授，经济与贸易系主任，研究方向为产业经济学、区域经济学；高彦彦（1982—　），男，江西瑞昌人，东南大学经济管理学院产业经济系博士后，研究方向为产业经济学。本文受到国家社科基金重点项目《海洋经济战略下我国沿海地区产业转型升级问题研究》（11AJY001）、国家社科基金青年项目《网络经济视角下的我国产业结构优化升级机制及其实现路径研究》（12CJY040），并受江苏高校“青蓝工程”科技创新团队基金（QN08005）和2014江苏高校“青蓝工程”学术带头人支持。

环境污染长期被看作是经济增长过程中产生的“副产品”，关于环境污染问题的经济学探讨可以归纳为三个阶段：罗马俱乐部提出的“增长极限说”、“环境库兹涅茨曲线假说”（the Environmental Kuznets Curve, EKC）以及对环境库兹涅茨曲线假说的质疑。Meadows et al.（1972）在研究报告《增长的极限》中指出，人口增长、粮食生产、工业发展、资源消耗和环境污染这五个要素的运行是指数增长，而非线性增长[1]。全世界经济增长将会因为粮食短缺和环境破坏，于21世纪达到“极限”，经济将会发生不可控制的衰退。为了达到环境保护的目的，必须人为降低经济增长速度。不过，Grossman & Krueger（1991）首次指出了污染物（SO_2和烟尘）和人均收入之间并非线性关系，而是“倒U型”关系[2]。而Panayotou（1993）首次将“污染—收入”之间的“倒U型”关系命名为环境库兹涅茨曲线（如图1）[3]。

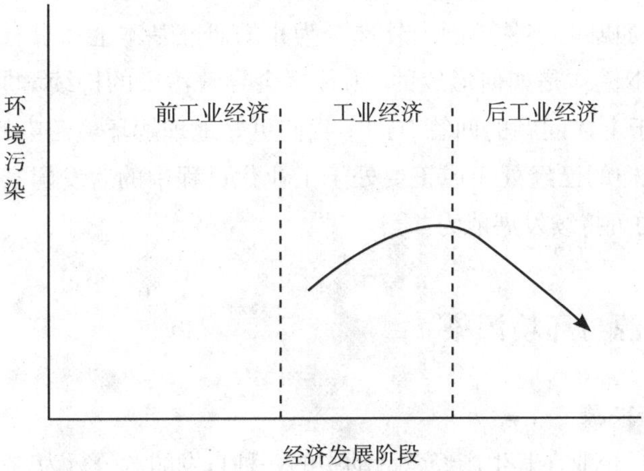

图1 环境库兹涅茨曲线：发展与环境的关系

“环境库兹涅茨曲线假说”认为，“增长极限说”是以技术和环境支出静止不变为假设前提的。虽然在经济发展的早期，经济增长通常导致环境恶化，但随着经济结构的调整、环境意识的提高、环境管制的加强，以及更为先进的环保技术手段的采用和更多的环保投入，环境将会得到改善。根据该假说，从长期来看，一个国家改善本国环境的根

---

[1] Meadows, DH, Meadows, DL, Randers, J, Behrens, WW., The limit to Growth [J]. New American Library, 1972, 2–11.

[2] Grossman Gene M, Krueger Alan B., Economic Growth and the Environment [J]. Quarterly Journal of Economics, 1995, 110(2): 353–377.

[3] Panayotou T., Empirical Tests and Policy Analysis of Environmental Degradation at Different Stages of Economic Development [EB/ OL]. Working Paper, 1993, Technology and Environment Program. Geneva: International Labor Office.

本途径就是变得富有(Beckerman,1992)[1]。不过Ulph & Valentini(1998)指出,发展中国家向发达国家出口制成品是EKC上升部分形成的重要因素,发达国家对制成品的进口是其EKC下降部分形成的重要因素[2]。考虑到国家之间经济发展阶段存在差异,EKC这种一般化模式能够确定存在的论断是不恰当的(De Bruyn et al.,1998)[3]。Cole(2004)指出,如果人们对制成品的需求收入弹性不随收入增加而下降,那么发达国家制造业比重下降的事实仅仅反映了:对制成品的超额需求是通过从发展中国家进口的方式得到了补充[4]。因此,KEC曲线只不过记录了污染工业从发达国家向前发达国家转移的过程。从国际经济的现实来看,如果全世界对污染品的需求总量(污染总量)是给定的,那么,由于全球化下的国际分工,必然存在着“一类国家”为“另一类国家”生产污染品。

实际上,不管是出于对现实的观察还是理论上的分析,都没有充分的证据表明环境污染在全球层面上有降低的迹象,甚至随着越来越多的后发国家进入现代化进程,环境污染还有不断加剧的迹象。国内外迄今为止的研究基本上都没有对以下问题作出回答,即技术进步模式是如何形成的,为什么会导致污染的持续增加,如何降低污染。本文认为,对于上述问题的回答有助于我们更好地理解环境污染的形成机制,有助于减少像我国这样的已经处于或正要处于工业化过程中的后发国家的环境污染问题,形成全球层面的可持续发展能力。

二、技术进步来源与环境污染

(一)技术进步来源

技术创新本身是企业在其生产经营活动中的一种自发的竞争行为,在激烈竞争的市场经济中,企业只有不断地进行技术创新活动,才能够获得生存和发展。关于一国技术创新能力形成的研究一直存有争议,目前主要是从两个角度展开的,一是从“供给推动”的视角进行,另一个是从“需求拉动”的视角进行。“供给推动”假说认为,技术创新活动

---

[1] Beckerman W., Economic growth and the environment: Whose growth? Whose environment? [J]. World Development, 1992, 20(4): 481–496.

[2] Ulph, A. And L. Valentini, Environmental Regulation, Multinational Companies and International Competitiveness[EB/OL]. Discussion Papers, 1998, Conference on Internationalization of the Economy, Environmental Problems and New Policy Options, Potsdam.

[3] De Bruyn SM, van den Bergh JCJM, Opschoor JB., Economic Growth and emissions: reconsidering the empirical basis of Environmental Kuznets Curves[J]. Ecological Economics, 1998, 25(2): 161–175.

[4] Cole, M.A., The Pollution Haven Hypothesis and Environmental Kuznets Curve: Examing the Linkages [J]. Ecological Economics, 2004, (48): 71–81.

是由来自于影响供给方面的诸如科学知识的发现、技术被发现的概率、研发人员、研发机构的效率、大规模推广创新技术的成本等因素决定的（Rosenberg，1974[1]；Dosi，1988[2]）。在“供给推动”假说看来，市场只是被看作研究开发成果的被动接受者，因此，该假设表明“更多的研究开发投入”意味着“更多的创新产出”；而“需求拉动”假说认为，专利活动，也就是发明活动，与其他经济活动一样，基本上是追求利润的经济活动，它受市场需求的引导和制约。换言之，在刺激发明活动方面，需求比知识进步更重要（J.Schmookler，1966）[3]，销售规模和可盈利性的变化刺激了研发投入（Judd，1985）[4]。Zweimüller and Brunner（2005）认为，对于一个高速增长的市场需求空间来说，可以无须借助于外部市场的需求，而通过本土市场需求容量所内含的对创新动力引致功能的发挥，内在地培育出其本土企业的高级要素发展的能力[5]，这被称为“需求所引致的创新”。

先不管在理论层面上谁对谁错，在现实层面上我们注意到，一方面，发达国家相对较少的人口主导着全球市场需求。例如“麦肯锡全球研究所”2011年公布的世界财富的统计分析报告指出，截至2010年，人类全部财富加起来共计约198.1万亿美元，这些财富中将近80%为西方发达国家所拥有。美国和西欧的家庭财富占全世界家庭财富的将近60%，占全部世界财富的1/4。另一方面，技术进步主要由发达国家所主导。例如，从地区分布情况来看，全球1 000家研发投入最多的公司分布于36个国家和地区，美国的研发投入占全部投入的38%，欧洲的研发投入占全部投入的35%，亚太的研发投入占全部投入的26%；从国家来看，美国企业的总体研发费用和研发强度最大，其次是日本和德国，而韩国企业总体的研发投入增长率最高，达到40%。除了中国大陆和印度两个发展中国家有5家公司上榜之外，其余995家公司均来自于发达国家和地区（如表1所示）。

表1　全球前1 000家研发投入最多的公司所在国分布情况[1]

	公司数量	总研发投入（亿英镑）	占全球研发投入的比率(%)	研发强度(%)
美国	423	836.81	38.0	4.5
日本	207	485.42	22.0	4.0

[1] Rosenberg. N., Science, Innovation and Economic Growth [J]. Economic Journal, 1974, (3): 51-77.
[2] Dosi, G. (1988), Sources, Procedures and Microeconomic Effects of Innovation [J]. Journal of Economic Literature, (26): 1120-1171.
[3] Schmookler J., Invention and Economic Growth [M]. Cambridge: Harvard University Press, 1966.
[4] Judd, Kenneth L., On the Performance of Patents [J]. Econometrica, 1985, May, 53(3), 567-585.
[5] Zweimüller J Brunner J K., Innovation and growth with rich and poor consumers [J]. Metroecomomica, 2005, (56): 233-262.

（续表）

	公 司 数 量	总研发投入（亿英镑）	占全球研发投入的比率 (%)	研发强度 (%)
德国	63	261.27	11.9	4.1
法国	45	133.02	6.0	2.6
英国	167	105.71	4.8	2.0
韩国	11	52.83	2.4	3.6
中国台湾	22	13.55	0.6	2.3
中国大陆	4	4.439 3	0.2	0.76
中国香港	2	0.692 2	0.03	2.7
印度	1	0.486 4	0.02	7.3

资料来源：http：//www.innovation.gov.uk/rd_scoreboard/，本文根据需要对其进行了相应处理。

另外，英国贸工部2010年发布的“全球企业研发排行榜”（The 2010 R&D Scoreboard）显示，美国、日本、德国、法国、瑞士和英国六个国家全球前1 000家公司占据了R&D投入的82%，毫无疑问，发达国家仍然掌控着全球技术进步的“脉搏”。不过，中国（不含香港和台湾）和印度占据了R&D投入的1.8%，与2005年发布的“全球企业研发排行榜”相比，已经上升了将近9倍，这不能不说是一个非常大的进步，[2]这同时也证明了快速上升的需求空间对于技术进步的作用。

上述分析告诉我们，收入分布与技术进步紧密地联系在一起。随着中国、印度等发展中国家的快速崛起，快速增长的市场需求也在快速推动技术进步。但现实告诉我们，与此相伴随的是严重的环境污染。

（二）污染形成机制及其局限

以利润最大化为目标的企业的技术创新更多考虑的是自身利润状况，而不是其创新本身给社会带来的负面影响，因此，这种模式下的技术创新最多属于次优选择，而绝对不是整个社会的最优选择。但是，发达国家环境质量的改善确实是一个不争的事实，这其中的一个主要方面在于政府对环境污染进行规制，这种规制方法被称为

[1] 2005年10月，英国贸工部发布第15次“全球企业研发排行榜”（The 2005 R&D Scoreboard），是英国政府从投入角度在微观上对企业、产业进行的研发和创新测度。

[2] 参考http：//www.innovation.gov.uk/rd_scoreboard/downloads/2010_RD_Scoreboard_analysis.pdf。

末端治理模式[1]。不过,这种方式所导致的环境改善很可能只是一种暂时现象或者是一种假象。

研究证实,环境改善是由于技术限制所引起的暂时现象(Dinda et al.,2000)[2]。具体来说,新技术能够提高生产率,但是对社会也造成了潜在的危害,例如,产生新的有害废弃物。在新技术使用的初始阶段,新技术带来的污染外部性还没有被发现,随后的环境规制才能针对这种污染。一旦某项技术受到管制,那么根据这项技术就能观测到一个"倒U型"曲线。进而,将出现技术的周期模式:一项新技术首先被广泛使用,然后逐渐受到规制,最终被新技术所取代(Smulder & Bretschger,2000)[3]。这就可能产生一组EKC曲线:这些曲线可能是"倒U型"的或"N型"的,又或者是"倒L"型的(Dinda,2004)[4]。事实上,虽然工业革命推动了技术进步,但也同样诱发了工业污染。如果一项新技术最终将导致新的污染源出现,那么技术效应对EKC的作用就非常有限。

发达国家环境质量得到根本性改善的另一个重要方面在于,国际贸易部门完全可以通过跨国投资将污染向发展中国家转移。事实上,国际贸易在污染转移过程中发挥了重要的作用。Rock(1996)指出,与内向型贸易政策相比,开放的贸易政策将使发展中国家产生更多的污染[5]。"污染避难所假说"(Pollution Haven Hypothesis)[6]是对这个问题的形象说明,Baumol & Oates(1988)从理论上对该假说进行了系统论述,认为自愿实施宽松的环境标准导致了发展中国家变成世界污染的集中地[7]。其他一些学者也论证了"污染避难所"假说存在的合理性(Ulph & Valentini,1998)[8]。但这一假说并未

[1] 末端治理是指在生产过程的末端,针对产生的污染物开发并实施的治理技术。

[2] Dinda, S., D. Coondoo, and M. Pal, Air Quality and Economic Growth: An Empirical Study[J]. Ecological Economics, 2000, (34): 409-423.

[3] Smulder, S., and Bretschger, L., Explaining Environmental Kuznets Curves: How Pollution Induces Policy and New Technologies[EB/OL]. Working Paper, 2000, Tilburg University Economics Research.

[4] Dinda, S., Environmental Kuznets Curve Hypothesis: A Survey[J]. Ecological Economics, 2004, (49): 431-455.

[5] Rock, M. T., Pollution Intensity of GDP and Trade Policy: Can the World Bank be wrong?[J]. World Development, 1998, (24): 471-479.

[6] "污染避难所假说"认为,如果将环境作为一种生产要素来考虑的话,环境保护强度低的国家环境要素就较为富裕,而环境保护强度高的国家环境要素则相应匮乏。如果发展中国家自愿实施较低的环境标准,充分利用本国充裕的环境要素,专业化生产污染密集型产品,而发达国家制定的环境标准普遍高于发展中国家,高污染产业必然会向发展中国家转移,发展中国家将成为世界污染避难所。

[7] Rock, M. T., Pollution Intensity of GDP and Trade Policy: Can the World Bank be wrong?[J]. World Development, 1998, (24): 471-479.

[8] Ulph, A. And L. Valentini, Environmental Regulation, Multinational Companies and International Competitiveness[EB/OL]. Discussion Papers, 1998, Conference on Internationalization of the Economy, Environmental Problems and New Policy Options, Potsdam.

得到普遍认同，Tobey（1990）[1]等通过经验分析对“污染避难所效应”表达了怀疑，发现决定初始贸易流向的是要素禀赋，而非治污成本的差异。事实上，污染转移不管是因为“污染避难所效应”还是要素禀赋，随着发达国家人民对环境污染容忍度的降低、政府处罚力度的不断加大以及要素成本的不断提升，污染型企业向国外转移是一种必然的趋势。进而随着技术进步和经济结构变化，发达国家的“环境库兹涅茨曲线”（Environmental Kuznets Curve，EKC）呈现出倒U型曲线，其主要工业污染物排放随着经济增长而出现下降。

另外，也是非常重要的一点，伴随着后发国家的逐渐工业化，发达国家的这种环境污染型技术进步在全球范围内应用，这驱动了环境污染在全球范围内不断扩散和蔓延，技术进步路径被锁定，技术进步陷入困境[2]，图2是对发达国家技术进步模式及其后果的一个总结。

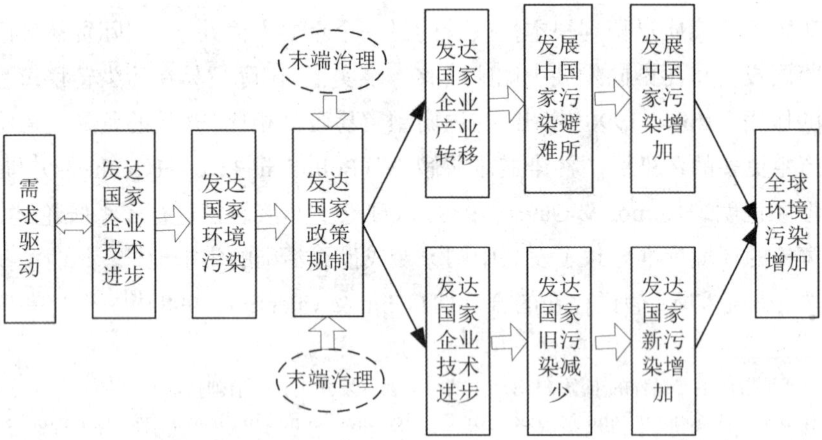

图2　发达国家技术进步模式

最后，需要指出的是，在绝大多数有害物质排放中，发达国家是在逐渐减少的，也就是在上文所说的“私人物品”领域，环境污染情况是逐渐减少的，但是对于“公用品”如CO_2来说，污染排放并没有减少[3]。

[1] Tobey, J. A., The effects of Domestic Environmental Policies on Patterns of Word Trade: An Empirical Test [J]. Kyklos, 1990, 43, 191–209.

[2] 温家宝在2008年曾指出，当前气候变化主要是由于发达国家长期累积排放造成的，发达国家应当改变不可持续的消费模式，大幅度降低温室气体排放。

[3] 由于CO_2具有“公用品”的性质，即CO_2在某一个国家排放，其影响的范围却不仅仅限于一个国家，而是整个世界。

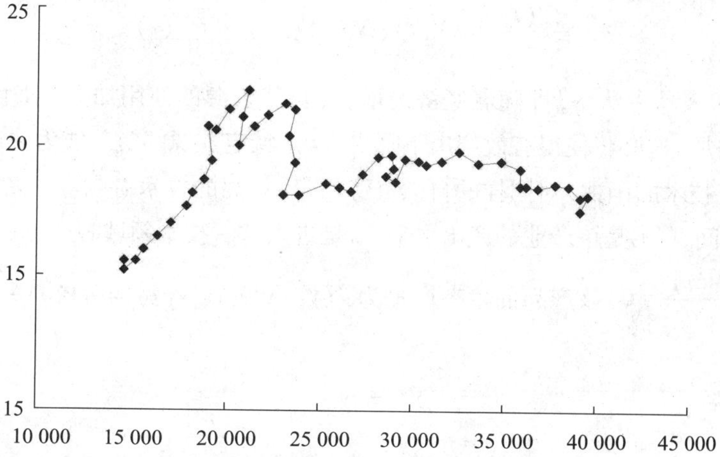

图3　美国1960—2008年人均CO_2排放量与人均GDP的关系

注：根据WDI数据库中的相关数据绘制。横轴代表人均GDP（2000年不变价格），单位：美元；纵轴代表CO_2排放量，单位：公吨。

图3显示的是美国人均CO_2排放量和人均GDP之间的关系，从该图中很明显的可以看出，随着美国人均收入水平的提高，CO_2排放量并没有相应的发生缩减。这实际上是在告诉我们，一方面，美国等发达国家污染排放减少或许仅仅是一种假象，环境污染实际上已经在更大范围内展开；另一方面，如果每一个国家都像美国这样去做的话，那么CO_2排放将会以级数级别增长。

随着时间的推移，末端治理的局限性正日益显露，首先，处理污染的设施投资大、运行费用高，使企业生产成本上升，经济效益下降；其次，末端治理往往不是彻底治理，而是污染物的转移，如烟气脱硫、除尘形成大量废渣、废水集中处理产生大量污泥等，所以不能根除污染，而这也恰恰是西方技术进步的缺陷所在；第三，末端治理未涉及资源的有效利用，不能制止自然资源的浪费。

三、现有发展模式的不可持续性：一个产业层面的分析

当只有少量的发达国家采取这种发展模式的时候，污染或许在环境可控范围内，但是当大量的发展中国家也进入这种发展模式的时候，毫无疑问这种模式是很难持续的。为了对现有发展模式的缺陷进行一个清晰的说明，我们考虑在一个自然资源和市场规模均有限情况下的企业技术进步情形，并引入逻辑斯蒂（Logistic）增长模型。在该模型中，发达国家所驱动的技术进步可以被看作是一个不断在全球扩散的过程：

$$\frac{dY(t)}{dt} = kY(t)(N - Y(t)) - RY(t) \qquad 式(1)$$

其中，R表示淘汰率，即随着经济的增长，自然资源的使用加大，对生态环境的破坏也逐渐增加，这必将使得有效产出下降[1]。N是特定资源的负载能力或产出上限，它本身是相应技术的函数，对同样的自然资源而言，更高的技术对应着更高的产出上限。另外，t是时间，$Y(t)$是该产业的产出水平。k是进入这一技术领域时产出的增长率。

根据$\frac{dY(t)}{dt} = 0$，该产品的稳态产量为：$kY(t)(N - Y(t)) - RY(t) = 0$，经过简单运算得到：

$$Y^* = N - \frac{R}{k} \qquad 式(2)$$

下面来对参数R进行研究，假设参数R的变化用下式表示：

$$R = r\left(1 - a\frac{Y}{N}\right)^{[2]} \qquad 式(3)$$

其中，r表示企业学习能力的一个度量。系数a是对环境的一个测量：当$-1 < a < 0$时，描写的是资源消耗型企业行为。在这里，当只有很少的企业进入市场时，对资源消耗量较低，资源不能形成约束，退出系数很低，当越来越多的企业进入此领域时，对资源的消耗量增加，环境污染程度加大，资源、环境约束逐渐形成，企业退出该行业的比率会增大[3]；反之，当$0<a<1$时，描写的是资源节约型企业行为。在这里，当只有很少的企业进入市场时，退出的系数很大，原因就在于，当资源、环境不构成约束条件的时候，没有企业愿意从事资源节约型技术创新活动。当越来越多的企业进入该市场时，退出系数开始减少，原因在于，当资源、环境构成企业发展瓶颈的时候，资源节约型技术进步变得合乎情理，创新活动开始变得频繁。

将R的表达式带入上式可得到：

$$Y^* = \frac{\left(1 - \frac{r}{\gamma N}\right)}{\left(1 - \frac{ra}{\gamma N}\right)}N \qquad 式(4)$$

---

[1] 例如，环境保护部环境规划院公布的《2009年中国环境经济核算报告》显示，我国经济发展的环境污染代价持续上升。环境污染治理压力日益增大，自2004年以来基于退化成本的环境污染代价从5118.2亿元提高到9701.1亿元。与此同时，2009年环境退化成本和生态破坏损失成本合计13916.2亿元，较上年增加9.2%，约占当年GDP的3.8%。

[2] 本文此处建模与陈平，《文明分岔、经济混沌和演化经济动力学》（北京大学出版社2004年）相似，但是在变量的含义上本文与其并不相同。

[3] 当然，在现实中并不是退出市场，更多的企业是通过对外直接投资的形式将高耗能部分向外转移。

为了进行简单的比较，假设除了参数a其他参数都相同，由上式可以知道：$Y^*_{-1<a<0} < Y^*_{0<a<1}$，也就是说，在其他变量相同的条件下，资源节约型技术进步比资源消耗性技术进步有着更持久、更高的产出水平。

为了更具体地说明问题，这里对参数进行简单的赋值运算，令$\gamma N = 1$，对于资源消耗性技术进步来说，令$r = 0.8$，$a = -0.5$，则$Y^*_{-0.5} = 0.14N$；对于资源节约型技术进步来说，令$r = 0.1$，$a = 0.5$，则$Y^*_{0.5} = 0.95N$。

这是一个很重要的结论，在产出空间一定的情况下，资源节约型技术进步能够提供更大的有效产量。而资源消耗性技术进步，随着生产的进行，受到资源环境的约束越来越大，相应的有效产出变得很少。这实际上意味着，为了保证越来越多的发展中国家进入现代化进程，保持持续增长的能力（即Y^*持续增加），资源节约型的技术进步变得非常重要。也就是说，发展中国家的崛起需要以资源、环境节约型技术进步为前提条件。

另外，如果我们假设$Y^*_{-0.5} = Y^*_{0.5}$，也就是说，不论采用何种生产模式，其最终可以维持的生存数量是一样的。在这种情况下，我们可以发现，$N^*_{-0.5} = 6.79N^*_{0.5}$，这也就是说，假设说用资源节约型技术可以正好养活一个地球的人数，那么，如果我们还是利用环境污染性技术进行生产的话，养活相同的人类，其需要相当于6.79个地球。这实际上，使得经济发展变得不可持续，改变这种不可持续的现状是我们必须要面对的事情。

在过去的几十年中，技术进步的速度史无前例，基本上是受到来自主要居住在高收入国家的、占世界五分之一人口的最富有人群的需求所驱使，发达国家已经经历过这环境污染严重的阶段，并且逐渐摆脱了这一阶段，但随着越来越多的发展中国家进入发展的行列，对于资源和环境的需求将会越来越大，地球将会越来越脆弱，受市场驱使的技术进步被锁定在具有路径依赖性质的发展模式中，如果任由这种模式在高收入国家发展，并且把这一发展模式在后发国家任意复制，那么，世界的发展在生态、金融和社会系统等方面都是不可持续的，改变这种发展模式势在必然。

四、我国技术进步路径选择及其政策支撑体系

中国作为全球最大的发展中国家，所取得的经济成就举世瞩目。不过令人担忧的是，我国的工业化发展过程与环境治理模式与发达国家相似，仍然走他们曾经走过的老路，在制度设计和激励机制上偏重末端治理，缺乏绿色转型的先导意识和主动行为。目前，中国经济增长主要依靠的是要素资源的大量投入，而非全要素生产率的大幅提升。据IEA（2010）测算，中国2000—2008年的能源消费增量比20世纪90年代上升了

四倍多，2009年中国已超过美国成为全球最大的能源消费国。大量能源消耗对中国的环境状况造成了进一步的压力。当前人们已逐渐意识到，这种牺牲资源环境并藉由高投入、高能耗和高污染排放维持的增长模式是不可持续的。

周天勇（2010）指出，2040年中国达到发达国家发展水平时的资源和环境消耗趋势，即使按照工业化国家中的低资源环境消耗水平，中国在未来的30年中，将消耗全球50%左右的石油、天然气、钢铁等资源，形成全球50%甚至更多的碳排放[1]。未来突破资源环境瓶颈的关键是技术进步。但发展中国家所面临的技术进步的约束环境与发达国家是完全不同的，中国的技术进步必须是资源节约型、低碳环保型的技术进步。林毅夫（2012）指出，开明的战略需要鼓励中国实现“绿色增长”，而不是继续走当下造成巨大未来环境成本的快速增长之路[2]。鼓励低污染和资源效率高的产业的投资有助于实现绿色发展，刺激相关上游和下游制造和服务业的投资，建设拥有国际竞争优势的全球朝阳产业。

发展绿色经济已经成为当下众多后发国家乃至欧美等发达国家和地区的共识，全球即将进入新兴绿色产业经济快速发展和创新密集的时代。中国作为最大的发展中国家，必将成为在新工业技术变革中起主导作用的国家之一。毫无疑问，科技进步将是推动绿色经济发展的根本动力之一，而有效的治理模式将是实现中国长期可持续发展的重要保障。

（一）我国技术进步的路径选择：顶端治理

由产业层面的理论分析可以知道，当越来越多的后发国家进入工业化进程以后，在全球层面上实施发展方式转变势在必行。所谓顶端治理是相对于末端治理而言的，它是指从源头上尽最大可能切断技术进步与环境污染之间的联系，限制污染的出现，而不是等到污染出来之后进行治理。

作为后起的工业化大国，我国完全有条件在借鉴发达国家工业化污染治理经验教训的基础上，逐步摒弃“先污染、后治理”的末端治理模式，不断吸收世界上先进的产业升级和环境治理理念，加快推动绿色技术进步模式，建立先发优势，加快绿色发展步伐，为后发国家的工业化进程建立绿色模式。绿色转型需要在发展理念、增长方式、目标方向等方面作出重大转变，要从战略层面上予以重视和推动，加强机制创新，建立完善制造业绿色发展的政策支撑体系（如图4所示）。

[1] 周天勇，《面对未来，生活和发展方式必须改变》，《经济参考报》，2010-07-23。
[2] 林毅夫，《中国同时面临着几个严重挑战》，《中国证券报》，2012-03-19。

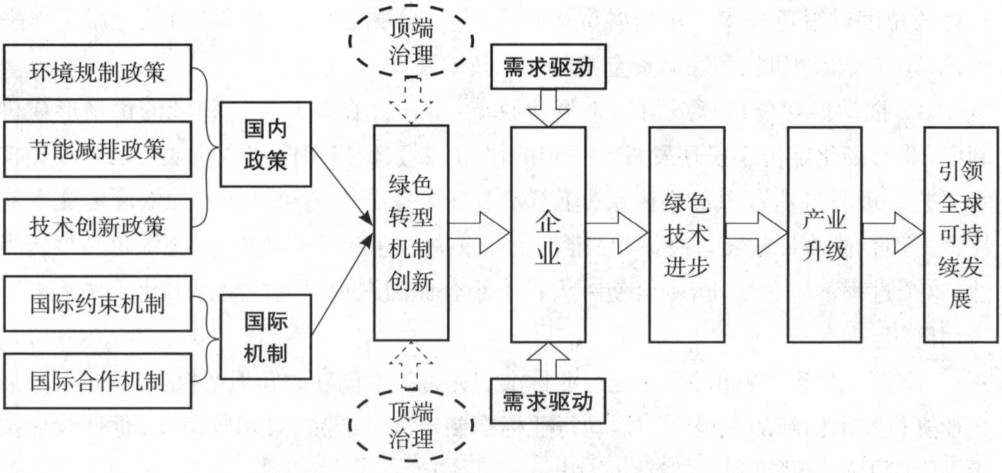

图4　发展中国家技术进步模式

图4指出，在顶端治理的模式中，我国产业绿色转型的创新路径需要综合性、体系化、开放式的战略框架，既需要国内相关政策的推动和约束，又需要国际社会相关的约束与合作机制的建立，通过国内旺盛的需求力的配合，共同推动我国企业绿色技术创新的出现，推动产业升级，占领技术进步的制高点，引领全球经济可持续发展。

（二）我国技术进步的政策体系

发展中国家政府的一个重要任务是培育本土公司，以开发出适合新型发展道路的技术，满足人民的需求，这种新的发展道路将不同于全球化时代高收入国家所遵循的道路。尽管中国企业在技术能力上与发达国家企业有着很大的差距，但是，我国本土企业完全有能力利用广阔的、不断扩大的内需空间开发出能够满足人民需求的技术。“十二五”时期是我国工业结构调整、转型升级的重要战略机遇期，应充分利用全球掀起绿色新政高潮的机遇，加快制定相应政策，进一步推动产业绿色转型。

（1）制定绿色转型的战略规划，构建绿色产业体系。应以绿色转型作为中国工业“由大转强”的指导思想，统一规划，制定中国工业绿色转型的战略框架和国家绿色创新路线图，确立工业绿色转型的战略目标、优先发展领域、战略布局和主要任务。加快工业结构调整，加大绿色投资力度，大力发展战略性新兴产业，构建绿色工业体系。

（2）完善绿色政策体系。首先，改革以GDP为核心的干部政绩考核体系，建立一套与绿色经济挂钩的政绩考核体系。其次，加大对节能产品研发和使用的优惠，对一些关键性的、节能减排效益显著的相关产业和产品实行一定的增值税减免优惠政策，实施绿色税制。第三，鼓励金融机构对绿色产业和企业给予优惠的信贷支持，从财政支持的角度对绿色技术采用的融资进行差别贴现，搭建多种形式的科技金融合作平台，引导各类金融机构和民间资金参与绿色技术开发。

（3）推动要素价格形成机制市场化改革。当前，在要素资源领域的价格形成机制中，非市场化定价手段还发挥着一定的作用，要素价格扭曲使企业缺乏动力改进技术工艺。理顺自然资源价格体系，让不断上升的资源价格和不断增加的环境成本能够进入到企业的日常经营决策中，推动企业下决心进行自主创新，实施绿色转型。当然，这个过程不应过快，否则会使一大批中小企业因在短时间内难以消化价格上涨压力而倒闭。

（4）强化知识产权保护，制定行业标准。完善技术创新的知识产权保护体系，增强企业进行技术创新的积极性。推动行业标准制定以及产品、技术规范化，促使绿色技术在中国工业领域得到更广泛的应用。

（5）建立环境补偿机制。长期以来，中国并未真正建立起覆盖全国的地区间生态环境补偿机制，这导致生态脆弱或资源富集地区的利益长期受损，丧失了地区经济发展机会。首先，将企业资源开采的环境成本按照市场机制定价并纳入到原材料成本核算之中。其次，政府要出台具有市场调节作用的政策工具，如征收碳税，提高企业环境污染治理成本。第三，增加企业对节能减排设备投资的税收优惠力度，强化企业采用先进技术和生产装备的微观激励。

环境污染的持续增加是对国际社会的一个重大挑战，这需要发达国家和后发国家的政府与企业共同努力，使企业摆脱对旧式技术进步的路径依赖，向可持续发展的方向前进。中国作为全球最大的发展中国家，有责任也有义务参与全球绿色治理，引领绿色发展潮流，引导后发国家在工业化进程中逐渐朝着改善环境、绿色发展的道路前进，推动全球可持续发展。

管理学

地方政府环境责任绩效评价指标体系研究

颜　金[1]

摘　要: 地方政府环境责任是我国政府行政职能中的重要组成部分,但由于没有相应的评价指标体系和标准,导致我国地方政府环境责任缺乏评价及考量的方法。为此,本文在阐述我国地方政府环境责任绩效评价指标体系构建的影响因子的基础上,初步建立一个较为完整、合理的地方政府环境责任绩效评价指标体系;并运用信度检验法和效度检验法对地方政府环境责任绩效评价指标体系进行检测,使这一指标体系具有较高的可靠性和可行性。

关键词: 地方政府　环境责任　绩效　指标体系

政府作为社会公共利益的代表,在环境保护上负有不可推卸的责任,尤其是在当前我国大气污染、水污染和固体废弃物污染等各种环境问题日益显现的背景下,政府环境责任的紧迫性和重要性日渐凸显。一些地方政府也意识到环境问题的严峻性,并在环境保护上投入了大量的人力、物力和财力,但取得的效果却难以与其投入成正比。也有一些地方政府为了取得"显而易见"的政绩,不惜忽视环境问题的存在,引入一些高污染、高耗能和高排放的企业,这将不可避免地加剧环境问题的严重性。这些环境问题的产生反映出当前一些地方政府在环境保护上的不到位或缺位。解决该问题的关键是建立一套科学合理的绩效评价指标体系。但现有的相关研究成果中并没有形成一个系统、科学和全面的环境责任绩效评价指标体系,大多只是从社会评价和经济测量的角度,将地方政府环境责任绩效评价指标分散在政府公共服务评价指标体系或者社会发展评价指标中,这导致地方政府环境责任绩效评价指标体系在系统性、整体

[1] 作者简介:颜金(1981—　),淮海工学院法学院行政管理系副主任,管理学博士。研究方向:地方行政管理。

性和独立性上不够[1]。为此，本文通过建立地方政府环境责任绩效评价指标体系，以期改善政府环境责任绩效。

一、地方政府环境责任的基本内涵

现代政府是一种责任政府，对公众负责是其最基本的要求，各级政府必须维护公众的根本和长远利益。环境保护是一种典型的公共产品，直接关系到人民群众的切身利益，而这一切身利益是既包含短期利益又包含长期利益的矛盾体，解决短期利益与长期利益这一矛盾体的关键是明确并落实好政府的环境责任。政府环境责任作为政府的一项基本义务，是指法律所规定的政府在履行环境保护义务和行使环境保护权利过程中因违反相关法律规定而应承担相应的法律后果。政府环境责任的内涵主要包括两个方面：一是政府的环境职责和职权。其基本职责主要有建立健全环境保护基本制度、环境污染防治的监督管理、落实国家减排目标的责任、重大环境问题的统筹协调和监督管理、预防和控制环境污染和环境破坏的责任、环境监测和信息发布等内容；二是政府及其相关责任人因违反有关环境法律所应承担的否定性责任。概而言之，政府环境责任是以公众的环境利益为基本导向，行使在环境保护方面的权力和履行相关义务并承担因违反环境保护相关法律规定而产生的否定性后果[2]。

政府环境责任作为各级政府的一项基本职能，是政府作为公共利益的代表者和公共管理者所必须履行的法定职责[3]。基于不同视角，可以将政府环境责任进行不同的划分。从政府职能性质来看，可以将政府环境责任分为第一性环境责任和第二性环境责任两类。其中，第一性环境责任与政府的环境职责和职权相关，第二性责任则与否定性后果有关。从政府环境责任的种类来看，政府环境责任还可以分为角色责任、法律责任和法定职责三类。角色责任作为一种应然状态，属于道德范畴；法定职责是由法律明确规定的、政府应当承担的法定义务；法律责任是因政府违反上述义务和职责的法律规定而承担的法律后果[4]。本文认为，政府环境责任的基础是公众环

[1] 彭国甫，《地方政府公共事业管理绩效评价指标体系研究》，《湘潭大学学报（哲学社会科学版）》，2005（3）：16—22。

[2] 曾兆晖，《政府环境保护责任初探》，载于中国法学会环境资源法学研究会、国家环境保护总局、全国人大环资委法案室、兰州大学，《环境法治与建设和谐社会——2007年全国环境资源法学研讨会（年会）论文集（第二册）》，中国法学会环境资源法学研究会、国家环境保护总局、全国人大环资委法案室、兰州大学，2007：4。

[3] 阳东辰，《公共性控制：政府环境责任的省察与实现路径》，《现代法学》，2011（2）：72—81。

[4] 李俊斌、刘恒科，《地方政府环境责任论纲》，《社会科学研究》，2011（2）：72—75。

境利益。公众环境利益既是政府环境事务管理权的正当性来源，也是政府对环境承担责任的道义基础。

二、地方政府环境责任绩效评价指标体系的构建原则

地方政府环境责任绩效评价指标体系是地方政府环境责任绩效评价的核心部分，关系到地方政府环境责任绩效评价结果是否可靠。由于地方政府环境责任绩效评价的角度和标准不同，其评价结果也必然会存在差异。而地方政府环境责任涉及众多利益主体，其相关影响因素十分庞杂，选择一个或少数几个指标来评价政府环境绩效，无法准确、真实地反映出政府环境责任的实际情况。但如果将所有成因及表现特征均纳入地方政府环境责任绩效评价的指标体系，则地方政府环境责任绩效评价指标体系将会非常庞大。因此，科学选择合理的指标对地方政府环境责任绩效的评价十分重要。根据指标体系的内在要求，我们在选择地方政府环境责任绩效评价指标的过程中应遵循以下原则：

（一）科学性原则

科学性原则是绩效评价指标体系设计的首要原则。地方政府环境责任绩效评价指标的选取应建立在科学性的基础上，科学性原则主要表现在以下两个方面：一是选取方法的科学。地方政府环境责任绩效评价指标体系应采用科学的方法和手段筛选指标，如可以采用观察、专家咨询和模型模拟等方式。具体方法的选择应根据指标的特点来确定。二是选取流程的科学。分析地方政府环境责任绩效的本质特征，选择较为全面、客观和真实地反映地方政府环境责任绩效评价系统发展状态的指标，使地方政府环境责任绩效评价指标体系、绩效评价的目的和被评价对象的战略目标三者一致。

（二）系统性原则

系统性原则是指标体系构建的一项重要原则。一套科学和完整的绩效评价指标体系能够系统地反映指标体系中各子系统、各要素之间相互作用的方式、强度和方向等内容。地方政府环境责任作为一项系统性、综合性强的制度安排，要求指标体系不能遗漏任何一项重要指标，并且各项指标综合形成的指标体系能够体现地方政府环境责任绩效的质量要求。同时，系统性原则也要求指标体系中的各个具体指标在其含义、计算方法和空间范围等方面相互衔接，系统地反映地方政府环境责任绩效中各要

素之间的内在联系和规律。因此，地方政府环境责任绩效评价指标体系应系统地平衡各种要素，通过多因素的综合性分析使指标体系能够获取最佳的综合效果。

（三）动态性原则

绩效评价指标体系是由众多因素构成的整体，在构成的因素中，各个绩效指标并非一成不变，而是随着绩效环境和绩效目标的变化而随机变化。由于受环境政策和绩效目标等众多因素的影响，地方政府环境责任绩效具有动态性的特点。因此，在选择地方政府环境责任绩效评价指标体系的过程中，应在确保指标的对应性的同时做到指标体系选择的灵活性。

（四）可测性原则

一般而言，指标体系的选择应尽量以现有的相关数据和基本统计方法为基础。同时，为提高预测的精准性和防止因主观判断而产生误差，要求所选指标的数据容易收集和量化。地方政府环境责任绩效评价指标的可测性，主要包括绩效评价指标本身的可测性和指标在评价过程中的现实可行性。绩效评价指标本身的可测性，是指评价指标可用规范的语言来阐述，其所规定的内容可以运用现有的统计方法进行测量并获得相应结论。

（五）层次性原则

层次性原则要求指标体系应具备以下基本条件：一是指标体系中的指标具有相互独立性；二是指标必须反映地方政府环境责任绩效的共同属性。由于地方政府环境责任绩效评价的内容具有层次性的特点，其指标体系也应由不同层次的要素共同构成一个有机整体，该整体能从不同方面、不同层次反映地方政府环境责任绩效的实际情况。

三、地方政府环境责任绩效评价指标体系的构建

（一）地方政府环境责任绩效的影响因素分析

地方政府环境责任绩效涉及环境责任主体和环境责任客体等众多影响因素，通过这些因素相互影响、相互作用共同产生地方政府环境责任绩效评价结果。而不同的影响因素对地方政府环境责任绩效评价结果的影响程度、影响范围都会有所差异。因此，在分析地方政府环境责任绩效影响因素的过程中，本文将根据地方政府环境责任绩效评价的特征，重点分析地方政府环境职责、地方政府的主客观条件、绩效评价目

的，以及评价所需信息的数量和质量四类影响因素。

1. 地方政府环境职责因素。从本质上说，地方政府环境责任绩效就是地方政府履行环境职责的程度和质量。因此，地方政府环境责任绩效评价指标体系的构建，要立足于地方政府环境责任的具体职责。不同的职责关系，决定不同的指标结构；不同的职责重点，决定不同的指标内容。构建地方政府环境责任绩效评价指标体系的基本前提是应准确、全面和细致地掌握地方政府环境责任的基本内容。从宏观上分析，地方政府在环境保护上负有环境管理、环境决策、环境监督、环境协调和环境公共服务等环境职责，履行这些职责就会产生相应的环境管理绩效、环境决策绩效、环境监督绩效、环境协调绩效和环境公共服务绩效等绩效结果。因此，应根据地方政府环境责任的不同职责及其相应的绩效类别来设置相应的绩效评价指标。同时，地方政府环境责任不仅仅受其相应职责的影响，而且也受自然条件和历史因素的制约。为此，在构建地方政府环境责任绩效评价指标体系时，既要考虑不同环境职责对指标设置的重要作用和影响，也要考虑一些特殊指标，尽量缩小由于地区之间的职能差异导致的绩效评价指标体系构建与绩效评价结果之间的偏差[1]。

2. 地方政府环境责任的主客观条件因素。地方政府环境责任的主客观条件是构建地方政府环境责任绩效评价指标体系的重要基础。为确保地方政府环境责任绩效评价指标体系的合理性和可行性，就必须全面、系统深入地分析地方政府环境责任的主客观条件。基于我国行政管理体制的特点和不同行政区域的差异性，不同地方政府拥有不同甚至截然相反的主客观条件，这就决定了地方政府环境责任指标设计上要包含或者超越这种差异性。具体而言，地方政府环境责任的主客观条件主要体现在以下几个方面：一是当地的经济、社会发展水平，这在一定程度上可以反映一个地区在环境管理上的能力和水平；二是上级部门的具体要求或规定，即上级部门制定的有关环境政策、法规、条例或者是下达的环境任务、指令和计划等；三是外部环境，包括与地方政府环境责任相关的政策环境、舆论环境和自然环境等内容。

3. 绩效评价目的因素。地方政府环境责任绩效评价目的，是构建地方政府环境责任绩效评价指标体系的基本依据。由于地方政府环境责任绩效评价的目的决定绩效评价指标的选择，因此，确定地方政府环境责任绩效评价指标体系的首先前提是必须明确绩效评价的目的。根据本文的研究目的，结合地方政府在环境责任上的履行现状，本文中地方政府环境责任绩效评价的目的因素主要有以下几点：一是科学合理地

[1] 周宏春、季曦，《改革开放三十年中国环境保护政策演变》，《南京大学学报（哲学 · 人文科学 · 社会科学版）》，2009（1）：31—40，143。

评价地方政府环境责任。我们期望通过地方政府环境责任绩效评价指标体系来科学合理地评价地方政府环境责任；二是推动环境管理方式的转变。地方政府环境责任绩效评价指标体系能够极大地改善政府环境管理能力，促进地方政府环境管理方式的转变；三是环境责任的落实。地方政府环境责任绩效评价结果能够有效反映地方政府在落实环境责任上存在的问题，进而督促政府落实好环境责任。

4. 环境责任绩效评价所需信息的数量和质量因素。从信息管理的角度来看，地方政府环境责任绩效评价是一个信息搜集、筛选和处理的过程。地方政府环境责任绩效评价指标体系能否产生实际效果取决于指标体系的相关信息是否及时、准确和真实。因此，为了确保地方政府环境责任绩效评价指标体系的有效性，在构建地方政府环境责任绩效指标体系时，必须充分考虑评价所需信息的数量和质量。本文在构建地方政府环境责任绩效评价指标体系时会综合考虑指标信息的特点进行合理选择。一是系统分析和把握地方政府环境责任绩效评价信息的主要来源。地方政府环境责任绩效评价的信息源与绩效评价目的、评价对象密切相关，评价的目的和对象不同，评价信息源也就不一样；二是要根据可搜集到的信息的数量和质量调整和建立地方政府环境责任绩效评价指标体系；三是要科学运用绩效评价信息搜集的方法，使搜集到的绩效评价信息符合评价对象实际的评价标准。

（二）地方政府环境责任绩效评价指标体系的主要内容

根据指标体系的构建原则以及对地方政府环境责任绩效的影响因素进行分析，可以初步筛选出地方政府环境责任绩效评价的具体指标体系，其指标体系的主要内容包括环境建设、环境管理、环境控制和环境质量四大部分。

1. 环境建设

环境建设作为经济社会全面发展的基础保障，是经济健康运行和社会良性发展的重要前提。政府环境责任在环境建设上的指标体系主要有林木绿化率、单位GDP用水量和环境保护投资指数。

(1) 林木绿化率。林木绿化率是指辖区调查范围内有林地面积、灌木林地面积与行道树所占地面积之和占土地总面积的百分比；

(2) 单位GDP用水量。单位GDP用水量是指县（市、区）总用水量与县（市、区）内生产总值（GDP）之比。县（市、区）总用水量包括工业用水、生活用水，但不包括农业用水和生态用水；

(3) 环境保护投资指数。环境保护投资指数是指当年县（市、区）环境保护投资（包括环境综合治理、污染源治理、环境管理和污染防治科技等方面）占当年县（市、区）

地区生产总值的百分比。

2. 环境管理

环境管理是指运用计划、组织、协调、控制和监督等手段，为达到预期环境目标而进行的一项综合性活动。环境管理具有高度的综合性，其内容既涉及土壤、水和大气等因素，也涉及政治、经济、社会、自然和科学技术等领域。其评价指标主要包括环境执法能力、环境安全监管和公众的满意度。

（1）环境行政执法。环境行政执法是指行政机关的执法机构以环境相关法律法规为依据，为保证实现环境保护目标、保护生态环境以及公众健康而实施的监督检查、行政处罚以及行政强制等一系列行政行为；

（2）环境安全监管。环境安全监管是指环保部门依据相关法律对企业生产等主体的市场行为进行监管，确保环境不因市场行为而遭到破坏；

（3）公众的满意度。公众的满意度是指公众对环境保护工作及环境质量状况的满意程度。

3. 污染控制

环境污染控制是控制污染物排放的手段，包括污染物排放控制技术和污染物排放控制政策两个方面。同时，它也可以划分为大气污染控制、水污染控制、固体废弃物污染控制、噪声污染控制和放射性污染控制几大类。

（1）万元工业增加值主要污染物排放强度。万元工业增加值主要污染物排放强度系指每万元工业增加值主要污染物（包括工业废水、二氧化硫、烟尘）的排放量。工业增加值是指市域内全部企业工业增加值，而不是规模以上企业工业增加值；

（2）污染源排放达标率。污染源排放达标率指标包括工业废水排放稳定达标率和工业废气排放稳定达标率；

（3）固体废物处置利用率。固体废物处置利用率主要包括危险废物处置率、工业固体废物处置利用率；

（4）重金属污染综合防治。重金属污染综合防治是指防止和治理重金属污染的能力和水平；

（5）生活污水集中处理率。生活污水集中处理率是指县（市、区）经过集中式污水处理厂处理且达标的辖区生活污水量与生活污水排放总量的百分比；

（6）污染物排放总量削减率。污染物排放总量削减率指标包括化学需氧量排放总量削减率和二氧化硫排放总量削减率。

4. 环境质量

环境质量（environmental quality）一般是指在一个具体的环境内，环境的总体或环境的某些要素对人群的生存和繁衍以及社会的经济发展的适宜程度，是反映人群的具体要求而形成的对环境评定的一种概念。

(1) 二级及好于二级天数占全年天数比例。二级及好于二级天数占全年天数比例也即空气污染指数(API)≤100的天数占全年天数比例，API为辖区内经过认证的监测点位每日的环境空气污染指数，其计算方法按照《空气质量日报技术规定》执行；

(2) 河流(湖泊、水库)水质综合达标率。对每个区县而言，该项指标或考核河流水质综合达标率和湖泊水质综合达标率，或考核河流水质综合达标率和水库水质综合达标率，若辖区内无湖泊或水库则只考核河流水质综合达标率；

(3) 区域环境噪声平均值。区域环境噪声平均值是指辖区建成区内经认证的环境噪声监测网格测得的等效声级算术平均值。

表1　地方政府环境责任绩效评价指标体系

目标层	准则层	指标层	指标说明
地方政府环境责任绩效评价指标体系	S_1环境建设	S_{11}林木绿化率	(有林地面积+灌木林地面积)/土地总面积
		S_{12}单位GDP用水量	县(市、区)总用水量(吨)/县(市、区)生产总值(万元)
		S_{13}环境保护投资指数	县(市、区)环境保护投资/县(市、区)生产总值
	S_2环境管理	S_{21}环境执法能力*	指环境执法的频率和效果
		S_{22}环境安全监管*	指是否发生环境安全事故以及事故的程度
		S_{23}公众的满意度*	公众对环境保护的满意情况
	S_3污染控制	S_{31}万元工业增加值主要污染物排放强度	某污染物的年排放量(吨)/工业增加值(万元)
		S_{32}污染源排放达标率	稳定达标排放的工业企业个数之和/考核范围内工业企业总数
		S_{33}固体废物处置利用率	废物处理利用量/辖区内废物产生总量
		S_{34}重金属污染综合防治*	指对重金属污染进行防治的效果
		S_{35}生活污水集中处理率	再生利用量(万吨)/污水处理厂处理量(万吨)
		S_{36}污染物排放总量削减率	(年度核定排放总量−年度排放总量)/年度排放总量
	S_4环境质量	S_{41}二级及好于二级天数占全年天数比例	二级及好于二级天数/全年天数

（续表）

目标层	准则层	指标层	指标说明
地方政府环境责任绩效评价指标体系	S_4 环境质量	S_{42} 河流（湖泊/水库）水质综合达标率	检测结果符合相应功能水质标准的水域面积/实际检测水域面积
		S_{43} 区域环境噪声平均值	区域环境噪声平均值/网格监测点总数

注：资料来源于中华人民共和国环境保护部官网；指标后标明*符号的为定性指标。

四、地方政府环境责任绩效评价指标体系的可行性求证

地方政府环境责任绩效评价指标体系初步构建以后，我们需要对指标体系进行可行性检测。一般而言，在检查和修正过程中，运用效度和信度检验方法是检测指标体系合理性的首选方法。本文将通过运用指标体系的效度与信度检测来衡量地方政府环境责任绩效评价指标体系的合理性和可行性。

（一）评价指标体系效度的检测

评价指标效度检测也可称之为有效性检测，是反映指标与其对应的评价要素的一致性程度。一般而言，效度可以大致分为三类：内容效度、准则效度以及结构效度。效度检测结果与指标之间的一致性越大，说明指标效度越大，反之则较小。因此，在地方政府环境责任绩效评价指标体系中，评价指标体系是否具备较高效度的关键在于所筛选的指标能不能真实有效地反映地方政府环境责任绩效的某些特性。同时，有效性检测并非仅仅是对单一指标与评价对象之间的效度，而且也包括指标体系与整个绩效评价目标之间的效度。如果在指标体系的选取过程中，只关注地方政府环境责任的经济绩效，而忽视地方政府环境责任的社会绩效，或只关注地方政府环境责任的眼前绩效，而忽视地方政府环境责任的长远绩效，这都会影响地方政府环境责任评价指标的整体绩效。评价指标体系效度的方法既可以通过SPSS等统计软件来测量，也可以通过相关专家和学者的经验判断来确定。根据地方政府环境责任绩效评价指标的特征，本文选取通过专家和学者经验判断来确定指标的合理性。评价指标效度评定一般用“内容效度比”（英文缩写为*CVR*）来表示，其基本公式为：

$$CVR = \frac{ne - N/2}{N/2}$$

公式中的ne表示关于地方政府生态环境责任研究的相关专家和学者认为某一指标有效地反映了评价对象范畴的评价人数；N为熟悉地方政府生态环境责任绩效评价内容的专家和学者的总人数。从上述公式中可以了解到，当CVR为负值时，说明有一半以上地方政府生态环境责任研究的专家或学者认为指标体系与评价对象并不具有一致性；当$CVR=-1$，说明所有地方政府生态环境责任研究的专家或学者都认为指标体系与评价对象具有一致性；当$CVR=0$时，说明地方政府生态环境责任研究的专家或学者中认为指标体系具有一致性和不一致性的人数各占一半；当$CVR=0$时，说明地方政府生态环境责任研究的专家或学者中认为指标项目内容很好。为了确保地方政府生态环境责任指标体系的效度检测更加精准，本文指标体系的筛选征询了12位相关领域专家和学者的意见，通过统计得出了各个指标与地方政府环境责任这一评价对象之间关系的密切程度，即内容效度比CVR。本文将专家们的意见进行整理综合，得到了各指标的内容效度比值，约有89%的指标的效度比值在0.69以上。[1]因此，该指标体系具有较高的效度，大部分地方政府生态环境责任指标很好地反映了测量对象的主要范畴。

（二）评价指标体系信度的检测

评价指标体系的信度（可靠性）是指采用同样的方法对同一对象重复测量时所测量结果的可靠性程度。地方政府环境责任绩效评价指标是一个由众多要素构成的指标体系。一般而言，指标之间相互独立且体系结构良好的指标体系，其信度也较高。在地方政府环境责任绩效评价指标体系检测过程中，我们采用当前指标评价中使用最为广泛的信度检测方法——克朗巴赫法（Cronbach），克朗巴赫内部一致性系数（即 α 系数）能够准确地反映出评价指标体系内部结构的良好性和指标的一致性程度。通过该方法对评价指标计算克朗巴赫内部一致性系数来观察评价指标信度。经检测，得出地方政府环境责任绩效评价指标体系内部结构良好且指标的一致性程度较高。克朗巴赫一致性系数计算公式为：

$$r_a = \frac{K}{K-1}\left|1 - \frac{\sum S_i^2}{S^2}\right|$$

公式中的K表示指标体系中所包含的指标个数，如果指标体系包含若干个子指标层，则K表示子指标层所含的指标个数；S_i 表示各指标的标准差，S_i^2 是第 i 个指标的方差，S^2表示总分的方差。

---

[1] 通用的效度比值数据所表示的含义：0.60—0.65，一致性不好；0.65—0.70，一致性一般；0.70—0.80，一致性较好，0.80—0.90，一致性非常好。

审计职业化背景下审计制度的探索

李海涛[1]

摘　要：审计职业化被正式列入《中共中央关于全面推进依法治国若干重大问题的决定》和《国务院关于加强审计工作的意见》。本文着眼于在审计职业化的背景下，探索选择审计助理制度作为审计职业化建设的重要抓手和突破口，尝试设立主审、审计助理、审计员等审计业务职位，构建主审、审计助理、审计员的新型审计组织模式。本文具体分析了审计助理的任职条件、工作职责、实施意义、推行基础以及具体执行措施等，首次对审计助理制度这一新型模式进行探讨和分析。

关键词：审计职业化　审计助理制度　审计助理

《中共中央关于全面推进依法治国若干重大问题的决定》和《国务院关于加强审计工作的意见》明确提出要“推进审计职业化建设”，这在中国审计史上还是第一次。如何找准审计职业化建设突破口，完善符合审计职业特点的审计人员职业管理制度，是当前迫切需要解决的问题。本文重点探索选择推行审计助理制度作为推进审计职业化的突破口。

一、审计职业化的概念、现状

（一）职业化研究

1. 国外职业化研究

职业化问题一直是社会各行业关注的热点问题，已成为各行业改革的动力和目标。职业化程度的高低直接影响着行业的职业地位和职业形象。公务员的职业化问题最早源于马克斯·韦伯的科层制，他认为公务员是一种职业，这一职业需要经过系统培训的

[1] 作者简介：李海涛，连云港市审计局。

官员，官员终身任职，要有薪酬保障。韦伯的这一职业化思想得到普遍推行，形成了文职官员的职业化制度。哈罗德·威伦斯基（Harold L.Wilensky，1964）认为：职业化需要大量的从业者，并对从业者进行职业培训，使他们具备专业技能、职业道德，得到社会的职业认同和保障。盖伊·贝凡尼斯特（Gray Benveniste，1987）认为，职业化需具备六种要素：职业群体、专业训练、专业技能、执行资格、行为守则或伦理规范、服务公众。

2. 国内职业化研究

孙柏英（2004）认为职业化是指以某种特定的、专门的知识或技能而形成特定的职业领域，并以此形成的专门的知识权威和相关的职业操守状态。谭功荣（2009）认为，职业化包括职业准入、职业训练、职业认同、职业道德和职业文化的内容。目前，关于职业化问题的研究集中在职业技能、职业道德和管理机制上。不同的视角对职业化的理解有所侧重。但从上述研究内容来看，尽管对职业化认识不尽一致，但也存在共识：职业化至少应当包含“职业素养（职业道德、职业意识、职业心态）、职业行为规范（职业思想、职业语言、职业行为）和职业技能（职业资质、职业能力）三个方面的内容”。目前国内正在探索或推行的法官职业化、律师职业化、检察官职业化等基本都要求具备这三方面的要素。

（二）审计职业化研究

审计职业化是随着审计事业的快速发展而产生的，审计职业化的研究起于20世纪初。叶忠明（2003）专门对建立审计职业资格制度进行了探讨；王鸿等（2006）提出建立职业准入、职业等级、职业考核、职业保障、责任追究、职业培训、职业道德等制度；朱等云（2008）提出应统一职业化标准、统一考试制度、建立审计专家队伍等；陈莉（2009）认为国家审计职业化要具有审计职业技能、严谨培训、执业能力、职业组织、职业道德、公众服务、职业权威、职业资格等；王耘农（2010）提出应建立审计官制度，设置职务层级、职业准入与退出机制、职业准则、职业激励与保障制度、职业培训制度等；刘恋（2010）提出要有审计职业权威、职业准入和退出机制、终身职业培训、职业人员等级制度、职业保障等；王鲁平等（2013）认为，审计职业化要淡化行政职位，实行“行政职位+职称”双轨制。上述研究对加强国家审计职业化建设起到了积极作用。审计的作用从最初的查错纠弊发展到今天的履行经济监督职责、发挥“免疫系统”、服务国家治理的综合作用。这种角色转变说明了审计职业地位的提升，体现了审计的职业化、专业化水平的提高。综合上述研究结论，本文认为，审计职业化的基本内涵至少体现在两个层面：一是特有的审计职业状态，包括审计职业专门的知识结构、特殊的技能方法、特定的社会地位、独特的思维模式等；二是完备的职业制度体系，包括职业准入制度、资格考试制度、职业等级制度、职业准则制度、监督与责任制度、职业激励制度、职业教育制度、职业道德制度等。

（三）审计职业化的必要性

1. 完善中国现代审计制度的内在要求

审计职业化建设是履行《宪法》赋予职责的要求，是强化审计监督的要求，是服务党的执政理念的要求，更是落实十八届四中全会精神的要求。推进审计职业化建设，就是要建立与审计监督作用地位相适应的审计职业制度。

2. 增强审计“独立性”的重要途径之一

“保障依法独立行使审计监督权”是宪法赋予审计的职权。而现有的审计体制属于行政型模式，审计机关对本级政府负责，人、财、物均依赖于政府，独立性较差。审计职业化有利于保证知识的专业性、职位的独立性、职业的操守性等，解决了“人”的独立性问题，为审计依法独立履行审计监督权提供坚实的制度保障。

3. 有利于提高审计队伍的素质和能力

审计监督对从业人员的专业素质要求很高，审计人员在掌握专业知识的同时，还需熟悉各项法律、政策以及相关学科的知识。但是现阶段审计人员的知识结构和工作能力与审计的要求还有不小的差距。只有用职业化的管理方式，才能培养和造就数量充足、复合型、高素质的审计队伍，确保履行好经济监督的基本职能。

（四）审计职业化存在的主要问题

1. 选任低质化导致专业性难以保证

审计机关一直没有建立审计人员准入制度和任职资格制度，进入审计队伍门槛很低。目前，进入审计机关的有部队转业干部、地方转任干部、各级行政机关调入的行政类人员等，对进入审计机关人员没有道德操守、业务技能等方面要求，这是造成目前审计队伍整体素质不高的主要原因。目前，在基层审计机关一线业务人员只占到60%左右，其他40%左右人员属于行政后勤类工作人员。

2. 管理地方化导致独立性难以保证

地方审计机关的人事权掌握在地方手中，编制由地方确定；审计机关的领导职务由地方人大选举和罢免，由地方组织部门考核、管理；审计工作经费由地方财政拨付，办公场所由地方提供。由于所处客观条件的制约，审计的独立难以保证。

3. 职能行政化导致业务性难以保证

由于历史原因，我国对审计人员采取行政化模式进行管理，导致审计人员管理与审计职业特点错位。主要是审计人员身份公务员化，审计人员处在界限鲜明的行政等级体系中，行政职务仍然是审计人员追求的目标；审计工作行政化，经济监督职能和行政管理职能不分，最明显的是审计机关为了配合党委、政府中心工作，直接参与追缴欠款、清收基金会欠款、征地拆迁等工作。

4. 保障普通化导致职业待遇难以保证

虽然《宪法》、《审计法》分别对审计的地位、身份予以明确，但缺乏具体保障制度；同时，我国没有规定审计人员职务的保障机制，审计人员依法履行职务的权利难以得到有效保护。如果屈从于干扰和压力就违背法律原则，坚持法律原则又没有可以依靠的制度保障。

二、审计职业化背景下审计助理制度的设计

（一）审计助理的概念

1. 助理的定义

助理在古代是辅助治理的意思，《汉书·百官公卿表上》曰："相国、丞相，皆秦官，金印紫绶，掌丞天子助理万机。"《陈书·高祖纪上》记载："夫备物典策，桓文是膺，助理阴阳，萧曹不让。" 宋陈亮《何茂宏墓志铭》曰："公之父必欲其二子由科举自奋，公独以其余力助理家事，积累至巨万。" 现在助理多用于职位名称，指协助主要负责人办理具体事务人员，如助理工程师、助理检察官、助理医师等。

2. 审计助理的概念

审计助理是职位名称，应指协助审计项目主要负责人——主审工作，按照审计实施方案的规定和主审的要求，协助主审完成整个审计项目任务，是一种业务职位。审计助理是协助主审工作的审计人员，不是主审。审计助理作为主审的助理，由审计机关统一聘任，根据每位主审工作量的大小，可以为其聘任1—2名审计助理。审计助理接受并服从主审的领导和管理，在主审的授权下从事工作，对主审负责。

（二）构建主审、审计助理、审计员的审计组织模式

1. 改革现有的审计组组成模式，设立审计助理业务职位

将原有的审计组长归入主审序列，探索主审—审计助理—审计员新型审计组织模式。其中主审、审计助理、审计员作为审计职业化背景下的审计业务职位，同时制定详细的任职资格要求，制定具体制度保证各个职位行使工作的独立性，定职责、定名额、规范化管理，实施主审、审计助理聘任制并实行单独序列管理。在严格制定任职岗位

资格条件的前提下，从符合条件的人选中聘任具体人员担任主审或审计助理，并将主审、审计助理分别作为相当于部门正、副职职位并享受相应的职业待遇。

现有组长—主审—审计人员组织模式中的组长一职，可以归并入主审范畴，在主审中设立高级主审、首席主审、项目主审，高级主审由各级审计机关的主官担任；首席主审由各级审计机关的副官担任；项目主审指为审计项目的主要负责人，由承担审计项目的业务领导责任。

2. 主审、审计助理准入条件

把审计职称考试作为主审、审计助理的准入条件，审计助理必须具备初级审计师及以上职称，主审必须具备审计师以上职称。而审计员只需具备相关的专业知识或相关的工作背景即可。为保证审计准入的全面性和专业性，将审计师职称考试由现有的以财政财务类为主扩大为财政财务审计师、工程建设审计师、信息数据审计师、环境资源审计师、综合类审计师等，便于涵盖全部审计相关专业领域。

主审主要遵照《中华人民共和国国家审计基本准则》的要求行使职责，在实行审计助理制度的前提下可适当地提高主审的业务领导职责，承担更多的责任；审计助理作为主审的主要助手，向主审提供建议，与其讨论问题，为其查账、查证、取证等，甚至起草审计报告、装订审计档案等；审计员主要完成审计过程中查证、查账、函证、咨询等一些审计的辅助性工作。

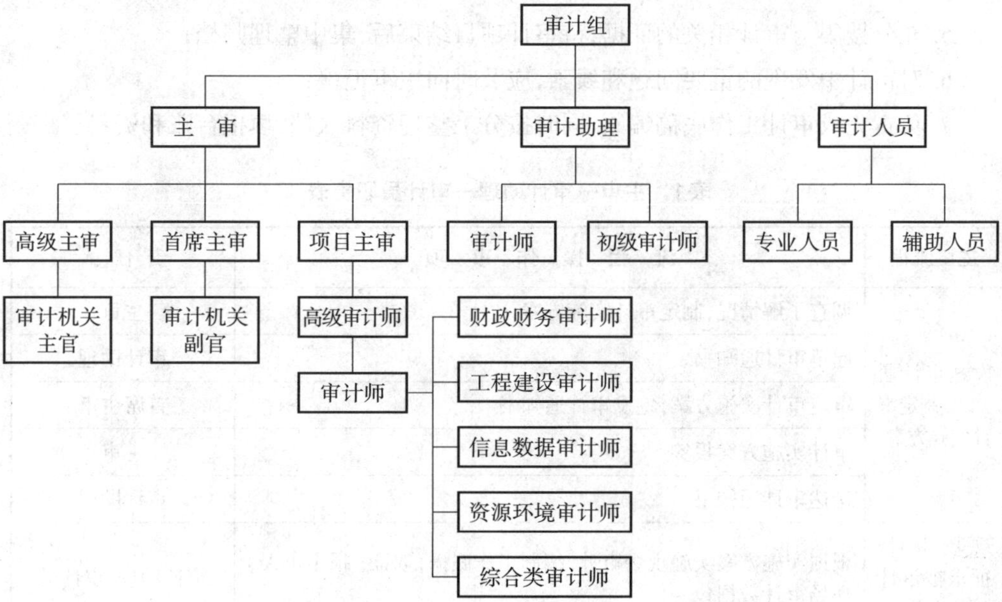

图1　审计助理制度下审计组织模式框架图

（三）审计助理的任职条件

审计助理作为协助主审完成审计任务的人员，并非什么样的人都可以担任。根据《审计法实施条例》、《审计职行行为准则》等规定，审计助理的任职条件至少需具备：

1. 遵守宪法和法律，严守审计纪律，清正廉洁，恪守审计职业道德；

2. 一般应当具有高等院校审计相关专业本科以上学历；

3. 需具有初级审计师以上专业职称；

4. 有较强的审计业务能力；

5. 身体健康，能够胜任审计助理工作等。

主审的任职条件应高于审计助理的任职条件，在具备审计助理资格条件的基础上，再规定必要的任职所限、职称要求（应具有审计师以上职称）及其他规定要求。

（四）审计助理的职责

1. 具体负责审计项目的准备、实施、终结和后续阶段的工作，对所承担的审计事项负责；

2. 按照审计工作方案实施审计工作，认真完成主审安排的审计事项；

3. 通过审查凭证、账簿、报表，检查现金、实物，查阅有关文件、资料，以及向有关人员调查等方法进行审计活动；

4. 对审计事项的有关事实，作出详细、准确的记录；

5. 充分搜集与审计相关的证据，待审计项目结束后，集中整理归档；

6. 对审计中发现的重要问题和线索，应及时向主审汇报；

7. 负责完成审计工作底稿编制，同时按分工整理资料入档，填报台账和资料。

表1　主审—审计助理—审计员职责表

主要流程	流 程 操 作 事 项	责 任 人
发送审计通知书/制定审计实施方案	调查了解情况，制定审计实施方案	主审
	起草审计通知书	审计助理
	审定审计实施方案，签发审计通知书	首席主审
	审计实施方案报签	主审
	送达审计通知书	审计助理
现场审计/征求被审计对象意见	根据实施方案实施现场审计，编制工作底稿，取证；报主审AO现场审计数据包	审计助理、审计员

（续表）

主要流程	流 程 操 作 事 项	责 任 人
现场审计/征求被审计对象意见	审核审计工作过程、结论底稿等6类事项	主审
	讨论确定审计结论等7类事项，向首席主审汇报，提交审计报告征求意见稿	主审
	召开审计业务会议，审定审计报告征求意见稿	首席主审
	审计业务会议记录、征求意见稿报批	主审
	征求被审计单位（对象）意见	审计助理
	召开审计业务会议，讨论被审计单位（对象）反馈意见，审定审计报告等结果文书	首席主审
发出审计结果文书	起草审计报告等审计结果文书	主审
	签发审计结果文书	首席主审
	审计业务会议记录、审计报告反馈意见说明书、审计结果文书报送局长和分管法规工作的副局长	主审
	送达审计结果文书，督促被审计单位整改，立卷归档	审计助理
报送审计专报	根据审计掌握的情况，起草审计专报	主审
	审核审计专报	首席主审
	签发审计专报，确定报送范围	高级主审

（五）审计助理制度对推进审计职业化的意义

1. 建立审计业务职位制度，有利于实行审计人员分类管理

解决了审计业务的行政化，保障了审计人员的待遇，是推进审计职业化的突破口，也是实现审计人员分类管理的重要途径。将主审、审计助理、审计员三者作为单独序列，并列入审计机关业务职位管理，赋予相应的独立职责。

2. 可以有效解决职业待遇问题

在主审、审计助理、审计员中进行详细等级划分，实行不同的待遇差异，并给予一定的定额人员限定，可以解决大部分一线审计人员的职业待遇。

3. 有利于审计职业化后备专业人才的培养

审计机关新补充的审计人员，因资历尚浅，在级别和经验等方面还不具备担任主审的资格条件，短期内无法被任命为主审，只是担任一般审计员，使得一部分人在被任命为主审之前，没有任何职务相对应。优秀的审计助理、审计员取得了审计师或初级

审计师证书,符合一定资格条件,完全可以被聘任为主审、审计助理。

4. 提高审计工作效率

审计助理的设立,将绝大部分的审计业务工作交由审计助理行使,减轻了主审负担,使主审的精力集中于前期方案制定和后期审计处理,一个主审可以同期开展几个审计项目。实行审计助理制度,可以有助于提高审计效率,使主审能够专心进行审计处理和法律适用。

(六)实行审计助理制度的基础

1. 审计职业化大背景为设立主审、审计助理、审计员职位以及对审计人员分类管理提供了可能。

2. 即将探索实行的省以下审计机关人、财、物的统一管理,为主审、审计助理、审计员职位待遇兑现奠定了基础。

3. 现有的审计职称考试制度为探索推行主审、审计助理、审计员准入制度和资格认证制度奠定了基础。

4. 现有的审计组长、主审、审计人员的组织模式为推行主审、审计助理、审计员新型组织模式打下了基础。

5. 现有的审计分类教育培训制度,契合审计助理制度的分类、分层次职业教育的要求。审计工作的业务性和道德性要求审计业务人员必须有分类的职位和标准。

三、审计职业化背景下实行审计助理制度的具体措施

(一)严格审计职业准入和主审、审计助理资格认证

1. 明确审计职业准入条件

重点以专业和职称考试为基本条件。进入审计机关人员除具备一般公务员资格之外,还要取得相应的专业职称,如审计员需具有相关专业知识,审计助理需具有初级审计师以上职称,主审需具有审计师以上职称。同时建立退出机制,将达不到标准的人员逐步淘汰出审计队伍,促使审计人员始终保持专业水平。

2. 实行聘任制度

随着审计体制改革的不断发展和职业化建设的推进,现有的审计组织方式逐步显示出准入条件过低、精英程度不高等局限性。推进审计职业化建设的根本目的就是从体制上彻底摒弃审计职业大众化的弊端。必须制定严格的规定,规范主审、审计助理聘任程序,统一主审、审计助理聘任的标准和条件。

3. 实行资格认证

对获得主审、审计助理人员从法律上授予资格认证，赋予他们相应的权利和义务，并要逐步得到社会的认可。

（二）实行主审、审计助理定额制度，探索审计队伍分层管理模式

1. 分类设置岗位

根据审计工作中审计人员的不同职责和性质，实行分类管理。将审计工作岗位设置为主审、审计助理和审计员三类职位，合理地配置每个序列的人力资源。职位的分类管理也为解决和完善是创建“精英化”审计人员的基础性条件。

2. 实行定额管理

主审按审计机关总人数20%左右配备，审计助理按40%左右配备，基本形成1∶2比例。审计员可在30%左右，其他10%作为后勤人员。主审与审计助理作为一种业务职位，可以享受本级审计机关中层正、副职待遇。考虑到今后主审的数额、资格准入等制度的实施，并不是所有的审计助理符合规定都能晋升为主审。只有当主审数量出现缺额时，才在审计助理中进行聘任。

3. 完善业务职位分类和职业身份晋级制度

可以对主审、审计助理、审计员3类业务职位分别进行分级分类，在3个业务职位内部根据职级、德才表现、业务水平、工作实绩和工作年限等，实行等级管理，按照事业单位职称管理的模式，分别设立各个业务职位层级，并实行待遇差异。如设立类似警衔的晋升制度，确保优秀审计人员脱颖而出。

审计员可分为初级、一级，分别享受办事员、科员待遇；审计助理可分为中一级、中二级、中三级等，分别享受正科、副科、科员待遇；主审分为副高三级、副高二级、副高一级和正高二级、正高一级等，分别享受正科、副处、正处、副厅、正厅等待遇；而副高四级、五级主审，主要针对县级审计机关设立。

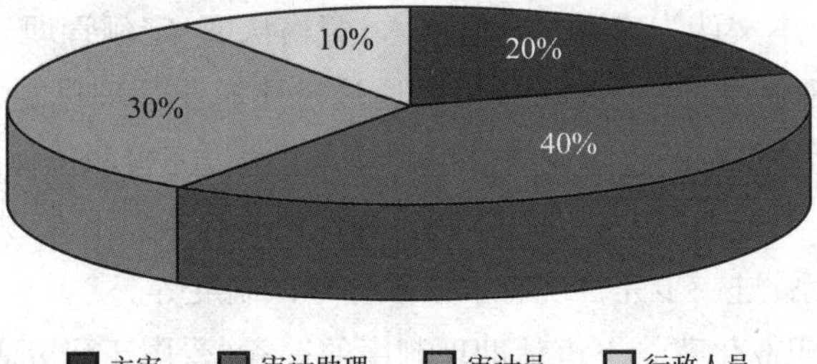

图2　审计机关人员分布图

表2　审计专业职位与行政职位对应表

层级	专业职位	行政职位
高层级	正高一级主审	正厅局、巡视员
	正高二级主审	副厅局、副巡视员
	副高一级主审	县处级正职、调研员
	副高二级主审	县处级副职、副调研员
	副高三级主审	乡科级正职、主任科员
	副高四级主审	乡科级副职、副主任科员（主要针对县级审计机关）
	副高五级主审	股级（主要针对县级审计机关）
中低层级	中一级审计助理	乡科级正职、主任科员
	中二级审计助理	乡科级副职、副主任科员
	中三级审计助理	科员
	一级审计员	科员
	初级审计员	办事员

四、结　语

推行审计助理制度，并将主审、审计助理、审计员作为审计业务职位来进行分类和管理，是推进审计职业化进程的重要切入点。本文根据助理的概念，提出了审计助理的初步定义；结合审计工作实际，提出了审计助理制度下主审—审计助理、审计员的新型审计组组织模式；根据新的审计组织模式，明确了审计助理任职的基本条件、主要工作职责以及推行审计助理制度的工作基础等，并对主审、审计助理、审计员的相关准入条件进行了初步探讨。

在推进措施上，本文认为应通过资格准入、资格认证、定额管理、晋级制度、聘任制度等，保证审计助理制度的有效性。同时，通过搭建职业管理机制、加强分层分类培训、增强职业道德等，建立审计职业终身培训体系；通过完善职位保障机制、保障职业权力等，维护审计人员职业尊荣；机制体制上要加快实施省以下人、财、物统管，建立健全审计职业准则体系，进一步完善现有审计职称考试制度等。

本文关于审计职业化背景下审计助理制度的探索，受限于研究者认识和实践中没有试点案例，对审计助理概念的界定还不够准确；审计助理制度下的准入条件、资格认证、分类管理、晋升晋级等措施还不够具体和全面，制度的科学化、具体化程度还不高，尚待后续深入研探。

参考文献

1. 邵期静，《国家审计职业化发展路径探研》，南京理工大学，2013年。
2. 王莉，《公务员职业化问题研究》，黑龙江大学，2012年。
3. 曹再芳，《国书馆员职业化建设问题论要》，《图书馆学刊》，2010（6）。
4. 陈莉、蒋兆红、段海庭，《国家审计职业化程度分析》，《科技创业月刊》，2009（2）。
5. 刘恋，《论我国政府审计职业化管理》，《长沙大学学报》，2010（7）。
6. 晋玉梅，《审计队伍职业化制度设计及实现路径探讨》，《管理观察》，2014（2）。
7. 马施，《关于审计专业技术资格考试改革与发展的思考》，《中国审计报》，2015-4-20。

论企业与管理的人文本性

古　璇[1]

摘　要：企业与管理都具有人文本性，企业是经济与伦理的复合实体。现代管理过程在本质上是人的活动和文化运作的过程，是以人为本的技术过程与人文过程的辩证统一。现代管理科学和实践要求以先进的科学和文化精神、先进的经济体制和管理方式、新的观念和思维方式去改造传统的管理模式，并把文化经济有机整合的生态管理理念落实在管理实践的层面上，实现管理在理念和实践上的全面创新。

关键词：文化与经济　管理科学与实践　管理创新

在经济学、管理学的理论中，在社会与市场的实际中，我们都过多地强调企业与管理的经济、利得追求的本性，这是传统"经济人"的思维定势。而今，现代市场经济与市场的发展与变化，经济全球化以及经济—社会—文化相互融合、一体化发展的潮流与趋势，使得这种"经济人"的思维定势必然要改变，现时代要求用人文的理念、综合的理念来定位企业与管理。

一、企业与管理的伦理本性

企业就是为获取一定的利益进行经营活动的基本经济单位或组织，也可以说是为了实现某种经济功能和目标而构成的组织或系统，是人们在经济目的支配下所建立起的经济共同体。但这唯经济性质的企业概念是从企业的某一方面的特质来定义的。纯从经济特质来规定的企业概念和与之相适应的纯经济或生产的管理理念，都已经不能适应现代社会管理科学和管理实践的发展。在现代市场经济中，以人本和文化为核

---

[1] 作者简介：古璇，女，江苏连云港人，美国密歇根州立大学访问学者，东南大学博士研究生，淮海工学院讲师，主要研究方向为伦理学。基金项目：2012国家行政学院教学科研基地课题《基于服务中西部视角下的国家东中西合作示范区功能建设与体制机制创新研究》阶段性成果（项目编号：2012JDKT020）。

心的管理理念不仅强调企业作为经济活动主体的经济功能，同时强调企业的社会伦理功能，“人们期望今天的企业不仅能创造财富，生产和提供优质的产品和服务，而且还要成为道德角色的表率——作为在道德框架下开展业务的深具责任心的代表。因此，人们希望它们能够坚守基本的道德准则，在开展业务的过程中坚持价值判断。为自己的所作所为包括好事和坏事承担责任，对他人的利益和需要作出积极反馈，管理自己的价值体系和承诺。”[1]“企业的经营活动——可以和应该成为独立的伦理反思的一个对象。企业原则上同其他所有的潜在市场参与者一样，应该被视为市场经济竞争过程中的一个伦理行为中心。”[2]

企业是各种社会关系的总和。企业不仅是经济实体(利益共同体)，同时它也是文化实体、伦理实体。“企业既不是机器也不是动物。它们是由人来运行的组织，而且正因为如此，即使它们不是道德人，但是却具有了接受道德评价的道德身份。”[3]人是企业的主体。企业是人与物、人与人、组织与社会等各种关系的有机复合体，各种关系，尤其是人际关系、组织与社会的关系是企业建立与维系的前提，这些关系的结构化就是企业的组织。文化为企业的各种关系的建构提供模式，也为企业管理特别是各种人际关系的处理与调节提供道德原理和价值标准。从一般意义上说，所谓伦理实体就是在某种共同文化意识的支配下，以共同的价值追求为内聚力与凝聚力的基础，形成主体性(道德自觉与自律)的而不是强制性的伦理关系实体，这种伦理关系的自觉性与调节的主体性是伦理实体的重要特征。伦理就是人理，把企业看作“伦理实体”的理念，是强调了企业的“人理”本性和企业的组织、运作及管理等的“人本”、“人理”内涵，使企业从单纯的经济功能的经济机器提升为具有“人理”、人性化特征的生命有机体。在企业这个经济、伦理二重体中，经济与伦理二重价值与管理价值之间都有着不可分离的内在联系。企业作为经济实体，要以效率、赢利或利润最大化作为目标追求；作为伦理实体，又应以追求“至善”作为价值目标，企业的“社会责任加入了一种道德规则，促使人们从事使社会变得更美好的事情，而不做那些有损于社会的事情。”[4]企业的经营与管理都要围绕这双重目标，为实现这双重目标而努力，这就要求人们创建全新的、既遵循效率规律又遵循“人理”的管理理念。二重性也说明企业是利益共同体的同时，也是价值共同体，共同的价值目标和价值实现是企业的(整体、个体)共同追求，系统中的整体和个人在追求经济目标的同

[1] 林恩·夏普·佩因 著，杨涤 等 译，《公司道德——高绩效企业的基石》，机械工业出版社，2004年，第4页。
[2] 霍尔斯特·施泰因曼、阿尔伯特·勒尔 著，李兆雄 译，《企业伦理学基础》，上海社会科学院出版社，2001年，第6页。
[3] 理查德·乔治 著，李布 译，《经济伦理学》，北京大学出版社，2002年，第225页。
[4] 罗宾斯 著，黄卫伟等 译，《管理学》，中国人民大学出版社，1997年，第98页。

时，也在追求自身的、个体的和企业的伦理价值的实现，整体与个体都会以某种价值观念处理彼此间的关系，企业经济目标和价值目标也正是在追求企业每个成员的自身价值实现的过程中得以实现。企业是经济实体和伦理实体的统一。

管理也如是，管理不仅具有效率、功利意义，同时也有文化、道德意义，现代意义上的企业与管理都是经济与文化、经济与伦理的有机统一体。人是企业的主体，他当然也就是管理活动、履行管理职能、实现管理目标、认识管理规律、建构管理知识的主体，管理也主要是涉人的管理，人也是管理的客体。人的思想决定人的管理理念、管理思想、管理的发展水平，也决定管理方法、管理模式的变革和创新，影响着管理发展的历史进程。因此，管理创新首先在于人的创新，人的创新，是提高管理水平、实现经济、社会、文化整合的先决条件和核心。

那么，和企业具有经济和伦理的二重属性一样，现代管理就得相应地遵循两种逻辑：效益逻辑与价值逻辑。健全的管理是效益与价值两方面追求的和谐统一、完整实现。效益逻辑是企业直接追求的目标。效益逻辑的要素是经济效益和社会效益，其中社会效益包含多方面价值目标，既有经济的，又有伦理的。效益逻辑的内在的原理是经济与伦理二者的相辅相成、辩证统一，只有经济效益和社会效益统一的效益是好的或是善的，才是符合价值逻辑的效益。并且，效益逻辑本身就是反映企业与社会之间利益关系的，这种关系并不就是纯粹的经济关系，它也内含着伦理关系。效益的实现以及实现的方法、效益的评价等都是含有伦理价值意义的。经济效益首先是属于企业的，但它也是属于社会的，是社会效益的一个重要方面，企业的经济效益有着符合社会效益的责任。当然，对于企业来说，经济效益是更为直接的追求，但经济效益的实现最终要受社会效益的制约和评价。价值逻辑的要素是管理的价值目标、意义以及作为管理系统核心的人的需要，其内在的原理是人的动机、情感、信念、需要等。价值逻辑一方面体现着企业及其管理的目的意义和价值指向，另一方面也体现着企业各种关系特别是管理关系的构建的文化模式，以及处理和调节这些关系的价值原则。在这两种逻辑中，科学与人文都不可分离地交融在一起。现代管理中，科学性不再是处理管理关系特别是人与物的关系的唯一准则，人与物的关系也具有人文的内涵，更为人性化的管人管物是现代管理的重要特征。人文逻辑或价值逻辑的依循是实现管理的科学性必要条件，人文管理的落实无疑也需要科学支撑。具有科学和人文的双重属性，这是现代管理的必然逻辑。

二、管理的人文意义

管理本身也是一种产业，管理不仅能实现效益，而且能创造效益。这种理论开阔了全面认识管理功能的新视野。创造本质上是一种生产，生产就必须有资源，管理也有自己独特的资源，即管理资源。资源有两大类：自然资源和人文资源。自然资源是有客观物质对象的资源，是人可以作用的对象物，也可称为物质资源。作为管理的自然资源主要是指管理过程中可以利用的手段和物质条件。人文资源是人的资源或人的文化的资源。人类在自己的生产和生活中创造了种种文化，这些文化经传承积淀构成人的文化本性，构成人们生产、生活于其中的文化环境或人们生产、生活的原理或方法，这些丰厚文化对于人或人类社会来说便具有资源的意义，对于企业来说，企业的伦理观和价值观是企业文化和企业精神的核心，也是人文管理资源的核心。管理资源是自然资源和人文资源这两方面的综合。管理的核心是人，人是管理的主体也是管理客体的主要部分，还是管理的尺度。管理的实质是对人的管理，是对人的集体行为进行管理，人是社会性存在物，同时也是文化的表征和体现，用特殊的文化塑造并归依特定的文化原理、文化模式进行着生产和生活，于是人文资源即人的文化资源对于管理尤为重要，人文资源的开发利用对管理效率具有决定性意义。人文资源与一般的人力资源不同，它是涵括人力资源并比人力资源更为广阔的外延的人的文化资源，这种资源意义是通过文化、文化积淀与文化价值意义的发挥、开发而显现出来的。由于人文资源体现为人的潜能与文化积淀，以功能的形式表现，具有很强的再生性，可以循环往复，取之不尽，用之不竭。同时，人文资源的利用还具有两面性，人们对它开发利用的方式和程度不同，就会产生不同的结果，发挥不当，就具有消极的作用。

管理是个过程，是技术过程与人文过程的统一。企业管理的技术过程主要是解决人和物质对象的关系问题，企业管理的人文过程主要是解决人和人的关系问题，二者的统一是完整的管理过程。与此相适应，在管理过程中资源开发利用就有两种：科技开发与人文开发。前者开发物质资源，后者开发人文资源。前者是生产力方面的因素，后者是生产关系或观念形态方面的因素。企业目标和管理目的的实现是两种开发、两方面因素综合作用形成合力的结果，管理的人文过程与技术过程有着同样重要的意义。管理中的两种开发、两方面因素、两个过程都是辩证统一不可分的，其结合点就是管理过程中的人，管理过程就是以人为本的技术与人文的综合过程。物质资源，人的技术能力，在管理中都只是潜在的生产力，这种潜在的生产力要变为现实的生产力，要通过某种方法和技术手段把它们结合起来，这既是技术过程，又是人文过程。人的技术能力的发挥程度及其作用的性质并不完全取决于技术过程本身，而在很大程度上取决于人文过程，因为人文因素与人的积极性发挥的程度有着直接的关系。因而，管理的人文过程的根本任务就是通过文化的中介或机制，最大限度地调动生产中人的积极性与创造性，自觉能动地为实现管理目标而努力。

现代管理的技术过程就是要借鉴当今优秀的管理方法和技术手段，通过科学合理的管理制度、组织方式，提高人的积极性、创造力，发掘人的潜能，提高工作效能与效益的过程。人文过程，就是着力塑造崇高的适应时代和现代管理的管理精神和管理理念的过程。管理精神是管理群体在管理过程中，由管理者倡导，管理群体普遍认同和自觉实践的团队精神和主导意识，是管理群体的优良传统、价值观念、道德规范、行为准则和工作作风的集中体现，是凝聚群体成员、推动群体发展的精神力量。它是体现管理群体特色的集体精神和主导精神，是管理群体全体成员信念和价值观的集中反映，也是带有很大实践性的文化，可以在管理实践中转化为现实力量。优秀的管理精神是一个管理群体的向往和追求所形成的崇高思想境界的集中体现，是管理群体发展和思想文化建设的动力源泉，可以激励管理群体的全体成员精诚团结、艰苦奋斗、忘我工作、开拓创新；奋发向上的管理精神可以提高管理群体的整体素质，增强其凝聚力，促进群体的积极向上的价值观的形成。管理精神在贯彻到管理过程的各个环节，内化为群体全体成员的自觉意识和自觉行为时，精神就转变为物质，转变为现实生产力，转化为强大的物质力量。把现代的管理技术、手段和方法贯彻在现代管理的过程，就是要把优秀的人文精神、先进的文化内化为管理过程中的管理精神和人文力。

管理有自己特殊的规律，管理规律是构成管理过程的各种要素、方面的关系综合，是管理过程中的必然性，合乎规律性的管理是物的规律、人的规律、经济规律、社会发展规律复合作用的结果。规律在管理中有特殊的作用力，这种力可以称之为管理力。管理力就是由自然力、技术经济力（生产力）、人文力（文化力）复合而形成的合力。自然力和生产力是物的作用以及人与之相互作用所产生的作用力，它具有客观性、直观性，它通过科学研究、技术开发和直接的生产过程来把握和利用，在管理活动中，这种力的作用容易被人们发觉和注重。人文力是人与人之间相互作用所产生的作用力，它往往是以人文环境、氛围等为载体，用人的精神、价值观念、工作作风、态度等主观形式来表达客观内容，虽然人们无论何时都有可能感受到它的作用，但却很少把它作为一种不以人的意志为转移的管理力，人文力在管理中开发得最为薄弱。所以，在现代管理理论和管理实践中，人文力的研究与开发都有着极为广阔的天地。

三、管理与文化价值

管理是一门科学，它需要有科学的理论、手段和方法。管理学从它诞生之日起，就深受科学主义思潮的影响。古典管理科学正是借用自然科学的方法和机械的模式，努力把管理提升到科学、理性的层面，以争取并确立自身与自然科学相同的普遍性、确实性和在社会思想上的合理、合法性。当下社会里，现代管理和科学也是密不可分，管理的过程就是在系统论、协同论、耗散结构等现代科学理论指导下，利用科学的管理方法和手段，如系统方法、数学方法、统计学方法，计算机网络等，对生产活动和过程进行计划、组织、指挥、协调和控制。管理是科学，但它不是"纯科学"，它不像自然科学那样是纯粹的工具意义，它是广义的科学，它不仅包括科学的技术、手段和方法，具有工具意义，更重要的是它是以人为主体和对象的，它有人的意义和人的各种关系的意义，是关于人的科学。

与哲学及其他人文科学相比，管理学又不具有普遍理论意义的优先地位，技术操作性的内在要求使其更多地诉求于科学的专业技术性解释功能和操作性经验证明。与许多社会科学一样，管理学在经过一段科学化的理论创建之后逐渐意识到科学化、理性化解释与探究的局限，逐渐向哲学、伦理学、社会心理学等人文学科拓展，使之具有更为广博深厚的文化价值依托。管理实践也日益扩展自己原有的视境，越来越关注人文、心理、价值、道德伦理等在管理中的作用与意义。

管理是一个文化过程。在管理过程中，技术与人文都是以人为核心和坐标的，因而管理在本质上是人的活动的过程，是文化运作的过程。管理中的文化理念，就是管理过程中人的理念、人文的理念，人是管理的主体和核心，而人总是按照某种文化的理念或设计而生存和活动着的，因而管理中的人总是特定文化塑造的人，人们总是按照一定的文化原理缔结管理关系，进行管理活动，管理过程中的人和物质对象、人和人的关系的解决都离不开文化及其原理，管理活动中人与人、人与物质对象相互作用的过程就是文化运作的过程。在管理活动中，人绝不是单纯的经济动物，人在得到经济实现的同时，还要得到价值上的提升与实现。管理作为一个文化过程，就是文化的工具价值与目的价值的统一。管理首先是实现经济目的的过程，在这个过程中，人所创造并依循其进行生活的文化是管理所必须遵循的逻辑思路，这是文化在管理中的工具价值；同时，在管理活动中，在人与自然、人与人之间发生交往的过程中，人又获得了自身的实现，在归根结底的意义上，管理的目的也就是为了人的价值实现，即文化意义上的实现，这是管理的带有形而上的目的价值。现在许多管理科学的分支，大多是在工具价值的意义上建立的，如管理心理学，行为科学，管理文化学等，但其中也都有目的价值的内涵。如果只把管理看成是经济过程中的工具价值，只把人当成工具，而不是目的，或者只把管理看成是权力运作的过程，就会造成人的价值的失落。

新常态下国家审计职业化路径探讨

仲崇鑫[1]

摘　要：随着我国经济社会发展进入新常态，调速换挡、结构调整成为我国经济社会发展的一个重要内容，审计作为经济社会发展的重器和反腐倡廉的利剑，同样面临着换挡升级、结构优化的重大战略机遇。面对新常态，本文采用规范研究方法，在维持现有国家审计体系框架的前提下，首先论述了以大数据为核心的互联网时代到来，以及党的十八届四中全会为审计注入新内涵的背景下，新常态与国家审计职业化的关系，其次分析了当前国家审计职业化所面临的问题，最后得出以改善人员素质结构、创新组织管理方式、推进公开等方式实现国家审计职业化，达到人员素质提升、审计质量提高的结论。

关键词：新常态　互联网+　审计职业化　路径

党的十八届四中全会决定提出要“加强党内监督、人大监督、民主监督、行政监督、司法监督、审计监督、社会监督、舆论监督制度建设，努力形成科学有效的权力运行制约和监督体系，增强监督合力和实效”。明确提出要“完善审计制度，保障依法独立行使审计监督权。对公共资金、国有资产、国有资源和领导干部履行经济责任情况实行审计全覆盖。强化上级审计机关对下级审计机关的领导。探索省以下地方审计机关人财物统一管理。推进审计职业化建设”。这是党和国家在全面深化改革大背景下对审计工作提出的新任务、新要求，体现了党和国家对审计工作的重视，对充分发挥审计监督职能的新期待。审计机关要完成十八届四中全会决定提出的任务，实现对公共资金、国有资产、国有资源和领导干部履行经济责任情况审计全覆盖的目标，必须着力于推进审计职业化建设。

[1] 作者简介：仲崇鑫，连云港市经济责任审计局。

一、新常态与国家审计职业化

当前，我国经济社会发展进入了新常态，所谓新常态："新"就是"有异于旧质"；"常态"就是固有的状态。新常态就是不同以往的，相对稳定的状态。这是一种趋势、不可逆的发展状态，意味着中国经济已进入一个与过去三十多年高速增长期不同的新阶段。而我国经济社会经过近三十多年的高速发展，再维持原有的高速发展状态，则其发展过程中所呈现的矛盾、问题将进一步凸显。为此，我们将经济发展速度维持在一个合理区间，确定增长速度由高速转向中高速，发展方式从规模速度型粗放增长转向质量效率型集约增长，经济结构从增量扩能为主转向调整存量、做优增量并存的深度调整，发展动力从传统增长点转向新的增长点的战略，对影响经济健康运行的不合理因素进行剔除，对社会矛盾较为突出的问题主动进行化解，其中最重要的即是对原有经济社会结构进行调整，深化改革，结构再造。认识新常态、适应新常态，中央对当前形势的认识和判断同样适用于新形势下的审计工作，对增强审计工作的主动性、适应性具有重要指导意义。审计工作经过30多年的发展，需要调整今后发展的速度，进行换挡，来进一步总结、归纳、梳理、全面审视现有的审计制度体系，总结30年发展所取得的成就以及存在的问题，及时对审计发展过程中不合理、不适应、不适用的因素进行调整、剔除，以达到结构优化、布局合理，更加高效有力地开展好新常态下的审计工作。

当前，国家审计机关工作人员特别是基层审计人员在新常态新形势下依然存在较多不适应，如思想观念不适应，对审计的认识不深刻，仍停留在单纯的事后"查账"层面；能力素质不适应，当前审计部门组织实施的落实跟踪审计、自然资源资产离任审计等国家政策措施涉及方方面面，审计人员的知识结构和业务能力还有待提升；审计管理不适应，审计资源整合、组织实施、内部管理等都需要创新、完善、提高；技术方法不适应，面对大数据时代审计人员尚不足以全面应对。这些方面的不适应，一定程度上制约了审计工作的发展。而要解决这些不适应，我们可以借鉴职业化的模式，通过职业化来实现素质提升、质量提高的目的，通过自我革新来解决新常态、新形势下的各种不适应。

而所谓"职业化"就是一种工作状态的标准化、规范化、制度化。国家审计职业化就应该是审计工作状态的标准化、规范化、制度化，即审计人员在合适的时间、合适的地点，用合适的方式，做适合形势的工作。要达到这样的一个标准，我们应认清当前审计职业化所面临的问题。

二、推进国家审计职业化建设所面临的问题及必要性

（一）内生动力不足制约国家审计职业化建设

1. 业务人员所占比例不高制约审计职业化发展

审计署在对全国地方审计机关审计业务人员所占审计机关工作人员的比例调查中发现，地方审计机关直接从事审计业务的人员比例仅为57%，这一比例远远低于审计署72%的要求。审计监督作为国家监督体系的重要一环，其人员结构的组成将直接影响到审计监督职能的发挥。而当前审计业务人员所占比重过低的现象，将对审计职业化建设带来内生动力不足的问题。特别在当前审计任务不断加重，审计范围不断拓展，业务人员不足将影响到审计工作的正常开展，而过多的非业务人员对审计这一专业化队伍效益的发挥起到牵制作用。李克强总理曾指出，要加强审计队伍建设，着力打造一支素质高、业务精、作风优、能打硬仗的审计“铁军”。而要实现总理的指示，首先应逐步提升审计业务人员所占比重，改善审计队伍人员结构。

2. 人员知识结构层次不高制约审计职业化发展

审计职业化建设的根本在于人，以人为本是我们开展一切工作的核心。审计人员知识结构的层次与水平将直接影响到审计事业的发展。审计署在对全国地方审计机关审计人员学历层次调查中发现，地方审计机关中，审计人员的学历层次不高，其中仍有较多的高中学历。审计人员知识结构单一、学历层次不高将对审计职业化建设的长远发展造成创新乏力、动力不足等问题。

审计署审计长刘家义曾指出：“国家审计作为以权力监督制约权力的一项制度安排，是国家政治制度的重要组成部分，其本质是国家治理大系统中一个内生的具有预防、揭示和抵御功能的‘免疫系统’，是国家治理现代化的基石和重要保障。”审计长从国家治理的高度对审计工作进行了定位。审计人员要承担起这样的重大使命，必须提高职业化水平，在知识结构层次上进行提升扩展，尽快改变知识结构单一、学历层次不高的现状。

3. 审计管理创新不足制约审计职业化发展水平

管理是指在特定的环境条件下，以人为中心，对组织所拥有的资源进行有效的决策、计划、组织、领导、控制，以便达到既定组织目标的过程。管理具有动态性、科学性、艺术性、创造性。一定时期内，审计工作的开展未能得到有效的组织领导，尤其是不以审计组团队作战形式开展审计工作，而由审计人员单兵作战的现象，在基层审计机关尤为普遍。一个人承担几个项目甚至十几个项目，此举对审计质量、审计问题的发现均无益，同时弱化了审计组作为基本单元的作用，降低了审计效能，背离审计职业化发

展方向。审计长在全国审计工作会议上曾提到:“个别县审计局,十几名业务人员一年审计几百个甚至近千个项目和单位,有的要求县审计局在一个月甚至一周内,完成对几十名乡镇长、科局长的经济责任审计!”这样无序、失控的审计管理,达不到既定的组织目标,反而对党的事业、审计工作带来极大的危害,也是对法律、对历史、对干部极不负责任的表现。审计组织管理的滞后,直接影响审计的成效,影响审计成果的体现。创新审计组织管理工作,杜绝审计人员单兵作战、孤军奋战现象的发生,探索创新审计组织与管理,以管理提升审计生产力、提升审计效率,多做对审计发展有益的增量,减少对审计发展无益的存量,充分发挥审计组作为基本审计单元的作用,切实提高审计职业化水平。

同时,当前在审计结果公开制度执行与管理上,部分地区或部门并未能很好的得以有效贯彻执行,尤其在审计结果公开上仍然存在顾虑。审计情况、审计结果的不公开、不透明在组织管理上便容易出现得过且过、自由裁量权过高、审计标准不统一、规范化程度不高等问题,难以达到既定的审计效果,难以对项目实施形成有效约束。

4. 理论研究不足制约审计职业化发展

审计机关特别是基层审计机关在理论研究上重视不足,仅仅满足于完成上级交办的理论研讨任务,在青年理论骨干的培养上仍然只满足于当前形势的要求,特别是结合审计实践案例型论文等理论研究成果较少。理论指导实践,理论是实践的思考与总结,实践与理论研究密不可分,我们必须认识到理论研究对审计实践的指导作用,改善重实践轻理论研究的现状,促进理论研究与审计实务的均衡发展,达到相辅相成的状态。

(二)审计职业化建设面临外部挑战

1.“互联网+”时代要求加快审计职业化建设

“互联网+”时代的到来正无声无息地改变着我们的生活,也同样影响着审计工作的外部环境。互联网与传统行业的融合发展这一经济社会发展新形态,将有力冲击各行各业原有的发展模式。以云计算、大数据为代表的新一代信息技术必将逐步影响改变着审计工作的进程,同样将引领现代审计制度新的发展方向。马云曾说过:“大家还没搞清PC的时候,移动互联网来了,还没搞清移动互联网的时候,大数据时代来了。”现如今,审计人员以手工翻账本审计为主,尚未搞清计算机审计的时候,联网审计来了,还没搞清联网审计的时候,大数据时代来了。日新月异的技术更新与数据大爆炸时代的到来正冲击着传统审计方式的开展,传统审计也因效率的问题制约着大项目的开展。近年来，地方审计机关在开展金融机构审计、社会保障资金审计中遇到了很多困难，其中数据的采集、转换、分析，是审计人员开展审计工作时所不得不面临的问题。信息化建设的不断推进，政府部门、企业单位的经济、业务往来更多的将以电子数据的形式存在，审计业务数据量也将呈现指数级增长，数据的种类不断更新，面对庞大繁杂的海量数据，快速地分析、比对发现审计线索、审计疑点，必将成为审计人员所必备的基本技能。

2. 审计内涵外延的扩展要求加快推进审计职业化建设

2014年，国务院要求审计机关深入开展政策跟踪审计，推动中央稳增长、促改革、调结构、惠民生、防风险政策措施落实到位，促进经济平稳运行、健康发展和转型升级。李克强总理在接见全国审计机关先进集体和先进工作者代表时进一步指出，审计人员应当好政策落实"督查员"和公共资金"守护神"。这就为审计工作的内涵注入了新的内容，对审计人员提出了新的要求。面对新要求，地方审计机关审计人员的能力建设尚不足以全面承担起这样的任务。当前审计工作任务、工作要求、工作内容不断深化，外延不断扩展，特别在当前依法治国不断推进，反腐力度不断加大，信息技术高速发展的背景下，传统的账本、账册审计已不能满足当前形势发展的需要，会计审计看问题的阶段已不适应当前审计实践的发展要求。从审计查出的大案要案来看，一些事后查出问题的被审计单位的账务处理反而比较规范，各种程序性文件资料也很健全，如审计署对中国邮政储蓄银行有限责任公司的审计过程中，审计人员正是跳出了会计审计的角度，查找分析其不应投放的贷款业务而发现了腐败问题。

三、应对审计职业化建设存在问题的路径

《国务院关于加强审计工作的意见》(以下简称"意见")提到强化审计队伍建设。着力提高审计队伍的专业化水平，建立审计人员职业保障制度，实行审计专业技术资格制度，完善审计职业教育培训体系，努力建设一支具有较高政治素质和业务素质、作风过硬的审计队伍。审计机关负责人原则上应具备经济、法律、管理等工作背景。招录审计人员可加试审计工作必需的专业知识和技能，部分专业性强的职位可实行聘任制。《意见》为审计职业化指明了方向，提出了具体的解决方法。审计实践中，推进审计职业化建设，应根据审计工作实际，借鉴其他行业职业化建设成功经验，重点培养审计人员的职业素养和着力提升审计队伍综合素质，健全当前已有审计规章制度，建立完善审计职业准入，探索审计组长、审计主审选任制度，强化审计组织单元建设。

（一）加强审计人员培训，优化审计人员结构

加强审计人才队伍建设是全面推进依法治国的客观需要，是完善国家现代审计制度的重要保证，是保障依法独立行使审计监督权的必然选择，也是创新审计方式方法提升审计质量的重要途径。

1. 提高审计业务人员比重，提升审计队伍学历层次

人才是事业不断发展进步的源泉，是事业不断发展提升的不竭动力。审计事业的发展必须依靠广大审计人员的力量，广大一线审计人员的智慧对审计事业发展的推动至关重要。当前摆在审计人员面前最重要的是通过加强培训与自学，不断优化人员结构、提升学历层次，推动审计人员不断提升从业基本功，善于见微知著，会查账，更要能透过现象看本质；能采集数据，更要通过采集的数据分析数据找出疑点；要精通业务，更要熟悉各项政策；要善于发现问题，更要练就推动解决问题的能力；要“一专”，更要“多能”。审计机关应制定长远的审计人才培养计划，因材施教、分类管理，对审计人员所需掌握的财务、工程、税务、计算机、管理、法律等开展系统培训，加大审计业务知识培训力度，提升业务人员所占审计机关工作人员比重，注重多岗位锻炼，特别是狠抓计算机技能培训，培养一批查核问题的能手、分析研究的高手、计算机应用的强手、精通管理的行家里手，全面填补审计人员业务知识、管理能力的空白，不断提升审计人员专业理论水平，强化职业道德和审计职业意识。

2. 建立健全职业准入及退出机制

审计职业化建设过程中，应建立健全审计职业准入及退出机制。对已进入审计队伍的人员，应纳入审计职业培训体系，对经过培训仍无法满足审计职业化建设需要的，可逐步淘汰出审计队伍，有序实现审计队伍的专业化水平；对新招录的审计人员应在专业、学历、任职资格等方面提高准入的门槛，确保新招录的人员具备良好的职业素养与业务能力高。通过不断消化、优化存量，控制提升增量的方式，逐步优化审计人员结构。

（二）加强审计单元建设，提升审计管理创新能力

审计组作为最基本最具体的审计单元，由审计组长、审计主审、审计成员组成，作为开展审计工作的重要抓手，在不断提升审计人员素质能力推进审计职业化的进程中，优秀的组织管理工作将使审计组产生“1+1 > 2”的效果。党的历史上“三湾改编”通过将“支部建在连上”的治军方略，在政治上组织上保证了党对军队的绝对领导，极大地保证了人民军队的忠诚，是中国共产党建设新型人民军队最早的一次成功探索和实践，此举对提升人民军队战斗力具有重大意义。这对我们加强审计单元特别是加强

审计组的建设同样具有借鉴意义。

将工作重心、建设重点放到审计组这一最基础的审计单元上，提高审计组长、主审选任标准，以审计组为抓手，打造出一支遇到项目就摩拳擦掌、碰到矛盾就激情迸发的坚强有力的队伍。但在审计实践中，审计组这一审计工作的重要单元往往被弱化，甚至形同虚设。单兵作战、孤军作战成为大部分基层审计机关的真实写照。科学配置审计力量，组建富有战斗力的审计单元，架起审计人员之间沟通交流的桥梁，促进不同专业间的融合，打破分工界限，注重审计组人员能力和结构的优势互补，着力打造具备查核问题、分析研究、计算机应用、审计管理等方面能力的审计一线团队。而打造富有战斗力的审计单元应注重审计组长、审计主审的选任。当前审计从微观到宏观、从具体到全面，这一切均需要审计单元的"主帅"有着清晰的思路、准确的方向，不仅要懂业务，更要懂管理，懂得资源的有效整合，人才的合理配置。打造坚强的战斗堡垒，注重审计单元的建设，将有效提升审计职业化水平、提高审计工作效率、质量。审计组的组织管理创新与加强审计人员业务能力建设相辅相成，相互促进，审计业务能力的提升是审计管理创新工作的基础，审计管理创新将有效推动审计业务能力的提升。

（三）深化审计结果公开，促进审计职业化建设

审计结果公开对审计职业化建设具有有力的推动作用，当前应不断健全和完善审计结果公开制度，通过向社会公布审计结果，倒逼审计人员进一步提升审计质量，确保事实确凿、证据充分，处理、处罚的尺度把握正确，所作的审计评价和结论经得起社会公众的推敲。通过这一系列过程，审计人员的职业素养得以通过审计结果公开的形式展现在社会各界面前。事实证明，审计结果公开对不断提升审计结果公告质量、内涵，塑造审计职业权威形象的具有较好促进作用。

（四）加强理论研究，为审计职业化提供依据

审计事业的不断发展，需要加强对审计事业发展规律的总结和提炼，需要对审计发展历程、审计制度、审计理论开展研究，审计理论既是对审计实践经验的总结和提炼，又是审计实践发展的指引。审计职业化建设需要有自己特有的审计理论、审计文化，唯有形成并传承特有的审计文化，审计职业化建设的成就方能得以凸显，审计职业化发展的方向才更为清晰。

审计职业化作为审计事业发展前行的目标、方向，其发展程度将客观反映审计工作质量、审计人员能力素质等各方面的发展水平。在当前审计体系框架内，在党和国家为审计注入新内涵提出新要求的时代背景下，我们着力于提升审计人员素质水平，着手于发挥审计组织管理效能，通过不断深化审计结果公开来深入推进审计职业化建设，旨在通过正向循环达到更加完善的审计新常态。

适应新常态、理解新常态，审计必将迎来更加专业、更加高效的发展。

参考文献

1. 百度百科，“职业化”词条，http：//baike.baidu.com/uzpu9C4l624r.2015-4-13。
2. 刘家义，《审计不仅仅是“查账”》，《北京青年报》，2014-12-28（A03）。
3. 张俊伟，《极简管理：中国式管理操作系统》，机械工业出版社，2013年。
4. 中国行业研究网，《大数据时代：六个重要非技术问题》，http：//www.chinairn.com/news/20140117/html.2014-1-17。
5. 刘家义，《在提升处长依法审计能力培训班上的讲话》，http：//www.audit.gov.cn/n1992130/n1992150/n1992379/3772044.html.2015-1-28。
6. 谢志华，《审计发展的新里程》，《审计研究》，2015（1）：13—15。

浅议国家审计职业化建设

程　洁[1]

摘　要：国家审计具有政策性强、专业技术性高的特点，随着审计事业的发展，审计工作对审计人员的素质水平要求越来越高，越来越迫切地需要对审计队伍进行职业化建设。本文将从审计职业化的含义出发，探讨审计职业化的特征，通过与现实对比指出我国国家审计职业化中存在的不足，提出实现国家审计职业化的建议。

关键词：国家审计　职业化　审计职业化　特征　建议

国家审计是指审计机关对国务院各部门和地方各级人民政府及其各部门的财政收支，国有的金融机构和企业事业组织的财务收支，以及其他依照《中华人民共和国审计法》规定应当接受审计的财政收支、财务收支的真实、合法和效益，依法进行审计监督的活动。这是一项政策性、专业技术性、道德性很强的工作，而且随着审计事业的发展，审计工作对审计人员的素质水平要求越来越高，越来越迫切地需要对审计队伍进行职业化建设。审计职业化具有十分重大的意义，它不但有助于加强审计工作，维护专业的权威和职业的自治，更能推动国家重大决策部署和有关政策措施的贯彻落实，更好地服务改革发展，维护经济秩序，促进经济社会持续健康发展。

一、审计职业化的含义

（一）职业化的一般定义

职业化是职业内涵的延伸，是职业属性的具体表现，是通过专门的教育获得一定的技能，从事特定工作知识能力的总和，职业化是职业要求的具体化、详细化、规范化、制度化、时势化（郭艳秋，2010）。

---

[1] 作者简介：程洁，连云港市审计局。

（二）审计职业化的内涵

审计职业化，是指国家审计人员以行使国家审计监督权为专门职业，并具备与其职业相匹配的职业意识、职业技能、职业道德、职业地位和职业保障（彭新林，2004）。审计职业化建设是一个建立在对职业、职业化以及审计本质的充分认识之上，将审计职业化特征逐一完善的动态过程。

二、审计职业化的特征

（一）职业化的特征

社会学家库尔特根（Kultgen.J）提出，职业化应具备以下特征：

1. 一般特征：有建立在一定理论基础上的执业技能；执业技能需要一定的广泛而严谨的培训才能获得；执业人员应通过考试展示其执业能力；有一个声誉显著的协会来代表和组织众多的职业人员；通过职业道德准则来维护职业的正直与诚实性。

2. 与社会相关的特征：职业所提供的服务是利他的；执业人员在某些领域具有执业权威性，并且需要对其职业判断承担责任；职业服务是维护公众利益所必不可少的；职业资格需要经过认证，并得到社会的广泛认可；职业人员为各个客户提供服务时具有独立性。

3. 与客户相关的特征：职业人员与客户之间具有委托责任关系；职业人员能公平地服务于顾客，不存在任何特殊利益考虑；职业人员的服务能得到固定的报酬。

（二）审计职业化应具备的特征

结合国家审计的实际情况，对库尔特根提出的职业化特征重新进行分类归纳，可以归为以下几类：

库尔特根职业化特征重分类表

原特征分类	特 征 内 容	新特征分类
一般特征	有建立在一定理论基础上的执业技能	专业化
一般特征	执业人员应通过考试展示其执业能力	执业资格准入
与社会相关的特征	职业资格需要经过认证，并得到社会的广泛认可	
一般特征	有一个声誉显著的协会来代表和组织众多的职业人员	职业自治

（续表）

<table>
<tr><th>原特征分类</th><th>特 征 内 容</th><th>新特征分类</th></tr>
<tr><td>与社会相关的特征</td><td>执业人员在某些领域具有执业权威性，并且需要对其职业判断承担责任</td><td>职业思维</td></tr>
<tr><td>一般特征</td><td>执业技能需要一定的广泛而严谨的培训才能获得</td><td>职业技术技能</td></tr>
<tr><td>一般特征</td><td>通过职业道德准则来维护职业的正直与诚实性</td><td rowspan="3">职业道德</td></tr>
<tr><td>与社会相关的特征</td><td>职业人员为各个客户提供服务时具有独立性</td></tr>
<tr><td>与客户相关的特征</td><td>职业人员能公平地服务于顾客，不存在任何特殊利益考虑</td></tr>
<tr><td>与社会相关的特征</td><td>职业所提供的服务是利他的</td><td rowspan="4">国家审计的本质决定：国家审计为国家服务（利他），为维护国家财政经济秩序而设立的（维护公众利益），国家审计与国务院是一种委托责任关系，国家审计人员能得到固定报酬，即国家审计已具备此部分特征，本文不做讨论</td></tr>
<tr><td>与社会相关的特征</td><td>职业服务是维护公众利益所必不可少的</td></tr>
<tr><td>与客户相关的特征</td><td>职业人员与客户之间具有委托责任关系</td></tr>
<tr><td>与客户相关的特征</td><td>职业人员的服务能得到固定的报酬</td></tr>
</table>

根据上表的分析，本文认为，为实现审计职业化，国家审计应具备以下主要特征。

第一，审计职业化首先是专业化。审计职业者的专业化意味着审计从业人员具有系统的、完备的审计专业知识。审计职业与其他专门职业一样，都是以专门的知识和技能作为自己的力量源泉的群体。由于拥有专门的知识和技能，因而审计职业者能够做普通人无法胜任而又必须面对的工作。表现在审计职业能够通过审计财政、财务收支真实、合法和效益，最终达到维护国家财政经济秩序、促进廉政建设、保障国民经济的健康发展的目的。

第二，严格的准入特征。执业资格准入制度是指根据国家有关法律、法规制定的、人们必须具备执业资格才能从事与该执业资格相关的专业工作的制度。执业资格准入制度的核心是以资格作为判断是否许可执业的标准。审计职业与其他专门职业一样，是一个具有限制性、垄断性的职业，未经过专门训练，未掌握特殊的技能、道德与资格证书的人不得进入这个行业。如与国家审计不同的另一审计活动执行主体——注册会计师，对其从业者有严格的准入制度，需参加注册会计师全国统一考试成绩合格，并从事审计业务工作两年以上，向省、自治区、直辖市注册会计师协会申请注册，才能具有注册会计师资格。

第三，职业自治。审计职业者肩负着维护国家财政经济秩序、促进廉政建设，保障国民经济健康发展的使命，这种使命是通过一定的职业工作来完成的，审计职业者是以近似的价值追求凝聚而成的共同体。这样的共同体建立以后，必须进行自我约束与提高，以维护整个职业的存续。审计职业者的职业自治包含两层含义：(1)强调审计职业者的业务自治。任何人，无论行政官员、社会团体、个人，或者是新闻媒体、社会大众，都不得非法干预审计事务。(2)建立较为完备的职业组织，以维护职业共同体的共同利益。职业自治意味着审计职业者实行自我管理，是一个自主、自律的职业群体。诸如确定职业准入的条件、制定职业道德规则、规定收费标准、进行纪律惩戒等。

第四，特有的审计职业思维。职业判断来源于审计理论的支撑和实践经验的积累，是一种职业思维活动。即审计职业者应当具备不同于大众、不同于哲学、法学、经济学的思维方式，形成自己的职业理性，具备审计思维。审计职业者思维方式的独特性是审计专业化的一大特点。审计是运用审计思维来进行工作的，而审计思维是一种不同于民众普通理性的职业思维，如保持应有的职业怀疑态度、运用职业判断等。

第五，审计职业的技术、技能。审计职业化强调执业者具备独特而又专业的技能。并且这种技能应当是在系统的财经、审计、法律、计算机等教育的基础上，通过不断的实践而习得的。审计职业的技术属于专门化的技术，包括：(1)传统的审计方法。即传统的对纸质凭证、账册等财务资料审查的方式方法。会计电算化的大规模普及，大部分的会计处理以及会计资料的存储也已经实现信息化，但纸质财务资料仍然是最原始最真实的(如原始凭证)，传统的审计方法是审计职业者必备的首要技能。(2)计算机审计技术。会计电算化的应用使得审计操作手段向电脑操作方面发展。由于计算机在信息处理系统中得到了普遍应用，无论是会计信息还是其他各种管理信息，其处理和存贮方法都起了根本的变化，利用计算机进行审计不仅有利于减轻审计人员的负担，提高审计效率，同时也可以减少人为的差错，促进审计的质量。(3)审计证据的获取与运用技术。《中华人民共和国国家审计准则》(审计署令第8号)明确规定："审计人员收集的审计证据，必须具备客观性、相关性、充分性和合法性。"审计职业者必须掌握以下技能：何种证据是重要证据的判断，如何合法并有效地获取证据的技术、证据的归纳与整理技术、证据取舍的技术等。(4)审计工作方案、调查记录、审计工作底稿、审计报告等审计文书的制作技术等。(5)建立审计档案的相关技能。审计档案能够反映审计实施的整个过程，是审计活动的真实记录。审计职业者必须具备归集、装订审计档案的技能。

第六，审计行业特有的职业道德。每一种职业都强调自己的职业道德。审计职业道德与其他职业伦理具有相同之处，如都讲求爱岗敬业、忠于职守等。但审计职业道德有其自身特有的要求。《中华人民共和国国家审计准则》第十五条:"审计人员应当恪守严格依法、正直坦诚、客观公正、勤勉尽责、保守秘密的基本审计职业道德。"此外,专门的审计职业道德准则还应综合包括审计职业者的职业纪律、专业胜任能力及职业责任等方面。

三、我国国家审计职业化的现状和不足

为实现审计职业化,现对照审计职业化特征对我国国家审计的现状进行分析,找出国家审计欠缺之处,从而有针对性地进行国家审计职业化建设。

第一,专业化现状分析。《审计法》第十二条明确规定"审计人员应当具备与其从事的审计工作相适应的专业知识和业务能力",由此可知,作为一项职业,审计要求其从业者具有专门的知识和技能。而目前我国大部分国家审计人员都是入职后才全面了解、认识国家审计业务,边工作边学习财税、法律、计算机等相关知识,由所在的审计机关进行审计专业知识的培训,国家审计缺乏专门的职业教育。这就造成审计人员的知识体系不系统,知识的全面性没有保障等问题,制约审计人员素质的发展,制约审计质量的提高。此外,当前的审计工作,越来越需要全面掌握会计、经济、金融、工程、法律、计算机等多种专业知识的综合型人才,若仅靠审计人员在工作中自我学习来提高,已经难以适应当前审计工作的高要求。

第二,职业准入现状分析。目前,我国已建立审计师专业技术资格考试制度,但审计师考试并非资格准入考试,还没有建立起完善的国家审计执业资格准入制度。国家审计机关录用人员主要通过国家公务员考试制度,对国家审计专业的测试往往不足,被录用人员往往只是单方面达到国家公务员标准,而非国家审计人员的专业标准。

第三,职业自治现状分析。国家审计机关已发挥代表和组织众多的职业人员的作用,但是不能自主确定职业准入的条件、制定职业道德规则、进行纪律惩戒等。尤其在职业准入方面,目前审计机关录用人员主要通过国家公务员考试,审计机关通常仅能通过限定应试者专业来进行筛选,这往往导致应试者所学专业单一,审计机关难以获得符合国家审计工作专业特色的复合型人才,制约审计事业发展。

第四,审计职业思维、审计职业技术技能现状分析。审计作为一项职业,已具备职业思维和职业技能的特征,但国家审计人员却难以达到这两项特征的要求。而要实现审计职业化,审计人员必须具备审计职业思维,掌握审计职业技术技能,这是做好审计工作必备的条件。这两项特征需要审计职业者在工作实践中不断习得。目前,由于国

家审计机关并未建立统一、系统的培训体系及标准，审计机关中主要依靠“老带新”的培养模式，因此难以保证审计人员在从业过程中习得必备的知识，易导致人员条件差别较大，素质参差不齐，不利于审计职业化进程的推进。

第五，审计行业职业道德现状分析。目前，对国家审计人员较为明确的职业道德的规定仅有《中华人民共和国国家审计准则》第十五条：“审计人员应当恪守严格依法、正直坦诚、客观公正、勤勉尽责、保守秘密的基本审计职业道德。”并未从审计职业者的职业品德、职业纪律、专业胜任能力及职业责任等方面制定综合的审计职业道德准则。

国家审计职业化的现状和不足分析表

<table>
<tr><th>国家审计职业化应具备的特征</th><th>现状分析</th><th>不足</th></tr>
<tr><td>专业化</td><td>《审计法》明确规定审计人员应当具备专业知识和业务能力</td><td>我国缺乏专门的国家审计职业教育</td></tr>
<tr><td>严格的准入特征</td><td>我国有审计专业技术资格考试——审计师职称考试</td><td>审计师考试并非资格准入考试</td></tr>
<tr><td>职业自治</td><td>国家审计机关已发挥代表和组织众多的职业人员的作用</td><td>不能自主确定职业准入条件等</td></tr>
<tr><td>特有的审计职业思维</td><td rowspan="2">需审计职业者在工作中不断提升，目前审计机关中主要依靠“老带新”的培养模式</td><td rowspan="2">国家审计缺乏有效的培训体系及标准</td></tr>
<tr><td>审计职业的技术技能</td></tr>
<tr><td>行业特有的职业道德</td><td>《中华人民共和国国家审计准则》已制定基本审计职业道德</td><td>未制定综合的审计职业道德准则</td></tr>
</table>

四、实现国家审计职业化的建议

1. 在高校开设“国家审计”专业课程。职业技能的专业化，源于发达的职业教育。目前，我国各大高校讲授的会计专业课程大多面向企业会计业务，审计专业课程主要面向注册会计师审计，财经类专业的在校学生学习的政府与非营利组织会计知识极少，国家审计有关知识（尤其是财税审计、经济责任审计、计算机审计等方面）更是少之又少。若在高校中开设“国家审计”专业课程，例如细化为金融审计、财税审计、自然资源审计、信息系统审计等专业，则能够培养一批针对性强、专业性高、能迅速适应审计工作的综合型人才。

2. 建立全国统一的审计准入资格考试制度。国家审计的专业性和政策性都很强，不仅要求审计人员有较高的审计业务水平，也要求审计人员具有高标准的职业道德素养，这对国家审计人员提出了很高的要求。建立“国家审计准入资格”考试制度，有助于保证审计人员的质量，提升审计人员整体素质，提高国家审计工作的质量与效率。

3. 建立审计机关人才录用新制度。在建立全国统一的“国家审计准入资格”考试制度的基础上，国家审计机关在录取公务员性质的审计人员时，只录用取得国家审计准入资格的合格者。这就意味着只有那些既拥有国家审计准入资格，又通过了公务员考试的人员才有机会进入国家审计部门。同时，对已进入国家审计机关工作的现有审计人员，也应在限定的年度内，通过培训和考试，确保其达到国家审计准入资格的水平。

4. 完善审计职业教育培训体系。为保持和提升审计职业者的专业素质、执业能力和职业道德水平，加强审计职业者人才培养，需要对审计职业者实行后续教育培训制度。可以通过由审计机关举办各种培训、到大专院校进修专业知识、审计机关组织相关专题研讨会和经验交流会等。还可以根据实际需要，每隔一段时间组织审计职业者进行执业水平测试，以量化的形式保持和提升审计职业者的执业水平。

5. 出台综合性的审计职业道德准则。虽然《中华人民共和国国家审计准则》第十五条对审计职业道德的规定较为全面，但审计职业化的实现则略显不足。审计职业道德准则应从审计职业者的职业品德、职业纪律、专业胜任能力及职业责任等方面综合制定，从而规范审计职业者的职业道德行为，提高审计职业者的职业道德水准，维护审计职业者的职业形象。

五、结　语

国家审计职业化建设是审计事业发展的迫切要求，本文围绕审计职业化内涵，提出审计职业化应具有的特征，分析审计职业化的现状和不足，最后提出实现审计职业化的建议。在审计职业化建设过程中，还需要不断探索审计职业化路径，逐步实现国家审计职业化，从而更好地发挥国家审计“免疫系统”的作用。

参考文献

1. 彭新林，《审计职业化思考》，《中国审计》，2004（12）。
2. 潘学模、张序，《政府审计执业资格准入制度探讨》，《会计之友》，2009（3）。

3. 陈莉,《国家审计职业化特征分析》,《财会月刊:综合版》,2009(5)。
4. 郭艳秋,《论职业与职业化》,《职业·下旬》,2010(11)。
5. 李家国,《对审计职业化的思考》,《现代审计与经济》,2011(2)。
6. 中国注册会计师协会,《审计》,经济科学出版社,2014年。

教育学

职业教育实训基地建设评估的途径和方法

朱其训[1]

摘　要：2005年11月全国职业教育工作会议上中央提出“中央和地方财政都要加大对职业教育的投入，支持职业教育实训基地建设，加强师资培养和培训，建立贫困学生助学制度”后，职业教育实训基地建设进入了发展的快车道。十年来，职业教育实训基地建设出现了国家建设的、企业建设的、校企共建的和学校建设的不同类型，出现了不同地区实训基地建设差别很大的局面。有的地区实训基地建设不规范、使用不合理、管理不科学。因此，必须规范同一区域内实训基地建设协调发展、科学评估验收，规范职业教育实训基地评估指标体系。

关键词：职业教育　实训基地　建设　评估

职业教育实训基地分为国家建设的、企业建设的、校企共建的和学校建设的几种类型。由于职业教育实训基地建设主体不同，管理和使用绩效也有很大的区别。为了充分调动实训基地管理者的积极性，发挥实训基地的最佳效益，更好地为当地的职业院校和区域经济发展服务，必须对实训基地建设和使用情况进行评估，从而推动实训基地的科学建设、科学使用、科学发展。

实训基地评估是实训基地建设的重要组成部分，是检查实训基地建设成效的一种非常有效的评价方法。人力资源和社会保障部《关于开展高技能人才公共实训基地建设试点工作的指导意见》指出：“建立运行效果评估制度，定期组织内、外部评估，重点评估基地的利用率、服务覆盖面和其他社会效应。定期向社会公布评估结果，接受监督。”实训基地建设的评估需要建立评估体系。应该承认，实训基地的评估主要是评估

---

[1] 作者简介：朱其训，连云港师范高等专科学校副校长，教授。

绩效的，实质上是评估实训基地建设和使用的科学程度。

一、实训基地建设评估指标及评估标准

实训基地建设评价指标体系和评估标准应是有关部门在调查相关实训基地的基础上，实事求是制定的较为科学的体系和较为科学的标准，可以在实训基地建设的实践中加以调整。

第一，实训基地建设评估指标。指标是统计学术语，原指反映社会经济现象总体数量特征的概念和具体数值。而评估指标一般是指实训基地建设评估标准中规定所达到的目标。诸如实训基地培养学生的专业能力、技术应用能力、技术创新能力、职业素质等目标。由于这些目标通常都是抽象的、原则性的、概括性的，无法通过测试及分析直接对它进行评价、判断。为了通过测试及分析对实训基地建设的价值进行评估，必须将这些原则性、概括性、抽象的评估目标逐级分解成为具体的、可直接测试的分目标，这便是实训基地评估指标。

第二，实训基地建设的评估标准。实训基地的评估标准应来自实训基地建设的实践，应是导引实训基地科学建设的准则，应具有先进性、科学性和导向性。从广义上的评估标准来看，主要是从全局层面理解的标准，它是国家以及地方政府对实训基地进行管理、检查、评估的依据，也是各类实训基地进行建设的行动指南。从狭义上的评估标准来看，评估标准是评估条目或指标的等级标准，主要是局部层面理解的标准，它是对被评实训基地在建设和绩效上的一些具体规定，是衡量实训基地建设水平的准则。

二、实训评估体系标准制定的一般原则

实训基地的评估，不单单是对某一指标进行评估，而是对实训基地的建设、管理、使用等较为全面的测评。因此，评估需要较为完整的指标体系和科学的评价等级标准，这便需要建立科学的评估体系。

第一，制定实训基地评估标准要注意实训基地的特色性。不同类别的实训基地具有不同的特色，同时，相同类别的实训基地也有不同的特色，制定实训基地评估标准必须注意这些特色。职业院校实训基地的培养目标已由单纯针对技术岗位扩展到整个职业生涯，职业能力的内涵已由单纯满足上岗要求扩展到适应社会需求，职业教育已从学历教育走向学历、技能教育并举。实训基地的评估体系标准制定，要注意职业院校实训基地的特色，要适合于职业教育。

第二，制定实训基地评估标准要注意标准指标的先进性。正因为评估标准具有对实训基地的规范和导向作用，标准必须具有前瞻性。可能会有人指出，实训基地建设根本达不到前瞻性的要求，但是，先进的评估标准设置，会引导实训基地向标准的方向建设，先进性的原则必须坚持。

第三，制定实训基地评估标准要注意标准指标的科学性。实训基地标准指标制定既要符合职业教育规律，又要符合社会对技能人才的需求规律；既要符合实训基地、职业教育的现状，又要着眼于自身发展的未来。诸如在实训教学质量评估中，要把实训基地具有职业培训功能、职业鉴定功能以及一项考证通过率作为评估指标，把“双师型”教师作为评估指标，这些指标应是科学的、客观的、合理的。

第四，制定实训基地评估标准要注意标准指标的导向性。所谓导向性指发挥评估指标的导向功能，真正达到以评促建、以评促改、以评促管、评建结合、重在建设的评估目的。实训基地建设一般是按实训基地建设的标准进行的，标准指标规范和导引着实训基地建设的走向以及投入方向。在前几年的评估中，人们十分注重实训基地人均实训教学设备投资及设备的台套数，在经过近几年的建设之后，评估标准要有所改变，既要考虑人均台套的数量，更要注重“人均台套”的使用率、绩效以及实训基地科学管理的程度。

第五，制定实训基地评估标准要注意指标的可测性。所谓可测指评估设置的末级指标要直接可测，否则无法测评出数据。要对能够量化的评估指标尽可能量化，诸如实训课开出率、双师型教师比率、职业技能鉴定通过率、校企合作结合率、实训学生就业率等。对综合度较高的评估条目，要进一步地科学分解，在更细的状态下求得同质的可比，从而科学量化。在科学量化指标时要注意几点：状态与量化指标之间是否具有一一对应关系；指标数据要具有可测性，避免将不同质的量化指标做简单的加减；可直接测试既包括可定量的测量，也包括可定性测量等。

第六，制定实训基地评估标准要注意指标的相对独立性。所谓相对独立指同一层面指标中尽量互不重叠和交叉，整个指标体系中指标之间也尽量不重叠不交叉。在评估中注意使各项具体指标之间既要相互依存、相互联系以构成有机的整体目标体系，又要相互独立，使各项指标的考核、评估尽量可以独立进行。

第七，制定实训基地评估标准要注意指标的可操作性。所谓可操作指评估体系及各项指标既能指导规范实训基地建设，又能够简便易行，可以直接操作。假如评估指标体系过于复杂、繁琐，在实际评估中反而不易操作；同样，评估指标体系也不能过于简单，那样也评不出真实效果。

第八，制定实训基地评估标准要注意指标的职业素质性。实训基地是为培养技能人才而设立的，职业素质教育是实训基地的重要任务。实训基地的教育首先要使受训者成为人，然后成为才。我们前面分析的七项指标原则是刚性的，职业素质原则是柔性的，而这个柔性原则是不可缺少的。

三、实训基地建设评估指标体系

按照上面阐述的八个评估指标建设的原则，根据实训基地建设的实际情况，我们把现有实训基地评估系统进行了归纳，共分为培养目标及素质培养A1、基础建设及管理A2、环境建设及优化A3、基地特色A4等子系统。

第一，实训基地建设评估指标体系表。（表1所示）

表1

子系统	子子系统	评估指标	指标性质
A1 培养目标及素质培养	B1实训基地指导思想	C1指导思想明晰度（可见可视）	正向定性
		C2与区域经济发展结合度	正向定性
		C3实训基地的实践检验的科学度	正向定性
	B2实训基地规划	C4规划目标明确度	正向定性
		C5规划可操作程度	正向定性
		C6规划可持续发展程度	正向定性
	B3实训基地培养目标	C7专业与企业对口比例	正向定量
		C8成人在实训教育中所占比重	正向定量
		C9个人技能掌握数字	正向定量
		C10人才技能等级比例	适中定量
	B4实训基地职业素质建设	C11企业文化在校园文化中所占比重	适中定量
		C12职业道德与受训者个人品德的满意度	正向定性
		C13违纪者占全体受训者比例	负向定量
		C14犯法件数占全体受训者比例	负向定量
A2 基础建设及管理	B5实训基地基础条件	C15房屋面积	适中定量
		C16设施设备总值	适中定量
		C17生均设备比例	适中定量
		C18经费投入占全校经费投入比例	正向定量

（续表）

子系统	子 子 系 统	评 估 指 标	指标性质
A2 基础建设及管理	B5实训基地基础条件	C19自建实训工厂数	适中定量
		C20自建实训工厂运转情况	正向定性
	B6实训基地师资建设	C21从企业聘用工程师当教师在教师中所占比例	正向定量
		C22校内双师型教师比例	正向定量
		C23校内教师在企业培训比例	正向定量
		C24国内大赛获奖数	正向定量
		C25国内大赛获奖数占省内同类实训基地获奖数比重	正向定量
	B7实训基地制度与管理	C26各项制度建立数	正向定量
		C27已建立制度占应建立制度的比例	正向定量
		C28制度执行情况在民主测评中赞成度	正向定量
		C29实训基地组建的实训中心与专业结合度	正向定性
		C30管理队伍齐全情况	正向定性
		C31后勤服务队伍建设情况	正向定性
	B8实训基地效益	C32培训学生总数	正向定量
		C33培训学生的就业率	正向定量
		C34培训学生的鉴定合格率	正向定量
		C35实训设备的使用率	正向定量
		C36实训设备的完好率	正向定量
		C37实训基地开放时间及服务的满意度	正向定性
		C38科研成果科技转化率	正向定量
		C39实训指导人员工作量考核情况	正向定性
		C40经济收入占学校总收入的比重	正向定量
		C41社会满意度	正向定性
		C42学生生活费占家庭收入比例	负向定量
		C43减免学费学生占全体学生比例	正向定量
	B9实训专业、课程教材建设	C44实训专业与专业建设一致度	正向定性

（续表）

子系统	子 子 系 统	评 估 指 标	指标性质
A2 基础建设及管理	B9实训专业、课程教材建设	C45课程建设与受训者职业能力培训的一致度	正向定性
		C46自编适用教材在使用的教材中的比重	适中定量
		C47教材与实训专业的适用率	正向定量
		C48教材中新知识、新技术、新工艺的含量	正向定量
		C49教学方法的创新性	正向定性
A3 环境建设及优化	B10实训基地校企合作	C50校企合作数字	正向定量
		C51校企合作数字与专业数字比例	正向定量
		C52校企合作数字与在校生数字比例	正向定量
		C53创业教育与创业实践进行情况	正向定性
		C54校友创业成功数字	正向定量
		C55校友资助办学数额	正向定量
	B11实训基地政府的投入	C56政策制定的保证系数	正向定量
		C57经费投放数占区域国民生产总值的比重	正向定量
		C58领导视察级别及次数	适中定量
A4 基地特色	B12实训基地特色	C59社会声誉	正向定性
		C60特色专业与区域经济匹配度	正向定性

第二,评估指标的公式计算方法,其分析步骤为:

1. 在已选定的指标体系中对每一个指标都确定一个满意值和不容许值,然后以不容许值为下限,计算各指标实际满意值的程度,并转化为相应的分数;

2. 确定各项指标的权数;

3. 用加权算术平均数或加权几何平均数计算出综合数。

测评中我们要注意指标无量纲化处理的问题。我们从表1中可以看到,有些指标是正指标,指标数值越大越好;有些指标是负指标,指标数值越小越好;还有一些指标是适中指标,表现出模糊性。另外,指标中还有定量和定性的区别。其计算公式为:

$$F_{总} = \sum_{i=1}^{60} f(\chi_i) \times C_i$$

其中F代表表1中A1、A2、A3、A4;

χ 代表不同的标准值；

C 代表权量；

60为表1中不同指标。

在这个公式中F值越大，则评估目标的效果就越好。

第三，评估指标的功效系数计算方法。功效系数法又叫功效函数法，它是根据多目标规划原理，对每一项评价指标确定一个满意值和不允许值，以满意值为上限，以不允许值为下限。计算各指标实现满意值的程度，并以此确定各指标的分数，再经过加权平均进行综合，从而评价被研究对象的综合状况。具体操作步骤为：

1. 设置五档标准值。各项指标的评价档次为优（A）、良（B）、中（C）、低（D）、差（E）五档；

2. 对应五档标准值赋予五个标准系数：1、0.8、0.6、0.4、0.2；

3. 按下面方法对每个指标计分：

上档基础分=指标权数 × 上档标准系数；

本档基础分=指标权数 × 本档标准系数；

调整分 =（实际值-本档标准值）/（上档标准值-本档标准值）×

（上档基础分-本档基础分）；

单项指标得分=本档基础分+调整分。

4. 总得分=∑单项指标得分。

注：从表1中可以看出A1、A2、A3、A4在评估总值中所占的比重。

中等职业教育人才培养模式实证研究

——基于江苏省第一、二批38所国家中等职业教育改革发展示范学校项目建设分析[1]

周如俊[2]

摘　要：通过对江苏省第一、二批共38所国家中等职业教育改革发展示范学校重点专业项目建设情况分析，发现人才培养模式构建中存在"认知偏差"、"思想缺失"、"表述不清"、"结构紊乱"、"内容肤浅"、"要素缺失"、"数量失衡"七类问题，从模式构建的层次、模式构建的内涵、模式构建的要素、模式命名的法则四个视角提出培养模式构建的建议。

关键词：中等职业教育　人才培养模式　实证　研究

人才培养模式改革和创新是职业教育发展的一个热点问题，也是当前示范学校重点专业项目建设中使用最频繁、用词最混乱的术语。示范学校建设中许多"做法"和"特点"大都被无区分地朝人才培养模式"筐"里装的"包装"，出现了诸多"模式"间无法比较评判、也不能对话交流的困惑。本文主要根据江苏省第一、二批38所国家中等职业教育改革发展示范学校（以下简称"示范校"）的验收材料和建设方案，对人才培养模式（以下简称"培养模式"）进行梳繁理纷、比较分析，以期推进示范校在培养模式的改革创新中作正确的选择。

---

[1] 本文发表于《江苏教育研究·职业教育》2014年第12期。

[2] 作者简介：周如俊（1967—），男，江苏省涟水人。本科，高级讲师，江苏省特级教师，江苏省灌南中等专业学校副校长，江苏省职业教育加工制造类专业教科研中心组副组长。研究方向：机电工程教学与职业教育管理。【课题项目】本文系江苏省职业技术教育学会2013—2014年度职业教育研究立项课题《基于"教学工厂"背景下高水平示范性实训基地建设的案例研究——以灌南中等专业学校为例》（课题号：2013104）阶段性研究成果。主持人：周如俊。

一、研究对象与方法

（一）研究对象

选取江苏省第一批（17所）、二批（21所）38所国家中等职业教育改革发展示范学校重点专业人才培养模式建设内容为研究对象（如表1、表2）。

表1　示范校重点专业建设数统计表

示范校及专业数 / 学校批次	有3个重点专业的示范校数	有4个重点专业的示范校数	有5个重点专业的示范校数	建设重点专业总数	38所示范校建设重点专业总数
第一批示范校	4	12	1	65	152
第二批示范校	1	16	4	87	

表2　示范校重点专业模式数统计表

示范校及模式数 / 学校批次	创建1个模式的示范校数	创建2个模式的示范校数	创建3个模式的示范校数	创建4个模式的示范校数	创建5个模式的示范校数	创建培养模式总数	38所示范校创建培养模式总数
第一批示范校	5	0	2	10	0	51	126
第二批示范校	4	0	1	12	4	75	

（二）研究方法

1. 文献查阅法。根据文章研究方向，通过查阅“三网”（“中国职业教育信息网”的“国家中等职业教育改革发展示范学校建设计划成果展示交流平台”：http：//sfx.tvet.org.cn/index.action；“江苏职教网”的“江苏省国家中等职业教育改革发展示范学校建设工作专题网站”：http：//61.132.31.37/ggsfx/；各中职示范校校园网的专题验收网站）和省级示范校现场验收的材料，集齐江苏省第一批、二批38所示范校的全部材料（主要包括学校国示范创建总结报告、专业建设总结报告、视频、建设案例）和示范校项目建设方案、建设任务书。从中提取各示范校重点专业人才培养模式建设情况相关数据与内容。

2. 调查访问法。通过QQ、电子邮箱、电话等工具平台向38所示范校有关人员了解示范校重点专业人才培养模式建设情况、核查“三网”相关培养模式建设情况。收到回复的示范校有36所，回收率为94.74%。

二、调研结果分析

（一）模式数量统计

38所江苏省第一批（17所）、二批（21所）示范校重点专业建设总数为152个（见表1），培养模式构建累计达126个（见表2），涉及33个专业类别（见图1）。这些数据表明当前各示范校：一是突出模式构建重点，主要面向国家重点发展的产业、战略性新兴产业、先进制造业特别是装备制造业、现代服务业、现代农业、战略性新兴产业等领域，主动适应现代产业体系建设；二是勇于模式创新，重视培养模式改革，创新人才培养机制，着力推进“工学结合、顶岗实习”培养模式落实；三是善于模式凝炼，从职业教育改革的实践出发，破解模式改革的难题，提炼具有原创性元素的模式内涵，形成系统的人才培养体系；四是模式内涵理解不一，对培养模式的内涵建设标准归纳把握不一、理解程度不一致，还需将培养模式由实践上升到理论的高度来研究。

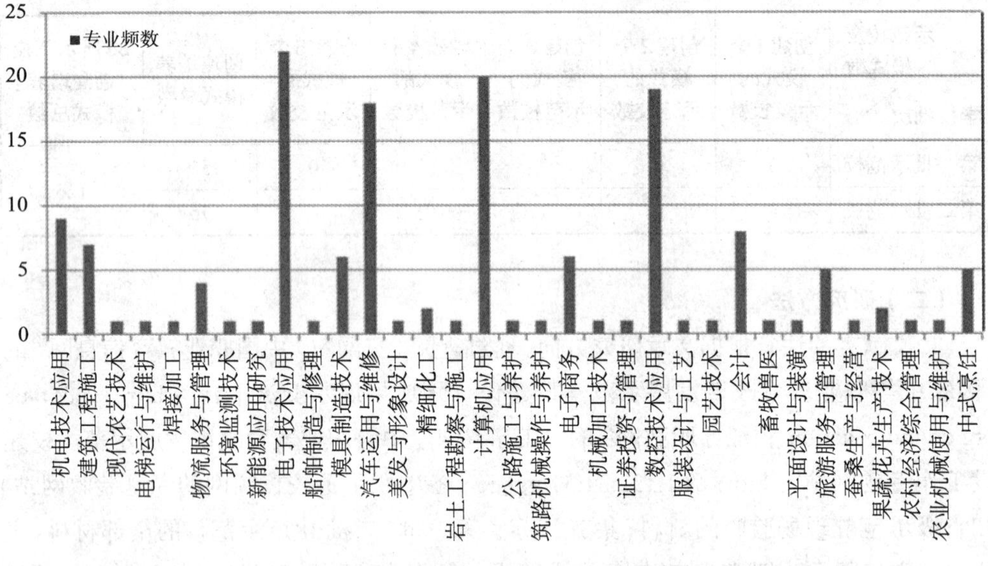

图1　示范校重点建设专业的频数统计图
（横坐标为专业随机排列的类别，纵坐标表示专业频数）

（二）模式分布分析

38所示范校重点建设专业一般为3—5个，126个培养模式分布情况如图2所示。各示范校在项目创建中能都提出了1—5种数目不等的培养模式。其中只有一种模式的示范校共有9所（占38所示范校的23.68%）；有3种模式示范校有共3所（占7.89%）；有4种模式示范校有共22所(占57.89%); 有5种模式示范校有共4所(占10.53%); 模式集中分布4—5种之间的学校占68.42%。相当部分示范校培养模式的建设都是以专业为基础,每个专业都形成培养模式。也有部分示范校对多模式培养持谨慎态度,并不认为模式越多越好。

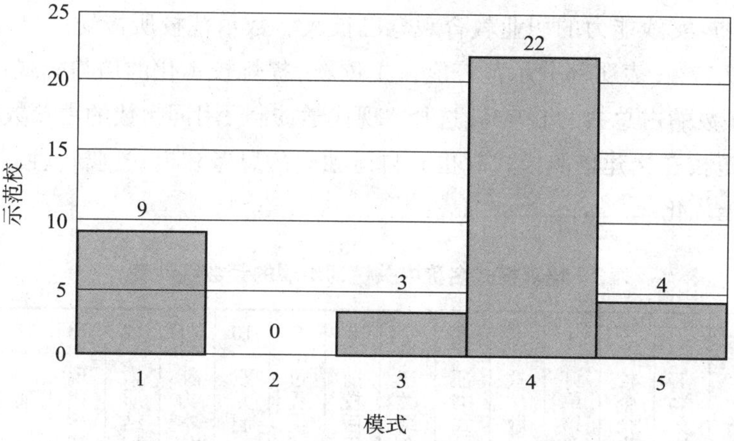

图2　培养模式个数分布的示范校频数图
(横标为模式个数的类别,纵坐标为示范校的频数)

(三)模式命名分类

培养模式体现着职业教育独特的办学理念,也是办学主体对职业教育的哲学思考。目前示范校培养模式主要是依据自身的情况进行构建和实践,其模式概念和内容的研究还处于实践摸索、探究的阶段,出现了模式名称繁多、模式指向要义不一、模式分类标准多样纷杂等问题。有的以校企合作为着眼点来命名,如“校企联动、学训交替”模式、“校企融合、教产一体、工学结合”模式等;有的以强调职业教育立足点来命名,如“校内阶段性能力递进、校外项岗轮动素质提升”模式、“素质核心、工学结合”模式;有的以教育方法为区分标准来命名,如“双轨共推、三维联动、四段渐进”模式;有的从学制(分段)培养上的区别为标准来命名,如“岗位情境、产品导向”的“2.5+0.5”模式、“基于高层次技术技能人才系统化培养‘3+4’”模式;有的以特征归纳为名称,如“春秋轮换”模式、“春去秋回”模式等;有的以国际合作方式引进模式来命名,如“双元制”模式、“现代学徒制”模式等。

(四)模式用词频数分布

依据培养模式的特点,从15个大类对126个培养模式名称中用词频数进行范式归类(见表3)。其中“校企合作”、“工学结合”、“工学交替”、“订单培养”用词数占累计频数的66.99%，这说明这四个用词是目前中等职业教育培养模式命名的关键词。而选择“工学交替”、“工学结合”用词数又占35.92%，这主要与近几年国家大力倡导的“工学结合、顶岗实习”培养模式及推行的相关政策文件有关（评见表4）；选择“教学做”、“证书式”、“过程模式”、“理实一体”用词数占总数的14.08%，表明重工作过程、重实践能力的职业教育观念已被大多数示范校所接受；“混合式”用词数占总数的7.77%，表明部分示范校能自主创新、提炼校本化的培养模式；选择“双元制”用词频数的占总数的1.94%，选择“现代学徒制”用词频数的占总数的0.49%，表明相关示范校在构建培养模式时也有自己独立的思考和模式创新，注重国外职业教育模式本土优化。

表3　培养模式名称中关键词出现的频数统计表

序号	1	2	3	4	5	6	7	8	9	10	11	12	13	14	15	累计
模式名称中关键词	工学结合	工学交替	校企合作	订单培养	教学做	证书式	产教结合	前校后厂	过程模式	双元制	能力本位	素质结构	现代学徒制	理实一体	混合式	
频数	56	18	52	12	11	11	7	6	6	4	3	2	1	1	16	206

表4　中等职业教育人才培养模式内涵文件表述摘编

序号	文件名称	人才培养模式内涵表述	颁发年度
1	《国家教委关于深化教学改革，培养适应21世纪需要的质量人才的意见》	学校为学生构建的知识、能力、素质结构，以及实现这种结构的方式，它从根本上规定了人才特征并集中地体现了教育思想和教育观念	1998年
2	教育部《关于制定中等职业学校教学计划的原则意见》	“产教结合”	2000年
3	《教育部关于全面推进素质教育、深化中等职业教育教学改革的意见》	“产教结合”	2001年
4	《国务院关于大力发展职业教育的决定》	“工学结合、校企合作”	2005年
5	《教育部关于全面提高高等职业教育教学质量的若干意见》	“工学结合”	2006年
6	《教育部关于进一步深化中等职业教育教学改革的若干意见》	“工学结合、校企合作、顶岗实习”	2008年

序号	文 件 名 称	人才培养模式内涵表述	颁发年度
7	《国家中长期教育改革和发展规划纲要(2010—2020年)》	“工学结合、校企合作、顶岗实习”	2010年
8	教育部《中等职业教育改革创新行动计划(2010—2012年)》	“工学结合、校企一体”	2010年
9	教育部《国家教育事业发展第十二个五年规划》	“校企合作、工学结合、顶岗实习”	2012年
10	《教育部办公厅关于制订中等职业学校专业教学标准的意见》	“工学结合、校企合作、顶岗实习”	2012年
11	江苏省教育厅、江苏省财政厅《关于做好江苏省高水平现代化职业学校建设工作的通知》	“教产结合、校企一体和工学结合”	2012年
12	《省政府办公厅转发省教育厅关于进一步提高职业教育教学质量意见的通知》	中等职业教育实行“2.5+0.5”的人才培养模式，五年制高等职业教育实行“4.5+0.5”的人才培养模式	2012年
13	《江苏省教育厅关于制定中等职业教育和五年制高等职业教育人才培养方案的指导意见》	中等职业教育实行“2.5+0.5”、高等职业教育实行“4.5+0.5”的人才培养模式	2012年
14	教育部等六部门《现代职业教育体系建设规划(2014—2020年)》	“校企合作、工学结合”	2014年

三、模式构建存在的问题

(一)模式认知存在偏差问题

许多示范校在培养模式构建中取得了可喜的育人成效，但是因受功利思想、形象工程、趋同心理与浮躁心态等因素驱使，部分示范校在模式构建中有所失范，在认知上对模式的内涵和构成要素存在片面性理解，有时将培养模式构建等同于培养目标、课程体系、教学模式、教学方法、保障体系等当中某一要素的建设，表现为模式的结构紊乱、构建要素缺损、内容大而空等问题。如“四化”模式(实训生产化、训练职业化、管理企业化、教学内容校本化)、“校企联动”模式、“构建适应‘工学结合’”模式、“工作导向、项目推进”、“项目主导、工程实践”模式等，只是对人才培养中的某些实践方面经验的反映，还不能说是培养模式的改革创新。其实，培养模式组成要素本身的构造复杂、体系庞大，它们既相对独立又相互作用、相互联系，形成紧密、有机的关系。某一要素的改变会引起相关要素及其关系的变化，最终导致模式本身的改变[1]。

---

[1] 刘松林,《高职培养模式研究》,《教育发展研究》, 2009(1): 72—75、83。

（二）模式构建思想缺失问题

教育思想（理念）是培养模式构建中不可缺少的灵魂因素，对培养模式中的其他因素具有统领和指导作用。当前国外MES、双元制、BTEC、CBE等职业教育模式思想相继引进国内，培养模式建设得到了职业教育各阶层、各部门、各类学校空前重视，但是示范校培养模式建设中最缺失的就是对模式构建思想（理念）的哲学观照，因对缺乏辩证思考、缺失教育思想而暴露出一些问题：模式定位不准、思路不清、特征不突出；模式的界定与提炼缺乏深度；模式“形式重于实质”：“为改而改、改而不用”；模式过于求“特”求“异”而失去特征。从而导致示范、骨干、引领、辐射作用降低。事实上，培养模式是示范校特定文化传承、发展、创新的过程，不是随便拼凑而成、构成要素的简单叠加，而是经历一个长期实践、反思、磨合、提炼的过程，具有经过长时间职业教育理论和实践检验的稳定的结构关系。这种关系一旦形成后一般不易发生质的改变，而且深深地打上了具有普遍性的教育价值取向的烙印。

（三）模式表述存在不清问题

“培养模式”名称目前还没有统一的命名的框架标准，许多培养模式之间并不能进行比较，也无法就模式开展对话与研讨。造成这种现象的原因在于这些模式的产生出自各示范校不同的归纳标准，只是强化了模式实践的某个方面，存在模式名称表述不清等多方面问题。一是名称多有逻辑错误，如“校企联动、学训交替”培养模式中“校企联动”是办学模式，“学训交替”是培养模式，两个不同属性的概念并排在一起似不恰当；二是名称过于求全，如“基于工作过程的‘无缝对接、多证融合、订单培养’”等培养模式，把诸多要素都反映到模式名称上来并不现实，也体现不出模式核心特征；三是名称呈现冗长，如“‘工学交替、双证融通、校企一体’的连续学习和分阶段培养相结合”培养模式、“以校企合作、工学结合为支撑的‘学做交替、内强外联、一组两辅’”培养模式等，将口语和书面语混合表述，既费时又费力，也不便交流、识记；四是名称忽视模式本质特征，如“企业实践，学训合一”培养模式、“工学结合、实践导向”培养模式中“实践导向”、“企业实践”是所有工学结合模式的基本元素而非本质要素。

（四）模式结构存在紊乱问题

模式结构是指组成模式要素的构造方式，体现各要素之间的逻辑顺序和有机联系。模式结构紊乱反映了示范校在模式构建理论上研究不足。首先是并列关系紊乱问题。有39.47%的示范校将培养模式与课程模式（体系）、教学模式、实训模式构建误作并列关系。如“理实一体、工学交替、校企合作”、“项目主导、工学交替、多元评价”等模式。事实上，培养模式是上位概念，而课程模式（体系）、教学模式、实训模式等是其下位概念。其次是相容关系紊乱问题。有18.42%的示范校将培养模式置于课程体系与教学模式之中，颠倒了相互间的逻辑关系。如“一体化、三合一”培养模式内涵是这样表述的：“以国家职业标准为依据、以工作过程为导向、以综合职业能力为核心、构建‘工学一体’课程体系，理论教学与技能训练融通合一、能力培养与岗位对接合一、实习实训与项岗工作学做合一”。再次是层次关系紊乱问题。有15.79%的示范校将培养模式置于教学安排之下，把培养模式看作是教学的一种方式。如“商教一体——项目导学、任务驱动”培养模式等。

（五）模式内容存在肤浅问题

培养模式的内容本是比较丰富多彩的，但是由于培养模式没有经过长期教学理论研究和教育实践经验的积淀和提炼，随便用几个教学环节拼凑而成的，导致模式内容显得单薄、浅表化。例如某示范校一个专业的“学工交替”培养模式主要内容是“旅游旺季安排学生顶岗实习，淡季回到学校学习，构成两个不同学习地点的科学安排、合理交替”。这样的培养模式只留在企业和学校教学的时间安排与两元的教学实施，实际上把培养模式等同于教学组织和教学实施。“春秋轮换”、“春去秋回”等培养模式也存在类似问题。又如某示范校对一个专业开展“1+0.2+1+0.8”培养模式实践时，主要内容就是调整校企实践时间的“两轮”分配，安排专业教师和企业技术人员全程跟踪指导学生，工学交替，有针对性地进行授课。这就把培养模式等同于教学模式，把多种非本质要素都反映到模式中去。

（六）模式要素存在缺失问题

当前学术界与实践界在培养模式设计内容、模式属性问题等方面还存在分歧。在设计内容上，培养模式究竟是由静态的“组织样式”、“构造样式”、“组合方式”组成，还是由动态的“运作流程范式”、“运行方式”、“运行机制”、“策略体系”组成？在属性问题上，培养模式究竟是一种实在、具体的过程、结构，还是一种抽象的范型、样式、方式？这些问题还在争论之中。正是培养模式的概念界定与要素构成的“不定”，导致了示范校在培养模式构建时关键要素（诸如课程体系要素、教学运行机制要素等）的缺失。有时示范校突出其认为的该模式最有价值或特色的部分，其实不一定是该模式的本质特征。如某示范校“主导‘菜单式’人才培养体系”，名曰“体系”，其实主要是宏观上“政—企—校IT联盟工作流程”，体系建设方案中似乎看不到体现培养模式中课程体系要素的具体的结构、内容。教育运行机制也是培养模式不可缺失的主要因素，统计表明，有47.36%的示范校培养模式方案建设没有体现这一要素，或者有机制但实际创建中也没有具体实施。

（七）模式数量失衡问题

培养模式一般来说首先都是面向整个学校的总的模式，在学校总的模式统揽下，可针对不同专业提炼具体要求的专业培养模式（即总的模式的具体实现形式）。统计表明，有75.82%的示范校培养模式（包括非重点建设专业培养模式）选择4—7种（个别示范校达9种以上）。某程度上说明，一些示范校以培养模式多为荣，认为模式数量越多越能体现人才培养的质量和水平。事实上，教育运行机制的复杂性、相对稳定性、全局性，决定了一所学校的培养模式不可能太多。否则会造成模式构成要素之间相互冲突，导致模式实施协调困难、评价标准难以统一，建设成效降低。当然，一所学校1种培养模式也很难包容诸多专业的人才模式构建的范型特征。

四、模式构建的建议

（一）把握培养模式构建的层次

培养模式构建是一个螺旋循环、不断优化提升的动态的运行系统。也是一种教学过程中"工程"和"学程"的有机结合，是政行企校诸方联动"共同治理"的组织系统，具有工学性、系统性、多样性、动态性。建议示范校在模式构建中要把握三个层次内容[1]：第一层次——宏观下全校的培养模式改革。这是示范校总体主动适应社会的教育思想、教育理念的表现。它以社会需要为参照基准，优化学校的专业总体结构，重新定位专业培养目标、设计其培养规格、制定其培养方案、选择其培养途径。在此基础上提炼学校总体培养模式内涵。第二层次——中观下专业的培养模式改革。这是示范校专业整体适应社会的表现。它是以社会对本专业人才的类型、规格要求为参照基准，对专业的培养目标、培养规格进行调整，进而根据培养目标与培养规格，调整专业的培养方案与培养途径。在此基础上提炼专业具体培养模式内涵。第三层次——微观下专业的培养方案与培养途径的改革。这是专业人才培养过程局部适应社会的表现。它是当以学校的定位和确定的专业培养目标、培养规格为参照基准，对专业的培养方案与培养途径进行调整。在此基础上提炼模式实施方案建设内容。

[1] 曾冬梅、黄国勋，《高等学校培养模式改革要略》，《教育与现代化》，2008（2）：79—80。

（二）厘清培养模式构建的内涵

厘清“培养模式”的概念和内涵是示范校解决模式创新问题的前提条件。目前关于“培养模式”内涵界定有关文献有三种代表性观点，但似乎都“具有较多的经验描述的色彩”。一是“目标方式说”——指人才的培养目标、培养规格和基本培养方式；二是“结构方式说”——指学校为学生构建的知识、能力、素质结构，以及实现这种结构的方式（主要突出“教育思想和教育观念”）；三是“总和说”——指在一定的教育理论、教育思想指导下，根据特定的培养目标和规格，以相对稳定的教学内容和课程体系为依托，实现技术技能型人才培养的教学模式、管理制度、评价方式及其实施过程的总和[1]。再结合各级行政部门文件中关于培养模式内涵的表述（见表4），笔者认为人才培养模式内涵主要体现“四性”：教育的思想性、主体的多元性、实施的实践性和构建的层次性。建议采用第三种模式观点，对培养模式构建的内涵给出明确的界定，其前提是“一定的职业教育理论、教育思想”，依据是中职教育“特定的培养目标和规格”，具体表现为“课程体系”、“教学模式”、“管理制度”、“评估方式”及这些抽象规定的“实施过程”等方面的总和[2]。为此，各示范校创建中要对模式内涵不断地追问、思辨，在此基础上才能提炼出具有特色的教育思想，所构建的培养模式才有可能具备一定的创新性、示范性、辐射性。

（三）明确培养模式构建的要素

培养模式作为职业教育的具体实践形式，它是职业教育理论与实践一体化的操作体系，具有范式（形式化）的特征。判断模式规范与否不仅仅在于一个名称，更重要的在于对培养模式的具体内容的表述[3]。综合上述模式内涵界定的“建议”，一个完整的中职校培养模式内涵至少应该应包括以下六个层级的体系要素：第一层级，理念体系要素，主要指职业教育理论及教育思想；第二层级，目标体系要素，主要指培养目标及规格等；第三层级，内容体系要素，主要指课程体系、教学内容等；第四层级，方式体系要素，主要指教学模式、教学方法与手段等；第五层级，操作体系要素，主要指实施过程、培养路径等；第六层级，保障体系，主要指职业教育教学管理规则与行为系统，主要包括教学管理制度、校企合作制度、培养保障制度等及以之相关的管理方式等。从而形成图4所示培养模式组成要素框架。由此在对模式定义理解相同的情况下，就可以将培养模式按其体现的要素对照框架图进行归类与评析。

---

[1] 王启龙、徐涵，《职业教育培养模式的内涵及构成要素》，《职教通讯》，2008（6）：21—24。

[2] 王秋，《职业教育“培养模式”辨析》，《中国职业技术教育》，2010（3）：53—54、86。

[3] 徐涵，《我国传统职业教育培养模式的审视》，《职教论坛》，2008（21）：12—1。

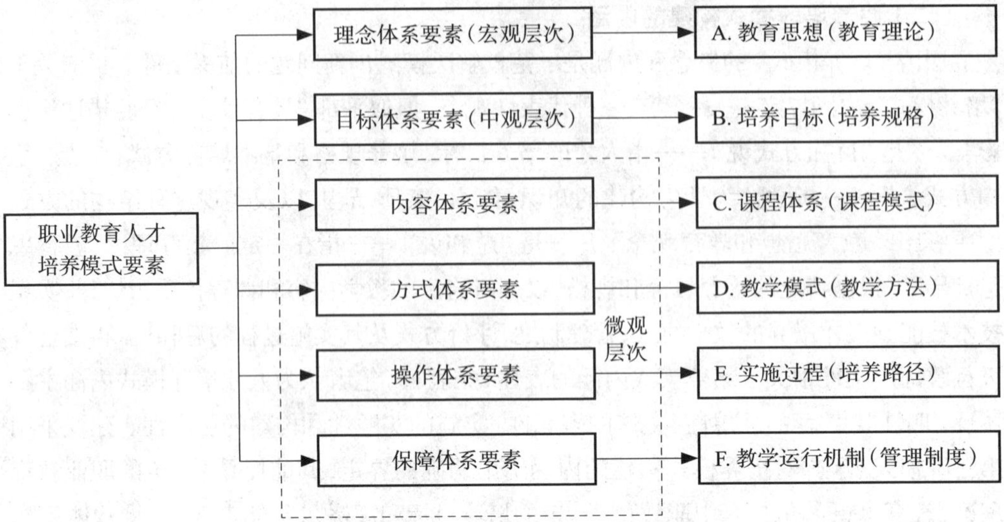

图3 职业教育培养模式构建要素框架

(四)制定培养模式命名的法则

目前示范校创建中培养模式命名还没有统一的规定。模式命名实际情况是:或按约定俗成的无须给予定义,或在年代相近的文献或文件间相互引用,工采用"拼接式"的理解方法,而没有追根溯源找到模式命名定真正来源[1]。建议培养模式命名应遵守"五化"法则:一是命名组合化,一种培养模式名称和内容可能并不能完全包含上述层级的体系要素,但必然集中体现了模式内涵建设"三个"层次中一个或几个要素。模式命名时可结合A–G"六大"要素的有序组合或选择。目前比较国内比较成熟的命名案例有:用教育理念命名的,如CBE模式(A要素);用课程(教育)体系命名的,如TAFE模式;用培养路径命名的,如双元制模式(E要素);用教学方式命名的(C要素),如三明治模式;用组合式命名的,如"校企合作、工学结合、顶岗实习"模式(A要素+D要素+E要素)。二是命名特征化,培养模式名称应体现模式的主要特点,反映模式的内涵特质。三是命名聚焦化,考察模式的产生过程,抓住关键环节、事件和人物命名。四是命名多样化,要考虑更多地指向不同地域和不同学校,在体现特色性、品牌性、示范性基础上,同一所学校内命名时要防止模式过多过滥。五是命名简约化,模式名称力求简洁、悦耳,字数不宜过多,便于朗读与识记[2]。

[1] 王秋,《职业教育"培养模式"辨析》,《中国职业技术教育》,2010(3):53—54、86。

[2] 刘松林,《高职培养模式研究》,《教育发展研究》,2009(1):72—75、83。

情景教学理论视角下的高职物流管理教学研究

孟庆亮[1]

摘　要： 随着我国物流行业的快速发展，对高职物流管理人才培养中的职业技能提出了更高要求，借鉴国内外情景教学理论与实践，在优化传统理论教学的基础上明确情景教学的重要性，不断提高高职物流管理专业情景教学效果，合理构建情景教学评价体系，有利于提高学生的物流管理实践能力，更好地适应未来的工作岗位。

关键词： 情景教学　高职　物流管理

高职物流管理专业随着我国近年来物流行业的快速发展，其专业建设和教学质量也得到了长足发展，现阶段该专业以物流管理核心能力培养为目标，强调构建学生运输、仓储、配送等实践性工作能力。物流行业特点和高职学生定位决定了高职物流管理专业实践性教学的重要性，而情景教学模式很好的连接了理论教学和实践能力培养，有利于提高高职物流管理专业教学效果。

一、情景教学理论的内涵

情景教学理论起源于心理学家哈茨霍恩等人在性格研究中使用的情景模拟，研究发现人们在特定的模拟情景中，通过特定角色的扮演，切身体验事物发展的过程，能够有意识地分析其行为特点，从而积累和丰富自身经验，获取知识技能。在现代高职教育中，情景教学理论是以生动形象的情景设计激发学生学习情绪、实现理论学习与实践活动协调统一的教学方法，能充分调动学生的学习积极性，促进他们自主学习和自主探究的能

---

[1] 作者简介：孟庆亮：1971年3月生，男，汉族，江苏连云港市人，连云港开放大学，管理学副教授，硕士。

力的培养。建构主义学习理论认为在教学过程中教师通过教学情境的合理设计,使学生通过教师的指导,积极主动建构自己对理论知识的理解、实践经验的总结、工作方法的创新的学习过程,是学生通过职业体验形成自身的职业能力与职业素养的过程。

高职物流管理专业培养的是在物流管理工作中从事现场管理的高级应用性技术人才,这就要求我们在高职物流管理专业组织教学过程中既要保证理论教学的效果,更要重视物流职业技能培养的质量,使该专业学生具备扎实的物流管理知识的运用能力和较强的综合职业技能。但传统的课堂教学无法满足高职物流管理专业实践性教学的要求,无法让学生对实际工作场景和市场职业需求有深入的了解,学习过程缺乏针对性,也就无法真正从内心激发学生的学习热情。高职物流管理专业教学活动中引入情景教学,让学生尽可能的接触实际工作环境,采用情景模拟工作现场,提高实践性教学环节教学效果。在情景教学理论指导下,高职物流管理专业教学应该以物流管理职业能力模块划分为基础,打破物流管理专业课程之间、理论教学和实践活动之间的界限,强调学习情景的真实性与复杂性,合理的为每一项物流管理职业能力的培养构建有效的教学情景,探讨培养和提高学生物流管理职业能力为核心的教学方法,以提高学生解决实际问题的能力。

二、情景教学理论在高职物流管理专业建设中的应用

国内外高职物流管理专业基于情景教学理论的教学活动在20世纪90年代初广泛开展,通过加强与行业协会以及职业资格鉴定工作的联系,取得了很好的效果。

(一)国外研究实践情况

1. 以物流管理活动情景为中心选择课程内容,紧密联系企业实践

如德国高职物流管理专业采用双元制模式进行情景化教学设计,其整个教学培训过程在物流企业和国家的职业学校(简称BBS)进行,强调物流企业中的实践和高职学校的理论教学紧密联系,把相当部分的教学活动设计到特定的物流情景当中去,有的直接安排在物流企业培训和实践工作中,提高了高职学生学习目的性,也较低了学校的教学成本。同时把高职物流管理课程分为15个职业能力,必须在企业实践或实训情景中完成,并且德国物流职业教育的考试均由与教育无关的行业协会来组织,保证了教学质量客观公正。

2. 在高职物流管理教学中体现物流职业资格认证体系,重视情景教学

如英国的高职物流教育中引入ILT(英国皇家物流与运输学会)物流和运输职业资

质标准和认证体系，该体系被世界上许多国家和地区广泛接收。在英国的高职物流教育中直接以ILT考核标准来设计课程，强调物流管理是一项实践操作性很强的职业教育，将学校学历教育与职业资质证书考试培训融为一体，重视情景教学在实践能力培养上的应用，如在ILT四个级别的物流职业认证考试中，一、三、四级均由情景题，按物流实践工作标准来考核。这样，可有效地避免学校专业教育与企业人才需求之间缺乏连贯衔接的问题，做到教育资源高度整合和高效利用，人才培养的时效性和针对性相互统一。

3. 高职物流管理实践性教学中引入第三方行业评价和考核，提高情景教学效果

如澳大利亚物流管理职业教育中采用该国成功的TAFE（意为“技术和继续教育”）职教模式，教学过程实现与中学和大学进行有效衔接的，相对独立的、多层次的综合性职业教育培训体系，培训过程得到企业的全程参与和指导，确保真正符合行业需要。TAFE遵循的教育理念是：“满足学习者的学习需求和企业界用人标准的需求同样重要。”从行业中挑选专业技术人员共同参与高职课程培养目标、教学内容等项目制定的决策过程，强调程设置以职业活动为核心、课堂设计以工作场景为标准，同时行业的积极参与并做到全程监督也是TAFE最主要的特色之一。

（二）国内研究实践情况

1. 充分构建高职物流管理专业情景教学平台，做好实践性教学环节

如2011年，西安电子科技大学的职会亮等在《基于情景教学的创新实践教学平台研究与实验过程设计》中，研究分析了基于情景教学的大学生创新实践教学平台的基本功能要求，以Flexsim仿真系统为基本工具，构建了物流工程专业情景教学创新实践教学平台；结合现代物流工程专业教学的特点，具体就生产与物流系统的实验教学环节进行了过程设计，并对其实践教学效果进行了评价。

2. 认真研究高职物流管理专业情景教学模式，提高实践性教学效果

如2009年，湖南现代物流职业技术学院的黎明在《高职物流管理专业情境性教学模式的探讨》中，提出了高职物流管理专业教学采用理论讲述与情景性教学相结合的方法，对学生的考试采用情境性设计及设计思想理论简述报告的方式，提高学生兴趣，有利于毕业生获得初步工作经验，更快适应工作岗位。这是一种重要的优化教学的改革探讨。

3. 加强高职物流管理专业情景教学应用研究，优化过程设计

如2011年，辽宁金融职业学院的宋洋在《物流管理情景实训课程探索与实施》中，以及2012年，广西梧州学院的乐小兵在《情景模拟教学在物流管理专业教学中的应用研究》中，提出针对情景模拟教学法在物流管理类课程的应用，通过学习情景设计、情

景模拟任务布置、情景模拟教学活动的引导和情景模拟过程的总结评价等四个步骤，对情景模拟教学法进行了探讨和实践。

在我国已有像北京交通学校等高职学校在物流管理教育引入ILT职业标准，实现了将学校学历教育与职业资质证书考试培训融为一体，使学生在校内学习阶段就有十分明确的学习目标。以上主要研究虽然提出情景教学在高职物流管理专业实践性教学环节的重要性及相应的对策，但整体不够具体深入，缺乏完整的教学体系，尤其缺乏适合我国实际的较为成熟的教学模式。

三、高职物流管理专业改善情景教学实践的途径

（一）正确处理传统教学法与情景教学的关系

建构主义学习理论强调教学目标的整体性，教学过程以学生为中心、以问题为核心，认真考虑学习情景的真实性与复杂性，要求学习情景能够支持学习者协作学习，并可以对学习的整体效果进行非量化的评价高效。传统的高职课堂教学是进行情景教学的基础，实现学生在老师的指导下掌握相关基本理论知识，积极主动建构自己对理论知识的理解，而情景教学则以职业素质分析为基础，强调职业技能培养和职业道德提高的过程，两者不是割裂的，通过有效的课堂组织和情景设计实现有机结合，两者相辅相成，缺一不可。如江苏健雄职业技术学院在物流管理专业教学中提出的“1+1+1”模式，即在校生一年集中学习物流管理专业理论知识，一年在校实训场所如物流实验室进行模拟环境下的情景教学，一年到企业开展现场实习，很好地实现了传统教学与情景教学在教学目标上的区分以及教学时间上的合理分配，情景教学成为物流管理理论知识和物流管理职业能力的桥梁，取得了很好的教学效果。

在高职物流管理专业教学中强调情景教学，打破理论教学与实践教学的界限，有机整合理论与实践教学内容，是提高该专业学生职业能力的重要手段，也是国内外高职物流管理专业课程改革的发展方向。

（二）提高高职物流管理专业情景教学效果

首先，要创新情景教学的实践性教学平台。以“双师型”教学团队为主体对高职物流管理实践环节根据职业能力进行模块划分，如在仓库管理中可以划分为入库管理、在库管理、出库管理模块，而出库环节又可以突出订单管理、拣货作业、配载等工作情景，做到任务明确、重点突出。同时在进行情景教学内容设计时要参考

就业岗位分布和学生自身素质，在学生合理分工前提下布置情景任务和开展情景模拟教学活动，注意模拟实训、案例分析、参观考察等方式的多样性，切实提高实践性教学效果。

其次，要不断完善情景教学条件并加强校企合作。高职物流管理专业情景教学对于教学环境和教学条件提出了更高要求，高职院校要不断构建情景教学实训环境，适应物流管理专业模块化教学需要，如仓储模拟实验室、国际物流单证实验室、物流供应链与ERP软件机房等，通过校内以上环境的情景模拟，实现物流管理理论知识学习与企业实习的有效衔接，提高教学效果。同时应该充分利用社会教学资源，开展与校外物流企业深度合作，开展订单式教学，把实训基地和校内教学打造成一体化的教学平台，学生在熟悉物流企业实际业务运作的过程中，加深对课程相关知识的认识，提高学习兴趣与自主性。重视建设物流管理专业顶岗实习工作和校外实训基地建设，这是高职物流管理专业情景教学的重要保障。

（三）合理构建高职物流管理专业情景教学评价体系

对于高职物流管理开展情景教学的绩效评价，应该借鉴国内外的先进经验，完善传统高职教学评价体系，建立起适应物流行业人才需求和有利于学生职业素质培养的合的教学评价体系。

一方面在情景教学评价中重视形成性考核和终结性考核相结合。在传统教学评价中终结性考核一般占有较大的比重，导致学生重理论学习、轻职业技能培养。高职物流管理专业中引入情景教学方式，引导学生在学习注重职业实践能力的养成，考核中要不断提高形成性考核在总成绩中的比重，教师应该依据学生在特定情景教学中表现出的工作态度、角色扮演水平、职业能力掌握情况、实训报告等确定成绩，把物流管理实践的工作标准和职业准则作为评价依据，促进学习方式的转变。

另一方面在情景教学评价中注重校内教学评价和校外行业第三方鉴定相结合。在完善传统课堂教学的同时，高职物流管理职业能力考核中应该逐步引入行业标准和第三方鉴定机构，通过构建物流工作情景来考核教学质量和实践工作能力水平，这样的评价客观公正，可以提高教学针对性和有效性。如德国物流职业教育考核由相对独立的工商协会组织，主要包括四个模块：物流配送模块、商业管理与控制模块、经济和社会福利模块和专业讨论业知识模块，由行业协会统一考试，合格者获得国家承认的职业证书，作为就业重要依据。我国也应对高职物流管理教学与物流师职业资格鉴定工作进行合理规划，在工作情景设计、鉴定考核目的和评价考核标准方面协调统一，既提高高职物流管理专业学习效率，又降低教学成本。

参考文献

1. 乐小兵,《情景模拟教学在物流管理专业教学中的应用研究》,《商情》,2012(6): 81—82。
2. 黎明,《高职物流管理专业情境性教学模式的探讨》,《物流科技》,2009(11): 136—137。
3. 职会亮,《基于情景教学的创新实践教学平台研究与实验过程设计》,《现代教育技术》,2011(10): 112—115。
4. 宋洋,《物流管理情景实训探索与实施课程》,《中国商贸》,2011(31): 54—55。
5. 钟静,《我国职院物流专业教育与德国物流职业教育之比较》,《职业教育研究》,2011(10): 177—178。

“高校—幼儿园”专业实践共同体的内涵与特征

胡碧霞[1]

摘　要:“高校—幼儿园”专业实践共同体是高校与幼儿园基于合作共赢的目的而共同建设的、有助于高校人才培养和幼儿园教师专业成长的新型组织。它具有以专业学习为核心、以专业成长为目标、以参与式实践为途径的特征,对于学前教育专业在校生、幼儿园教师和高校教师的专业成长具有不可替代的重要价值。

关键词: 情境学习　“高校—幼儿园”专业实践共同体　合法的边缘性参与

情境学习理论认为,知识不是符号化的心理表征,而是学习者通过与他人互动、协商而建构的共识;知识学习实际上是学习者参与实践的过程,是学习者与他人以及学习情境相互作用的过程。从这一视角看,学前教育专业在校生的学习应当与幼儿园教育情境相关联,他们在学习过程中所遇到的问题及从事的实践应当与其今后在职业生涯中遇到的问题相一致。“高校—幼儿园”(以下简称“U-K”)专业实践共同体可以为学生提供一个将课堂学习情境与幼儿园教育情境相结合的平台,将学生的专业理论学习与专业实践能力提升融为一体。

一、“U-K”专业实践共同体的涵义

(一)实践共同体的核心是合法的边缘性参与

在《情境学习:合法的边缘性参与》一书中,美国学者莱芙和温格首次提出“实践共同体”的概念。他们认为:学习是实践共同体中合法的边缘性参与[2]。学习的过程实

[1] 作者简介:胡碧霞,任职于连云港师范高等专科学校。

[2] J.莱芙、E.温格 著,王文静 译,《情境学习:合法的边缘参与》,华东师范大学出版社,2004年,第1页。

则是个人在实践共同体中由个体学习者向社会实践参与者转变的过程。实践共同体是由许多信念相同、目标一致的个体所构成的群体，其成员拥有共享的文化背景，要在真实的情境中解决实践中面临的问题。成员之间持续不断的互动与交流，有助于实践共同体的成员逐渐形成自己的专长，并以合法的角色参与社会实践。在这一过程中，学习者的身份也从旁观者转向参与者、再转向某一专业领域的实践示范者。

"视学习为合法的边缘性参与意味着学习不仅仅是获得成员资格的一个条件，而且学习本身就是成员资格逐渐形成的形式。"[1]"合法"是指随着在实践共同体中活动时间的延长和学习经验的累积，学习者能合理使用共同体资源的程度；"边缘性"意指学习者在实践共同体中参与有价值活动的程度，还包括学习者成为共同体核心成员的距离。"合法的边缘性的关键，是新手进入实践共同体并获得所有共同体成员所必需的资格。"[2]可见，"合法的边缘性参与"这一术语描述了一个新手成长为某个实践共同体核心成员的历程。对于某一领域的新手而言，合法的边缘性参与不仅为他们提供一个观察其他成员实践活动的平台，更重要的是，它为新手建立了复杂多样的学习环境，使其能参与实践共同体的活动。长期"合法的边缘性参与"可以为新手提供内化共同体实践文化的机会，从而使实践共同体中的新手一步步地成长为专家。

在实践共同体的真实活动中，学习者要在专家的指导下开展学习活动。他们要认真模仿专家的言行，观察并分析其他成员的专业行为，能使用共同体中通用的专业术语进行交流，并根据共同体的规则调整自己的实践活动。随着共同体活动经历的丰富，这些学习者可以更深刻地理解专业的知识，也掌握了一些专门的技能，其在共同体中的地位也发生变化，逐渐向共同体核心成员的身份转变。他们的专业自信随之增强，在共同体中的专业影响力也日益扩大，还可指导后加入共同体的新手进行专业学习，并实践着共同体的文化。换言之，学习者在适应共同体文化的过程中，不断进步，最终成长为某一行业的熟手乃至专家。

（二）"U-K"专业实践共同体是幼儿教师成长的摇篮

专业是"基于专业知识和职业道德而建立起来的职业群体，它所提供的社会服务具有不可或缺的社会功能"。[3]随着社会的发展，不同的专业逐渐形成了各具特色的专业规范和行为模式。每种专业内部都有一套专门的术语和技术，构成了独特的"圈内

---

[1] J.莱芙、E.温格 著，王文静 译，《情境学习：合法的边缘参与》，华东师范大学出版社，2004年，第17页。

[2] 同上，第47页。

[3] 教育部师范教育司，《教师专业化的理论与实践》，人民教育出版社，2003年，第35页。

知识”。任何想要从事某一专业工作的人，都需要经过长期的专业理论学习与专业能力训练。

现代社会的幼儿教师是专业人员，幼儿教师的专业化是“教师个体在自己的职业生涯中，通过接受专业训练，获得专业知识技能，在专业自主的实践活动中，不断提高自己的从教素质，由‘普通人’转变为‘教育者’的成长过程”。[1]同时也是“个人成为教学专业的成员并且在教学中具有越来越成熟的作用这样一个转变过程”。[2]在这一过程中，幼儿教师必须接受专门的教育，要经过长期的专业训练，才能掌握幼儿教育工作的规律，拥有本专业的共同经验与对价值的理解。幼儿教师专业能力的形成需要经过教育理论学习与专门实习，而这种学习与实习的过程都离不开“U-K”专业实践共同体。

“U-K”专业实践共同体是指高校与幼儿园基于合作共赢的目的共同建设的、有助于高校人才培养和幼儿园教师专业成长的新型组织。它具有外显的形式，如高校与幼儿园要签订合作协议，有一定的组织机构等。同时，它还是一种主要面向个体精神世界的关系，它可以给共同体成员提供良好的发展环境。在“U-K”专业实践共同体中，高校学前教育专业的学生、高校教师和在职幼儿教师的目标都指向个人的专业成长。在形式多样的专业活动中，他们对自己所从事专业的认识不断深化，专业理论知识日益丰富，专业实践能力也不断提升。在校学生和幼儿园年轻教师从初入行时生涩的新手，通过“合法的边缘性参与”的形式，逐步成长为专业共同体的核心成员。

二、“U-K”专业实践共同体的特征

（一）以专业学习为核心

“U-K”专业实践共同体的成员有三种类型：高校教师、高校学生和幼儿园教师。我们将高校学前教育专业的高职称教师和幼儿园的高级教师视为专业实践共同体中的专家。他们的专业理论知识丰富，专业实践能力较强，了解学前教育领域的研究动态与实践探索的前沿信息，能够对教育实践问题进行深入剖析，承担着引领专业实践共同体成长的重任。幼儿园中其他教师的专业化水平参差不齐，对实践共同体活动的参与程度也各异，有些人已能胜任幼儿园教育教学工作，在实践共同体中发挥着重要的作用；还有些人尚未在共同体中获得较为稳定的地位，他们或者是刚入行的新手教师，或者正在向成熟型教师转变。作为准幼儿教师，高校学前教育专业的学生在专业

[1] 胡碧霞,《幼儿教师专业成长内涵的诠释》,《连云港师范高等专科学校学报》,2005(3): 31—34。
[2] 邓金 著,《培格曼最新国际教师百科全书》,学苑出版社,1989年,第553页。

实践共同体中是具有合法身份但处于边缘地位的新手，他们刚涉足学前教育领域，缺乏专业实践经验，对专业理论的理解也较肤浅，需要在形式多样的专业活动中进行全面的学习与锻炼。

“U-K”专业实践共同体是一个特殊的学习群体，其成员都要以专业学习为核心展开活动。幼儿园一日教育活动主要有集体教育活动、日常生活活动及各类游戏活动，幼儿园教师的常规工作包括观察研究幼儿、设计教育活动方案、撰写反思笔记与教育故事、开展课题研究。因此，幼儿园教师必须能观察并分析幼儿的需要、经验水平与心理特点，能设计适宜的集体教育活动方案，能组织各种类型的教育活动，能对自己或他人的教育活动进行反思与评析，能结合工作实际开展课题研究活动。新手教师要具备上述专业实践能力，在共同体中实现“合法的边缘性参与”，就必须认真观察、模仿专家教师和成熟教师的教育行为，深刻理解相关的教育理论，学习使用学前教育领域中的专门术语，并根据共同体公认的专业标准进行幼儿园教育实践，努力使自己从个体学习者转变为幼儿园教育实践的参与者。对于成熟型教师而言，他们需要在实践共同体的活动中反思自己的教育行为，分析隐含在行为背后的教育观点，在与其他成员的互动中不断更新教育观念，提升专业水平，使自己逐渐成长为专业实践共同体的核心成员，并向专家型教师迈进。专家型教师是共同体的核心人物，他们在指导新手教师、扶持成熟型教师的过程中也需要学习。信息时代的幼儿教育和高等教育时刻都在发展变化，新的教育问题不断出现，教育思想与教育行为需要更新。专家型教师必须以敏锐的专业触角和开阔的专业视野，研究新现象、新问题，探索新途径、新方法。尽管新手教师、成熟型教师和专家型教师的学习目标各有侧重，但他们共同关注幼儿园的教育实践，可以围绕相关主题，在彼此信任、互相合作的氛围中分享知识、共享资源，构建每个人独特的专业知识体系和价值观念。

（二）以专业成长为目标

自接受师范教育开始，教师就踏上了个人的专业成长之路。在职业生涯的不同阶段，教师个人面临的专业问题、遭遇的职业困境各异，因此，每个教师专业成长的内容和侧重点也不同。“U-K”专业实践共同体中的教师有两类：第一类是高校教师，他们主要从事学前教育专业人才培养工作，即培养未来的幼儿园教师。他们的专业成长重点是使自己具有深厚的学前教育理论基础，不断提高人才培养工作的质量，同时围绕专业热点、难点问题进行教育科学研究，在学前教育理论创新、幼儿园教育实践改革等方面，提出富有创造性的思想。第二类是幼儿园教师，包括学前教育专业在校生和幼儿园在职教师。对于其中的新手教师而言，他们的专业成长重点是学习专业理论知识，培育热爱幼儿、敬业爱岗的专业精神，锻炼全面的专业实践能力。对于其中的成熟型教师来说，其专业成长重点则是加深对专业理论的理解，提升专业实践的综合能力。在幼儿园教师中，还有一些堪称专家的人，他们的专业成长重点是如何克服职业倦怠、职业枯竭的影响，使自己的专业发展达到更高的层次。从表面上看，教师的专业成长似乎是个人的事。但实际上，每位教师都是通过整个实践共同体的不断进步而获得个人的专业成长的。教育这种培养人的社会实践活动是在人与人交往的过程中展开的，不同背景、不同水平的教师在专业实践共同体的活动中相互合作、相互影响、相互促进。与其他专业实践共同体不同，"U-K"专业实践共同体把学前教育专业在校生、高校教师和幼儿园教师的专业成长统一起来，以育人为根本职责，关注共同体成员的心灵世界，以引领准幼儿教师的成长为核心，同时促进高校教师和幼儿园教师的专业发展。

（三）以参与式实践为途径

教师的专业成长需要两类知识：理论性知识和实践性知识。理论性知识属于一般的原理，可以通过课程学习和自主阅读获得，"实践性知识是教师对知识理解和内化后带有个人特色的认知，多是通过长期实践和经验累积而成。"[1]一般而言，很难用准确的语言去描述实践性知识，学习者主要通过观察、模仿或体验等形式获得这一类知识。此外，实践性知识还与特定的情境、特定的任务相联系，学习者只有置身于具体的情境才能领会其实质。这就意味着实践性知识的习得有相当的难度，而"U-K"专业实践共同体可以为其成员提供参与幼儿教育实践的适宜条件。

"任何知识都存在于文化实践中，参与到这种文化实践中去，是学习的一个认识论原则。"[2]实践不是一个抽象的概念，它存在于共同体成员相互介入、密切交往的现实关系中，是成员之间进行意义协商的过程。在"U-K"专业实践共同体中，新手教师与比自己成熟的教师共同参与专业实践活动，他们可以观摩其他成员组织的教育活动，运用所学理论性知识对自己观察到的现象、问题进行分析，逐步形成自己的教育观点。作为实践共同体的核心力量，专家教师要以"引导者"、"激励者"的身份出现，赋予新手教师合法的身份与权力，指导新手教师参与见习、实习、研讨等实践活动，鼓励他们大胆尝试，丰富他们的实践性知识，促使他们向共同体实践的充分参与者转化。成熟型教师是专业实践共同体的中坚力量，在专家型教师的指导下，他们可以进行教学反

---

[1] 陈向明，《教师实践性知识研究的知识论基础》，《教育学报》，2009（5）：47—55。

[2] J.莱芙、E.温格 著，王文静 译，《情境学习：合法的边缘参与》，华东师范大学出版社，2004年，第45—46页。

思、课题研究等更深层次的专业活动。与此同时，他们也肩负着指导新手教师的任务，在与新手共同实践的过程中提高自己的专业水平。

在幼儿教师专业成长的过程中，基于高校与幼儿园双方合作互惠的“U-K”专业实践共同体具有不可替代的重要作用。它为学前教育专业在校生提供了验证理论、将专业理论知识转化为专业实践能力的适宜情境，为幼儿园教师提供了更新教育观念、不断提升专业水平的最佳平台，也为高校教师提供了开展教育科学研究、创新学前教育理论、改革幼儿教育实践的良好条件。关于“U-K”专业实践共同体的运行机制、构建策略等问题，还需要我们做进一步的实践与探索。

关于《图形图像处理》课程的教学思考

许　莹[1]

摘　要：2014年《国务院关于加快发展现代职业教育的决定》中指出，“坚持校企合作、工学结合，强化教学、学习、实训相融合的教育教学活动”。在新的挑战面前，高职教育应义不容辞地担负起这一历史重任，并且把培养高技能人才作为自己的特色和新的发展转折点。高职计算机教育的特点是以培养技能型人才为教学目标，以社会需要为目的，全面提高学生素质，以适应就业的需要。Photoshop作为一种图像处理软件，广泛应用于平面设计、视觉创意效果图设计、印刷出版以及多媒体制作等领域，它的功能强大，为学生的就业提供了更为广阔的空间。为了让学生更好地掌握这门课程，本文从三个方面对该课程进行了思考。

关键词：图形图像处理　课程　教学反思

一、《图形图像处理》课程在计算机应用技术专业人才培养体系中的重要性

（一）课程性质

图形图像处理，即Photoshop，是计算机应用技术专业的专业必修课程。Photoshop是目前世界上最优秀的图像编辑和处理软件之一，它广泛应用于平面设计、视觉创意效果图设计、印刷出版以及多媒体制作等领域。Photoshop是一门实践性、操作性都很强的学科，伴随着计算机的普及和计算机在各行业中的广泛应用，Photoshop发挥了越来越大的作用。

[1] 作者简介：许莹，江苏财会职业学院信息系，讲师。

（二）课程基本理念

按照"以能力为本位、以职业实践为主线、以项目课程为主体的模块化专业课程体系"的总体要求，通过课程的学习，使学生掌握Photoshop基本的操作方法和技巧，具有熟练操作Photoshop的能力；通过案例教学设计融入基本设计方法和设计理念，培养学生的设计和创新能力。两种能力在教学过程中双线并行，形成完整的课程体系。课程根据工作任务完成的需要来选择和组织课程内容，突出工作任务和知识体系，让学生在职业实践活动的基础上掌握知识，增强课程内容与职业岗位能力要求的相关性，提高学生的就业能力，帮助学生积累实际工作经验，为本专业其他后续专业课程的学习创造了良好的基础，使学生成为企业生产服务一线急需的高素质技能型人才。

（三）课程在专业人才培养体系中的重要性

《图形图像处理》是高职计算机应用技术专业的岗位核心能力课程，在岗位核心能力课程体系中属于主干必修课程，是培养学生图形图像处理知识和能力的有力抓手之一。从专业人才培养方案制定过程中的市场调研情况看，Photoshop是平面广告设计、包装设计等行业必用的软件之一，也是最为基础的软件之一。本课程是根据职业岗位设置的一门课程，它是《色彩构成》等课程的后续课程，又是《矢量图设计》等设计类课程的先导课程。它将设计知识和设计技能和理念贯彻到具体设计作品中的有效工具，它在人才培养方案中起到了承上启下的关键作用。

课程在教学设计、教学方法和手段、实验实训项目的建立、课程评价体系的建立完善等方面做了科学的论证和设计，经过多年的教学实践，已趋于完善，将成为专业后续开设的其他课程的实施引领者。

本课程的教学内容方法设计也将在专业体系的其他课程中加以应用，将课程从单纯工具讲解提升到使用工具软件进行设计的层面来。从会用软件的低级阶段提升到用软件来创作的高级阶段。彻底摆脱以往此类课程在学习完成后，学生只会使用工具，而没有应用工具进行设计创作能力的通病。课程在熟练使用Photoshop软件工具上，重点强调设计方法、设计创意的培养。学生既能够熟练地掌握相关工具，又能够运用工具进行设计创作，并养成学生良好的学习习惯。基于本课程的教学模式实践的成果，在教学内容设计、教学方法设计上为本专业后续其他课程开启新的教学模式改革的先河。

二、关于《图形图像处理》课程教学内容思考

《图形图像处理》是一门实践性、操作性都很强的学科。由于课程专业性强、知

识点多，内容繁琐、复杂，致使教学中出现一些难以解决的问题。如何提高该课程的教学效果，使学生更好掌握Photoshop并发展智力和技能是我在教学过程中一直探索的问题。

（一）教材思考

本课程所用的教材是西北工业大学出版社出版《Photoshop CS3基础教程》，包括12个章节，共分两大部分，其中第1到10章为基础理论篇，主要介绍平面设计的基本原理、概念及各模块的功能与操作，每个章节都要求学生完成相应的技能演练。第11到12章为综合实训篇，该部分将基础理论篇中所学到的知识与技能应用于典型案例制作中。该教材是高职高专计算机课程专用教材，具有以下特点：

1. 具有高职特色。本教材适合高职培养目标要求，理论教学和案例教学相结合，与高职学生的程度相符合。

2. 本教材内容丰富，知识点详细，比较全面地介绍了Photoshop各个功能模块的知识。教材知识体系架构清晰完整、通俗易懂。

同时，教材也存在一定的不足之处：

1. 教材的内容安排侧重理论性，具体的实践操作内容较少。高职教育的终点是培养学生的操作技能，因此在实际的教学中不能满足学生的实际需求。

2. 教材的案例与企业发展要求不符。有的案例已经跟不上时代的发展，不利于学生把所学的知识和遇到的具体问题结合起来。

3. 教材的重点在于讲解软件本身强大的功能，而忽略了与实践的相互结合。

（二）教学内容思考

教学目标

（1）总体目标

通过学习，熟练掌握Photoshop平面设计软件，并具有初步平面设计能力。整个教学过程遵循打基础、开眼界、自我实现的一般规律，使学生能够胜任企业所要求的平面设计师的工作。

（2）能力目标

能熟练使用Photoshop平面设计软件按照设计意图和设计要求进行初步的平面设计。熟练地掌握Photoshop的工具使用，具有良好学习、思维创新和工作习惯。

（3）知识目标

掌握Photoshop基本知识，熟练掌握Photoshop的工作环境及操作，构建Photoshop

学习的知识体系。

（三）教学内容整合

本课程采用了理论与实践“教、学、做”三位一体的教学模式。根据学生的基础和认知能力特征，遵循学生职业能力培养的基本规律——注重直接经验从简单到复杂的螺旋式渐进积累，以真实工作任务及其工作过程为依据对教学内容进行整合，把整个课程划分为十一个学习情境，科学地设计了多个学习性工作任务，以职业工作任务项目或专业应用案例为依托，合理地设计教学环节，理论与实践一体化，构建开放、灵活的教学内容体系，更有助于学生实践、创新能力的提高。

教学内容划分及学时分配表

教学内容	教 学 目 标	教学重点、难点	理论学时	实践学时
基　础	了解软件的功能及其窗口的组成，掌握与图像相关的概念	概念的理解、界面的个性化设置	2	2
基本操作	掌握软件中的辅助工具，颜色设置	辅助工具 图像色彩填充	2	2
图像选区	选区创建、保存、载入修改、变形	选区的基本操作	2	2
图像编辑操作	掌握画笔工具、快速蒙版的使用	使用画笔工具修饰图像	2	2
图像色彩	掌握运用图像菜单调整图片色彩	色阶、色相饱和度、色彩平衡设置	2	4
图层应用	掌握图层的概念，图层面板、图层样式、图层蒙版的应用	图层混合模式、图层样式的应用	4	4
文字应用	掌握设置文字输入、格式、效果设置	文字特效	2	4
路径应用	掌握运用钢笔工具创建任意形状的路径	钢笔工具组的熟练运用	4	4
滤镜效果	熟悉滤镜菜单中14组滤镜的功能，并能熟练运用	滤镜菜单特殊效果的实际应用	2	2
综合实训	培养学生模仿设计能力	知识点综合运用	2	4
综合实训	培养学生自主设计能力	知识点综合运用	2	4
合　计			26	40

（四）教学活动思考

教师在教学中处于领导地位，起着决定性的作用。教学效果的好坏主要取决于教师的知识水平和业务能力。随着计算机的飞速发展，教师要不断地学习计算机的先进知识和技术，掌握与时俱进的教学方法，才能适应职业学校的教学工作。经过发现、思考和总结，我发现在以往教学活动中存在以下问题：

1. 教学形式单一

在Photoshop课堂上采用传统的讲授加练习的教学方法，学生被动接受知识，对课程的学习过于片面，无法做到活学活用，学生的学习兴趣难以保持，无法培养学生的创造力。

2. 注重计算机知识的灌输，忽视培养学生的艺术设计素质和能力

把Photoshop当成一门专业的计算机课程来教授，仅仅注重具体计算机操作知识的传授、讲解，导致在引用实例教学时，往往就题论题、就事论事。重视实例的操作和学习，忽视分析该实例在设计中的内容和意义，从而忽略了计算机技术只是辅助学生学习设计的基本工具，忽视了学生艺术设计思维素质和能力的培养。因此，需要教师在提高自己计算机专业知识水平的同时，努力提高自己的艺术素养和能力。

3. 教学资源开发不够

教学过程中案例和素材的来源比较单一，而学生手中Photoshop资源有限，也不知如何寻找资源并加以利用。因此需要教师通过多种渠道搜集与实际工作联系紧密的案例，以供教学使用。

三、关于提升《图形图像处理》课程教学质量的路径

高职教育在保证理论系统性的同时，要特别加强职业技能的训练，考核的内容和方式要“以能力的考核为中心”作相应改革，因此，必须摒弃传统的完全以教师标准评出学生成绩的考核模式，实行“教学做评”合一的过程化、多元化的考核与评价机制，以平时考核、阶段考核和学期考核构成，配合每个教学任务完成过程中的灵活多样的考核，更为客观地评定学生的成绩，重点评价学生的职业能力，使学生重视学习与工作的各个环节，直接感受市场的环境与压力，实现岗位就业零距离。不仅使学生加强了专业理论知识的学习，还提高了自身的设计水平，真正实现融评价于教学过程中。

（一）设定符合学生发展的教学目标

教学目标的设计最主要的目的就是要促进学生的发展。所以教学目标的设计要

考虑学生的实际，想要促进学生的发展，不了解学生的实际情况就难以实现，因此目标的设计要以学生的实际为依据。社会的需要也是影响教学目标确定的一个因素，教学和社会之间是互动的，目前社会对职业学校学生的定位是“技术蓝领”，因此，在目标的定位上要符合高度要求。

（二）精选教材，注重与社会接轨

高职教材多种多样，同一专业可使用的教材有很多种，在教材选用上，要选用即符合高职教育要求，又能突出实践和技能训练的教材。因此，在Photoshop的教材选择方面，选择那些理论知识体系完整、通俗易懂，案例具有代表性、与实际工作联系紧密的教材，从而调动学生的学习兴趣，提高他们解决实际问题的能力，为今后就业奠定坚实的基础。

（三）丰富课堂教学内容，提高学生兴趣

教学内容是教学活动展开的凭借，没有内容，教学便无法进行。教学内容实质就是一个知识体系，是学生获得知识，掌握技能的重要渠道。提高Photoshop教学效果，除了进行教学目标设计，还应将教学内容进行调整设计，从学生特征和课程特征出发，将Photoshop教学内容划分为基础篇和技能篇。基础篇包含Photoshop的入门基础知识，使学生初步具备图形图像处理的能力。技能篇则应结合专业要求，以及学生进入社会后的岗位需求，培养学生对Photoshop的专业应用技能。

（四）多元化教学方法，提高课堂质量

为了提高Photoshop课程的教学质量，必须根据教学目标、学生实际以及教学条件，结合先进的教学方法形成完整的教学方案。

1. 分层教学充分考虑各个水平层次学生的实际情况，提高教学效果水平

在教学过程中，随着学习难度的加大，学生的两极分化日趋严重，如何使不同的学生能根据自己的实际情况去完成相关的教学内容，这是教学的一个关键。所谓“分层教学”，就是根据大纲和教材要求，根据同一个班级中学生接受能力的不同制定出不同层次教学目标，提出不同层次的学习要求，给予不同层次的辅导，进行不同层次的评价。

首先，教师在备课时要充分考虑各个层次学生的水平，在练习题的设计上划分基础题和扩展题。基础题是要求所有学生要掌握的，而扩展题则是在完成基础题后，由教师引导学生有选择地思考并完成。这样一来，各个层次的学生都能充分利用课堂上

的时间学习知识、提高能力。另外，扩展题的设计对学习能力较强的学生也起到了鼓励的作用。其次，在课堂教学中，还可以对学生进行分组，在一些实践课程中，分组学习可以让学生在学习活动中相互交流、互帮互助，这样既能提高学生学习的自信心，更能提高他们的合作能力，增进同学感情。

2. 范例教学法使课堂内容更加生动，激发学生的学习兴趣

范例教学法是指教师在教学中选择基础的、本质的知识作为教学内容，通过"范例"的讲解，使学生达到举一反三掌握同类知识的规律的方法。在Photoshop教学中，采用常规讲授的方法，内容会显得枯燥无味，必然不能引起学生的学习兴趣。采用范例教学法，可以使课堂内容更加生动，还能将知识与实际应用相结合，提高学生对知识的应用能力，同时激发学生的学习兴趣。

在Photoshop教学中，通常会出现这样的情况，每一节课都是教师讲解、演示，学生练习的教学模式，这样学生容易产生厌烦心理。所以在采用范例教学时，一定要注意范例和课堂知识点的紧密结合，最好能够找到在生活中比较实用的例子，让学生觉得学了有用，乐于去学。把"要我学"变成"我要学"，学生学习的主动性自然得到提升。

3. 任务驱动法，全面发展学生智能

任务驱动教学法是一种建立在建构主义学习理论基础上的教学法，它将引导学生从被动学习变成主动学习，让学生形成解决问题的意识，提高解决问题的能力，培养"会学习的学生"。

比如，在"包装设计"的学习中，学生通过调查等方式搜集一些优秀的包装设计，课堂上学生讨论包装设计制作的技巧，老师进行知识的归纳分析讲解，然后布置新任务：让学生设计一款饮料包装，在学生完成任务后要及时对学生的完成结果作出评价并让学生自我总结。在评价结果和总结学习的过程中，学生改变了学习状态，不断地获得成就感，更大地激发了他们的求知欲望，从而培养学生独立探索、勇于开拓进取的自学能力。

（五）优化评价方案，以"评"促"学"

Photoshop教学方式的多样化将推动考核方式的改革，考核的方式也将对学生的学习态度、学习方式、学习能力起着重要的导向作用。Photoshop是一门以应用为主的学科，应注重学生的操作技能和应用技巧。本课程实施综合考评，由过程考核、阶段考核和结果考核三部分构成，理论与技能结合，并且注重学习态度和最终成绩的平衡，综合全面地评价学生的能力。

考核评价项目表

考 核 分 类		考 核 内 容	考核次数	成绩比例
过程考核（30%）	课堂表现	出勤率 随堂作业	10次	10%
	实训技能	实训作品 分组竞赛	10次	10%
	学习能力与素质	学习态度 团队协作意识 艺术素质与能力 创新能力	全过程	10%
阶段考核（30%）	学生在本阶段对项目的综合制作能力	理论基础	2次	15%
		作品的临摹、知识点的掌握、创新等要素	2次	15%
结果考核（40%）	学生对本门课程的项目综合制作能力	理论基础	1次	15%
		作品的主题、构思、色彩、构图、细节、创新等要素	1次	25%

四、总　结

通过教学实践证明，由于Photoshop的图像处理功能非常强大，编辑手段和技巧层出不穷，因此，只有多学、多用、多练、多体会，才能激发学生的学习的兴趣，提高审美能力、创造力和想象力。在教学过程中始终关注提高学生学习兴趣，有助于提高学生的学习积极性和教学质量，才能给这门课程带来生机，注入新的活力。

参考文献

1. 袁宗辉，《Photoshop课程教学方法改革初探》，《江苏科技信息》，2012（11）：45—47。
2. 邹华、周游，《Photoshop平面设计教学研究》，《电脑知识与技术》，2007，4（22）：1158—1161。
3. 黎晓凤，《Photoshop图像处理课堂教学反思》，《现代商贸工业》，2012，24（5）：174—175。
4. 郝灵梅，《浅谈Photoshop课程教学》，《读与算》，2011（20）：73。

生活化：追寻教材的本真[1]

潘海东[2]

摘　要：一些政治课堂追求“技术性”和“艺术性”的同时，却缺乏对高中政治教材生活本真的参悟，教材被严重“边缘化”。教学中，程式化、粗浅地“教教材”，使近在咫尺的教材却又离我们那么远，教材与生活脱节的现象很是严重。本文通过对教学现象的分析，指出了造成教材与生活脱节的一些原因，认为只有从生活中来，到生活中去，才能追寻到教材的本真。

关键词：生活化　教材　本真

随着课程改革的深入，高中思想政治课课堂教学方法呈现“百花齐放”的态势。一些政治课堂追求“技术性”和“艺术性”的同时，却缺乏对高中政治教材生活本真的参悟，教材被严重“边缘化”。程式化、粗浅地“教教材”，使近在咫尺的教材却又离我们那么远，那么陌生！是什么原因令教材处境如此尴尬？

一、没有研读文本，缺乏对教材“生活”地理解

理解是心灵沟通的桥梁，人们常常由于不理解，甚至是误解而对某人、某物或某事感觉索然无味。在教学中，如果对教材缺乏“生活”地理解，那就很难完成教材文本的内化和重塑。

教材是课程实施的重要资源，是师生情境对话的重要纽带，也是探究活动开展的重要媒介，作为教学活动的组织者应将她视为经典中的经典（虽然不能过分迷信经典），读透教材是用好教材的前提。现行教材本着贴近学生生活实际的原则进行编

[1] 本文系江苏省教育科学“十二五”规划立项课题——高中思想政治生活化课程资源开发与运用研究阶段性研究成果（课题编号：D/2011/02/154）。本文发表于《思想政治课教学》2014年第4期，有删节。

[2] 作者简介：潘海东，任职于江苏省灌南高级中学。

写，“生活”是贯穿高中政治教材的一条主线。无论是教材的逻辑体系，还是事例的选取无不充满了浓浓的生活气息。如果对“生活化”的教材懒于生活化地研读，疏于生活化地研究，缺乏生活化地理解，教学中就很难用“生活化”的方式带领学生去探究，结果不是照本宣科，就是泛泛而谈。没有了“生活”的体验，政治课也就失去了应有的纯真。

二、追求新鲜时尚，过度对教材“生活”地包装

追求新鲜时尚在日新月异的今天也算是顺应潮流，然而我们有些老师往往一味求“新”，课堂上大到天南海北，小到街头巷尾，无论最新时事，还是花边新闻，统统搬进课堂，而教材则因这些花哨的包装迷失了踪影，模糊了面容。

诚然，鲜活的素材的确可以丰富教学资源，激发学生的学习兴趣，但再新鲜的事例如果不加以甄别、整合，随意引入课堂，不但会因喧宾夺主而冲淡教学主题，甚至会“引狼入室”而致教学方向偏失。新的不一定是好的，适用的才是最好的，盲目求新而舍近求远，往往会舍本逐末，得不偿失。任何对教材的“生活”包装必须本着“合身”的原则，从量上讲应适度，从质上讲应适用。

虽然，我们提倡生活化的政治课堂，但对教材过度地“生活”包装，使教材被生活的“乱象”所遮掩，失去了生活的本真，这是我们坚决反对的。

三、热衷应试教育，忽略对教材“生活”地阐释

虽然素质教育推行多年，但“修道”更深的应试教育的观念依然在一些老师的脑海深处根深蒂固。尤其是一些历经高中数次循环教学的老师，在高考指挥棒的“棒喝”下，笃信“白猫黑猫，捉到老鼠就是好猫”，“考出成绩就是本事”，“成绩才是硬道理”，于是大搞教学“大跃进”，教材只重点布局，背书则常抓不懈，练习搞题海战术。他们对教材考点基本烂熟于心，自以为“胸有成竹”，深谙应试之道，什么“专家点评”、什么“相关链接”、什么“探究活动”，皆是浮云，人间正道是“成绩”。他们自认为是抓住了教学的“原干”，课堂只重基础知识和基本技能的训练，“生活”则成了可有可无的一道“菜”。缺乏“生活”的课堂，犹如没有了血肉的“干尸”，缺乏人的灵性，如何能促进人的真正发展呢？“生活”不但是道“菜”，更应是锅“汤”。学生只有在生活的氛围中，联结自身的体验才能美美地享用生活这道大餐。

其实持这种观点的老师没有真正正确把握好高考的方向，没有真正把握好高考

命题的规律,更没有从高考中体悟到我国课程改革的大方向。现如今,各地高考注重(而不是侧重)能力考查已是不争事实,情感、态度、价值观的考查也已“试水”多年。在这样的大趋势下,再搞所谓“应试教育”,脱离教材“生活化”的本真,蜻蜓点水地浮掠知识,浅尝辄止地泛化教材既有违国家教育方针,也有悖教育规律。要追寻教材生活化的本真,必须纠正错误的教育理念,才能真正走上服务于人的素质教育的康庄大道。

四、迷恋媒体教学,缺少对教材“生活”地提炼

我们越来越多的老师,特别是被信息化武装的青年老师,非常迷恋媒体教学,每课必“媒”,有些学校甚至将使用媒体作为评课的一项指标。热闹繁华背后,看不到对教材本真的参悟,看不到对生活本味的提炼,显得虚华而又肤浅。

科学一直就是一柄“双刃剑”,媒体亦然。教学中使用媒体的确可以提高课堂教学的直观性、生动性、新颖性,但媒体并非“万金油”,更非包治百病的“灵丹妙药”。过于迷恋媒体教学,过分注重教学的工具性和技术性,而忽视形式与内容的统一,这样的课堂会因华丽而失内涵,因浮华而致无根。这种课堂更大的危害在于对学生进行错误的价值引导,学生易形成功利的心态与肤浅的行为习惯,祸害不小啊!

媒体是形式,仅是工具而已,我们的课堂绝不能被工具所左右成了媒体演示的“视觉盛宴”,媒体的形式必须与教学的内容完美结合,融入生活的真、善、美,这才是我们所追求的“最美课堂”。舍本求“媒”,过分工具化的做法不可取。

(一)研读教材文本,走近她,理解她

“唯有理解是化隔膜为知己、释怀疑为良友的桥梁”,要理解教材我们首先必须秉持正确的教材观,将教材视为重要的课程资源,课堂教学的必备要素。这就要求我们应在读透课程标准、课堂教学要求的基础上,结合教参、考试说明去认真研读教材文本。而“生活化”的课改理念应贯穿这一研读过程,我们应以“生活化”的视角去品读,以“生活化”的事例去印证,以“生活化”的思维去思考。这样,才能真正读懂她,才能正确阐释她,才能使她更好地服务于教学,服务于政治课育人的目的。

1. 读教材的“顶层设计”——《课程标准》

课程标准是规定某一学科的课程性质、课程目标、内容目标、实施建议的教学指导性文件,国家课程标准是教材编写、教学、评估和考试命题的依据,是国家管理和评价课程的基础。《全日制普通高中思想政治新课程标准》(以下简称《课程标准》)是高中

思想政治课教学和高中政治教材编写的重要依据，属于“顶层设计”。研读教材必须从课程标准读起，应将课程标准的各部分内容加以融合，方能融会贯通。如《课程标准》确立了构建以生活为基础、以学科知识为支撑的课程模块的课程基本理念，在“内容标准”中无论是“内容目标”还是“教学提示”均有所体现。如“内容目标”——“1.2归纳影响商品价格变化的因素，领会价格变动的意义；评估商品和服务市场上各种营销手段和方式对我们生活的影响。”再如“教学提示”——“让学生深入市场，进行一次市场调查，请学生思考：如果让你开办一个企业，你准备在哪方面投资，并说明理由。”教材文本为我们图文并茂地阐释了价格变动对生活和生产的影响。从课程标准的内容目标来看，仅掌握这一知识还不够，还需联系学生的生活实际评估商品和服务市场上各种营销手段和方式对我们生活的影响。而要做到这一点则必须在教学中以学生的邻近经验为基础展开探究活动。这样，就使课标、教材、生活实现了完美的统一，在水乳交融中展现了教材的生活本真，在生活的探究里培养了学生关注生活的意识和能力。

2. 读教材的“使用方略”——《教学要求》

这里所说的教学要求特指《江苏省普通高中思想政治课程标准教学要求（修订稿）》（下称《教学要求》），《教学要求》根据《课程标准》的规定，结合江苏省实际制定的。教学要求采用表格形式表述，由内容目标、学习要求、教学建议三部分组成。“内容目标”采用《课程标准》的表述，展示相关部分教学内容的课标依据。“学习要求”提出了学生学习相关部分内容所应达到的要求，行为主体是学生。“教学建议”对教师教学相关部分内容提出以下几方面的建议：落实课标中相关的活动建议；达成情感、态度、价值观课程目标方面的建议；突破教学重点难点的建议等，行为主体是教师。

教学要求是对课程标准的细化，可以说是课程标准的“使用方略”，类似于“产品说明书”。教学要求既对学生的学习行为进行指导，也对教师的教学行为提出建议，牢牢抓住了教学活动的两大主体，突出了“双主”思想。教学要求在学习要求上通过“了解”、“理解”、“运用”几个动词更多地侧重于知识和能力方面，在教学中教师还必须以“生活化”为突破口，引领学生联系生活实际去“了解”、“理解”及“运用”，这样才能避免“外显”与“内化”的矛盾，才能避免“穿新鞋走老路”的尴尬。

3. 读教材的“专家解读”——《教学参考》

教学参考书是教材编写者的编写详细说明及对教材文本的详尽解读，对于初入行的青年老师读教参可以说是读懂教材的必由之路。教参的研读，应以“生活”去领悟编写意图，以“生活”去理解教材文本，以“生活”去构思教学策略。读教参我们可以通过单元分析，整体构建教材内容结构；通过教学目标，全面掌控教学三维目标；通过内容分析，深入理解教材文本；通过重点难点，精准裁剪教学内容；通过资源链接，恰当丰富教学案例；通过教学课例，学习借鉴他山之石。

4. 读教材的“应试指南”——《考试说明》

素质教育并不排斥考试，考试并非就是应试教育。在目前的教育体制和升学机制下，对学生进行适当的“应试”指导是必要的。每年省教育考试院编写的《考试说明》则是我们读好教材的“应试指南”，《2014年江苏省普通高中学业水平测试(必修科目)说明》在命题指导思想中指出：“联系我国社会主义现代化建设的实际和学生的社会生活实际，重点考查学生应掌握的基础知识和初步运用马克思主义基本观点分析、解决实际问题的能力。”这给我的政治课教学指明了方向，在教材研读中必须渗透“生活”理念，在教学设计中必须注重贴近“生活”，在试题命制中必须选用生活化素材。

（二）引进生活资源，更新她，丰富她

教材中的一些事例或数据虽然经典，但往往也会因“经典”而显“过时”。在课堂教学中如果运用这些“过时”的课程资源，在说服力上也会大打折扣，学生也可能因缺乏“时空感”而不感兴趣，甚至会感觉书本与生活是“两张皮”，书里一套，现实一套。为此，在教学中我们应该引进最新的生活化的教学资源，更新教材事例，丰富教材资源，做到与时俱进，以“活水”来“活化”政治课堂，以此突显政治课教学的时代性，强化政治课的育人功能。

教材编写时的新鲜素材到真正教学时往往“已觉不新鲜”，这种时代局限性决定了我们在使用中要恰当地对教材进行取舍，就必须加以更新。如用教材中任长霞的事迹讲人生价值的内涵及评价，虽然在例证的科学性上没有缺陷，但学生在时空上总会产生距离感。如能在教学中引入年度最新的“感动中国十大人物”或“道德模范”的先进事迹，学生则更易从时空的交汇处加深对人生价值的体认。

“学史可以明智”，历史的论证固然有其历史发展必然性的优势，但相对来自生活的亲身实践则略显“苍老”和“稍逊风骚”。教材中不乏大量历史性的论证，如用拿破仑辉煌的战绩离不开士兵来论证“人民群众是历史的创造者”，且不说“士兵”能否等同“人民群众”，如果教学中仅以此照本宣科，教材的说理性定会因其“陈腐”而失“历验”。而教学中如在教材例证的基础上，再以“全体市民共创‘全国卫生城市’”这一贴近学生生活实际的事例设置对话情境，则不仅可实现对话多元，也可促进正确的价值引领。

这些因教材案例的时效性而使政治课教学的有效性降低的现象不胜枚举，这就要求我们老师必须用心在生活中开发有效资源，以生活化的课程资源使教材“无限地追溯过去”又“无限地伸向空间”,历久弥新,使之生命不断延续,价值不断延伸。

面对生活中林林种种的资源，如果不加以筛选、整合，一股脑地引入课堂，过度对教材生活化包装，资源就丧失了利用的价值，利用的效率就会大大降低，甚至资源就会变成“教学垃圾”。生活资源与教材、政治课堂的完美结合，必须本着精选、优化、整合的原则。最有说服力，最有正能量是为“精”。除去细枝末节，化繁为简是为“优”。归类整理，优化组合是为“整”。

课堂教学，不一定非“媒”不可，“视觉盛宴”也易造成视觉疲劳，过度工具反而降低了资源的利用效率。适度控制媒体的使用，给学生多创造些展示机会，或口述，或表演，或讨论，或辩论，充分发挥学生的主体作用，摆脱媒体的枷锁，彻底扭转教师“包场”，媒体“独唱”的局面，方能打造充满冲突和灵性的生活化课堂。

（三）设计生活情境，贴近她，升华她

维果茨基认为：“心理的发展，应当从历史的观点，而不是抽象的观点，不是在社会环境之外，而是在同它们的作用的不可分割的联系中，加以理解。”杜威说：“每个人都是在社会环境中成长，而且总是必须在社会环境中成长。”教学中设计生活化的主题教学情境，在贴近学生生活实际的情境中实现教师、学生、教材等教学要素的互动对话，既可激发学生的学习兴趣，也可深化教学的实践意义。

主题情境的设计应以生活为来源，以三维目标为导向，以教材为依托，以师生互动为载体。情境的创设要在真实的基础上追求其探究价值，如果没有探究价值，为情境而情境就失去了教育的意义。杜威说：“生长的首要条件是未成熟状态。”他还说，“教学的艺术，大部分在于使新问题的困难程度大到足以激发思想，小到加上新奇因素自然地带来的疑难，足以使学生得到一些富于启发性的立足点，从此产生有助于解决问题的建议。”而探究问题设置的质量则决定了探究价值的大小，探究问题既要服从教学目标，也要富有启发性。这样以生活情境为背景，以探究问题为线索，就能实现学生经验的向外伸展，而这种伸展带来联系范围的扩大，则能表现出无限丰富的意义。如在教学“用对立统一的观点看问题”这一框题时，笔者就以“学校禁止学生携带手机进入教室”为生活化主题情境，围绕教学目标，通过如下几个问题突破难点。“要学习还是要手机”解决主次矛盾的辩证关系；“学生使用手机利大还是弊大”解决矛盾主次方面的辩证关系；“手机要不要全面禁止”解决具体问题具体分析。设置生活化的教学情境，使学生很容易“入戏”，很容易被“激活”，很容易被“感化”，教学目标的达成也就水到渠成了。思想政治课教学应尽可能做到多元情境的“营养平衡”，通过对话与引领，促进学生德性的完善与生命质量的提升。

（四）组织生活实践，拓展她，践行她

亚里士多德曾说："任何作业、艺术或学习，如果它使自由人的身体、精神或智慧不适于优秀才能的发挥和实践，就应该被称作机械的作业、艺术或学习。"杜威也说："真正的科学理论乃在实践之内，成为扩充理论和达到新的可能性的手段。"实践是认识的目的和归宿，知行合一，是思想政治教学的教育目标之一。组织学生参加一定的社会实践，使教材知识在生活中得以延伸，并借此拓展教学的时空，使学生在"做中学"，从而践行正确世界观、人生观和价值观，这才是我们思想政治课的真正历史使命。

社会实践的组织应立足于丰富的生活化教学资源，与综合素质评价相结合，同时应考虑活动的可行性、适度性（范围和频率）、针对性和实效性。将地方实际与学生生活实际结合起来一般可提高实践活动的可行性。社会实践的范围应控制在一些的限度内，最好在家庭、学校或社区，如果涉及单位、企业要提前做好协调工作。社会实践的频率也应坚持适度原则，一般一学期搞2—3次即可，有时还得利用节假日，这样统筹安排也不会打乱正常教学计划，不会影响正常的教学秩序。社会实践还应根据教学计划和教学的重难点有针对性开展，这样可提高活动的针对性和实效性。要提高社会实践的实效性必须周密计划，全程监控，深刻总结。我曾在启东中学听过一位老师上《市场配置资源》这节课，课前老师利用周末放假的时机安排学生作市场调研。她将学生分成四个小组，第一组调研启东房产质量，第二组调研近10年启东房地产投资规模，第三组调研启东当前住房空置率、尾楼未售率情况，第四组调研启东近10年房价走势。课堂上让学生通过调查报告分析：资源配置的手段；市场配置资源的机制；市场配置资源的局限性；规范市场秩序的必要性及措施。这样基于生活实践的课堂教学使本来理论性很强的教学内容变得通俗易懂，学生在生活的实践中既体悟了经济学的道理，也增强社会实践的能力，更为难得的是学生还增强了对国家宏观调控政策的理解与认同，我认为这也是一次很好的公民教育，来自生活的教育才是真教育！

教材是生活的提炼，生活化则是我们追寻教材本真的理想之桥，让我们一起走进生活，走进教材，去追求我们的"最美课堂"吧！

发展性心理咨询与高校人文教育[1]

仇　敏　张　伶　孙虎林[2]

摘　要：随着我国学校心理咨询实践工作和理论研究的逐步深入，高校心理咨询的基本模式由单一的障碍性心理咨询转向以发展性心理咨询为主的复合型咨询模式。因此，必须深入分析发展性心理咨询与人文教育之间的逻辑联系，将人文教育作为高校心理咨询工作的有效延伸和必然拓展，发挥其大众性、开放性和自我教育的优势，从而达到提升大学生心理素质和完善人格的目的。

关键词：发展性心理咨询　高校　人文教育

近年来，我国在大力加强高校心理咨询队伍建设的情况下，高校心理危机事件依然频发，大学生心理健康的整体水平呈现下降趋势。探究其深层次原因，寻找出一条促进大学生自我教育和终身教育的科学途径，是加强心理咨询建设工作和提升大学生心理水平所迫切需要解决的问题。随着我国学校心理咨询实践工作和理论研究的逐步深入，高校心理咨询的基本模式由单一的障碍性心理咨询转向以发展性心理咨询为主的复合型咨询模式。与障碍性心理咨询相区别，发展性心理咨询的特点主要表现在两个方面：一是咨询对象不局限于有心理问题的受众者，而是面向大众；二是咨询目的不仅仅解除一般心理问题，而且是促进健康心理的可持续性发展，关注人格和自我的终身发展。因此，高校以发展性心理咨询为主要的学校心理咨询模式，是一次与我国学校教育目标相契合的、具有前瞻性意义的教育改革。但是，目前在高校心理咨询实践中，发展性心理咨询的优势功能并没有得到发挥。本文试图从“完善人格、自我实

[1] 本文荣获江苏省哲学社会科学界第八届学术大会优秀论文三等奖（编号：JSSKL2014 SB056）、第六届江苏教育发展论坛征文二等奖（颁奖单位：民盟江苏省委员会）。以本文为核心思想开展的教育教学改革课题《高校发展性心理咨询与人文教育有效融合的探索与实践》荣获连云港师范高等专科学校教学成果二等奖。

[2] 作者简介：三位作者分别来自连云港师范高等专科学校人文与美术学院、学报编辑部和人文与美术学院。

现”的教育目标出发，寻找高校发展性心理咨询与人文教育之间的逻辑关联，揭示大学生人文教育对于完善人格、健全心理的重要意义，从而探索出一条人文教育与心理咨询相互融合、相互促进的有效途径。

一、人文教育：发展性心理咨询的主要途径

我国对高校发展性心理咨询的理念、目标、态度、内容和方法等方面的研究成果日渐丰厚。从心理学学者、教育工作者或咨询师的角度，探索人文精神对于高校心理咨询的渗透，已成为心理咨询界主要研究内容之一。其中，我国关于“心理学文化转向”研究和反思，为人文教育促进高校发展性心理咨询工作提供了一定的理论基础。与此同时，在我国人文科学领域，关于文学、舞蹈、戏剧、音乐以及绘画等“艺术治疗”的研究成果也层出不穷。自1998年文学人类学学者叶舒宪先生首次引入文学治疗的概念与理论以来，关于“文学治疗”的研究成果逐年增加，成为文学研究的热点之一。以上研究，皆为人文教育与发展性心理咨询之间存在密切关联提供了逻辑证明，也彰显了人文教育与心理咨询相互融入和整合的现实诉求。再者，教育对象的大众化和教育目标的终极性，是人文教育与发展性心理咨询共有的特点。因此，人文教育成为发展性心理咨询的主要途径，理应构成我国心理健康教育发展的趋势。

首先，作为以哲学、史学、文学和艺术等学科为核心课程的人文学科教育，人文教育与心理学科同根同源，具有本源性意义的综合性心理教育功能。从发生学的意义上看，哲学、史学、文学、音乐和舞蹈等人文门类与心理活动的关联可以追溯到原始人类的巫术礼仪。人类学家弗雷泽的《金枝》在占有大量的原始部落史料的基础上，推导出人类文明起源于原始巫术礼仪的结论。虽然弗雷泽在书中所罗列的大量史料，是为了论证巫术“是一种伪科学，也是一种没有成效的技艺”[1]，却给予我们这样的证明：巫术确实为原始人类获得了心理安慰，消除了对不可知、不可控的大自然和自己命运的焦虑和担忧。吉西·韦斯顿的《从仪式到传奇》认为，巫术礼仪的中心主题是死亡与复活，表演与观看神的死亡与复活对于维系人的精神平衡具有不可替代的作用。现存的印第安巫医活动和我国少数民族现存的巫术仪式活动，都不同程度表明巫术具有心理治疗的功能。所以，文、史、哲和音乐、舞蹈等学科作为由巫术演进而来的人文学科，具有本源性的心理治疗功能，它们在原始社会是通过其合力作用对主体施加影响，

[1] 詹姆斯·乔治·弗雷泽 著，徐育新、汪培基、张泽石 译，《金枝——巫术与宗教之研究》，大众文艺出版社，1998年，第13—14页。

从而产生心理治疗的综合性功能。对于在历史文化中诞生、成长的个体而言，其心理结构与其紧密关联。诚如文化心理学家所论："文化与自我有着极为密切的联系，文化通过对自我的形成、结构、功能等的影响，从而进一步影响到人们的认知、动机、情绪以及行为。"[1]所以，治疗大学生障碍性心理问题，促进个体的心理健康可持续性发展，就必须充分发挥人文学科综合性的心理调节和治疗功能。如果说大学生的障碍性心理问题可以通过现代心理技术得到暂时的诊治或干预，那么，发展性心理咨询则需要统合人文学科教育作为有效的、可持续性的发展路径，使大学生群体保持稳定的心理健康状态。

其次，作为人文主义教育，人文教育是建立在人文主义（人本主义）心理学基础上的教育观念和方法论。它体现的是一种人文精神或人本主义的情怀，具有普适性的心理教育功能。20世纪60年代，进入后工业时代，产生了孤独感、价值危机和人生意义缺失等社会问题。在这样社会背景下，人文主义心理学探索和挖掘人的自我实现的内在倾向，强调人在本质上的整体性和完整性，肯定人性的价值和重视个人的潜能、独立和自由，获得了心理界的普遍认可，并发展成为当时美国心理学（继精神分析心理学派和行为主义心理学派之后）的第三大学派。人文主义心理学的教育观为发展性的心理咨询与人文学科教育互动提供了理论基础和方法论，主要表现如下四个方面。其一，人本主义心理学研究对象是健康的人，目标是积极的发展，而不是消极的治疗。美国著名哲学家、"人本心理学精神之父"马斯洛提出最健康的人就是"自我实现者"。他认为"研究有缺陷、发育不全、不成熟和不健康的人只会产生残缺不全的心理学和哲学。"他反复强调以健康人（自我实现者）作为心理学的研究对象，是"为一个更具普遍意义的心理科学奠定基础。"[2]在具有普遍意义的人本主义心理学理论基础上，发展性心理咨询与人文教育（或文化教育）在研究对象和研究目标方面达成一致，即受众广泛和干预目的积极（相对于以治疗疾病为目的的障碍性咨询而言），都是为了促进健康心理和完善人格。这为发展性心理咨询和人文教育整合寻找到了理论的契合点和实践的立足点。其二，人文主义心理学关于以人为本和以来访者为中心的理念（罗杰斯），也正符合当代发展性心理咨询和人文教育的实践理念，是它们整合与互动的出发点。因此只有坚持"面向完整的学生"立场，从受教育者或来访者切身的内在需求出发，调动他们的内在驱力和激发潜能（马斯洛的内在学习理论），才能真正解决大学生的心理问题，促进他们的心理健康并最终完善其人性与人格。其三，罗杰斯的"有意义学习理论"，为发展性心理咨询和人文教育提

[1] 朱滢 著，《文化与自我》，北京师范大学出版社，2007年，第83页。
[2] 马斯洛 著，徐金声、刘锋等 译，《自我实现的人》，三联书店，1987年，第55页。

供了基本的方法论。罗杰斯认为，有意义的学习在于得到的知识可以引起变化，并且全面渗入人格与人的行动之中。人文学科各专业教育正需要通过“有意义的学习”才能达到促进心理健康和完善人格的根本目标，才能成为发展性心理咨询的有效途径。其四，人本主义心理学肯定和尊重每个人的个性、价值和潜能，关注每一个生命的发展和自我实现。正是这种尊重“每一个”生命个体的人文精神，才能使人文教育发挥普适性的心理教育功能，才能使人文教育适用于每个个体对于心理健康的可持续性发展的需求，从而达到发展性心理咨询的目标。综上所述，高校的人文教育应该借鉴人本主义心理学理论，参照它的教育观念和方法论。在这一理论意义下，人文教育理应成为高校发展性心理咨询的重要途径和逻辑必然。

最后，“全人教育”和发展性心理咨询的关系。人文教育应该以人的整体发展和未来发展为最高的教育目标，它被赋予了当代性意义的心理教育功能。“全人教育”是20世纪70年代从北美兴起的一种以促进人的整体发展为目的的教育思潮。“全人教育”深受当代人文主义教育思想的影响，它是一种针对作为工具理性的“半人”教育而言的教育理念，在肯定知识和技能教育的同时，强调内在的情感体验和人格的全面培养。美国教育思想家隆·米勒（Ron Miller）提出了“全人范式”（holistic paradigm）的概念。他认为，当今时代的教育应更着重于人的内在，比如情感、想象力、创造力、同情心、好奇心等，尤其要注重自我的实现。米勒还提出，“全人教育”是用人文教育（humanistic education）的方法来达到全人发展的目标。在人文教育欠缺的情况下，“全人教育”倡导在教育的各个部分和环节都落实人文精神的培养，从而孕育人的完美人格，重新赋予了人文教育以当代性意义和方法论启迪。借鉴于“全人教育”理念，我们主张高校的人文教育应该从整体出发，动态地促进个体的心理健康和人格完善，这既是当下语境的诉求，也是发展性心理咨询发展的重要途径之一。

当代社会呼唤人文教育的回归，人文教育成为发展性心理咨询的主要方法和途径是历史与逻辑的必然结果。如何将人文教育融入发展性心理咨询的实践活动，使发展性心理咨询获得人文教育的深入和长久的支持是一个亟待探究的课题。

二、高校发展性心理咨询与人文教育的统合方法

在人类分工越来越精细的历史语境下，人类知识的分离以及人文学科的专业化对人类心理所产生的作用都发生了一定的变化。一方面，社会分工使现代人丧失了内心的和谐；另一方面，人文学科的专业化和精密化，和大众接受拉开距离，削弱了文、史、哲等综合性知识对人类心理所产生的统合作用，不能像原始巫术、原始文化那样能够

发挥整体性的能量，对人类心理产生一定的干预和治疗作用。在技术崇拜和商业效益至上的现实语境下，人文学科远离了大众心理的诉求，逐渐失去了人文教育的亲和性和普适性。因此，在后工业社会，要发挥人文科学的心理调节功能，对人类现代心理健康起到积极引导和促进的作用，重建人类人性的完整与和谐，就必须关注人类知识的重新整合，尤其重视文化与心理学、人文教育与大众心理的相互整合，充分挖掘与发挥人文教育的统合功能。我们试图从三个方面探索如何深化人文教育与心理健康教育的关系，从而对高校发展性心理咨询产生积极影响的问题。

首先，人文精神是整合人文教育与心理教育的关键所在。人文精神的核心是“以人为本”，它由文史哲等知识谱系、审美观、正义感、价值观、平等交往等内涵经过整合内化而生成的主体意识，是关于“人应当如何生活”、“人之为人的价值标准”等一系列命题的自我意识。而这些具有人文精神的自我意识可以具体化为个体的健康心理，并外化为具体的伦理实践和道德行为，从而获得人的自我实现。从这个意义来说，人文精神是自我实现的核心理念，也是人文教育与发展性心理咨询的共同追求的目标。因此，实施人文教育与心理教育的关联总体方针就是将人文精神贯穿于个体成长历程的始终，渗透于高校心理教育的全过程。一方面，重建“以人为本”的教育观，以受教育者（或心理咨访者）为中心，从他们的个体心理问题和内在需求出发，在运用心理咨询方法进行必要的心理干预的同时，开发他们内在的人文精神的要素，通过受咨询对象的自身体验，感悟人文素养对心理健康的正面作用。在高校的发展性心理咨询活动中，我们必须寻找人文教育与心理教育的契合点，帮助大学生（心理咨访者）重建人文学科与心理结构的内在联系，激发大学生（心理咨访者）感悟人文精神对于人类心理健康的积极作用。另一方面，指导大学生（心理咨访者）以总体思维的方法，从人类整体的高度去看待具体问题，激活自我的人文情怀，学会以人文精神化解生活中的心理问题和不良情绪。如果说前者主要从个体内在心理需求出发，认识人文精神对于个体自我成长的重要性，那么，后者则是从人类的总体精神出发，通过人文精神的回归和人文素养的提升，超越个体具体的心理问题，获得人文教育对于个体成长的根本性意义。20世纪80年代中期，美国卡内基教学促进会主席博耶在《美国大学教育》中引用查尔斯·弗兰克尔所说的话：“假如你接受了人文教育，……你活着就将不止停留在个人这一标准上。在许多重大事件面前，你就不会仅仅是被动应付，就不会仅仅从个人的角度考虑这些问题。至少有时候你会将你自己的命运（不管它怎样）看作为是用以说明人类状况和命运的一个事例。”[1]显然，人文教育可以培养主体关注整个人类命运的道

[1] 博耶，《美国大学教育——现状·经验·问题》，复旦大学出版社，1988年，第117页。

德情怀，而拥有道德情怀的人必然能够站在人类历史的高度看待个人的命运，获得“不以物喜，不以己悲”的豁达宽广的人生态度，坦然面对生活诸多具体困难，解脱具体问题所带来的情感烦恼，使灵魂拥有永久的宁静，从而保证心理的健康，使之成为人生的常态。总而言之，无论是借助对受访者具体心理问题的切入，还是立足于对道德情怀的培养，都是为了增强人文教育的价值与意义，引导人们重新关注人文精神对于人类生存的重要意义，了解人文精神作用于个体成长的基本特征。

其次，树立人文主义课程理念，借助心理学理论与方法的指导，推进高校的人文教育与学科教育的融合。在当代语境下，人们越来越关注自我心理的健康，对心理学的观念与方法具有普遍兴趣和需求。因此，适当地将心理学的观念与方法引入到高校的日常课程教学中，将学科认知教育与人文教育有机地结合起来，不失为一种与时俱进的教育策略。同时，在工具理性、科学技术至上等教育理念影响下，高校的课程教育普遍施行以教师为中心，采取单纯灌输知识的僵化教育模式，致使人文教育与课程教育严重分离。针对这样的教育现状，高校教育者需要树立人文主义课程理念，强调情意课程先于认知课程的教育策略，引入某些心理学的理论与方法，借助于诸如谈话、讨论、合作等课程活动，促进和加强人文教育与课程教育的融合。就高等教育而言，一方面要注重认知课程教育，主要是有关理解自然、社会和人文科学的学术知识；另一方面，也要注重情意课程的教育，它关涉于非认知领域能力的课程，包含健康、伦理与游戏，用于发展人的情绪、态度、价值、判断力与美育（音乐、美术等）。从学科的性质看，人文科学的学科知识和情意课程之间的关联，与自然科学和情意课程之间的关联相较而言，显然更加紧密。所以，针对前者的学科性质，以受教育者为中心，注重从受教育者情感心理的需要出发，激发受教育者内在驱动力，主动学习和探索与自我发展比较密切的人文科学知识，日积月累和循序渐进，从而达到认知教育和人文教育的高度融合。而自然科学与情意课程之间的整合问题，则需要通过讨论与合作的课程活动得到解决。比如，班级讨论会或者团队合作学习，就是借助活动强化受教育者关怀别人、学习合作与彼此尊重等价值的形成，从而培养出责任心强、关心他人、善于调节自我情绪与拥有仁爱之心的人。因此，无论是社会科学、人文科学的课程还是自然科学的课程，都需做到在内容上既不脱离学习者的生活也不能脱离社会现况，如生态平衡问题，就是既与自然科学、社会科学和人文科学的认知课程相关，又关联了情意课程，并且关涉社会的发展，同时在形式上，都要作为体验课程或综合课程来促进受教育者的自我实现，从而唤起受教育者对人生意义的探求以完善整体人格。

最后，加强人文科学各学科与心理学的跨学科交叉研究，促进高校的人文教育与心理健康教育在理论与实践方面的高度融合，使发展性心理咨询获得可操作性的价值与意义。当下的历史语境，人们对于心理健康的诉求，使人文教育与心理学的相互借鉴和相互整合成为可能，并且产生许多积极成果。在此，我们尝试从三个方面初步探索人文教育与发展性心理咨询的整合途径及其需要注意的问题。

其一，关于哲学与心理咨询之间的融合。从发生学意义上看，人文学科与心理学科本来就结合于哲学认识论。虽然随着神学与心理学的分野、科学与哲学的分化，心理学科从哲学中独立出来，并归属于自然科学领域。但是，哲学是“人类追问和探究心理问题的最原始形式”。[1]古罗马哲学家塞涅卡认为，人类的各种本体性的精神疾病困扰人的心灵至深，这不是一般药物可以治疗，必须从哲学的根本上进行治疗。因此，高校开设哲学课程，以利于训练大学生的思辨力，也为他们的日常心理活动提供哲学的观念与方法，这是大学生进行自我教育和自我心理参悟的重要途径之一。

其二，文学、舞蹈、音乐、戏剧等学科与心理咨询的融合，在理论与实践两方面，都获得了一定的成果。例如文学与心理治疗、舞蹈与心理治疗、音乐与心理治疗等方面研究和运用，都取得良好的效果。这些成果为高校人文教育与发展性心理咨询的融合提供了理论依据和实践范例。鉴于高等学校的教育规模化和人文学科的独特性，团体咨询或团体辅导（group counseling）可以成为将高校人文教育与发展性心理咨询有机整合起来的主要形式之一。而以文艺为心理咨询手段的团体辅导按功能可以分为两大类型：一类是咨询性艺术—心理团体，即以解决生活中的某些问题或心理困扰为目标组建起来的团体；另一类是成长性艺术—心理团体，即以健康成长为目标，围绕某一共同的艺术兴趣爱好而组建起来的团体。前者由于需要解决的问题明确，组织者就可以根据问题的性质，选择与问题相匹配的艺术形式或艺术主题，并不拘泥于一种艺术形式。咨询性艺术—心理团体采用的形式多样化，治疗针对性强，效果显著。后一种类型，由于成员选择的艺术形式一致，志趣相投而人际和睦，可以增加团体的助力，成员的心理成长与艺术探究同时发生，共同成长。因此，成长性艺术—心理团体也可谓是某艺术专题探究性团体。这两种类型的团体，都可以在高校中广泛地建立和发展，对大学生的心理咨询和心理治疗有着积极的作用。

其三，中国传统文化与西方心理学的整合。我国当代心理学者尝试将心理学本土化，开展中国心理学回归传统的学术努力，为解决人文教育与心理咨询整合过程中所面临的民族性、地域性等问题提供前瞻性设想。有鉴于此，我们认为，我国高校人文教育与心理咨询有机整合的前提之一，需要在中国传统文化的价值构架下，在借鉴西方心理学的方法进行测量和阐释心理状况的同时，能够结合个体的文化特质，将现代性

[1] 孟维杰，《心理学文化品性》，黑龙江大学出版社，2007年，第210页。

心理学意义上的“机械的人”还原为具有社会文化背景的关注自我心灵的主体，也就是马克思在《1844年经济学—哲学手稿》设想的“全面发展的人”。只有在中国传统文化的价值构架下，我国高校的人文教育与心理咨询的融合，既能立足于深厚的民族文化土壤，又能合理运用西方心理学的科学方法，使大学生摆脱各种负面情绪的困扰，滋生健康的心理结构，从而获得心灵内部的自由和快乐，走向相对理想的人生状态。

文学

在"不认"与"不忍"矛盾心理中彷徨

——析《祝福》的创作动因

陈留生[1]

摘　要: 鲁迅写作《祝福》是因他对朱安的既不认她做真正的身心伴侣,又不忍把她丢弃的矛盾心态而引起的;鲁迅通过这个作品写作,既重新清理了他与朱安的关系,又触发他思考了妇女的命运。

关键词: 不认　不忍　矛盾心理

《祝福》是鲁迅小说创作停顿一年多时间后创作的第一篇小说,属《彷徨》首篇。它与该集子里的许多作品一样,抒情气息浓烈,著者个人心灵投影十分明显。可长期以来,人们主要把其主人公祥林嫂作为研究对象,而对其中一条重要线索"我"则驻足不多。其实,与其他任何优秀文学作品一样,《祝福》也是一个完整的生命体,任何疏漏都将影响对作品内在意蕴的全面开掘,更何况,在这部将近11 000字的作品中,与"我"相关的篇幅就达4 000多字,比《孔乙己》的全篇还长得多。鲁迅是个惜墨如金的人,他用这么多篇幅写"我"这条线索,必定有其深刻用意。而且,这部分内容句式曲折繁复,"我"欲言又止、欲止又言,分明透露出作者的复杂心绪。笔者以为,这与鲁迅对朱安既"不认"又"不忍"的矛盾心态息息相关,这也正是他创作该小说的心理动因。

一

鲁迅本来认定朱安是母亲送给他的一件礼物,只能好好地供养她,爱情是没有的。

---

[1] 作者简介:陈留生,男,连云港师范高等专科学校副校长、教授。

若没有变故，他也许会“陪着做一世的牺牲”来完结四千年的旧账，尽管“做一世牺牲，是万分可怕的”。可又能怪谁呢？母亲怪不得，女性呢，似乎也无过错：“在女性一方面，本来也没有罪，现在是做了旧习惯的牺牲，我们既然自觉着人类的道德，良心上不肯犯他们少的老的罪，又不能责怪异性。”[1]这段话透着鲁迅对朱安既不认她作身心好伴侣、又不忍心把她丢弃的矛盾心态。鲁迅本来是准备一直这样过下去的，他也因无奈与习惯而保持相对平静的心态，但1923年7月与周作人失和之后出现的情况打破了原有的心理平衡。在鲁迅决定搬离八道湾时，鲁迅问朱安：“留在八道湾，还是回绍兴朱家？”又说如果回绍兴他将按月寄钱供应她的生活。可朱安的回答却大出鲁迅的预料，她说：“八道湾我不能住，因为你搬过去，娘娘（太师母）迟早也要跟过去的，我独个人跟着叔婶侄儿侄女过，算什么呢？……绍兴朱家我也不想去。你搬到砖塔胡同，横竖总要人替你烧饭、缝补、洗衣、扫地的。这些事我可以做，我想和你一起搬过去。”[2]

这个回答一定让鲁迅觉得十分诧异，他本来为朱安设置了两条路，应该说是出于善意，要给对方一个自由选择的机会，而且一定以为她会选择回绍兴，因为那里有她的亲人，又是过去长期生活的故乡，可她竟然不去，而仍要与他在一起过这种毫无情感的生活。但当鲁迅静下心来思虑这件事时，他一定会感到朱安的选择不仅有道理，而且在她那一面也是唯一可走的路。正因为如此，当时鲁迅的一些经过“五四”精神洗礼的朋友和学生像孙伏园、章川岛等，都曾劝过鲁迅，有的还直言不讳地说：“既然没有感情，就送她回娘家，负担她的生活费，……何必为此苦恼着自己，和她一起做封建婚姻的牺牲品呢？”而鲁迅总是为朱安设身处地考虑：“绍兴风俗，一个嫁出去的女人，如果退回娘家，人们就认为这是被夫家‘休’回去的，那时家人的歧视，舆论的谴责，将无情地向她袭来，从此她的处境将不堪设想，还有她家庭的社会地位，也将一落千丈。性格轻弱的女人，一般说是挡不住这种遭遇的，有的竟会自杀，了此一生。”[3]

也许，正是这件事，触发了鲁迅不仅对朱安的命运，而且是对所有妇女（特别是在封建礼教统治下中国妇女）命运的思考。这里有两个例子可以作证，一是在那之后的1923年12月，他在北京女子师范学校演讲，题目就是那篇著名的《娜拉走后怎样》，该演讲对女子命运剖析得那么深刻，对妇女的前景那么关切，是在其生平中少见的。二是在那之前，他的作品中虽然也涉及一些女性形象，但绝大多数只是作为

[1] 鲁迅，《随感录·四十》，一九一九年一月十五日《新青年》第六卷第一号，署名唐俟。
[2] 俞芳，《封建婚姻的牺牲者》，载于《我记忆中的鲁迅先生》，河北教育出版社，2001年，第254页。
[3] 同上，第257页。

他所着力表现的男性形象的陪衬。而在《彷徨》里，不仅开篇就是《祝福》这样十分有思想深度的关于妇女命运的作品，而且还写了《伤逝》、《离婚》等表现妇女形象的力作。

笔者推断，正是对朱安的复杂感情触发了鲁迅的创作灵感，当然作品中的“我”并不就是鲁迅，但在“我”的犹疑中，却分明浸透了鲁迅对朱安的矛盾心态。祥林嫂也不能与朱安同日而语，据周作人在《鲁迅小说里的人物》中的介绍，其原形是鲁迅的一个本家远房伯母，但按人物性格逻辑来推断，若朱安果真回到绍兴老家，她很可能难免与祥林嫂相近似的悲剧。《祝福》是小说，纯属虚构，但贯穿其间的作者的情感却很真实。

二

因此，正是朱安及其与她的那次交谈，引发了鲁迅对中国妇女命运与前途的思考，并把这种思考通过小说的形式展现了出来。

虽然朱安不等于祥林嫂，但她却与祥林嫂具有相似的性格。细究起来，朱安虽有丈夫，但名存实无，无论在生理上还是心理上，她都在守活寡，在这个意义上说，她与死了丈夫的祥林嫂遭逢是相通的。祥林嫂怎么也不肯再嫁，是被绳子捆了，塞在花轿里的，她一路只是嚎、骂，抬到婆家时喉咙已经全哑了，在拜天地时还一头撞在香案角上，因此流血不止。她的反抗十分坚决，但其反抗的根由却是要保住自己“从一而终”的名声，要为自己树贞节碑（也许她自己没有主动意识到这一点，但唯其如此更可怕，这说明封建的节烈观已作为一种民族的心理定势渗入人们的骨髓中了），她是“想做奴隶而不得”了。朱安不愿意离开周家，其动机与祥林嫂如出一辙，唐弢在《〈帝城十日〉解》中记载，在1944年，朱安因生活无着，又不愿拿周作人给的钱，准备出售鲁迅的藏书，她之所以不愿拿周作人的钱，是因为“大先生在生前，从来没有要过老二一分钱”，志气可嘉，也不排除对鲁迅竭尽忠诚的意味，但她却不知轻重，要卖鲁迅的藏书。也许在她看来，吃鲁迅的理所当然，她曾十分动情地说：“我生为周家人，死为周家鬼！”[1]从一而终思想溢于言表。若朱安回到绍兴故里，也难说就不会遭遇祥林嫂一样的再嫁命运，她很可能也会像祥林嫂那样拼死反抗的，也许，鲁迅正是按朱安的性格逻辑规律推断：如果朱安回了老家，必然会有祥林嫂一样的处境。

祥林嫂也好，朱安也罢，她们之所以表现出这样的精神状态，是由于她们是在中国

[1] 俞芳，《封建婚姻的牺牲者》，载于《我记忆中的鲁迅先生》，河北教育出版社，2001年，第259页。

这个密不透风的“铁屋子”里昏昏然将要睡死过去的奴隶。鲁迅在他那篇著名的《灯下漫笔》中曾把中国人归为两类：一是“想做奴隶而不得”，二是“暂时做稳了奴隶”。祥林嫂在鲁四老爷家帮佣，竟然胖了起来，看来她很知足，她是满足于自己“暂时做稳了奴隶”，她的特别勤劳、能干、忠厚，也是在为这“暂时做稳了奴隶”而使出浑身解数。其实，朱安在周家的生活，不也就是一个女帮佣吗？她与鲁迅的那次谈话分明透露出了这层意思，她其实也在万般无奈之下十分安于这种奴隶般的生活。当然，她比祥林嫂幸运，她对鲁迅与她和好是心存奢望的：当得知鲁迅与许广平结合之后，她曾十分沮丧地说：“过去大先生和我不好，我想好好的服侍他，一切顺着他，将来总会好的。”可现在看来，“我待他再好，也是无用。”[1]究其实质，与祥林嫂在鲁四老爷家拼命干活仍不落好——“想做奴隶而不得”，不是如出一辙吗？

正是由朱安的性格逻辑推演下去，鲁迅进一步深入地思考中国妇女的悲惨命运。我们看到，作品的重心是放在祥林嫂第二次来到鲁镇，她在反复诉说阿毛被狼叼走后的痛苦，要知道，在“母以子贵”的年代里，寡妇死儿子，就毫无希望了，她的痛苦可想而知，而鲁迅表现的重心则在于周围人对她诉说的反应，他们开始像听故事似的听她讲，到听腻了，就都厌烦她了，反映了鲁迅一贯思考的“一般社会对于苦人的凉薄”。而且，鲁迅往往把别人思考的终点作为起点：在一般人看来，死，也就一切烦恼与不幸都了结、超脱了，可在祥林嫂，她是求生不能，更不敢求死，因为死后要被锯成两半，她将更加不堪忍受。可以想见，祥林嫂是因为恐惧死后遭罪而不安而痛苦而加速了她的死亡，而临死前她是十分怕死的。这一切都是因为她嫁了两个男人，而这不是她自己造成的，她是被硬逼着走上这条不“节”之路的。封建纲常对妇女的摧残由此可见一斑，当读到这里时，我们的心灵被深深地震撼了。

三

当听到祥林嫂死亡的消息时，“我的心突然紧缩，几乎跳起来，脸上大约也变了色”。为何如此？因为在祥林嫂问“一个人死了之后，究竟有没有灵魂”的时候，我在极短期踌躇中，违心地回答她说：“也许有罢——我想。”尽管说得吞吞吐吐，但对绝路中的祥林嫂却无疑是十分致命的一击，这意味着她将难逃被锯成两半的厄运，因为在她眼里，“你是识字的，又是出门人，见识得多”，也许原来她还存有一丝希望——希望死后没灵魂，可现在不得不确信了，可以想见，是“我”的回答加速了祥林嫂的死亡，

[1] 俞芳，《封建婚姻的牺牲者》，载于《我记忆中的鲁迅先生》，河北教育出版社，2001年，第263页。

"我"之所以要作违心之答，确实是出于善意：

人何必增添末路人的苦恼，为她起见，不如说有罢。好心办坏事！

这里使我们想起鲁迅在《呐喊》自序中的一段话：

假如一间铁屋子，是绝无窗户又万难破毁的，里面有许多熟睡的人们，不久都要闷死了，然而是从昏睡入死灭，并不感到就死的悲哀，现在你大嚷起来，惊起较为清醒的几个人，使这不幸的少数者来受无可挽救的临终的苦楚，你倒以为对得起他们么？

在《娜拉走后怎样》里，他表明了同样的思想："人生最苦痛的是梦醒了无路可以走。做梦的人是幸运的；倘没有看出可走的路，最要紧的是不要去惊醒他。"像朱安、祥林嫂之类的人就属于典型的在"铁屋子"里"从昏睡入死灭，并不感到就死的悲哀"者。而且，如前所述，由于她们是女性，受到传统文化的毒害更深，其"昏睡"程序更烈，就让她们在"铁屋子"里没有悲哀地了却一生吧。这也正是鲁迅作为一个清醒的具有真正人的意识的知识分子出于善意，而违心地与朱安保持名存实无婚姻的根源，也因此才有了那段"肩住黑暗的闸门"的带有自慰自欺特性的诠释。尽管内心里充满了无爱婚姻的痛苦，忍受了身心都得不到缓释的煎熬，时时处于焦虑不安之中，但他的内心是能找到平衡点的。

但是，到创作《祝福》时，鲁迅怀疑自己的确信了，其触发点也许就是与朱安的那次谈话，他很可能会越来越感到自己不是"振臂一呼，响者云集的英雄"。他由此会怀疑自己的牺牲是否值得。其实这怀疑的萌芽早就开始了，还在1920年写《头发的故事》时，他就引用过阿尔志跋绥夫的小说《工人绥惠略夫》里的一句话"你们将黄金世界预约给他们的子孙，可是有什么给他们自己呢"？到1921年，他翻译出版了这篇小说；1923年12月在《娜拉走后怎样》中又引用了这段话；直到1929年他亲自开出的《鲁迅译著书目》中，还把这本书列为第一部，可见他对这句话共鸣很深，因为，他的"牺牲"正是以"将来"作为补偿的：中国觉醒的人，为想随顺长者解放幼者，便须一面结清旧账，一面开辟新路。就是开首所说的："自己背着因袭的重担，肩住黑暗的闸门，放他们到宽阔光明的地方去；此后幸福的度日，合理的做人。"[1]

[1] 鲁迅 著，《鲁迅全集》（卷一），人民文学出版社，1980年，第259页。

鲁迅此时不仅怀疑这牺牲对自己的价值，而且还怀疑这牺牲本身的价值，他感到，连朱安的选择都出乎他的预料，再加上在写这篇小说的前一年，他倾注过全部心力的二弟周作人说与他翻脸就闹翻了，而在周作人身上，他的牺牲太多了。此时，他一定会怀疑自己的这种牺牲。

同时，他的生活中也出现了新的因素——那就是许广平，据胡尹强在《破毁铁屋子的希望》[1]中考证，他俩爱情萌芽期应在1923年，这是很有见地的发现，再加上他与另一位女性许羡苏也友情甚笃，他此时一定在思考冲出传统婚姻的“铁屋子”，寻求自己幸福生活的可能性。后来，在许广平炽热的爱情面前，他终于发出“我可以爱”的狮吼便是明证。当然，要走向新生活，最大的障碍就是朱安。也许，在潜意识里面他希望清除掉朱安这个他追求个人生活途程中的绊脚石，因此，才有了依照朱安性格逻辑发展而来的祥林嫂最后走向死亡。也正因为如此，鲁迅才想到内心的不安与负疚，才不断地絮叨自己的回答。但最终，他还是开脱了自己：在作品中，当“我”违心地回答了祥林嫂的提问后，“我”先疑惑：“倘有别的意思，又因此发生别的事，则我的答话委实该负若干的责任。”但随即，“我”又自笑，感到自己神经过敏，何况明明说过“说不清”，已经推翻了答话的全局，即使发生什么事，于我也毫无关系了。

当“我”听到祥林嫂那么快就死了时，“我的心突然紧缩”，但一会儿之后，作品便写道：“然而我的惊惶却不过暂时的事，随着就觉得要来的事，已经过去，并不必仰仗我自己的‘说不清’和他之所谓‘穷死的’的宽慰，心地已经渐渐轻松，不过偶然之间，还似乎有些负疚。”到了小说结尾，在一片祝福的氛围中，“我”已经完全忘却了祥林嫂的事：

> 我在这繁响的拥抱中，也懒散而且舒适，从白天以至初夜的疑虑，全给祝福的空气一扫而空了，只觉得天地圣众歆享了牲醴和香烟，都醉醺醺的在空中蹒跚，预备给鲁镇的人们以无限的幸福。

这一结尾对众神灵虽不乏反讽含义，但却是“我”心灵得到解脱的真切写照。

其实，在这段时间里，鲁迅又重新开始思考自己的人生，他在清理、清算自己的过去：从《祝福》开始，他创作了一系列自我心灵投影色彩相当浓烈的小说。就在1924年2月的近20天里，他连续写成3篇作品，《祝福》是他在内心里（也许只是潜意识内）为朱安树起墓碑的标志。《在酒楼上》则通过“我”与吕纬甫的交谈，特别是通过“我”与吕纬甫的分道扬镳，来与“旧我”告别，且看作品的结尾：“我们一同走出店门，他所

[1] 胡尹强，《破损铁屋子的希望》，人民文学出版社，2001年，第255页。

住的旅馆和我的方向正相反，就在门口分别了。我独自向着自己的旅馆走，寒风和雪片扑在脸上，倒觉得很爽快。”这个结语寓意深刻，值得细心的玩味。而在《幸福的家庭》里，则对爱情、婚姻问题作了思考，由于日常琐务对爱情有巨大的销蚀功能，因而对爱情、婚姻表现出犹疑、彷徨心态。总之，这段时间正是他内心翻江倒海、浪涛滚滚的时期，地火在奔突，这预示着，鲁迅的人生将出现新的转机。

互文视角下的“闺阁女性”书写
——论《绣枕》与《桃红》

吴军英[1]

摘　要： 凌叔华和师陀同为京派小说的代表作家，《绣枕》和《桃红》分别是其短篇名作，比照之下可以看出，两篇小说在主题追求、人物形象塑造及诗学策略诸方面都存在一定的互文性。通过互文性的角度进行解读，为作品的重新理解和阐释提供了一个新视角。

关键词： 凌叔华　师陀　互文性　《绣枕》　《桃红》

“互文性”(Intertexuality)，又称为“文本间性”或“互文本性”，它首先由法国符号学家、女权主义批评家朱丽娅·克里斯蒂娃提出：“任何一篇文本的写成都如同一幅语录彩图的拼成，任何一篇文本都吸收和转化了别的文本。”[2]意即任何一个文本都与来自本文化的或者他文化的其他文本进行着对话，作为一个后现代主义的文学批评概念，它彻底打破了对文学文本孤立、封闭的解释，将其置于浩瀚的互文本海洋，从文本的互相关联、彼此参照、相互指涉中获得了更为自由的阐释空间。正是在此意义上，反观凌叔华的《绣枕》和师陀的《桃红》，我们不难发现它们为此概念做了极好的注解。

凌叔华和师陀同为京派小说的代表作家，《绣枕》初发表于1925年3月21日《现代评论》，《桃红》作于1939年10月10日，初载于香港《大公报》。两篇小说先后出现，皆为短篇体式，在诸多方面形成了鲜明的互文性。

---

[1] 作者简介：吴军英，淮海工学院文学院副教授，硕士。课题来源：《京、海派作家研究》(江苏省教育厅高校哲学社会科学基金指导项目 项目编号：08SJD7500004)。

[2] 蒂费纳·萨莫瓦约 著，邵炜 译，《互文性研究》，天津人民出版社，2002年，第4页。

一、主题追求的一致性

恩格斯在其名著《反杜林论》中曾转述19世纪法国伟大的空想社会主义者傅立叶(1772—1866)的一句名言,“在任何社会中,妇女解放的程度是衡量普遍解放的天然尺度。”[1]以此观照中国社会,妇女解放的程度才是衡量中国社会解放的标尺。两篇小说同以闺阁女性生活为题材,反映了在五四新文化运动后闺阁女性仍然窒息于男权强大的话语力量之下,由“父母之命、媒妁之言”主宰自己的婚姻,成为男权社会的牺牲品,作家在对其不幸命运表现同情的同时,也对其自身弱点予以了批判。

凌叔华在学习写作之初,曾致信周作人言明自己的创作观,“我立定主意作一个将来的女作家”,“中国女作家也太少了,所以中国女子思想及生活从来没有叫世界知道的,对人类贡献来说,未免太不负责任了。先生意下如何,亦愿意援手女同胞这类事业吗?”[2]表达了鲜明的女性写作立场。《绣枕》中,大小姐谨遵父命,冒着酷暑赶制绣枕,以便如期送往白总长家,以精湛的绣艺博得众人称赞,促成她与二公子的婚事,结果却以失败告终,两年后仍然待字闺中。虽身处“五四”后,大小姐却丝毫不受影响,她的命运完全掌控在父亲手中,缺乏自己独立的愿望和价值判断,陷于失语状态。至于白二公子的品行、才华如何小说中全无交代,似乎也不必交代,因为大小姐的父亲更关心的是通过强势联姻带来的仕途升迁和门楣光彩,女儿自身的幸福其实是微不足道的,大小姐势必成为父亲仕途发达、官运亨通的供品,出众的才艺更是让父亲待价而沽。

师陀在回顾创作历程时说自己“同情一切弱者,一切被社会欺凌压迫的人,憎恶一切欺凌压迫别人的人”[3],身为男性作家,他对处于社会最底层、受压迫最深重的女性给予了无限同情和关注,他书写她们被践踏、被压抑的人生,也对她们懦弱不争、缺乏主体性的性格予以揭露、批判,是一个有着进步两性意识的作家。《桃红》中素姑的父亲早已去世,操纵她命运的是她的母亲,孟林太太因为婚姻生活不如意,没有生下男丁曾备受丈夫欺凌,不愿让女儿重蹈覆辙,左右挑拣女婿,使其二十九岁仍然空守闺中。尽管从表面看孟林太太有所谓正当理由是为女儿谋幸福,可是不难发现私心里她只想把女儿留在身边,陪她度过孤独的晚年,对于女儿的心事她漠然置之,对于女儿的将来毫无打算,从小说中简单的一笔描写——“她正幸福的一无所欲的在床上领略午睡后的

[1]《马克思恩格斯选集》(第三卷),人民出版社,1995年,第727页。

[2] 张彦林,《凌叔华 · 周作人 · 〈女儿身世太凄凉〉》,《新文学史料》,2001(1): 127—128。

[3] 师陀 著,《我如何从事写作》,见《师陀全集》(第五卷 · 书信、日记、论文、附编卷),河南大学出版社,2004年,第241页。

懒倦”[1]，我们就知道自私的、异化的母亲也成了压榨、迫害同类的父权家长。而以长者为本位的传统礼教观则让素姑在自己的婚姻大事面前毫无发言权、自主权，她在母亲面前恪尽孝道，牺牲的却是一生的幸福。

由此可见在五四新文化运动后闺阁女性仍旧遵循“以情爱之事为丑”的封建伦德理道德，父辈家长依然牢牢主宰着她们的命运，而她们也从不怀疑、任其摆布，可见闺阁女性所受到的男权思想毒害之深和中国女性解放步履的迟缓、滞重。稍有不同的是：在揭示女性悲剧性命运时，凌叔华侧重凸显女性作为第二性被赏玩、遭践踏的客体、他物的命运，师陀则着重揭示女性情爱追求的被忽视、被人们熟视无睹的婚恋悲剧。

二、人物形象的互涉性

两篇小说的主人公都是缺乏鲜明时代气息、更具历史感的闺阁女性形象。她们虽身处“五四”之后，却丝毫不染西风，她们的共同特质：身材姣好、容颜秀美、绣艺精湛、性情温婉动人、为人处事“行不逾矩”：“乐而不淫、哀而不伤”[2]、“怨而不怒”[3]，极其符合中国传统文化对于闺阁女性的完美想象。

《绣枕》中大小姐身材窈窕、容颜俊美、绣艺精湛，让佣人张妈忍不住称赞，“我从前听人家讲故事，说那头面长得俊的小姐，一定也是聪明灵巧的，我总想这是说书人信嘴编的，那知道就真有。这样一个水葱儿似的小姐，还会这一手活计！这鸟绣的真爱死人！”“大小姐嘴边轻轻的显露一弧笑涡，但刹那便止。”张妈继续说，“听说白总长的二少爷二十多岁还没找着合适亲事……上回算命的告诉太太今年你有红鸾星照命主……”大小姐则打住说“张妈，少胡扯吧”，“她的脸上微微红晕起来”[4]，这一系列的描写体现出大小姐尽管内心对于婚姻生活充满向往，但却“非礼勿视，非礼勿听，非礼勿言，非礼勿动”[5]，表现出十足的闺秀风范。为了早出闺门，她不顾酷暑，精心而耐心地绣制着靠垫，靠垫上那荷塘边的翠鸟、石山上的凤凰精美绝伦、巧夺天工，可就是这样一件倾尽大小姐心血的艺术品在送到白家的当晚，“便被吃醉了的客人吐脏了一大片；另一个给打牌的人，挤掉在地上，便有人拿来当作脚踏垫子用，好好的缎地子，满是

[1] 师陀 著，《师陀全集》，第一卷（下），短篇小说卷，河南大学出版社，2004年，第484页。
[2] 孔子 著，杨伯峻、杨逢彬 译，《论语译注》，岳麓书社，2009年，第31页。
[3] 黄永堂 译注，《国语全译》（修订版），贵州人民出版社，2009年，第13页。
[4] 凌叔华 著，《凌叔华经典作品》，当代世界出版社，2003年，第138页。
[5] 孔子 著，杨伯峻、杨逢彬 译，《论语译注》，岳麓书社，2009年，第136页。

泥脚印”[1]，可是当两年后大小姐得知真相，尽管大失所望，心理落差极大，“直着眼，只管看那枕片儿”，连小妞儿的提议“明儿也照样绣一对儿不好吗”也没听见，“只能摇一摇头算答复了”[2]，令人几乎察觉不到她情感上经历的巨大变化，其喜怒哀乐完全吻合中国传统礼教对于情感表达的规定。

《桃红》中素姑身量苗条、气质端庄大方、举手投足间极具古典美，且绣艺出色。小说开篇后写道，“素姑小姐——孟林太太的女儿，一个像春天一样温柔，长长的像一根杨枝，看见人和说话时总是婉然笑着的，走路是像空气在流似的无声，而端凝又像她的母亲的老女，很早很早她就动手，我是说她低着头开始在绣花了。”[3]在小说的几近结尾处作家推出了一个特写镜头，“在镜里，一个长长的鹅蛋形脸蛋儿；一缕散乱的头发从额上掉下来；一双浅浅的眉在上面画了两条弧线；眼的周围有一道淡黄的灰晕；她的嘴唇仍旧是好看的有韵致的，却是褪了色的——一个中国的在空闺里憔悴了的少女。”[4]由于父亲早亡，母亲倾向于过一种幽僻的生活，素姑勤快而早慧，她“十二岁就学会了各种女红”，每天“当阳光从屋背上照进这个寂静的老宅”[5]，素姑就开始绣花了，为自己、为母亲、也为同城待嫁的女伴。她为自己绣满了两大箱嫁衣，可是还没有出嫁，尽管对婚姻生活充满憧憬，从她已绣好的嫁衣，“它们逐年都有个不同的式样，它们是宽的、瘦的、长袖的、短袖的、挑花的、镶绲的”[6]就可见她年年都做好了出嫁的准备，闺房桌上摊开的一本李清照的《漱玉词》:“莫道不销魂，帘卷西风，人比黄花瘦。”更暗示了她备受折磨的心事，可是她却对母亲只字不提，只是对镜暗泣，“一颗泪珠从她脸上堕下来，接着又是一颗”[7]，尽管素姑恨嫁之心强烈，对年华老去、婚事无望充满焦虑，可是外表始终保持端庄、娴静的闺秀风度，感情内敛而不外露，十分符合中国传统观念对于情感表达的规约。

此时新思想早已吹进中国大地，许多新女性已然离家出走，大胆追求自己的幸福，伸张生命的意志和活力，发出了“我是我自己的，他们谁也没有干涉我的权力”[8]的青春呼喊，可是在这两个人物身上我们看到的只有压抑和凄凉，她们是数千年来沉默的闺阁女性的代表。凌叔华在小说中以不具名姓的“大小姐”来称呼、命名主人公即旨

---

[1] 凌叔华 著，《凌叔华经典作品》，当代世界出版社，2003年，第140页。
[2] 同上，第141页。
[3] 师陀 著，《师陀全集》，第一卷（下），短篇小说卷，河南大学出版社，2004年，第483页。
[4] 同上，第486—487页。
[5] 同上，第483页。
[6] 同上，第484页。
[7] 同上，第487页。
[8] 鲁迅 著，《鲁迅小说全集》，长江文艺出版社，2003年，第249页。

在此，师陀也以排斥个性、更具共性的素姑形象予以了呼应。

只不过凌叔华善写“世态的一角，高门巨族的精魂”[1]，大小姐是京城一正在拼命往上爬的中（上）层官员家的女儿，可谓名门闺秀，而素姑是外地小城“果园城”里一去世多年的普通小官员的女儿，实乃小家碧玉；大小姐正值花样年华，而素姑韶华已逝，可是我们不难设想：倘若被父亲长久谈婚论嫁不成，囿于礼教的大小姐也会是素姑这般落寞的境地！

三、诗学策略的趋同性

两篇小说皆以女子绣花待嫁和嫁人未果结构全篇，并且淡化故事情节，突破了传统小说以情节作为结构中心的模式，重视场景描写；注重象征意象的采用和心理描写的妙用。

《绣枕》中通过两幅场景的呈现使读者明了事件的始末，并领悟到大小姐悲剧性命运。第一幅：大小姐满怀期待、冒着酷暑赶制靠垫。第二幅：小妞陪着大小姐夏夜绣活，大小姐无意间获知靠垫的命运，心境黯然。两个场景的时间跨度是两年，小说的故事性不强，几乎没有什么情节，而大小姐的命运已清晰敞开。

《桃红》描写了素姑在一天里的行为表现，主要由绣花、挑布料、哭泣三幕场景组成。第一幕：素姑在庭院里绣花，隐含了她对青春流逝的隐忧和母亲对此的漠然和自私性。第二幕：素姑在天井里挑选布料，突然意识到自己已做了足够的嫁衣而仓促离开。第三幕：素姑自知嫁人无望于深闺暗泣。小说的线索单一，几乎是平铺直叙地描写了人物一天的经历，呈现出情节淡化的倾向，而人物悲剧性的一生已清楚凸显。

两篇小说皆以绣花作为第一和主要场景出现在读者视线里（绣花是闺阁女性的典型姿态，也寄托了她们对于婚姻生活的无限憧憬），《绣枕》中两幅场景都是主人公在绣花，《桃红》虽只是场景之一，但毋庸置疑它是最重要的场景，占据了约五分之三的篇幅。小说的结尾也都营造了“余音绕梁，三日不绝”[2]的审美效果，她们的命运最终将如何？小说中并没有交代，留给读者一个无言的、让人惆怅和具有开放意味的结局，这在某种程度上也促成了读者的参与，达成了互动。稍有不同的是：《绣枕》中注重戏剧性场景的呈现，而《桃红》侧重日常生活场景的展现。

象征意象的采用则升华了小说主题，提升了意境。如《绣枕》的中心意象“绣枕”

---

[1] 鲁迅 著，《中国新文学大系·小说二集导言》，《鲁迅全集》（第6卷），人民文学出版社，1981年，第250页。

[2] 王强模 译注，《列子全译》，贵州人民出版社，1993年，第148—149页。

即是一个象征物，它被蔑视、遭践踏的境遇正是大小姐不幸命运的象征，也是无数旧时代婉顺少女悲剧命运的象征及隐喻。《桃红》中的秋日、黄昏意象也蕴含有象征意义，它们是素姑青春已逝、寥落人生的象征和隐喻，在此自然之景与人生之景相映合，这恰是作家用景的虚实相生处、精妙之所在。

心理描写在小说中得到了突出、巧妙的运用。两篇小说的主人公都是寡言少行的闺阁女性，再大的波澜起伏也只是在心理，外表则娴然不动，保持着端庄的仪态，故而作家着重使用了心理透视法。他们或通过人物的语言、动作、神态描写暗示人物心理，或通过气候描写烘托人物心理，或通过心理闪回直接剖析人物心理，凌叔华被称为“中国曼殊菲尔”[1]，而师陀在《桃红》中刻画人物心理的细腻准确程度也丝毫不亚于女作家。

如《绣枕》中“大小姐没有听见小妞儿问的是什么，只能摇了摇头算答复了”[2]。通过动作的描写暗示出沉浸于往事忧伤回忆和现实失落心境中的大小姐根本无暇理会外界的事，只能敷衍应对，内心与外表的巨大反差有力地刻画出大小姐这一大家闺秀形象。《桃红》中挑水的老王沉重的脚步声打断了素姑的思绪，她突兀地喊道“老王，老王！”并随即脸红的神情泄露了她心底的秘密：对于男性的渴望。在听到大门外的巷子里传来的一阵一阵叫卖声时，“素姑于是又一遍的抬起头来问：‘还不该烧饭吗，刘嫂？’”[3]这一举动则凸显了素姑觉得时间的漫长难捱感和生活的单调、乏味感。《绣枕》中对盛夏炎热气候的反复描写烘托出大小姐火热的心境、热情的期盼，《桃红》中风声鹤唳的秋景描写也烘托出了素姑寂寥、凄凉无着的心境。心理闪回是一种直接的心理剖示法，它“是瞬间的感觉，也就是说，它是空间”[4]。《绣枕》中有两次精彩的心理闪回，第一次是大小姐听见小妞儿夸赞一对做工精致的靠垫时，第二次是大小姐猝然面对已裁成枕片儿的靠垫时，她突然回想起了绣它时的辛苦点滴，“大小姐只管对着这两块绣花片子出神，小妞儿末了说的话，一句都听不清了。她只回忆起她做鸟冠子曾拆了又绣，足足三次，……所以她永远不愿再想起它来撩乱心思。今天却不由得一一想起来。”[5]这是很长的一段心理描写，其中还有对梦境的回忆，深刻地发掘出人物的潜意识，大小姐对于父亲观念的认同已深入骨髓。《桃红》中素姑向母亲询问时间，在听了“瞧瞧看！”的照例回答后（屋里的老座钟不知几时早就停止了），也有一长段心理闪

[1] 苏雪林 著，《苏雪林文集》，安徽教育出版社，1990年，第223页。

[2] 凌叔华 著，《凌叔华经典作品》，当代世界出版社，2003年，第141页。

[3] 师陀 著，《师陀全集》第一卷（下），短篇小说卷，河南大学出版社，2004年，第485页。

[4] 约瑟夫·弗兰克等 著，秦林芳 编译，《现代小说中的空间形式》，北京大学出版社，1991年，第15页。

[5] 凌叔华 著，《凌叔华经典作品》，当代世界出版社，2003年，第141页。

回，“素姑手中捏了针线，惆怅地望着永远是说不尽的高的蓝的而且清澈的果园城的天空；天空下面，移动着云。……是茅舍、猪、狗，大路，素姑上坟祭扫的时候看见过的；是远远的帆影，是流霞，是平静的嫣红发光的黄昏时候的河，她小时候跟女仆洗衣的时候看见过的。她想的似乎很远很远……”[1]，这最末的一句意味深长，引发读者猜想，她想到了什么呢？一对平凡的夫妻？正常的家庭伦理关系？

两位作家综合运用了多种心理描写手法，将人物复杂微妙的心理描写得细致入微、精妙传神。略有不同的是：《绣枕》中大量的心理描写侧重于往事的回忆，而《桃红》中注重现实心境的刻画，时间向度上有所差异。

四、结　语

正是互文性在文本中的运动促成了文本多元化、开放性的阐释，凌叔华和师陀在对闺阁题材的共同关注中融入了五四现代文化、现代观念的诉求，也表现了京派作家在小说文体方面作出的自觉和努力，他们的创作丰富了中国现代小说创作的经验，为其多元化发展作出了独特的贡献。

[1] 师陀 著，《师陀全集》第一卷（下），短篇小说卷，河南大学出版社，2004年，第485页。

神凝镜水，光照琪花

——《镜花缘》中才女芳名审美意蕴探析

谢　丹[1]

摘　要：小说《镜花缘》描写了百位花神被贬谪人间为百位才女。这些女子集外在美丽和内在智慧于一身，个个聪颖睿智、谈学论艺，超群出众。她们的芳名很有特点，有的用季节节令，有的用植物花草，有的用星月云彩，有的用饰物珠宝等，具有一定的美感特质，富有审美意蕴。这与作者所追求的社会理想和进步的女性观是密切相关的。

关键词：镜花缘　才女　芳名　审美意蕴　社会理想　女性观

《镜花缘》是清代著名小说家李汝珍所写的一部藉学问驰骋想象、寄托社会理想、讽喻现实的小说。小说中，作者描写了一个一切以女子为中心，女子拥有至高无上的权力和支配男人的女儿国，并且还描写了百名才女赶考，科考成名，封官荣家，辅政参政，充分地表达了作者主张男女平等的进步思想。这些女子集外在的美丽和内在的智慧于一身，她们聪颖博学，敏智过人，谈学论艺，超群出众，作者极尽所能给予这些女子以赞美和欣赏。不仅如此，作者进步的女性观也充分地体现在小说中百位才女的命名上，如善书能文的黎红薇、卢紫萱，通晓异邦语言的枝兰音，习武狩猎的骆红渠，养蚕纺织的姚芷馨、薛衡香，精通音乐的井尧春，剑术高超的颜紫绡等。这百位才女的芳名很有特点，具有美感特质，富有一定的审美意蕴。才女芳名的命名与作者的女性观也是密切相关的。本文试对小说中才女芳名的审美意蕴作粗浅的探讨。

---

[1] 作者简介：谢丹，女，江苏连云港人，淮海工学院文学院副教授。

一、以季节“春”命其芳名——生机勃发之美

《镜花缘》中，作者多用季节命其才女的芳名，特别是用“春”命名比较多。如：锦春、芳春、熙春、融春、艳春、婉春、秀春、丽春、瑞春、春辉等。刘勰《文心雕龙物色》中说：“岁有其物，物有其容，情以物迁，辞以情发。”[1]这就是说，各个季节有各个季节的景物，人的思想感情随着各个季节、各种景物的变化而变化并以文辞表达出来。李汝珍在小说中大量地用“春”命名才女，实际上寄予了作者一定的思想感情。春天阳光和煦，明丽妩媚，芳草碧绿，生机盎然，勃勃而发，充满希望。“入清，诗学极盛，词学复兴，诗人词人如过江之鲫，能诗善词的才媛淑女层出不穷，风动潮涌。中国妇女参与文学创作活动留下作品之丰厚，有史以来无愈来此时。”[2]“袁枚以平等观念、开放意识，尊重妇女文化人格，濯拔妇女文学天才，发掘妇女文学潜能，蔑视礼法，冲破禁锢，为清一代妇女文学之兴盛立下大功。”[3]可以说，这一时期，也是男女平等的思想不断潜滋暗长的春天。这种思想对《镜花缘》的创作产生积极而深刻的影响。李汝珍笔下的百花仙子中有的精通诗词曲赋，有的通晓琴棋书画等，实际上就是这一时期女性文学勃兴的生动写照。《镜花缘》中，作者主张女子应该和男子有同样的待遇，接受同等的教育，参加同等的政治与社会活动，并且还主张女子以公开的身份参加科举考试，凭着自己的学识和才能参与政事。塑造了众多了“满脸书卷秀气”[4]的才女形象。作者还用“反诸其身”的方法，虚构了一个女子当权的女儿国，将传统的男尊女卑的观念彻底地颠倒过来，“男子反穿衣裙，作为妇人，以治内事；女子反穿靴帽，作为男人，以治外事。”[5]作者在小说中尽力显扬女子的才学，伸张女子应该拥有的权力，从而表达了提高妇女地位，实现男女平等的进步思想。

小说中用“春”命名才女，不仅仅是表现女性的青春美丽，而是更加凸显这是一个女性才华能够得以施展，女性的生命和才学犹如雨后春笋般生机勃发的时代，也是女性呼唤自由平等的春天。

二、植物花草命其芳名——馨香高洁之美

《镜花缘》中，作者用植物花草命其才女的芳名非常多，如兰英、兰芝、兰音、兰芳、

[1] 周振甫 著，《文心雕龙今译》，中华书局，1986年，第414页。

[2] 胡明，《关于中国古代的妇女文学》，《文学评论》，1995(3)：119—122。

[3] 同上。

[4] 王天化，《满脸书卷气的〈镜花缘〉》，《镜花缘研究论文选》，连云港市镜花缘研究会编，1997年，第38页。

[5] 李汝珍 著，《镜花缘》，北京十月文艺出版社，1998年，第204页。

兰芬、亚兰、兰荪、瑶芝、琼芝、芳芝、玉芝、芸芝、华芝、秀英、舜英、红英、琼英、萃芳、惠芳、再芳、月芳、琼芳、若花、题花、红萸、紫樱、紫绡、紫菱、紫蓂、尧蓂、瑞蓂、祥蓂、芷馨等。在古代诗词歌赋中，多用香草、兰、芝比喻品行高尚或友情、环境美好等。如屈原的《离骚》"扈江离与辟芷兮，纫秋兰以为佩"，其中"江离"、"芷"、"兰"都是香草名。"朝饮木兰之坠露兮，夕餐秋菊之落英。""制芰荷以为衣兮，集芙蓉以为裳；不吾知其亦已兮，苟余情其信芳；高余冠之岌岌兮，长余佩之之陆离。"[1]诗人饮的是花露，吃的是菊的落花，戴的是香花香草所制成的高冠，身上披的、腰间佩的都是香草香花。在《离骚》中，香花香草的意象几乎渗入了诗人的整个生活。诗人经常运用这些香草异卉作配饰，暗喻自身品性的芳洁。在《离骚》中屈原还把香草、美人两者创造性地融合在一起，塑造出一个完美的诗人形象，使得君子内在的人格魅力和外表的鲜美相得益彰。《离骚》中所确立的香草美人的诗歌传统对后代诗赋影响很大。宋玉的《神女赋》、张衡的《四愁诗》、曹植的《洛神赋》、唐代李贺等亦多寄情于香草美人。

不仅是在诗赋中，在小说里，"香草美人"的传统也有发扬。蒲松龄的笔下，鬼狐世界跨时空阴阳地界的爱恋，显然也是受到了楚辞的影响。在《镜花缘》中，李汝珍用"香花香草"这一意象命名百位才女，亦可见其对"香花香草"意象的情有独钟和独到发挥，从而亦可体现出这些才女馨香高洁的品格。

三、星月云彩命其芳名——缤纷绚丽之美

小说中用星月、云彩命名也比较多，特别是用一些带有色彩香味的形容词放在"云"字前加以命名，如紫云、锦云、绿云、彩云、香云、素云、宝云、星辉、月辉等，描绘出云的绚丽斑斓、五彩缤纷。"云"在古诗词中是常见的意象，望云思友，见月怀人。如杜甫诗《恨别》"思家步月清宵立，忆弟看云白日眠"。借白云明月，寄托对友人的怀念。刘长卿《谪仙怨》"白云千里万里，明月前溪后溪"。诗中描写与友人别后的相隔之遥与思念之深，希望悠悠的白云，能够把自己的一片思念之情带给千里万里之外的友人。宋词中描写云的词句也有很多，如晏几道《临江仙》"当时明月在，曾照彩云归"，姜夔《月下笛》"扬州梦觉，彩云飞过何许"等。日常生活中用"云"命名人名也是比较常见的，而《镜花缘》中，作者在"云"的前面加上一些带有色彩的词来形容"云"，这样就使得这些名字具有审美意义的属性，更具有强烈的表情性能。如蓝色平静而含蓄，绿

[1] 徐志啸 著，《诗经楚辞选评》，上海古籍出版社，2002年，第10页。

色清新而富有生命力，黄色明朗而温暖，红色热烈而兴奋，白色纯洁而凉爽，黑色阴郁而深沉等。其实“色彩本身并无意义，是因为人的联想、想象而获得不同的意义”[1]。从小说中才女芳名的命名上，可以看出作者以一种审美的态度来观察事物，对色彩的反应特别敏感，形成的印象也特别清晰。作者把色彩放在所要附丽的事物即“云”的前面加以修饰，更加显得五彩斑斓，特别是用作才女芳名，给人一种缤纷绚丽之美。

四、饰物珠宝命其芳名——端丽香艳之美

在小说《镜花缘》中，作者用女性佩戴的饰物、珠宝命名才女也比较多见。如花钿、宝钿、珠钿、翠钿、青钿、红珠、骊珠、浦珠、乘珠、瑶钗等。钿、钗、珠等都是女性经常佩戴的饰物。所谓花钿，是古代女子贴在两鬓、眉间或面颊上的一种花朵形的装饰物，它的源头可以追溯到春秋战国时期，在唐朝发展到鼎盛，宋元时渐趋没落。在古代诗人的笔下，它也被赋予了或富贵或贫穷的出身，或欢乐或哀伤的情感，或顺畅或坎坷的命运。如李端的《赠郭驸马》：“杨柳入楼吹玉笛，芙蓉出水妒花钿。”这首诗描写出一枚精致小巧的花钿使得女子娇媚明秀，连出水的芙蓉也妒忌了。章孝标的《柘枝》：“柘枝初出鼓声招，花钿罗衫耸细腰。移步锦靴空绰约，迎风绣帽动飘摇。”描写出了身着罗衫的女子，面点花钿，脚踏锦靴，细腰款摆，在欢快的鼓声中碎步轻移而出，头上绣帽随风摇动，显得风姿飘逸。白居易的《长恨歌》：“花钿委地无人收，翠翘金雀玉搔头。君王掩面救不得，回看血泪相和流。”只此一句“花钿委地无人收”便描写出了杨贵妃死时的惨状与死后的凄凉，借“花钿”传达出了古代女子悲惨的命运。另外，古代诗歌中也有对“珠玉”的描写，如杜甫的《和贾至早朝大明宫》“朝罢香烟携满袖，诗成珠玉在挥毫”。这里的“珠玉”比喻诗文的美好。再如温庭筠的《菩萨蛮》“翠钗金作股，钗上蝶双舞”写出了女子玉钗微微颤动给人带来的动态之美。这些钿钗珠玉散发着浓厚的女性气息，具有明晰的女性特征和色彩。用这些带有浓郁女性气息的珠玉宝钗作女子的芳名更切合女性特有的身份特征，具有端丽香艳之美。

五、才女芳名与李汝珍的女性观

从上述内容可以看出，李汝珍运用季节、植物花草、天文星月、饰物珠宝等多种意象作为百位才女的芳名具有一定的审美意蕴，这些五彩斑斓的意象散发着浓厚的女性

---

[1] 吴力 著，《诗林探美》，贵州人民出版社，2000年，第11页。

气息，具有明晰的女性色彩。同时这些女性给人的感觉是具有独立个性的，既有才华又有智慧，自强自立，能文能武，这与李汝珍的女性观是有一定联系的。胡适在《中国章回小说考证》中说“李汝珍所见的是几千年来忽略了的妇女问题，他是中国最早提出这个妇女问题的人，他的《镜花缘》是一部讨论妇女问题的小说。他对于这个问题的答案是，男女应该平等的待遇，平等的教育，平等的选举制度”。[1]在《镜花缘》的女儿国中，一切以女子为中心，从皇帝到辅臣都由女子担任，女子拥有至高无上的权力和支配男人的地位，竭尽所能对父权制社会涂脂抹粉、穿耳梳鬃、束腰缠足以迎合男性审美观的种种陋习给女性带来的痛苦加以嘲讽和抨击，显示出其进步的妇女观。小说中还描写了百名才女赶考，试女科，女子可以科考成名，封官荣家，辅政参政，从而充分表达了男女平等、妇女解放的民主思想。如在黑齿国“无论贫富，都以才学高的为贵，不读书的为贱。就是女人，也是这样，到年纪略大，有了才名，才有人求亲；若无才学，就是生在大户人家，也无人同他配婚。因此，他们国中，不论男女，自幼都要读书。”[2]再如六十八回中亭亭说，“将来若花姐姐做了国王，我们同心协力，各矢忠诚；或定礼制乐，或兴利剔弊，或除暴安良，或举贤去佞，或敬慎刑名，或留心案牍。辅佐他作一国贤君，自己也落个‘女名臣’的美号，日后史册流芳，岂非千秋佳话。”[3]这是对女子圣君贤相的赞美，明确地表明女子也要参政的主张。从小说中可以看出李汝珍对传统男尊女卑观念的否定，主张男女平等，这在当时来讲可以说是石破天惊，可以说他是一位走在时代之前的先行者。他的这种进步的女性观在百位才女芳名的命名上也得到了充分的体现，虽然作者用具有女性本身特有的身份特征意象命名才女芳名，但从中可以看出这些才女青春活力，生机勃发，馨香多彩，绚丽多姿，迥异于传统女性。

综上所述，《镜花缘》中百位才女芳名命名，具有美感特质，富有一定的审美意蕴，它与作者的审美理想和进步的女性观是密切相关的。尽管作者的社会理想在当时来说可谓是镜中花，水中月，但是作者对于封建时代妇女命运、妇女问题的思考还是具有一定的思想认识意义的。“李汝珍关于妇女解放的思想已经达到他所处时代的最高水平”[4]正是李汝珍对历来不受重视的妇女问题的独特反思，使得他在中国古代文学史上占有不可或缺的重要地位。

---

[1] 胡适 著，《中国章回小说考证》，上海书店，1979年，第531页。

[2] 李汝珍 著，《镜花缘》，北京十月文艺出版社，1998年，第109页。

[3] 同上，第446页。

[4] 张蕊青，《乾嘉扬州学派和镜花缘》，《北京大学学报》，1999，36（5）：106。

耐人寻味的沉默与友善[1]

——论"文艺自由论辩"中鲁迅对胡秋原的态度及其原因

张景兰[2]

摘　要：在1930年代的"文艺自由论辩"中，鲁迅对"第三种人"是持续关注和批判的，而对"自由人"胡秋原则保持沉默，并且在事后显出友善态度，究其原因，主要在于胡秋原的文艺观点、文学评论上具有相当的合理性，在某些重要观点和思想上二人具有相通性：对于思想自由、创作自由的认同，对于文艺的社会政治功能的辩证理解，对于普列汉诺夫文艺思想的接受等。鲁迅和胡秋原在政治态度和文艺观点的关联与交错现象在中国现代文学史上具有典型性，而鲁迅与左翼主流理论家们对待胡秋原的差异则显示出他卓尔不群的独立思想和自由意志。

关键词：鲁迅　胡秋原　文艺自由论辩　态度　原因

1930年代初的左翼文坛与"自由人"、"第三种人"的论辩，当时被称为"文艺自由论辩"，是一场理论内涵丰富、影响广泛的文艺论辩。研究者一般把"自由人"胡秋原和"第三种人"苏汶一并而论，对他们的评价也经历了1980年代之前视为资产阶级反动文人、1980年代以后视为左翼的同路人乃至友人的变化。但仔细考察历史会发现，左翼理论家瞿秋白、冯雪峰、周扬等对待胡秋原和苏汶的态度有所不同，他们基本上是视胡秋原为敌人而视苏汶为同路人乃至友人的。就在左翼理论家与胡秋原、苏汶展开激烈论辩的时候，鲁迅并没有及时介入，而是到论争发生10个月后的1932年10月10日，在冯雪峰的邀请下，发表了《论"第三种人"》，开头部分有这样一段话：

---

[1] 本文原发表于《烟台大学学报》(双月刊)(中文核心)2014年第6期。

[2] 作者简介：张景兰，文学博士，淮海工学院文学院教授。

这三年来，关于文艺上的论争是沉寂的，除了在指挥刀的保护之下，挂着“左翼”的招牌，在马克斯主义里发见了文艺自由论，列宁主义里找到了杀尽共匪说的论客的“理论”之外，几乎没有人能够开口。[1]

对于这里鲁迅不指名的评判，有研究者认为，“在马克斯主义里发见了文艺自由论，列宁主义里找到了杀尽共匪说的论客”是指胡秋原，鲁迅对胡的性质判断较之对苏汶带有更加严厉的政治批判意味。究其原因，则归结于鲁迅与左联团体的保持一致（因为冯雪峰、瞿秋白等最初都视胡为敌人，冯雪峰则直接斥之为托派）和在特定政治环境下的错误判断。[2]近来学界有进一步考辨，认为“在列宁主义里找到了杀尽共匪说的论客”系指给鲁迅写信的托派陈仲山，并非指胡秋原；“在马克斯主义里发见了文艺自由论”确系指胡秋原，但事出有因，因为胡秋原主编的《读书杂志》由神州国光社出版，其老板系国民党十九路军创办人陈铭枢，鲁迅误以为胡秋原与军阀之间有着扯不清的关系。因为鲁迅自从“4・15”广州清党后，彻底断绝了与国民党的关系，政治立场“向左转”[3]。

应该说，以上考辨与分析，都是对20世纪30年代“文艺自由论辩”中复杂性的深入探讨，但还有一个易被忽视的事实是：从整个论争过程来看，与左联主要理论家的火力强大地密集论战胡、苏不同，作为左翼精神领袖的鲁迅陆续发表了正面回应苏汶的《论“第三种人”》、《再论“第三种人”》等系列文章，但对胡秋原从没有直接提及。而且，就在左联团体停止对胡、苏的论争后，鲁迅却对后期“第三种人”给予了持续关注和严厉批判，对胡秋原则表现出耐人寻味的态度：一是在左联机关刊物《文学月报》刊出对胡秋原实施人身攻击和辱骂的诗作《一个汉奸的自供状》后，以为人熟知的“鲁迅”之名（这一时期，鲁迅大多用各种其他笔名发表文章）发表了著名的《辱骂和恐吓决不是战斗》，给予批评，并因此还受到左联内部一些成员的攻击[4]；二是当论辩结束后，鲁迅专门委托冯雪峰给胡秋原送去了一帧“俄国马克思主义之父”普列汉诺夫的照片——这是苏联友人刚刚送给鲁迅的，鲁迅将其送去照相馆经精心翻拍后，赠送给胡秋原。也就是说，鲁迅不仅没有正面批判胡秋原，而且在事后表示了对胡的友善态度，这是一个耐人寻味而又未被充分重视的历史事实。那么，如何理解鲁迅对待胡秋原的态度及其与左联主流理论家的差异？这只有从胡秋原在论战中所表达的文艺思

[1] 鲁迅 著，《鲁迅全集》（第4卷），人民文学出版社，2005年，第430页。
[2] 秋石，《胡秋原与鲁迅的论战与纠葛》，《粤海风》，2008（5）。
[3] 张宁，《同途・殊途・同归——鲁迅与胡秋原》，《文史哲》，2012（6）。
[4] 孙郁 著，《被亵渎的鲁迅》，贵州人民出版社，2009年，第56页。

想的诸多合理性、与鲁迅的文艺观在某些方面的相通性上，才能得到合理的解释。同时，在1930年代初政治斗争尖锐、庸俗社会学文艺观盛行的左翼文坛中，这一差异也显示出鲁迅卓尔不群的独立思想和自由意志。

一、关于思想和创作领域的自由

以往的许多相关研究往往把左翼文坛与胡秋原的论争视作马克思主义与自由主义的斗争，体现出二项对立的政治逻辑和思想方法。但事实上二者并非泾渭分明、截然对立，左翼内部也并非铁板一块，完全一致。

自称为"自由人"的胡秋原，其文艺思想的核心就是"自由"，与倡导无产阶级革命文学的左翼主流理论相背离，但他的文艺理论资源和方法却是马克思主义的历史唯物主义，所以，他自称"自由主义态度与唯物史观方法"。胡秋原被左翼文坛过激反应的"自由"其实首先是对国民党当局在政治、思想、文化领域的党治一统的批判否定，是对思想自由、创作自由的提倡和争取。他在文章中反复批判国民党当局炮制的民族主义文艺，称其是新的法西斯主义文学，指斥"民族文艺家凭借暴君之余焰"，"残虐文化与艺术之自由发展"，"是特权者文化上的'前锋'，是最丑陋的警犬，它巡逻思想上的异端，摧残思想的自由，阻碍文艺之自由的创造。……他们所标榜的理论与得意的作品，实际是最陈腐可笑的造谣与极其低能的呓语，毫无学理之价值，毫无艺术之价值。"[1]可以说，胡秋原对民族主义文艺的强烈抨击和同时期左翼方面如鲁迅的《"民族主义文学"的任务与运命》、瞿秋白的《屠夫文学》、茅盾的《"民族主义文艺"的现形》等在批判程度上是不相上下的。但同时，他也反对一切政治党派包括左联背后的共产党利用文艺之力来助政治之功，他说："我所谓'自由人'者，是指一种态度而言，即是在文艺或哲学的领域，根据马克思主义的理论来研究，但不一定在政党的领导之下，根据党的当前实际政纲和迫切的需要来判断一切。"[2]胡是把马克思主义作为一种思想方法来解释文艺现象和社会历史现象的，但反对以马克思主义为政治意识形态的党派利用和干涉文艺，坚持文艺的独立自由，是一种非政治的文艺观。

而作为左翼文学精神领袖的鲁迅，正如瞿秋白在《鲁迅杂文选集序言》中所指出的，他是"反自由主义"的，他的反中庸、反调和、"痛打落水狗"、主张"火与剑"式的彻底斗争精神，与20世纪30年代以胡适为代表的主张改良、宪政的自由主义者格格

[1] 苏汶 编，《文艺自由论辩集》，现代书局，1933年，第7—8页。
[2] 同上，第201页。

不入。他加入左联，和创造社、太阳社成员联合起来，是想“造成一条阵线”，政治文化阵线，向以血腥屠杀起家的国民党当局和旧社会旧文化进行不妥协的斗争。然而，在现实政治层面主张彻底革命的鲁迅，在思想文化、文学创作层面却也是个“自由主义”者。无论是留日时期的“尊个性而张精神”的“立人”与“立心”思想，还是五四时期的激烈反传统、提倡个性自我，同情绥惠略夫式的“个人的无治主义”，以及左联时期既和左联领导者们在政治上合作又始终坚持自己的独立思想和批判思维，乃至和左联后期领导者分道扬镳等，都表现出精神独立、思想自由的现代知识分子品格。因此，20世纪90年代以后的一些评论者甚至把鲁迅拉进中国现代自由主义者的行列之中。

在主张思想自由、创作自由方面，鲁迅对胡秋原的自由论有着思想共鸣的基础和可能。关于创作自由，胡秋原说：“左翼批评家尽可站在马克斯主义观点，分析他们的作品，但是作家有表现他的情思之自由，而批评家不当拿一个法典去限制他们。只看他们表现得真不真(即是不是真正生动的现实)，不要勉强他一定要写什么，怎样写。”[1]胡秋原强调创作的真实性原则、尊重创作自由，反对以理论框框乃至政治框框去要求作家，这与鲁迅在《关于小说题材的通信》中对左翼文学青年沙汀、艾芜就创作题材问题的答复是一致的：

我的意思是：现在能写什么，就写什么，不必趋时，自然更不必硬造一个突变式的革命英雄，自称“革命文学”；但也不可苟安于这一点，没有改革，以致沉没了自己——也就是消灭了对于时代的助力和贡献。[2]

在这里，鲁迅和胡秋原的出发点都是尊重作家的生活经验和创作自由，遵循文学创作的真实性原则。也可以说，正是鲁迅的独立思想和自由精神使得他根据自己的现实感受和思想逻辑选择和支持左联及其背后的政治力量；同时，他又始终没有成为任何具体的政治组织和理论的服从者和信仰者，他从不真正“听将令”。而在这一点上，年轻的胡秋原在精神气质上和鲁迅不无相通之处。

二、关于文艺的社会政治功能与普列汉诺夫文艺思想

20世纪20年代末到30年代初，受日本、苏联的左翼文学思潮影响，中国的左翼理

[1] 苏汶 编，《文艺自由论辩集》，现代书局，1933年，第198页。

[2] 鲁迅 著，《鲁迅全集》(第4卷)，人民文学出版社，2005年，第362页。

论界普遍存在着庸俗社会学文艺论调，无限强调和夸大文艺的阶级性和社会政治功能，简单地将文学作品作为政治斗争的宣传工具、武器和留声机，包括瞿秋白、冯雪峰等一些具有反思能力和思想弹性的左联优秀理论家也不同程度地受到影响。瞿秋白就明确提出："文艺——广泛的说起来——都是煽动和宣传，有意的无意的都是宣传。文艺也永远是，到处是政治的'留声机'。"[1]郭沫若、成仿吾等受苏俄"无产阶级文化派"理论家波格丹诺夫的"组织理论"影响，称文艺可以"组织生活"、"创造生活"和"超越生活"。针对这些论调，胡秋原指出："以为文艺可以改造世界，这是'半部论语治天下'的见解，是以为口中念念有词就能致人于死地的原始巫术崇拜者。……对于文艺之社会机能，不能估得过高，正如不能估得过低一样。……我不是否定上层建筑反作用于基础，但不可夸张，还原到'意见支配世界'的观念论，而回避了实际的政治斗争；神游于普罗意识中，创造两篇温室普罗文学，便以为在革命事业上尽了万钧之力。"[2]在政治斗争尖锐激烈、马列主义思想广泛传播而又鱼龙混杂的1930年代初，庸俗社会学文艺思想被中国左翼理论家们未加反思地接受和传播着。胡秋原依据马克思主义的历史唯物主义的基本逻辑，对文艺的社会政治功能所作的理解是理性而中肯的，其对左联理论家的批评可谓切中要害，同时也与左联前后的鲁迅的文艺观相通。

在1928年创造社扛起无产阶级革命文学大旗时，鲁迅在《文艺与革命》一文中就明确指出："我是不相信文艺的旋乾转坤的力量的，但倘有人要在别方面应用他，我以为也可以。譬如'宣传'就是。"[3]他批评创造社夸大革命文学的社会作用的论调："这是踏了'文学是宣传'的梯子而爬进唯心的城堡里去了。"[4]鲁迅既认为文艺具有阶级性，但反对唯阶级、唯政治的文艺观；他认同文艺具有宣传作用，也看到其有限性："一首诗吓不走孙传芳，一炮就把孙传芳吓跑了。"胡秋原关于文学的社会机能"不能估得过高，正如不能估得过低一样"的看法和鲁迅非常相近。鲁迅和胡秋原都基于历史唯物主义的思想而认同文艺的阶级属性和社会政治功能，但又反对将其夸大到不适当的位置。在左联成立之初，鲁迅又针对一些左翼青年存在的脱离社会实际而只强调思想意识的"奥伏赫变"(突变)问题提出告诫："倘若不和实际的社会斗争接触，单关在玻璃窗内做文章，研究问题，那是无论怎样的激烈，'左'，都是容易办到的；然而一碰到实际，便即可要撞碎了。关在房子里，最容易谈彻底的主义。"[5]这也和胡秋原的"温室

[1] 苏汶 编，《文艺自由论辩集》，现代书局，1933年，第93—94页。
[2] 同上，第212—213页。
[3] 鲁迅 著，《鲁迅全集》(第4卷)，人民文学出版社，2005年，第81页。
[4] 鲁迅，《壁下译丛·小引》，《鲁迅全集》(第10卷)，人民文学出版社，第273页。
[5] 鲁迅 著，《鲁迅全集》(第4卷)，人民文学出版社，2005年，第226页。

普罗文学”说相一致。

胡秋原与鲁迅在文艺观上的相通还源自他们都受到了俄国马克思主义文艺理论之父普列汉诺夫的影响。20世纪30年代初，左翼文坛受到苏联对普列汉诺夫的政治批判的影响，进而对其艺术理论也持否定的态度。冯雪峰就认为：“朴列汉诺夫的艺术理论是有许多不正确的，特别是同样地渗进艺术理论中去的他的门雪维克（孟什维克）的观念的要素……他对于艺术文学的阶级性的理解是机械论的，是取了机会主义态度的，对于艺术文学的阶级的任务的认识，是并非坚固地站在无产阶级的立场上而来的。”[1]瞿秋白也认为普列汉诺夫的艺术理论“已经包含着客观主义和轻视阶级性的成分，也包含着艺术消极论的萌芽”。[2]鲁迅对普列汉诺夫的接触开始于1928年的“革命文学”论战期间，他有一段为人熟知的话：“我有一件事要感谢创造社的，是他们‘挤’我看了几种科学底文艺论，明白了先前的文学史家们说了一大堆，还是纠缠不清的疑问。并且因此译了一本蒲力汗诺夫的《艺术论》，以救正我——还因我而及于别人——的只信进化论的偏颇。”[3]鲁迅正是从普列汉诺夫的《艺术论》开始，逐步认识和接受马克思主义的文艺思想的。左联时期，鲁迅也看到了普列汉诺夫在政治上的变化、与列宁的分歧，但并未因此而对其文艺理论的价值加以否定。1930年6月，鲁迅在左联机关刊物《萌芽月刊》第一卷第六期上发表了为普列汉诺夫论文译本而写的长篇序文，客观地介绍了俄国无产阶级运动的历程和普氏的政治思想和行动及其文艺观，指出：“蒲力汗诺夫对于无产阶级的殊勋，最多是在所发表的理论的文字，他本身的政治的意见，却不免常有动摇的。”鲁迅看到了普列汉诺夫在政治上的动摇，但依然认为“他的艺术论……不愧称为建立了马克斯主义艺术理论，社会学的美学的古典的文献”。[4]

与此同时，胡秋原早在1927年就比较系统地阅读了马克思恩格斯的著作，有的还是外文原著。在1929年留学日本后的几年里，为撰写七十万字的《唯物史观艺术论——朴列汗诺夫艺术之研究》一书，胡秋原几乎是通读了马克思恩格斯全集，以及普列汉诺夫、列宁、托洛茨基等人的著作。在与左联的论争中，胡秋原主要依据普列汉诺夫对于文艺起源的历史唯物主义解释和文学借社会心理而体现阶级性这一观点，反对左翼理论家把文学的阶级性狭隘化、简单化。针对瞿秋白所说“反映某一阶级的生活，就是赞助着某一阶级的斗争”，他指出：文学作品的阶级性表现常常需要借助中介即社会心理，而同一阶级，又有不同的集团的意识形态，有阶级斗争，也有阶级同化，有阶

[1] 苏汶 编，《文艺自由论辩集》，现代书局，1933年，第59页。

[2] 同上，第84页。

[3] 鲁迅 著，《鲁迅全集》（第4卷），人民文学出版社，2005年，第6页。

[4] 同上，第254页。

级的忠臣也有阶级的逆子，“文学上阶级性之流露，常是通过复杂的阶级心理，社会心理，并在其中发生‘屈折’的”。[1]就文艺论文艺，胡秋原关于文学借社会心理而体现阶级性，指出文学所反映的阶级性有着复杂的情形，这显然比左联理论家的描写哪个阶级的生活就是赞助那个阶级的说法更符合文学创作和文学接受的规律。可以想见，胡秋原对文学阶级性的更加严谨合理的解释、对文学创作及其发生社会影响的规律的认识和有着丰富创作经验的鲁迅更能取得思想观点上的共鸣。我们虽没有看到鲁迅正面回应胡秋原的文字，但从鲁迅赠送胡秋原以普列汉诺夫照片一事中，可以看出，鲁迅对同样汲取普列汉诺夫文艺思想的胡秋原的认同和友善。

三、政治态度与文艺思想的关联与错位

必须指出，胡秋原与鲁迅的相同和相通仅止于文艺观层面，类似的观点与话语背后其实包含着不同的意图和出发点：鲁迅对国民党专制统治和社会现实持积极介入和批判抗争的态度，支持和加入无产阶级革命文学运动，他的《对于左翼作家联盟的意见》意在提醒左翼青年要接触真正实际的社会斗争，而不是关在玻璃窗内空喊几句革命口号；而胡秋原虽然也是从1927年的大清洗中侥幸逃离，但在20世纪30年代初他对现实政治斗争取疏离的态度，尽管也批判统治当局的扼杀思想自由，但却是在国共两党之外的“第三种”立场——自由立场。这种“自由”虽然非胡适式的自由主义，但也与无产阶级政治革命的左翼主流政治话语相左。胡秋原始终以自由为盾牌抗拒一切现实政治力量对文艺的干涉，固守艺术本位论，对国民党统治当局炮制的民族主义文艺的批判也只是基于艺术本位而非政治批判。所以，瞿秋白当时就指出“他（指胡秋原）正是要求他们‘勿侵略文艺’，他并不去暴露这些反动阶级的文艺怎样企图捣乱群众的队伍，怎样散布着蒙蔽群众的烟幕弹”[2]，总之，胡秋原是在回避、远离现实政治斗争的基本态度下对艺术独立的维护，而鲁迅是在用文艺介入社会政治斗争前提下尊重文艺自身的特性。

但在那个“风沙扑面、虎狼成群”的政治环境中，广大有良知的知识分子并非如某些左翼理论家们所认为的“不革命即反革命”，也并非因为“不革命”而一无可取。胡秋原所持“自由”的政治立场属于20世纪80年代以后许多研究者所说的“同路人”（非革命者，但对革命持旁观和同情的态度）一群，1933年他因参加对抗蒋介石政权的福

[1] 苏汶 编，《文艺自由论辩集》，现代书局，1933年，第199—200页。

[2] 同上，第83页。

建“闽变”而被驱逐，流亡欧美各国，并在1935—1936年受第三国际中国代表团之邀，协助王明、李立三编《救国时报》和《全民月刊》，参与了中国共产党呼吁全国人民团结抗日的《八一宣言》的起草。还因为其工作的出色，王明曾多次劝其加入中国共产党。[1]而鲁迅早在20世纪30年代就表达了对“同路人”知识分子的态度：“左翼作家并不是从天上掉下来的神兵，或国外杀进来的仇敌，他不但要那同走几步的‘同路人’，还要招致那站在路旁看看的看客也一同前进。”[2]鲁迅对待胡秋原的态度正体现了其宽广胸襟和思想独立，与左翼主流理论家们的“唯我独革”的排他性形成对照。

如前所述，胡秋原与鲁迅虽然在政治态度和立场上有明显的不同，但在文艺思想方面有着诸多的相通和呼应。而且，这种相通和呼应由来已久。早在1928年创造社、太阳社围攻鲁迅之时，还是复旦大学学生的胡秋原就以冰蝉为笔名于4月16日《北新》半月刊上发表了长文《革命文学问题》，表达了许多与鲁迅的社会认识、文艺思想有着深刻共鸣的观点。如对当时社会现状的认识，胡秋原指出：“正义已不知死了多少年，劳苦民众号哭呻吟遍满全国，青年在绝望痛苦的深渊，红的血涂满了整个的中华；而另一方面，豺狼虎豹在人肉的筵席上，高唱凯旋之歌，叭儿狗和狐狸在旁笑眯眯的喝彩。”[3]胡秋原对1928年前后的社会现实的黑暗的认识和革命文学倡导者们认为中国革命的高潮已经到来的调子完全不同，与鲁迅对现实的感受“杀人如草不闻声”如出一辙，而且在用语上也明显受到鲁迅的影响。对于创、太二社的革命文学论调，鲁迅着重针对他们的言行对比，发表《文艺与革命》讽刺他们“都在上海租界左近，一有风吹草动，就有洋鬼子造成的铁丝网，将反革命文学的华界隔离”[4]，在稍后发表的《路》中批评他们的排他性思维：“口头不说‘无产’便是‘非革命’，还好；‘非革命’即是‘反革命’可就危险了。”[5]鲁迅当时认为革命文学倡导者们只是坐在咖啡厅里谈革命文学、“而对于目前的暴力和黑暗不敢正视”[6]、“欢迎喜鹊，憎厌鸱枭，只捡一点吉祥之兆来陶醉自己”[7]。再看胡秋原，面对热闹一时的“革命文学”，他一方面认为其是“混乱而麻痹的中国的一帖兴奋剂，是萎靡锢蔽的中国文坛的一种新鲜的活力”，但反对排斥抹杀一切“非”革命的文学和文学家，仿佛所有“不革命文学”，都只应该“扔到茅厕里去”的偏激排他态度，指出“文艺家是时代精神的灵魂，是社会民众的喉舌”，但如果“先树

[1] 张漱菡 著，《胡秋原传》，湖北人民出版社，2007年，第235页。
[2] 鲁迅 著，《鲁迅全集》（第4卷），人民文学出版社，2005年，第431页。
[3] 冰禅（胡秋原），《革命文学问题》，《“革命文学”论争资料选编》（上），人民文学出版社，1981年，第341页。
[4] 鲁迅 著，《鲁迅全集》（第4卷），人民文学出版社，2005年，第94页。
[5] 同上，第85页。
[6] 同上，第82页。
[7] 同上，第100页。

立一个文学的格式，以为没有革命的字样就一无足取，大家也就嚷着‘革命’‘革命’，反而没有看出社会痛苦之真象，也是一样的失去了文艺底真意义之所在了”[1]。这些表述与鲁迅的文字有着惊人的相似。

对于创、太二社把劳工（无产）阶级政治上神圣化和道德上理想化，胡非常鲜明地表明了异议："不过还有一件在我们同情于工农阶级的痛苦时所万不能忘记的，就是几千年我们不肖的祖宗所遗留累积于我们民族底恶劣的根性和思想。中国之所以陷于近来这样的一个混乱可怕的境遇里，固然也是社会制度的罪恶，而使这个混乱尽量发挥它的罪恶与延长这个不合理的社会底寿命的，就不能不说是我们祖传的凶残卑劣，懒惰贪婪的劣根性，以及布满于一般民众的升官发财的思想了。"胡秋原还针对钱杏邨的《死去了的阿Q时代》指出："阿Q的时代不独还没有'过去'，就是最近的将来还不会'过去'……"[2]在革命文学倡导者高举大旗、集中攻击和否定五四文学主将鲁迅的时候，年轻的胡秋原敢于发出不同的声音，表现出深切的现实感和出色的理论素养，其对文学的思想启蒙和文化批判功能的强调，可谓深得鲁迅的启蒙思想的精髓，是对鲁迅的文学作品和思想观点的深察洞见。

在政治斗争尖锐严酷的1928—1930年代，左翼理论家出于对马克思主义政治理想的虔诚信仰，深受苏联庸俗社会学文艺思想的影响，难以避免地存在着把文艺作为宣传和战斗工具的政治实用主义思维，使文学理论和文学批评打上了明显的庸俗社会学的烙印。在政治工具论成为主导文艺思想的左翼文坛中，鲁迅始终秉持着文学艺术的主体性，强调文学创作的艺术规律。鲁迅那段著名的话语："革命之所以于口号、标语、布告、电报、教科书之外，要用文艺者，就因为它是文艺……当先求内容的充实和技巧的上达，不必忙于挂招牌。"[3]就是在政治革命的大潮中坚守文艺的主体性。作为左翼文坛精神领域的鲁迅，在政治态度上旗帜鲜明地站在被压迫的共产党及其领导的左翼文化阵营，在思想文化领域，他始终保持着一份深刻的清醒和独立，始终坚持以文学的方式参与政治，重视和尊重文学创作自身的规律性和创造性，尊重作家的个性和创作自由。

而胡秋原的文艺自由论一方面是对国民党统治当局行专制统治、扼杀思想和文艺自由的批判，同时也表达了反对一切政党包括对文艺的利用，其政治态度和鲁迅有着明显的不同，但二者的文艺思想和精神气质却不乏相同和相通之处。这一时期，胡秋

[1] 冰禅（胡秋原），《革命文学问题》，《"革命文学"论争资料选编》（上），人民文学出版社，1981年，第340页。
[2] 同上，第342页。
[3] 鲁迅 著，《鲁迅全集》（第4卷），人民文学出版社，2005年，第81页。

原接受了马克思主义唯物史观，又受西方启蒙主义传统的影响，把公开运用自己的理性、不受任何权威偶像支配作为知识分子的精神特质，反对知识分子依附任何政治党派，而单纯的留声机观念就在逻辑上取消了知识分子自身的主体性和独立性。所以，他讥讽左翼批评家与“资产阶级的狗”是“万狗打架”，“不是主人的写文章者之流，其为狗则一也”[1]。这种言论虽然过于尖刻，但从其知识分子的思想独立的逻辑出发，这有其内在逻辑。

总之，在“文艺自由论辩”中，胡秋原主张的文艺创作、思想领域的自由，对文学的社会政治功能的辩证看法，对普列汉诺夫的文艺思想的接受和运用，启蒙文化观以及敢于怀疑的知识分子独立精神等，都表现出与鲁迅思想和精神气质的共鸣与相通。其对左翼理论家的某些偏颇幼稚的文艺论述的批评，大都切中要害，对左翼文艺理论具有一定的纠偏补充的意义。但在政治斗争主导文化领域、左翼文艺饱受压迫摧残的1930年代，敏感的政治应激思维和马列主义的思想文化逻辑，使得左翼理论家们对胡秋原的文艺观点往往做不到冷静的思考、理性的回应，而鲁迅对胡秋原与左翼理论家瞿秋白、冯雪峰、周扬等的论战保持沉默和事后友善态度正体现了他卓尔不群的独立思想和自由意志。在20世纪30年代乃至中国现代文学史和思想史上，这种政治态度和文艺观点的关联与交错现象是具有典型性的，那种非此即彼、唯我独革的排他性思维和做法的错误和危害也早已被历史证明了的。

---

[1] 苏汶 编，《文艺自由论辩集》，现代书局，1933年，第204页。

历史学

羽山旧石器的发现和羽山的再追究（简概）

李洪甫[1]

1994年7月，连云港市电化教育馆为拍摄乡土教育专题片在羽山拍摄外景，作为撰稿人，笔者应邀前往。

雨后，羽山被洗得山青草绿。雨水冲刷过的红褐色层土暴露出的石英碎块引起笔者的注意。羽山南麓有两处采石的“石塘”，并有一条为了运石头而辟出的山间小路，切开了坡积的红褐色土层，在断面上，笔者意料中地采集到一些有人工打击痕迹的文化材料。

带有两处以上打击痕迹的石块共56件，其中，有多刃刮削器、单刃利削器、尖状器，船底形石核以及石片等。

尖状器（羽6），长13.9厘米，宽6厘米，在此次发现的文化材料中，体积最大。以普通石英制作。在一个近似四方体的一端，被砸击作尖状，在较宽的一面之两侧，制作者留下了10多个打击点，尖锥体清晰可辨，与尖状刃相对的另一端也有为了加工刀刃的打击痕迹。多刃刮削器（羽1），7.2×5.5×3.1厘米，通体有剥落石片的痕迹，大的左侧的痕迹最为密集，形成一个颇为锋利的弧形刃口，前侧以一个很大的打击点和石层剥落痕迹以及几个小的加工点，组成一个凹刃，右侧也以2个明显的打击点，组成一个凹刃。

56件文化材料中，像这样的多刃刮削器，还有2块（羽12、羽14），除了体积递减窄小外，其造型、手法几乎完全一致，使人联想到今天那些依次排列的成型的专用工具。尤其是这种两侧加工成刃，以左侧为主；一端成凹刃，另一端为柄而中间隆起的多刃刮削器，有使用时间长，用途广，装柄方便，制作手法固定的优点，在东亚地区的旧石器类

[1] 作者简介：李洪甫，原连云港市地方志办公室研究员。

型中，很值得注意。

单刃刮削器（羽34，羽32，羽35）也十分典型，一侧经多处加工成为锋利的刃口，对应一侧是厚实的背柄，器身的断面呈规则的三角形。三块单刃刮削器中，两块长条形的以白色石英为原料，其中一块的质地近乎蛋白石。还有一块以红褐色石英为原料的刮削器，体积较大，刃部突出，与1979年在连云港锦屏山桃花涧探坑中出土的圆头刮削器在形制上十分相近（见《连云港桃花涧旧石器时代晚期遗址的试掘及其文化性质的探究》，《东南文化》1989年第3期）。

在中国最早的文献中，羽山就是九州名山，《山海经》、《水经注》、《太平寰宇记》……不少史籍皆对它津津乐道，更多的史家指称它与大禹的父亲鲧紧密相关。两千多年以来，又不断地有文人或考据家把羽山作为一个坐标去论述历史热点，沈括在《梦溪笔谈》中记载羽山的地层；钱穆在《越徙琅琊考》中就羽山考证琅琊台的位置……

文明史以来，载述羽山的史籍可谓汗牛充栋，而在羽山发现文化实物，此为首次。它不仅是历史名山的见证，也是连云港及至苏北人类的见证。

羽山旧石器的发现，也为欧亚大陆东部沿海新添了一个引人注目的旧石器地点，羽山56件文化材料中的船底形石核与日本栃木县星野遗址上层的同类标本如出一辙，此对上古时期中日交通乃至太平文化圈形成的研究极具意义。

关于羽山，笔者在《少昊之虚辨》（中国人民大学复印资料1981年第7期）里关于东海羽山地望提出了一些文献和实物依据。

《禹贡·曾氏注》中说："羽山之谷，雉具五色，因以羽名。"明注羽山与鸟的关联。《尚书·禹贡》所述的"鸟夷卉服"，李白风先生释作："在江苏沿海一带，当即'鸟夷皮服'然两用岛夷，或前者迳是鸟夷指以鸟为族徽的。"这自然是对的。但不应忽视这个鸟国的海中山岛的地貌特征。被指作"海上三山"之"瀛洲"的羽山，"三岛之来龙"，为历代经传所称道。何况，岛的异体字即为"㠀"，其义当作鸟集于（羽）山，是海上山中鸟国。据此，"㠀"或为"岛"的本字。

1980年，笔者在《少昊之虚辨》中曾指出羽山即今在海中的云台山。除陈述其他的论据外，曾引过唐人崔辅国的羽山诗，不久前连云中学的张树庄老师写信给我，信中抄寄了崔辅国的《石头濑》咏羽山的全诗："怅矣秋风时，余临石头濑，因高见超远，望尽此州内。羽山数点青，海岸杂花碎。离离树木少，漭漭波潮大。日暮千里帆，南飞落天外。须臾遂入夜，楚色有微霭。寻远迹已穷，遗荣事多昧，一身犹未理，安得济时代。且泛朝夕潮，荷衣蕙为带。"《海州志》所载的唐崔辅国羽山诗，是摘句。《石头濑》全诗对羽山的位置描述得比较清楚："因高见超远，望尽此州内。"能够望尽海州城内的"高见超远”之处，且有“漭漭波潮大”，“ 海岸杂花碎”、“ 日暮千里帆”的景境，只能是云台山南部凤凰山附近或朐山、孔望山。又，濑即湍急之水，水激石间为濑。诗人的咏吟之处也显然是海中山岛。“羽山数点青”，则更明确地指云台山。被海水分割的云台山脉，确是呈现点点苍翠。今东海县境内旧属赣榆的那座今称“羽山”的孤立的小山头是称不上“数点青”的。而古今各家注释羽山，包括今《辞海》、《地名大辞典》等均指这小山头。我认为，这可能是一个很大的误会——今称羽山的小山包是使用了它的主脉云台山的一个最早的名称。

1981年，我又在《少昊氏稽索》(《江苏省考古学会1983年论集》)里再次就羽山的文化概念作了探讨。

《海州志·沿革》也说：“又考《汉志》之赣榆，非今赣榆，乃郁州之东海也。”因此，这个地处海州与赣榆接壤的羽山指的就是郁山(即云台山)，或者至少可以说；同样临海而靠近的羽山和郁山是同一个山脉。

这个在古史传说中占有重要位置的羽山，在以后史书的记载中更是明确而且具体的。我国最早一部讲区域规划的书《禹贡》在“海岱及淮惟徐州”里对羽山的记载是“淮沂其乂；蒙羽其艺”。《嘉庆海州直隶州志》在《记事》里引《禹贡》“淮沂其乂；蒙羽其艺”之后加注说：“二水已治，二山已可种艺。”这里的“二山”也应指大壑两侧之山。清代“世传经学训诂”的考据学家高邮王引之的《经义述闻》解释这里的“其艺”是“纪其种艺”：“曰‘蒙羽其艺’，曰‘蔡蒙旅平’，曰‘荆岐既旅’，或纪其种艺之始，或纪其道路之通……”因此而可以想见古海州的作物种艺开发很早，农业生产术有了较大的发展。《禹贡》又在“海岱及淮惟徐州”这一节的“厥贡”里说：“惟土五色，羽畎夏翟……泗滨(泗，泗口，铜山县)浮磬，淮夷缤珠暨鱼。”这里的“羽畎”，辛树帜的《禹贡新解》(农业出版社，1963年7月)认为是“有了治水的痕迹”，“畎”字本身也有“山谷通水处”的解释，孔颖达的《尚书正义》还认为：“畎”即“甽”，甲骨文作“⊕巛”，字形像傍近水沟、川流的耕地，反映出羽山一带的高山大壑和已具规模的农田水利。再从《禹贡》所称“疆域四至”“东渐于海”来看，羽山一带的文明程度是西、南、北各方的边远地区所远远不能比拟的，公元前21世纪夏代的版图上，从渤海、黄海到东海这漫长的东部海岸，能够有明确所指的地名，除了山东半岛北部的“过”、“寒”两个小方国以外，唯是羽山。足见羽山在古代传说中的影响之大。说古代羽山是与夏文化有密切关联的一个不容忽视的据点，是中华民族文明发祥地之一，并不为过分。范文澜先生曾提出山东龙山文化为夏文化，后被认为是区域上的错误，笔者认为，这种批评也是值得商榷的。

夏代以前一个是很长的历史时期，从黄河流域到长江流域，居住着许多氏族和部落，开始进入父系氏族社会，随后又逐渐融合为华夏族（秦以后称汉族）。他们的一部分历史通过传说转引在《左传》、《国语》、《世本》等文献里。在这些传说中，关于少皞氏的线索比较明显：《左传·昭公十七年》："秋，郯子来朝，公与之宴，昭子问焉曰：'少皞氏鸟名官，何故也？'郯子曰'吾祖也，我知之。昔者黄帝氏以云纪，故为云师而云名；炎帝氏以火纪，故为火师而火名；共工氏以水纪，故为水师而水名；太皞氏以龙纪，故为龙师而龙名；我高祖少皞，挚之立也。凤鸟适至，故纪于鸟，为鸟师而鸟名。凤鸟氏，历正也；玄鸟氏，司分者也；伯赵氏，司至者也；青鸟氏，司启者也；丹鸟氏，司闭者也；祝鸠氏，司徒也。……五鸠，鸠民者也，五雉为五工正，利器用，正度量。夷民者也。九扈为九农正，扈民无淫者也。自颛顼以来，不能纪远，乃纪于近，为民师而命以民事，则不能故也。'"这里对黄、炎、共工、太皞只是笼统的概述，唯少皞有详尽的分叙，而且，记了一大堆以鸟名官的名字来。追溯起来，可知确有一个关于少皞在"东方海外"建立一个机器健全、系制完善的鸟国的传说。《隆庆海州志》在《历代沿革》里就完整地转引《左传》里的这一段话。先申名海州为"少皞之遗墟。"

这里有一个十分有趣的问题：据《左传》，昭公十七年秋，郯国的郯子（当时，海州地区属郯）来到鲁的国都曲阜朝见。宴会间，昭公和孔丘问郯子的问题是值得注意的。昭公和孔丘身居号称"少皞之虚"（《左传·定公四年》）的曲阜，居然要反过来问郯子：少皞为什么要以鸟名官？岂非咄咄怪事！而郯子也居然肯定而自豪地说：少皞，"吾祖也，我知之……我高祖……"

羽山细石器的发现，意味着需要结合羽山的考古发现进一步追究。而有地层依据的文化材料有时比之文献有更加坚挺的证力。

徐福·扶苏

——南海锦山徐福文化资源浅说

张良群[1]

前　言

徐福一名徐市，字君房，秦代（前221—前206）方士，秦琅邪郡赣榆县人。公元前219、210年，他奉秦始皇之命，先后携童男女、五谷百工，泛海东渡，奔上寻求长生不老药之路。徐福一行经朝鲜半岛抵达日本列岛，“得平原广泽，止王不来”，客死异国他乡。扶苏，秦始皇长子，秦朝统治者中富有政治远见的人物，因与秦始皇政见不同，被贬上郡任抵御北方匈奴的蒙恬的监军，后受宦官赵高、李斯和其弟胡亥谋害，自杀身亡。两位本无关联的历史人物，却在韩国南海锦山上“会合”，衍生出一个美妙动人的故事。本文以徐福石刻和扶苏台为中心，探讨锦山徐福文化资源的历史价值和现实意义，以求教于各位方家。

一、锦山石刻应是徐福东渡时期的文化遗迹

1. 锦山徐福石刻的可信性

韩国历史上早有徐福在锦山留下石刻的传说，近现代学者为考证其真实性作出极大努力。笔者先后发表了《浅谈庆南地区的徐福文化资源及其开发》[2]、《南海锦山徐

[1] 作者简介：张良群，副研究员，中国徐福会顾问兼学术委员会主任委员、连云港徐福研究会副会长、连云港市徐福研究所所长。

[2] （韩）庆南发展研究院 编，《寻找秦始皇不老草 2011徐福国际学术会文集》，2013年；巨济徐福留宿地研究会 编，《巨济徐福研究》，2012年。

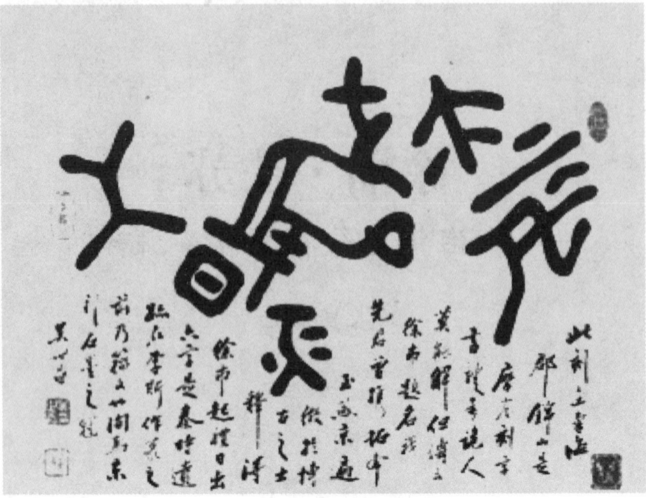

《秦徐福题名石刻》

福石刻考论》[1]，对锦山徐福石刻进行考证。认为“锦山石刻为‘徐市起礼日出’是可信的；锦山石刻是东亚存世最久的徐福文化遗迹”。原因有三：一是，居住在日本新宫市的朝鲜人张燕《徐福墓志铭》载：“始皇如其言，因命使瀛海求其三神山寿草，俱与五百童男女矣。维舟维槎，泛泛东流，初涉锦山南滨，镌壁过此之际，东渐于海，抵到熊野之地而停帆焉。”[2]这里虽没有记载锦山石刻的具体内容，但却证明徐福一行在“锦山南滨，镌壁过此”的史实。二是，吴庆锡之子吴世昌《秦徐福题名石刻》不但佐证了吴庆锡（1831—1897）请专家何秋涛审读锦山石刻拓片的真实性，而且披露了审读的具体结论：“考释‘徐市起礼日出’六字，恰符方士行法，定为秦时遗迹。是在李斯作小篆之先，乃籀文也。”[3]三是，锦山徐市石刻用“籀文”与当时实际相吻合。公元前221年秦始皇统一全国之后，实行“书同文字”，命丞相李斯作《仓颉篇》、中车府令赵高作《爰历篇》、太史令胡毋敬作《博学篇》，作为推行秦篆的典范。[4]徐福一行第一次东渡时（前219）小篆等书体尚未全面推广，他们所掌握的应是籀文等大篆。这与锦山徐福石刻不用其他文体，而用籀文书体相吻合。

2. 锦山徐福石刻的文化内涵

“徐市起礼日出”的含义有多种认识：一是，徐福起床后向早晨请礼；二是徐福一

[1]（韩）南海徐福会 编，《南海徐福过此》，2013年。

[2]（日）《新宫市志》，1937年。

[3]（韩）洪淳晚 著，《徐福集团与济州岛》，2002年，第301页。

[4] 翦伯赞 著，《秦史集》，北京大学出版社，1983年，第92页。

行早晨起来向“皇太子”扶苏请礼；三是，徐福一行早晨起来祭拜太阳。笔者认为，“徐福一行早晨起来祭拜太阳”更符合当时的实际。

“徐市起礼日出”的本质文化内涵，应是反映远古民族的一种最重要的自然崇拜——太阳崇拜。中国是太阳崇拜的五大发源地（中国、印度、埃及、希腊和南美的玛雅文化）之一，先民们把太阳作为神来崇拜的风俗已延续很久。中国存留众多反映太阳崇拜的祭石、岩画、太阳石刻等遗迹。秦皇陵墓门和兵马俑皆面向东方；秦始皇三十五年“立石东海上，朐界中，以为秦东门”[1]。不仅秦东门面向东方大海，秦东门的所在地朐县亦位于秦都咸阳的正东方。这一切都生动地说明，秦始皇对太阳崇拜有加。徐福一行平安抵达异国他乡的南海岛，早晨起来祭拜太阳，既是中国的传统民俗，又是对太阳保佑的感恩和祈求。

3. 锦山石刻的历史文化价值

锦山“徐市起礼日出”石刻

锦山石刻的历史文化价值不容小觑。一是，佐证了徐福东渡北路航线的可信性。20世纪30年代，中国留日学者王辑五先生，先后发表论文《徐福与海流》、《再论徐福》、《徐福入海求仙考》等，提出徐福东渡抵达朝鲜半岛的观点：“山东半岛与朝鲜半岛相去不远，东西对峙，齐人徐福等由山东半岛登舟东渡，不难漂至朝鲜。”[2]王辑五先生应是中国最早提出徐福东渡“北路说”的学者。当代学者对徐福东渡北路航

[1] 司马迁 著，《史记·秦始皇本纪》。

[2] 转引王辑五《徐福入海求仙考》，张良群《徐福与韩国》，五洲传播出版社，2012年，第104页。

线基本形成共识：徐福船队沿黄海北上至荣成湾成山头，循黄海暖流东支流向，北上朝鲜半岛，再沿半岛西岸南下，越朝鲜海峡，经济州岛，扬帆漂流至对马海峡，汇合对马暖流到达日本九州。也可从成山头直航至朝鲜海峡、济州岛、对马海峡，到达日本九州。[1]锦山上现存的“徐市求礼日出”石刻证明了徐福东渡“北路说”的可信性，亦证明了徐福东渡途径南海岛，并曾在南海岛登陆驻足的真实性。二是，佐证了中国古代文字和古籍东传的年代。日本《古事记》记载，中国古籍文字东传始于日本应神天皇十六年(285)朝鲜百济学者王仁献书。《古事记》中卷“应神天皇”条称：“和迩吉师，即以《论语》十卷，《千字文》一卷，付是人上贡。”和迩吉师，后世多依《日本书纪》称为王仁。[2]锦山徐福石刻客观地证明，徐福东渡期间中国古代文字——“籀文”已经在国外传播，比《古事记》的记载早了约500年。三是秦朝国际文化交流的见证。《后汉书·倭传》记载：“建武中元二年，倭奴国奉贡朝贺，使人自称大夫，倭国之极南界也。光武赐以印绶。”[3]据此，中国学术界一般以建武中元二年(57)作为有文字记载的中国封建王朝与国外交流的标志。徐福是秦始皇官派出国，锦山徐福石刻是镌刻在岩石上的文字，应为最可贵的信而有征的文字史料。它是中国官方开展国际文化交流历史悠久的见证。

二、扶苏岩承载着韩中友好的历史渊源

1. 扶苏受奸人谋害致死

扶苏(？—前210)，秦始皇长子，因未立为太子，一称公子扶苏。他机智聪颖，刚毅果敢，谦逊待人，深得广大百姓和同僚的爱戴与推崇。秦始皇三十五年(前212)，发生坑杀460多名儒生的“坑儒”事件。扶苏与秦始皇持不同政见，劝谏道：“天下刚稳定不久，远方百姓还未能招集，儒生们都是诵读效法孔子的，现在陛下用严酷的刑罚来处置他们，我害怕天下将不安定了，希望陛下仔细考虑。”秦始皇大发脾气，贬扶苏去上郡担任大将军蒙恬的监军，协助抵御北方的匈奴。[4]正直的扶苏为秦始皇所疏远，离开了秦王朝的政治中心。秦始皇三十七年(前210)冬，秦始皇巡行天下，行至沙丘时不幸病逝。秦始皇临终以前，曾为玺书赐公子扶苏曰：“与丧会咸阳而葬。”

[1] 张良群,《二十世纪的徐福研究》,《中日关系史研究》,2005(4)：72。

[2] 周作人 译，(日) 安万侣 著,《古事记》，中国对外翻译出版社，2001年，第108页。《千字文》为梁(502—557)周兴嗣所作，比王仁献书晚近二百年，故一般学者皆谓所持来者乃是小学书。不过书名相同而已。

[3] 范晔 著,《后汉书》，岳麓书社，1994年，第1239页。

[4]《白话史记·秦始皇本纪》，岳麓书社，1987年，第73页。

即回咸阳主持丧事。随秦始皇东巡的中车府令赵高、丞相李斯与秦始皇的小儿子胡亥“阴谋破去始皇所封书赐公子扶苏者，而更诈为丞相斯受始皇遗诏沙丘，立子胡亥为太子。更为书赐公子扶苏、蒙恬，数以罪，赐死”。[1]胡亥的使者奉书到上郡，扶苏看过诏书后大哭，遂准备自杀。大将蒙恬起疑心，劝扶苏不要轻生，等重新请示以后再死也不算晚。但扶苏为人仁弱，对蒙恬说：“父亲如果命令儿子自杀，那还再请示些什么呢?”就自杀了。[2]扶苏作为秦始皇的长子，秦始皇逝去后继承皇位是顺理成章的。但是，由于赵高、胡亥、李斯阴谋篡权，百姓口碑极佳的扶苏，不但没有立为太子，执掌治国大权，反而被奸人谋害致死。当地百姓愤愤不平，扶苏敢于直谏、蒙冤屈死的悲壮故事流传至今。

一种传说是，扶苏看过诏书，异常悲愤，策马出城，任马驰骋，行至古城南二里许的芦家湾村前石崖下，面壁痛哭，泪干泣血，声竭呜咽，最后引颈刎剑而死。扶苏死后，他曾血泪泣诉的石壁间流出许多泪泉，点点滴滴，如泣如诉，后人便以“呜咽泉”来形容此泪泉景观，芦家湾村也更名为“呜咽泉”村。另有一种传说，扶苏识破了赵高等人的计谋，只是因为天下初定，不愿挑起战争，也不愿和自己的兄弟兵戎相见，避免不必要的争端，毅然自尽。中国多种传说虽与《史记·秦始皇本纪》、《史记·李斯列传》记载不尽相同，但最终扶苏自尽还是一致的。

今陕西省绥德县城内有扶苏墓，墓高8米，宽6米，长30米，曾有殿宇。明代在绥德疏属山建扶苏祠，供人们纪念。[3]今扶苏墓和祠为陕西省重点文物保护单位。

扶苏墓

[1] 杨锺贤、郝志达 主编，《文白对照全译 史记》，国际文化出版公司，1992年，第259页。
[2]《白话史记·李斯列传》，岳麓书社，1987年，第790页。
[3] 张文立、张敏 著，《古都西安·秦始皇》，西安出版社，2005年，第275页。

扶苏祠

2. 徐福石刻与扶苏台的形成

锦山石刻为人工在山体上雕琢而成。何秋涛先生解读为“秦时遗迹”。显而易见，锦山石刻是两千二百多年前徐福东渡时期的产物。至于是徐福雕琢，还是属下或后人所为，无考。笔者分析，锦山石刻应是徐福同行的属下所为，也可能是徐福篆书属下雕制。

扶苏岩

扶苏岩是锦山的一个山头。它和锦山一样是经过地壳运动形成的。有资料显示，济州岛汉拏山是一座休眠火山，约在25 000年前因火山爆发而形成的直径500米的火山湖白鹿潭，周围还有360多个小火山。锦山的形成，亦应在数万年前，再历经世世代代长期的风雨侵蚀而形成像人的脑袋形状的山头。这个山头何时冠以扶苏台的名字，无考。但应起始于扶苏自杀相当长时间之后，因为一个民间传说要经过长时间的历史积淀才能形成。也就是说，扶苏岩传说的形成，要晚于锦山石刻较长时间。

3. 扶苏岩的传说应是徐福文化的延伸

扶苏与徐福之所以能联系在一起，主要仰仗韩国南海的民间传说。一种传说是，秦始皇的大儿子扶苏驻守上郡英勇御敌。公元前219年，秦始皇派徐福渡海求长生不老药后，病死在回宫的路上。宦官赵高伪造始皇帝的诏书，命蒙恬将军和扶苏自尽。扶苏并没有选择自尽，而是沿着徐福东渡路线逃亡。最终与徐福一行会合。扶苏在徐福的指引下来到无人能够接近的自然要塞——南海锦山扶苏台，在此度过余生。一种传说是，扶苏在锦山扶苏台上生活，终日思念生养自己的故土中国，最终化成岩石，如同端坐的老人，时时遥望中国。[1]另一种传说是，秦始皇病逝后，手下的大臣赵高、李斯篡改遗嘱，赐死扶苏。扶苏死后，灵魂追随徐福一行到了锦山一个像人的脑袋的岩石上，从此这里因名扶苏岩。人们钦佩扶苏高贵的品格，尊崇有加，古往今来祭拜者络绎不绝。

中国史籍并无扶苏与徐福有任何关联的记载，“东渡”把方士徐福和公子扶苏联系在一起，且在异国他乡的南海岛留下美妙的传说。徐福东渡和扶苏蒙冤自尽，《史记》有明确记载，皆是历史事件。“扶苏东渡”和“扶苏岩”，虽是韩国民间传说，但古往今来生生不息，已形成一种文化现象，且在民间小有影响。这一文化现象既表现了人们对扶苏的怀念之情，又见证了韩中人们友好的历史渊源，大大丰厚了徐福文化的内涵。扶苏台的传说与徐福东渡息息相关，它由徐福文化衍生而来，应是徐福文化的重要内容，亦是珍贵的历史文化资源。

三、徐福文化资源要在保护中适度开发

1. 锦山徐福文化资源不可再生要加强保护

徐福东渡在中日韩相关地区的遗存约有上百处，传承下来的传说故事虽然很多，但年代久远、现存的历史古迹少而又少。中国最早记述徐福东渡行迹的象山蓬莱观碑建于838年，距今1 000多年，原碑已圮，仅有拓片存世；日本现存最早的徐福遗迹是新宫徐福墓，不足千年；锦山徐福石刻是徐福东渡时期的遗存，现在仍依稀可见。

[1] 朴昌锺，《中韩徐福文化价值及开发》，连云港市徐福研究所 编，《中韩徐福文化交流与合作研讨会文集》，2013年，第83—84页。

2012年复建的象山蓬莱观碑　　象山蓬莱观碑拓片

新宫秦徐福之墓

锦山陡峭壮丽，满目奇岩怪石，是非常难得的旅游资源。锦山包括扶苏台和徐福石刻，都是不可再生的自然资源和人文资源，一旦损毁，无法恢复原貌。朴昌锺会长介绍，“锦山徐福石刻，经过两千两百多年自然风化和侵蚀，加之人们纷纷涌入，疏于管理，拓印不当，导致上上端部分毁损，如今一部分文字已经很难辨认其形体”。锦山徐福石刻不但是南海的宝物、庆尚南道的“指定纪念物”，亦是韩国、中国、日本徐福遗迹中唯一存世最久、最有佐证价值的文物。采取得力举措加以保护迫在眉睫。建议严格限制拓印，严禁随意涂描，保持徐福石刻自然古朴的原貌，使其永久以生动古朴的形态，喜迎国内外游客和前来考察的专家学者，发挥传承徐福文化的功能。

2. 徐福文化资源应与自然景观统筹开发

锦山徐福石刻地处壮丽的锦山山畔奇岩怪石之中。锦山名字的由来，蕴含着美妙生动的故事。相传公元683年元晓大师，在锦山顶上敬建普光寺，后改为菩提庵。朝鲜王朝开国始祖太祖李成桂，在这里举行百日祈祷后建立朝鲜国。1660年朝鲜玄宗将此寺庙作为王室的原堂，山名改为锦山。自徐福石刻攀登而上或蜿蜒而下，一处处自然景点、人文景观渐入眼帘。蟾蜍岩、檀君殿、扶苏岩、菩提寺、观音像等景点形成珠帘。每一个景点，都有一个生动的故事，亦有深邃的文化内涵，都是珍贵的文化旅游资源。这些文化旅游资源要进行整合，尽快走出徐福文化资源与自然景观统筹开发的新路子。

锦山蟾蜍岩

檀君殿檀君像

菩提寺观音像

3. 徐福文化旅游产品要国内外市场兼顾

徐福是国际历史伟人，涉及徐福的文化资源具有较强的国际性价值，尤其中国、日本、韩国相关地区更为关注。开发徐福文化旅游产品时，既要注意国内市场，又要注意国际市场，尽量国内外市场兼顾。韩国徐福传说较多的地方，往往有令人向往的自然景观。具有“东方夏威夷”之称的济州岛，国内、国际旅游产品较多，游客也多。西归浦徐福公园已列入旅游线路，吸引众多游客驻足参观。

实际上，南海岛、巨济岛自然景观和人文景观都很丰富，亦很有吸引力，只因少有国际旅游产品，国外的游客相对较少。建议巨济、求礼、南海开设徐福人文景观与自然景观相结合的徐福文化旅游线路，以吸引中日徐福相关地区的游客起步，逐渐扩大游客范围。在此基础上，再与中国、日本相关地区联手，引入长寿理念，广泛开展国际徐福文化旅游。

四、结　语

徐福奉命东渡和扶苏蒙冤自杀皆是中国正史《史记》记载的历史事件。锦山“徐市起礼日出”石刻，是考证可信的东亚唯一、存世最久的徐福文化遗迹，其历史文化价值不容小觑。扶苏岩是久已流传的民间传说，承载着人们对扶苏的同情、爱戴和尊崇，也表现出韩中人民友好情谊源远流长。锦山徐福石刻和扶苏岩都是徐福文化的重要载体，亦是东亚唯一存世最久不可再生的徐福文化资源，要在保护的前提下开发利用。鉴于锦山徐福文化资源的国际性价值，要兼顾国内国际市场、统筹徐福文化资源和自然景观资源进行科学开发。

将军崖岩画部分刻画符号的古文字源流探析

刘凤桂[1]

摘　要：将军崖岩画由众多刻画符号组成，涉及上古东夷先民对天神地祇、日月星辰、氏族祖先等多种原始宗教崇拜；有的则是上古天文星象运行、季节物候转换的刻画记录。与新石器时代的陶文相比，将军崖岩画的刻画符号，作为氏族社会的共识性文化信息，更具抽象创意。其中部分刻画符号在象形、形声、会意、指事等基本要素上，显示出与殷商甲骨文中的某些字存在着一定的渊源关系。中国岩画材料非常丰富，从原始岩画的刻画符号中去追寻古文字之源，将开辟出汉字起源研究的又一路径。

关键词：将军崖岩画　符号　古文字　源流

连云港市将军崖岩画自1980年发现、1981年调查报告公布于世以来，一直为国内外专家学者所关注。他们从历史学、考古学、民族学、文化人类学、古天文学等学科领域，致力于打开这部"东方天书"的神秘面纱，提出了许多有益的学术观点。本文认为，将军崖岩画从"画"的角度看，A组中并列的8个人面纹（包括人面纹与大地及农作物符号的连线，见图1）、B组、C组及第二次调查发现的"第五组"（见图2、3、4），均是由刻画符号组成的画面。组合成画面的这些刻画符号一般都具有特定的含义，而与将军崖岩画作为"古代东夷人的社祀遗迹"[2]的原始宗教观念是相一致的。循着这一思路，笔者欲就将军崖岩画部分刻画符号作一些探析，以求弄清这些刻画符号的特定含义，并将它们与中国古文字相比勘，以探求两者之间可能存在的某种渊源关系。

---

[1] 作者简介：刘凤桂，连云港市朐海书院。

[2] 俞伟超，《连云港市将军崖岩画东夷社遗迹推定》，《先秦两汉考古论文集》，文物出版社，1986年，第59页。

图1　将军崖岩画第一次调查A组画面

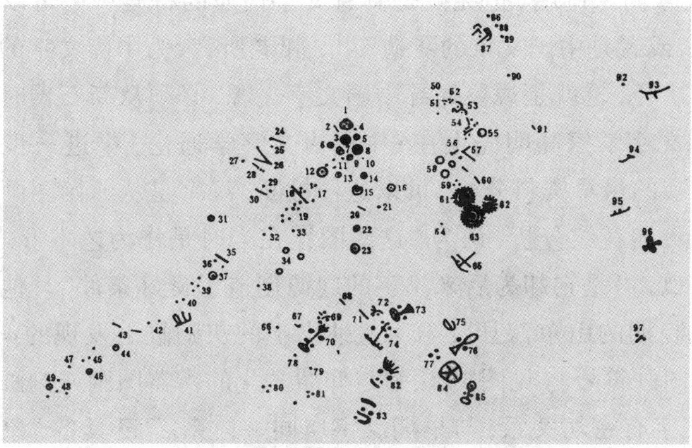

图2　将军崖岩画第一次调查B组画面

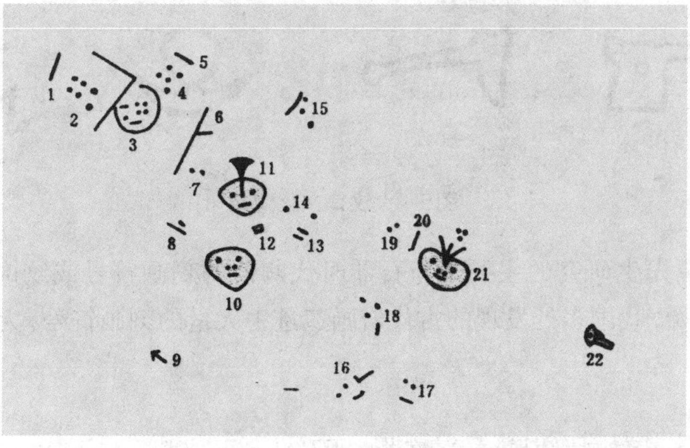

图3　将军崖岩画第一次调查C组画面

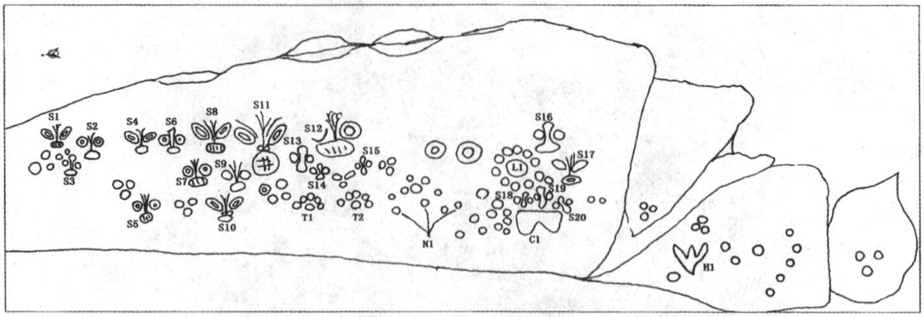

图4　将军崖岩画第二次调查第五组画面

郭沫若先生在《中国文字之辩证的发展》中指出，新石器时代多处遗址发现的陶器刻画，“至今尚未阐明，但无疑是具有文字性质的符号……可以肯定地说是中国文字的起源，或者是中国文字的孑遗”[1]。郭老所言，为中国文字的起源开辟了一条正确的研究途径，也就是说要探寻中国文字之源，必须从新石器时代的陶器刻画符号入手。古文字学家高明先生在《中国古文字学通论》中进一步发挥道：“据目前所见有关文字的最早资料分析，可以这样推断，汉字是从原始图画发展起来的。”他从仰韶文化陶器花纹分析，认为“这些图案在当时是作为艺术形式出现的，意在增强陶器的美观，可是它却为后来汉字的起源创造了良好条件”。他进而分析了属于大汶口文化晚期的山东莒县陵阳河遗址出土的灰陶缸上发现的4个同早期的汉字结构相似的图画符号。（见图5）认为与仰韶文化的陶器图画或刻画符号性质完全不同，“而和文字有密切关系，与早期汉字属同一体系。”已具备“象形”和“会意”两种功能。[2]

图5　大汶口文化陶文

郭、高两位先生研究的主要是新石器时代陶器的刻画符号或纹饰，而自20世纪七八十年代开始，我国多处发现的古代岩画遗迹中大量的刻画符号，为中国古文字的

[1] 郭沫若，《古代文字之辩证的发展》，《考古学报》，1972（1）。
[2] 高明 著，《中国古文字学通论》，文物出版社，1987年，第39—40页。

起源开拓了更宽广的研究领域。与陶器上的刻画符号不同，岩画上的刻画符号具有凝固性，即一经刻出就不易改动和不可移动；它作为氏族公共祭坛上的多种有特定含义的文化信息符号而被氏族全体成员所认同，其内涵更具集体意识，而非个人独见；是规范化的，而非随意性的；传承是久远的，而非短暂的；它在相对大的一个地缘范围内是氏族社会的一种文化共识，而非用于氏族个别成员之间意识交流的“暗记”。因此，从这个意义上来讲，岩画中刻画符号的创制更接近古文字形成的规律。

，见A组画面19、24。《将军崖岩画的第二次调查》将此种刻画符号归入“米格纹”类[1]。但细辨之，较之“米”字，此符号明显少了一横，两者歧义甚明。陆思贤、李迪先生认为“是表示一年四时日出日落时的方位的晷影方位的”，并举春分、秋分、夏至、冬至四时的晷影“用线条表示，就是符号中的交叉线”，符合将军崖岩画作为上古观测天文星象之地的属性。[2]本文认为，这个符号一旦在作为原始宗教祭坛的将军崖岩画上被刻画出来，它就具备了原始宗教的意义，即它表示一种祭天的祭法。，因其是表示一年中四时的晷影图识，它就能以天象的符号而被崇拜乃至祭祀。甲骨文有（一期，前5.3.1）、（一期前4.8.1，）、（三期后上24.7）、（四期，戬21.12）等字。罗振玉《增订殷虚书契考释》云“从木在火上，木旁诸点象火上腾之状”，隶定作尞。《说文》释尞：“燎柴祭天也，从火。，古文慎字，祭天所以慎也。”甲骨文此字若去火上腾之状则仅剩，象堆柴状。甲骨文的尞字确也有米形，如（前4.8.1）和（见前引）即便如此，其义也还是表示堆柴。堆柴是尞祭祭天的第一步程序，故必慎之。而A组画面的19、24应视为较之甲骨文时代更久远的尞祭符号。丁山先生认为：尞“字但从火、木”，正《说文》所谓“积木燎之也”。（《中国古代宗教与神话》）甚确！尞祭在商代有两种祭法，一种是“积木焚之”以求取光明，在夜晚进行。如卜辞：“癸亥，率贞，于示壬，尞”；（前1.1.1）“贞，尞于东”（续1.52.4）；“丁巳卜贞，尞于岳”（前1.51.1）。本文取其另一种解读，即将牺牲置于积木之上燎之，取借其烟气上达天庭以供奉天神之义，谓之尞以祭天。如卜辞：“癸亥贞，其又，尞于示壬，三小”；（戬寿2.2）“尞于夒，六牛”（前：7.20.2）；“贞：尞于东母，三牛。”（后上：23.7）。可资证明。

、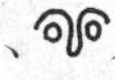见A组画面11、12，乃猫头鹰的头部形象。我们且看甲骨文中雚字（上古音读若hon），作或，由与或两部分组成，乃一形声字。为猫头鹰的头部，与A11、12竟是十分相似，其读音若hon，当是此鸟的鸣叫声；象形字，隶定为隹，即鸟字，故为两个象形字组合的复合象形字。上面的注其音，下面的标其形

[1] 高伟、骆琳，《将军崖岩画的第二次调查》，《中国美术研究》，2008（3）。

[2] 陆思贤、李迪，《天文考古通论》，上海古籍出版社，2006年，第81页。

(鸟),故此字当为形声字。隹是殷人及与其有祖缘关系的东夷人崇拜的神鸟。商代的玉器和青铜器常用作纹饰题材。韩鉴堂在《图说殷墟甲骨文》中这样描述:“象形字,猫头鹰形,下为鸟形。上有猫头鹰的独有特征——毛角(后讹变为艹),毛角下是两个‘口’表现的是猫头鹰的两只大眼睛,这一名符其实的点睛之笔,使这个甲骨文字俨然为一幅猫头鹰的肖像画。”《说文》称之为“如鹊短尾,射之,衔矢射人”的神鸟。郭璞《尔雅图赞》称之为“䳱羿”。据《经典释义·尔雅音义》,此鸟“虽羿之善射,亦懈惰不敢射也”。在商代作为一种祭礼,被作为风神或太阳神而被卜问或祭祀。如卜辞:“己巳既雚”(存:582);“乙酉酒雚,其受又”(粹编452);“祼大乙□雚王每”(甲编185)等片。雚作为商民族和东夷民族的崇拜神——太阳神的象征,表现出勇猛和杀伐。上古用作军阵名,见《左传·昭公二十一年》注:“古者兵有鹅之阵。旧说江淮间雚群旋飞为井,则善旋飞。盘薄霄汉,与鹅之列正异,故古之阵法或愿为雚也。”观察A11、12,正乃雚字源头,其作为刻画符号的创制,肯定要早于殷商的甲骨文时代。如再观之于良渚文化玉琮上的兽面纹和商代青铜器上的饕餮纹(见图6),不难看出A11、12正是其纹饰的源头祖型,其时代不会晚于龙山、良渚文化时期(距今4 300——4 000年)。将军崖岩画所在的古海州地区,上古属东夷,盛行鸟图腾,日崇拜。这种原始宗教文化观念反映在岩画上,并且被作为一种祭祀符号刻画出来,是十分自然的事情。

图6　良渚文化玉琮上的兽面纹图案

雚又是商代的一种祭法,即雚祭,前引“甲编185”为一例。又商器《御尊》铭文:“王在圃雚京。”王昆吾先生说:“据《诗经·大雅·文王》中‘殷士肤敏,祼将于京’一语,‘雚’即‘祼’,指的是灌祭。”“亦即模仿灌溉,将代表生命精液的鬯酒还敬给土地神。”其礼度仪节十分隆盛,商周青铜器斝为灌礼的祭器原称,它是以雚崇拜为基础而形成的一种祭祀仪式。[1]

关于雚的原始宗教含义，我们还将在下面讨论中继续分析。

，见B组画面81，此刻画符号如拆成○和，其义即明。前引陆思贤、李迪《天文考古通论》认为“圆圈纹寓意‘天似盖笠’，天穹是笼罩在大地上的一个圆盖子；里面包裹着的羊角柱，取形于立杆测影的立杆，寓意通过立杆测影，确定一个回归年的四时八节”。[2]余文不敢苟同，窃以为圆圈纹中的像一个“大”字。《说文》：“大，天大地大人亦大，故大像人形，古文大也。”又，《说文》：“夷，从弓从大，东方之人也。”郭璞《山海经》云：“东夷从大，大人也。”严文明先生对“大人”的解释，认为“大汶口文化的男子平均身高1.72米，比仰韶文化的男子（平均身高1.58米）高得多，确乎是大人也。”此在灌云大伊山石棺葬中也得到证明，其中有一例骨骼“身高为1.72米”[3]。联系到东夷之地的海岱文化区墓葬普遍盛行仰身直肢葬，“大”实乃东夷人仰身直肢葬的写实。这样，“大”周环的○也就可以得到解释了。东夷人盛行天体——太阳神崇拜，○符号如联系新石器时代连云港地区盛行的仰身直肢葬、死者头部覆盖红陶钵葬式，其表意就是天体宇宙。此在甲骨文中也得到了确证，如（合3028）（合36535）两片，像正面立式人形头上顶一口字。马如森先生在《殷墟甲骨文实用字典》中认为：头上的“一”，“口”以示天。本意是人的头颅。顶上为天。又引《说文》：“天，巅也。至高无上，从一大。”本文认为口字实乃○符号，因甲骨刻契刀法取直而无法刻出圆周形故而作口。《说文》所解天字，显然未深得其意。笔者曾与已故学者丁义珍先生著文，指出这一葬俗的“红陶钵有取其钵形象天的含义，用红陶钵盖头还有‘魂气归于天’的用意”。[4]很显然，将军崖岩画中这个符号，用圆圈包裹一个“大”的、抽象的、更深层次的意蕴就是东夷先民的天体崇拜。在这里，○表示的天已不是象形取义为覆盖在人头顶上的一片茫茫的空间，而是表达人死后所要归宿的宇宙苍穹。它是红陶钵盖头之俗在将军崖岩画上的一种符号化抽象之作。

将军崖岩画还出现了表示男性阳器的刻画符号，见A6作形，孙亮先生解释为“是生殖之神的符号”，“是因为它的外形象男根”。[5]

人类社会发展到父系氏族社会末期，私有财产产生，私有制出现萌芽，个体家庭出

[1] 王昆吾 著，《中国早期艺术与宗教》，东方出版中心，1998年，第80、83页。

[2] 严文明，《大汶口文化居民的拔牙习俗和族属问题》，载于山东大学历史系考古教研室 编，《大汶口文化讨论文集》，齐鲁书社，1979年。

[3] 陈龙山，《浅议大伊山遗址所反映的三个问题》，《连云港历史文化》，2010（2）。（内刊）

[4] 丁义珍、刘凤桂，《江苏沿海原始社会红陶钵盖头俗初探》，《东南文化》，1988（2）。

[5] 孙亮，《试读将军崖岩画》，《连云港人文》，2010（4）。（内刊）

现，子女渐渐有了清晰的父系谱系。人类婚姻由氏族对偶婚向个体婚过渡。随着父系氏族制下的父系家长威权的形成和巩固，祖先崇拜产生并发展起来。父系家长由于驾驭战争和指挥生产活动的突出能力，在其生前死后都被作为神人来崇拜，由此男性在人类生殖过程中的作用被神化，男根（且）成为崇拜物象。对于且字的解释，我国学术界有两种意见，一种意见是从《说文》："始庙也，从示且声。"高鸿缙解释为"本意为祖庙，象祖庙之形，上象庙宇，左右两墙，中二横为楣，下则为地基。"（《金文诂林》）所参照字就是甲骨文或金文中的字。从字形看像祖庙之形，又像神主牌位之形；另一种意见，如郭沫若先生认为"土"、"且"上古音韵部相同（音U），义可相通，即石且或陶且（见《释祖妣》）。本文以为郭老的解释似更接近且的初义，而作"祖庙"讲或是后起之义。我国新石器时代众多遗址都发现过烧制的陶祖或石雕的石祖，将军崖所在附近的桃花涧周边，以及二涧、陶湾等处新石器时代遗址，均采集到过石祖（现藏连云港市博物馆），可能为当时女性所私有的崇拜物，或生殖崇拜的巫术模拟器。

如果确认A6为男根符号，则可进一步推论当时的社会意识已将且从一种物象崇拜发展到意象崇拜，"且"作为一般的崇拜物被意象地作为图形"移植"到社坛而作为祖先神身份的标志了。祖，从示且声，示表示祭祀，且，不仅是注音，而且转化为享有祭祀的男性祖先神主之义，它是社字的直接源头。此字为形声兼会意字。

、见于C组11和B组70、73、96，称辛字纹。辛，甲骨文作（二期佚80）。吴其昌《甲骨文字集释》称："象斧，属兵器形。"甲骨文"王"字，作，像斧钺之形。斧钺代表刑杀征伐，象征军事权力，则拥有这种权力者为王，引申为"王"或"王权"。辛字纹在将军崖岩画的上述符号实乃"王"字的倒写，并且不是以单独形体出现，而是以类似头饰图形出现于C组11和B组70、73、96头顶之上的。联系甲骨文，其中有符号加在凤鸟头上作冠状物的字形，如（合集5639），郭沫若先生释为"花蒂，或为王冠饰物"（见《先秦天道观之演变》），赵诚先生指为"头饰或标志"（《甲骨文与商代文化》）；王昆吾先生主张为"代表某种神性的符号"，"此神性作为帝使以告时的神性"（见前引）。其实三位先生的意见并不相左，而尤以王昆吾先生的解释更贴近之初义。C组画面的C11人面纹，正因为其头顶之上的辛字文，故具有王者气象，周锦屏先生指为神话传说中"东方大神太昊"。[1]所谓"帝使以告时的神性"，即《淮南子·天文训》所云"东方木也，其帝太昊，其佐句芒，执规而治春"的神性，而这种神性的标志就是其头顶上刻以辛字纹。再看B96，实乃由和组合而成一只简化的猫头鹰头部。猫头鹰又名"鹖鴠"，《礼记·月令》称其为"夜鸣求旦之鸟"。《吕氏春秋·仲春纪》高诱注："鹖鴠，山鸟，阳物也。"何为

[1] 周锦屏，《勾芒——破译"天书"的人文密码》，《长江文化论丛》第5辑，中国文史出版社，2007年。

阳物？说的是此鸟具有太阳神的神性；“夜鸣求旦”是谓在黑暗的长夜中“帝使以告时”，即呼唤太阳从东方升起；其头上加辛字纹正表明鹖鴠具有的这种神性。另有B70其下之，看似兽面，有眼有鼻而无框，龇牙咧嘴，其实是对萑即前述、（A11、12）和（B96）的一种艺术处理，即以表情化的狰狞面目而显示其威猛和杀伐的一面。有意思的是B70头上的辛字纹之上又添加了刻画为，此与甲骨文另一“凤”字的字形辛字纹上加手法完全一致，如此，似更符合郭老的“花蒂”一说。

、见于A组画面的1、2、3、16、17、20、23等刻画符号。画面上刻画的短线多寡不一，为表达方便，在这里作如上简化处理。有人指为农作物禾苗状和结穗状的两类图形，并推定为表示春播和秋收两个季节。因为从甲骨文材料看，商代（至少在中期以前）乃至商代之前，尚无四时之分，只有“春”和“秋”。因此“岁”是以春和秋而确认和计算的。[1]将和分别认定为表示春和秋两个节气，援引《尚书·尧典》：“乃命羲和，钦若昊天，历象日月星辰”，“分命羲仲：宅嵎夷，曰旸谷。寅宾出日，平秩东作”；“分命和仲：宅西曰昧谷，寅饯纳日，平秩西成。”是知春分和秋分是上古一年中两大祭日盛典。关于嵎夷旸谷，学者论述多指为今连云港市云台山地区。云台山古称郁州（郁、嵎古通），为旸谷之地，《山海经·海外东经》：“都州在海中，一曰郁州。”晋郭璞注：“今在东海朐县界。”无疑是将军崖岩画研究的一个较大的地缘文化史地背景。羲和是东夷的一个较为古老的部族，羲仲、和仲是其部族的两支裔族，合称羲和，世掌天文历法之职。帝尧时期，羲和氏在山东半岛和苏北沿海一带从事过天文观察和历法修订的工作，从而被载入《尚书·尧典》中。今云台山地区可能是他们的首选或经常光顾之地。这一天文历法的观测和计算解决了春分、夏至、秋分、冬至四个重要节气的星象定位问题（见《尚书·尧典》）。据刘朝阳《从天文历法推测东汉经学家马融对〈尧典〉之编成年代》引法国人卑奥依据《尧典》中四仲中星的记载的解释，推断出为公元前2357年“二分二至”所在点。这个年代数据正处羲仲祭日的尧、舜时代。据此，可以说将军崖岩画的A组画面A11、12与前述A19、24相组合，以岩画为石质载体记录了当时我国天文历法的这一重要篇章。

春，甲骨文作（二期，铁227.3）、（三期，10.7）、（一期，拾7.5）等。冯如森先生释为：“从林、从草、从屯。屯标声，象合意。象日照春阳，草木丛生。本义是春天。”[2]《说文》：“春，推也。从草从日，草春时生也，屯声。”段注：“春，出也，万物之出也……日、草，屯者，得时草生也，屯字，象草木之初生。”可见甲骨文和小篆都含有春天草木丛生之义，这与表示春的季节在创意上是一致的。A组画面中地面上农作物之上

[1] 周锦屏，《勾芒——破译“天书”的人文密码》，《长江文化论丛》第5辑，中国文史出版社，2007年。

[2] 韩康信、潘其凤，《殷代人种考察》，《历史研究》，1980(3)。

有一太阳符号(A18),也正合“日照春阳,草木丛生”之义。秋,甲骨文作(四期,掇1.435),冯如森释为“字形上象蟋蟀,下象火,背有羽翼,羽翼用来秋天鸣叫。”(同上引)此字在籀文中作,将甲骨文中的蟋蟀之形讹变作龟。《说文》段注:“其时万物皆老,而莫贵于禾谷,故从禾。”所谓秋天“莫贵于禾穀”之禾即A组画面中农作物成熟结穗的状,可见从甲骨文的秋演变到籀文中的秋,与将军崖岩画A组刻画符号的秋,在抽象创意的思路上是一致的。

是春天的万物勃发,禾苗破土而出的物候表征,《礼记·月令》谓仲春之月,“天气下降,地气上腾,天地和同,草木萌动”。袁珂先生在《山海经校注》中说春天“草木生长,句(勾)芒属而有芒角”,是谓神话传说的太昊佐神句芒此时来到人间。依此,我们在将军崖岩画C组画面前述太昊图像C18的右边东向处寻得C19,判断为句芒图像。此像是在人面纹头顶上附饰禾苗状的,正合袁珂所谓“属而有芒角”的句芒形象。从其处在画面中东向的位置看,也符合《淮南子·天文训》“东方木也,其帝太昊,其佐句芒”的安排。在太昊图像(C18)之下的C10为光头像,判断应为蓐收图像,蓐收者何许神也?见《左传·僖公二十九年》曰:“少昊氏有四叔,曰重,曰该,曰修、曰熙,实能金木及水。使重为句芒,该为蓐收。”《国语·晋语》则谓:“少昊氏有裔子曰该,为蓐收。”两说虽在与少昊的辈分上有出入,但与少昊族为同一血缘是可肯定的。《山海经·西山经》云:“泑山,神蓐收居之……是山也,西望日入之所。”所谓“日入之所”正对应了《尧典》中和仲饯日之处的昧谷。神话中少昊金天氏是西方大神,主秋,故又是收获大神,则蓐作为少昊的配神,兼而具备少昊的神性,亦主收获和刑杀,此与秋天万物凋零,天气肃杀,庄稼收割完毕,大地一片光秃的物候表征是一致的。既如此,则作为司分的玄鸟氏——句芒司春的职分在秋季也就转换为司秋,因其角色转换而改称蓐收,使其承担司秋的职分,故原来头顶上象征春天草木丛生的当然没有了,从而演变一个光头形象。

将军崖岩画A、C两组画面中作为春、秋两季的农作物符号与作为春、秋的句芒和蓐收两神的人面纹图像以及《尚书·尧典》中春秋二分主持“寅宾出日”、“寅饯纳日”祭日大典的羲仲、和仲的职分可对应如下:

春分:羲仲————

秋分:和仲————

,见A组画面A4。像一人戴面具作舞蹈状。此图像与A组画面并列的1、2、3、7、8、9、5及第二次调查的R11等属一类。有人考证为戴面具作傩舞的众舞者。[1](13)

[1] 闻霏,《猎头 面具 傩舞——将军崖岩画A组画面探析》,《连云港人文》,2008(2)。(内刊)

甲骨文有（合集13785）、（合集，14292）、（合集，26684）、（存2.802）诸字，作鬼，《甲骨文字典·释字》释“鬼”云：“象人身而巨首之异物，以表示与生人有异之鬼。”鬼字上部的，《说文》释为“鬼头也，象形”。又《甲骨文字典·释意》对释作“所斩获敌方之首级，用为祭品”。此在民族学材料上称为“猎头”，乃源出于原始社会之末部落战争时期“杀俘献祭”的风俗，而在商代仍为盛行。如卜辞（粹72）：“癸酉，宜于义京，三人，卯十牛。”，训为殛，杀也，就是一例。殷墟祭祀坑曾发掘出土大量蒙古人种下的现代北亚、东亚、南亚各种系的人头骨，也从考古学方面证实了商代的“杀俘献祭”之盛。[1]直到春秋时期的东夷旧地，仍还保留此种遗风，如《左传·僖公十九年》曰：“宋襄公使邾子用鄫子于次睢之社，欲以属东夷。”次睢，杨伯竣考为今江苏徐州铜山附近。（《春秋左传注》）从“杀俘献祭”发展到模拟敌方俘虏的伤痕累累、血肉模糊的首级而制成面具，以作驱逐鬼疠的傩舞所用，其间经过了上千年的历史演进和艺术嬗变，“鬼”字终于也被创制出来了。我们看一看A4与甲骨文诸“鬼”字，特别是其中的一例，两者之间何其相通乃尔！古文字中的“鬼”字，正是经过相当长历史时期对面具（典型的如A8）一类的图形不断提炼和简化而成的。由此，也可以看出，从将军崖岩画A组画面中的傩舞面具到甲骨文中的“鬼”的形成，两者之间存在着一定的源流关系。这里应该指出，从字源上看，上古甲骨文时代只有鬼字而无神字，神是后创字；从原始宗教观念看，鬼是人死后的第一形态。《说文》：“人所归为鬼。从人，像鬼头。鬼阴气贼害，从厶。”只是说对了一半，其实原始鬼神实为一体，早期人类由于对死亡的恐惧而产生的对鬼的崇拜，其中就包含着由于活生生的人却死去，对隐藏在其背后的、一种无法理解的神奇自然力而产生的崇拜。随着这一观念的发展，特别是祖先崇拜兴起之后，死去的氏族首领成为具有神奇力量的、超自然力的、善的鬼，神的概念就产生了，善鬼也就成了神（阴气贼害者则为恶鬼），而且与氏族的图腾崇拜结合在一起，使之具有图腾的神性。由此，我们就可以正确解释A组画面那8个谓之太阳神的刻画图形了。

，为太阳纹刻画符号，见于将军崖岩画A组18，B组61、62、63及第二次调查的2008T4、T5，皆作两同心圆外加放射线状。不同的是各太阳图案放射数目有差别，最多的是B62，有23条，最小的有14条。太阳纹是新石器时代陶器彩绘上常用的题材，但在将军崖岩画中，太阳纹作为一种刻画符号却有着上古天文学和当今历史学、神话学上的特殊意义。

先看A18。前述A组是一幅描绘原始农业部落举行“寅宾出日”、“寅饯纳日”的

[1] 韩康信、潘其凤，《殷代人种考察》，《历史研究》，1980（3）。

祭祀太阳神的盛大舞蹈场面的画面。《楚辞·天问》曰:“乃有夫羲和,是主日月,职于出入,以为晦明。”这位主日月出入,以为晦明的羲和的佐官羲仲,对应于神话中就是少昊氏鸟官系统中司分者句芒。他的神力见于《淮南子·天文训》:“日出旸谷,浴于咸池,拂于扶桑,是谓晨明”时,“执规而治春”,或“登于扶桑,爰始将行,是谓朏明”时,“执矩而治秋”。其实也就是在春分、秋分这两个节气作“立竿见影”的日测工作。句芒的形象,R11,像是戴方形面具——与《墨子·明鬼篇》中的句芒形象“面状正方”暗合。从其作侧目而视的舞姿看,似乎正在观看那个站立着的A6。伊世同先生认为A6表示的是“羲和占日的人体”,[1]其实不妨看作是在舞蹈场面中模拟测日标杆的巫者。画面中其他的8个傩舞者,似乎在呼应着A5。这一场祝祀太阳神的原始巫舞充满神奇、怪诞的趣味。但艺术来自生活,反映生活,这一艺术创作规律也同样适合原始社会,它是“羲和占日”——“寅宾出日”或“寅饯纳日”原始宗教祭仪的在岩画艺术品上的写照,而A18正是以太阳的自然形态,画龙点睛般地点出了这一主题。

再看B组画面的B61、62、63三个太阳刻画符号,为,研究者共同地指出,按光芒线多少的排列顺序,表示一天中太阳从升起至落日的运行黄道轨迹。然若联系“羲和占日”这一主题,就不那么简单了。陆思贤、李迪先生等将B组星云图分作“四分天区”,认为“将军崖岩画时代的先民们,应是把一个回归年分成两大季,从月离于角,为新的生长年的开始,即第一天区,第二区巡天的时候为生长年;第三天区、第四天区巡天的时候为收藏年。”[2]我们有兴趣将B61与B63的同心圆圆心作连线,这条连线正是当日太阳运行的黄道,如再延长至“星云图”,正和“生长年”的一、二两分区的分界线基本相接。此绝非巧合,而是以子午线(岩画所刻)为坐标测绘的“定点”标志。这一天恰恰对应着春分节气,乃商代和及商代以前以春、秋纪岁的春季标志,从而印证了《尧典》中“寅宾出日,日中,星鸟”的记载,亦正是岩画上所标示的春分这一天。

,见于将军崖岩画第二次调查,位处子午线上端左侧最北位置,乃一钩弯月。甲骨文释月为单体象形字,像月牙形,本义是月亮,衍生义为表时的月份,名词,见有一期铁99.1和三期粹659两种写法。月又作夕,有时月、夕为同一字形,释读时要依所在辞卜中的词义而定。如“癸未卜,争,贞:旬亡三日己酉夕,月有食,”(甲1289)此句中夕依《说文》:“,草也,日且冥也。日且冥而月生矣,故字从月半见。”,籀文作,今作暮。夕即日暮而月现之时,而“月有食”之月是指月亮。此片记载的是一次月食情况。又:“贞:今月不月,十一月。”(燕540),此片卜辞中出现的三个月字,前后两个

[1] 伊世同,《万岁星象》转引自陆思贤、李迪,《羲和占日与最古的盖天星图》,《东夷文化研究》,2006年。(内刊)
[2] 陆思贤、李迪,《天文考古通论》,上海古籍出版社,2006年,第81页。

月字是指月份，中间一个“月”字是指月祭这种祭祀活动。全句译作：贞人说这个月不举行月祭，十一月（举行）。可见月有时又是专指月祭这种祭名。

☾，按：将军崖岩画此月为下娥眉形。《说文》：“月，阙也。大阴之精，象形。”国学大师王国维著《生霸死霸考》，以为周代金文有生霸、既旁生霸、旁生霸、既生霸、死霸等月相名词。细考之☾，乃每月二十四日至月末黄昏后可见到下娥眉月之月形，至月末最后一天到下月初一左右见不到月亮那一天，称晦日，即“死霸”。自初二（或初三）日复又可在黎明见到的月相，称上娥眉月，形如☽。《说文》：“霸，月始生魄然也。承大月二日，小月三日，从月霸声。”马融《古文尚书·康诰》注云：“魄，朏也，谓三日始生兆朏，名曰魄。”扬雄《法言》：“月未望则载魄于西，既望则终魄于东。”谓“古代一月四分之术也。”将军崖岩画中的这一月亮，当属“月未望则载魄与西”的月相。然若仅限于此，认识未不够全面。我们应该将此月相与其旁的北斗星座以及右侧的子午线三者联系起来讨论。

北斗一般是指北斗七星，是由天枢、玉璇，天玑、天权、玉衡、开阳、瑶光七星组成的星座，以天枢为枢轴而旋转。将军崖岩画第二次调查称为“北斗九星”，本文姑不从议，只依其斗柄所指方向而论之。《夏小正》云：“正月，初昏斗柄县（悬）下，”“六月，斗柄正在上。”“七月，斗柄县（悬）在下则旦。”是四千多年前夏代的天文星象观察。战国时的《鹖冠子》则谓“斗柄东指，天下皆春；斗柄南指，天下皆夏，斗柄西指，天下皆秋，斗柄北指，天下皆冬”。按此，我们以子午线方向作参照坐标，则可见岩画中北斗斗柄所指乃东向，为春季某个时令。再联系A、B两组所标志的仲春季节的几组符号，那么☾有可能是春分这一段时间的月相，此月形与其下的三个太阳纹表示早晚太阳的圆心连线延伸至星云天区的春风时段（见前述）的含义也相一致。

·、··、∴、∷，散见于A组画面共有九处，俞伟超先生曾指出，将军崖岩画是古代东夷人的社祀遗迹（见前引）。土，即土地之神，甲骨文土作Ω，土又为社。前面讲到的“献俘于社”，是一种带有军事性质的社祀活动。《周礼·大宗伯》：“大师宜乎社，造于祖，立军社”，郑注：“设军社，以春秋传曰：所谓军君以师行社衅鼓，祝奉以从军者也。”丁山先生以为“即国社之主”（见前引），实即氏族或部落的祖先神主，亦即祭祀祖先神的社坛。商周时代，凡有军事行动必祭告于社，其祭法就是《周礼·周官》中“以血祭祭社稷、五祀、五岳”。郑注：“此皆地祇，阴气自血起，实气臭也。社稷，土谷之神，有德者配焉。”这里的“有德者”就是有功于氏族和部落的祖先神。甲骨文有表示血祭以血滴于社主之上者，见有·Ω·，（铁，266.4）、Ω̇（前7.36.1）、∶Ω∶（后下38.3）等例，很形象地表达了以血滴于社的祭祀形式。以此推之，将军崖作为那个时代东夷人的一处社，滴血于其上（A组）以祭祖先神主是很自然的事情，·、··、∴、∷乃滴血多少不等的抽象数据表意，非实指之数也。由此也可以进而推论A组画面上那并列的8个面目可怖、狰狞怪异的面具，实源自部落战争时期祭坛上摆放的战俘首级，其颈部多刻有连线与农作物（或大地）相接，实乃《周礼》所谓“以血祭祭社稷”的图像表意。又，东夷人向有“立石为社”的传统，《礼记·王制》郑注曰：“军社，盖社主以石为之。”此亦得到考古学材料的支持，如徐州丘湾商代遗址发掘中所见“社石”遗迹[1]，将军崖岩画作为东夷人社祀遗迹，其上也有作为社主的社石。有关描述见于1981年《连云港市将军崖岩画调查报告》[2]。但该《报告》对所立三块大石中其中最大一石上的圆窝纹未予过细关注。本文认为从其上所刻的24个深度很深（最深达16 cm），直径在4—17 cm不等看，似不能用表星象的刻画符号概言之，此乃当时采用人工凿钻制成的供血祭贮血所用的石窝，并非什么星象。如此解释与以上所举3例甲骨文的意蕴更为接近，或者说它正可以理解为以上所举三个甲骨文字源头的象形兼会意字的考古物证，由此可证明将军崖岩画上刻有深度凹穴圆窝的大石的年代。由于其本身是祭祀用的物件，故以其特殊的原始宗教功用而被崇拜，成为社主——其他两块为社足——其年代应远早于甲骨文出现的商代中期。

综上所述，通过比勘，可以看出将军崖岩画上的许多刻画符号与我国的古文字之间存在一定的渊源关系。于省吾先生说过“陶器上的简单文字，考古工作者以为是符号，我认为是文字起源阶段所产生的一些简单文字，仰韶文化距今得有六千多年之久，那么我国开始有文字的时期也就有六千多年之久，这是可以推断的。”[3]如果于先生生前接触到将军崖岩画的材料，想必他在惊喜之余更能深化他对中国古文字起源的认识。前不久，考古工作者对将军崖岩画采用了国际上通用的“微腐蚀断代法”进行科学检测，得出了“基岩凹穴岩画时代在距今11 000年前左右；刻以凹穴岩画的石棚为距今6 000年前；史前人面岩画时代为距今4 500—4 300年左右”三组数据。[4]今排除“基岩凹穴岩画”的数据不论——因为其所刻凹穴不具备文字学上的刻画符号意义——而从“刻以凹穴岩画的石棚”（B、C两组）和史前人面岩画（A组）来看，三处画面具有不同含义的刻画符号，距今4 500至4 300年这一年代数据还是可以采信的。当然，这种采信并非绝对，因为将军崖岩画作为上古东夷人的一处祭祀之所，对于承续了几千年的史前人类的文化活动，今人是不可简单、僵化地用某一个固定不变的年代来

---

[1] 俞伟超，《连云港市将军崖岩画东夷社遗迹推定》，载于《先秦两汉考古论文集》，文物出版社，1986年，第59页。

[2] 连云港市博物馆，《连云港将军崖岩画调查报告》，《文物》，1981（7）。

[3] 于省吾，《关于文字研究的若干问题》，《文物》，1973（2）。

[4] 汤惠生、梅亚文，《将军崖史前岩画遗址的断代及相关问题的讨论》，《东南文化》，2008（2）。

考订的。也就是说B、C两组与A组中的刻画符号,因人的有目的的创制而产生跨越时代的相通和互动,故不可机械地限其年代。这里要特别强调的是A组岩画,其中的人面像、太阳纹、农作物符号等构成的原始巫舞画面,其所反映的原始宗教文化现象乃商代天道观念的源头表现,个别刻画符号如、,在商代发展成为玉器和青铜器上的饕餮纹,应该说它与甲骨文时代似更为靠近。

《尚书 · 多士》云:“惟吾先人有典有册。”是说与夏代同时,甚至更早的五帝时期的“殷先人”是“有典有册”的,即是有“文字”记载的历史文献的,那个时期的文字尽管还不是像甲骨文那样成熟的文字,但应该正如于省吾先生所言的,是“文字起源阶段的简单文字”。目前,经研究早期可句读的陶片文字,如1992年在山东邹平丁公遗址发现的龙山文化晚期的字体符号,刻在一件大平底盆底部残片内面,其考古学年代为距今4 200—4 100年。[1]另有一例是采集到的良渚文化的一件黑陶罐,其罐口环刻有8个字体符号,李学勤先生试释为“朱[方每]戋石,网虎石封”。意思是说朱[方每]到“石”地,在“石”的境地用网捕虎。其年代大约距今4 300—4 100年。[2]以上两例所举,都接近夏代,可以推断夏商之间有一个文字从酝酿、初创到比较成熟的历史空间。文字的发明,与原始宗教不无关系。孙敬明先生就曾提出古汉字起源于宗教的“假说”,他认为古文字“起初主要是属于宗教的需求”[3]。以将军崖作为上古东夷人的社祭祭坛,在其上刻画具有古文字源头的石刻符号,当无疑义。而从人类文明史来看,文字的出现,标志文明的诞生。在我国唯有建立奴隶国家的夏朝能当此重任。在夏代之前,包括连云港所属的东夷文化区在内,中华大地上的不同文化共同体,可能都在酝酿、创制文字。而夏的立国,以其强势的奴隶制国家力量,在中原地区汇聚各地的文字酝酿成果,从而开始文字的规范化整合是极有可能的,殷商甲骨文正是这一整合成果的继承和发展。而在发明文字的历史过程中,作出创造性贡献的将军崖时代的连云港地区东夷先民们是功不可没的。

---

[1] 栾丰实 等,《邹平丁公遗址第四、五次发掘报告》,《考古》,1993(4)。

[2] 参见黄懿隆 著,《〈山海经〉考古——夏代起源与先越文化研究》,民族出版社,2007年,第88—89页。

[3] 孙敬明 著,《考古发现与齐史类证》,齐鲁书社,2006年,第135页。

江苏赣榆县欢墩镇孙净埠村道符刻石考释

刘凤桂　陈贵洲[1]

摘　要: 道符是随着道教的形成而发展并不断完善起来的。其最终成型的字符是《太平经复文》所收录的2 128符,学术界一般认为在东汉晚期。20世纪80年代洛阳市区汉墓出土东汉安帝延光元年纪年朱书陶罐上的符文,证实早于《太平经复文》之前,在东汉中期道符已基本成熟,孙净埠村道符与其相比勘,无论在汉隶书体上,还是在作为符咒用语上,两者都具有比较成熟的道符的特征,时代应该在东汉中期。

关键词: 太平经　道符　里社　刻石

2007至2009年连云港市文化局遵照《国务院关于开展第三次全国文物普查的通知》精神和江苏省文物局的要求,在连云港市开展了文物普查。在这次普查中,发现了位于赣榆县欢墩镇孙净埠村东北1 500米东西向田间小路北侧的一尊立石,调查者命名为“太山并同”石刻。后此刻收录于《连云港市第三次全国文物普查重要发现》(内部资料)一书中。

2012年10月,连云港市凤凰石刻文化研究所按以上线索,组织有关人员对此刻石再次考察,做了测绘、拍照、拓片(见图1)等技术性工作,继而对刻石的内容进行研究、考释。

一、符字释义

因刻石上刻有道符,按通例我们命名其为孙净埠村道符刻石。

---

[1] 作者简介:刘凤桂,连云港市博物馆(已退休),文博馆员;陈贵洲,连云港广播电视大学,副教授。

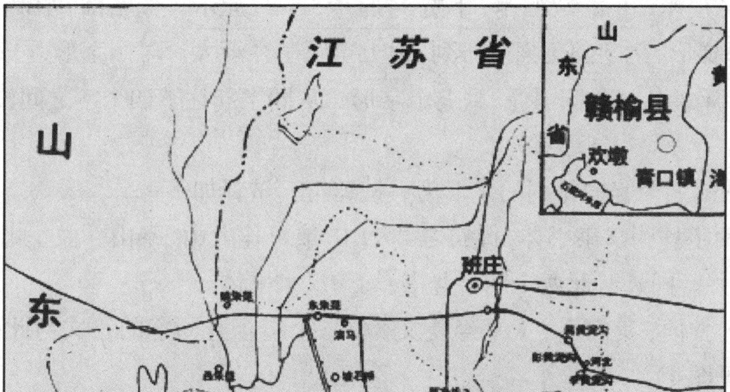

图1　道符刻石位置图

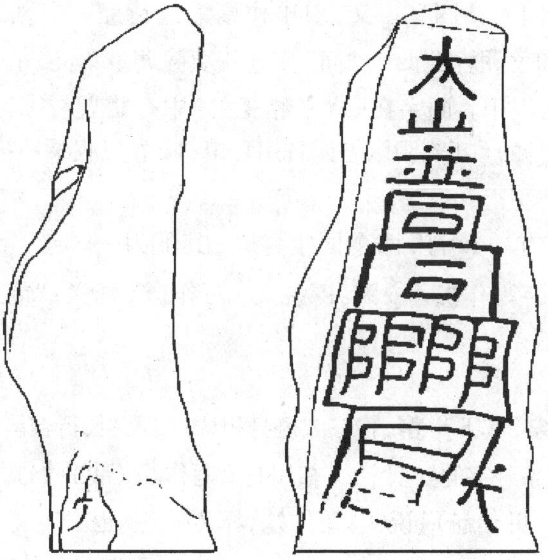
西侧面　正立面

图2　道符刻石实测图

图3　道符刻石拓片图

刻石高96厘米，上宽27厘米，下宽34厘米，厚27厘米。额略圆，形制像一尊石祖（且）。刻面呈梯形，刻字随刻面竖排列，由上至下字径渐大。对照字形，可辨识为：太、山、並（今简写作并）、同、同、、厭七个字形。从同字起往下四个字之间没有距离，相互连笔。

可以确认此七个竖向排列的字形为一帧道符。试释如下：

太、山，两字均为汉隶书体，此符之“太山”或可作大山、泰山。並，此字为汉隶书体，今简写作并。同、同，此两个同字竖书，均为汉隶书体。

为了论述方便，我们将《太平经复文》中三个组合有同字的符文与此两个同字相比勘分析。（见图4）

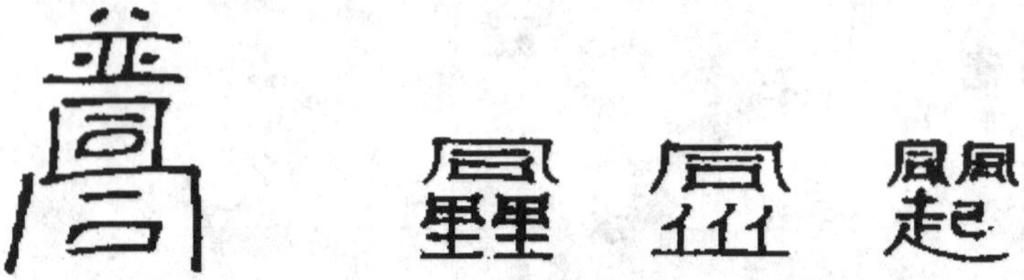

图4 左：道符刻石“同”字符文；右：《太平经复文》符文

同，甲骨文写作：，（后下10.2，三期）；金文写作，（沈子它簋，周早）；《说文》写作，释义：“合会也。从从口。”同，古文字有相同、共同、同一多义。《韩非子·说林上》：“同事之人，不可不察也。”此同为共同义。又，引申作聚集，《诗经·豳风》：“我稼既同，上入执宫功。”联系下面符文，此两个“同”字连缀更强调聚集义，上一个“同”字似有强调下一个“同”字的作用。同字在《太平经复文》中有等符。又，民国六年（1917）上海普通书局印行的《新刻阴阳三元备用百镇符》卷三收录一符，竖书：“定水同同石土”，也是同同连缀。

按：《太平经合校》[1]卷一百四有一符，两个同字并立，其下为一“起”字，归入“兴上除害复文”。起，战国文字写作（録）；《说文》写作，释义：“能立也。从走。”

，此符或表示一同站立起来之义。

卷一百六有一符，单一个“同”字，其下为，像三人侧身相从，归入“德行吉昌复文”。按：，此字形或作并字，是古文字并字的异型字。并，甲骨文写作（戬33.14），也有写作（后上36.3）的：金文写作（并伯甗）；《说文》写作，释义：“相从也。”

[1] 王明 编，《太平经合校》，中华书局，1960年。

，此符或表示多人（三人，多人也）相从、聚集。同用来强调相从的意义。

卷一百七有一符，单一个“同”字，其下为两个里字并立，归入“神祐复文”。

按：里，金文写作（矢方彝，周早）、（史颂簋，周中）；《说文》写作，释义：“居也，从田，从土。”里，春秋以降乡村最基本建置单位，《左传·昭公二十五年》注：建社之制：“二十五家为里。”“二十五里为社。”

此符或表示同在两个里社的区域范围。同带有强调同一区域的意义。

通过以上对《太平经复文》三个拼合有同字符文的符义解释，我们认为同字在《太平经》复文中所表示的一般是同一、相同、相向、相从、聚集等词义。

，此字形似一方框（口）中并立4个。按，甲骨文写作（粹191，三期）；金文作（小臣单觯，周早）；战国文字作（币编，战国晚）；《说文》作，释义：“大陆，山无石者，象形。”《殷墟甲骨文实用字典》释此字：“独体象形字，像个小土丘，因书写关系，直立起来了。”“本义是土丘，卜辞借作军队的名称。”例，卜辞：“大方既出，伐我（师）”（粹1152）；西周金文：“王乃命西六（师）、殷八（师）”（《禹鼎》）。此（师）乃军队之编制，古制二千五百人为一师，四师为一军。按：此符四个并立，军阵之义甚明。符义可解释为借军队列为方阵来表达压倒的气势。

此字形“厂”上一横与上符方框（口）下一横共用，“厂”下字中“月”字残缺，曰、犬二字清晰可辨，此为隶书厭字（今简写作厌）；金文作（秦印汇编）；《说文》作，释义：“笮也。”释“笮”：“迫也。”是知厭有迫义。厭同猒，《汉书·高帝纪》：“秦始皇帝尝曰：‘东南有天子气。’于是东游一猒当之。”注：“猒，塞也。”即压制、堵塞义。以神灵之事物压制鬼魅，道教谓之厌胜。首见《汉书·王莽传下》：“莽亲之郊南，铸作威斗。威斗者，以五色铜为之，欲以厌胜众兵。”

通过以上分析，可确认刻石符文由三个符组成，即“太山並”为一符，“同同”为一符，“厭”为一符。此刻石内容由这三个道符符义构成。所表达的意思是：大山並列，聚集如军阵，压胜一方精魅。

二、道符刻石产生的史地背景

孙净埠村为赣榆县欢墩镇所属的一个行政村。与孙净埠村紧邻的有董净埠、李净埠、张净埠、王净埠以及稍远些的范净埠等行政村，汉魏时期这一带属东海郡祝其县。其北不远处的班庄乡，文物普查中发现有一处汉代城址。

据村民介绍，董净埠村原有一座土地庙，清乾隆年间“北山”山洪暴发，将庙冲毁，河道堰实，这尊原为庙中之物的刻石，随之被冲下的洪水堰埋在庙的废址旁的农田里。

20世纪70年代“学大寨”运动中搞“旱改水”，重新规划和平整土地，此刻石在划归为孙净埠村的农田里被村民发现后移至北距孙净埠村村委会约1.5公里的今处。因被传为庙中之物，且其上又刻有一般人不识的“字”，所以附近一带群众便视之为“灵石”，当作“石干妈”（又称石婆婆）来崇拜。

道符是一种被认为可以招致鬼神，厌镇精魅的神秘文书。道教的《三洞神符记》谓：“太真仰写天文，分别方位，区别图形符书之义。”然后由太上老君等神仙将它传授至人间。此乃创立道教者的迷信宣传，不足为信。但其源头出自上古先民对文字的崇拜，倒是有案可稽的。商人事鬼，周人敬天，以作为祭祀礼器的商周青铜器上饕餮纹等纹饰之威严可怖，是很容易让人对其上的金文文字形体产生敬畏和崇拜的宗教情结的。主张汉字起源于宗教的古文字专家孙敬民先生说：“或者汉代以后道教的符箓，尽管其不算文字，然其必然是据汉字形体结构和其用于宗教的历史而创造转化来的。”[1]汉代的方术道士借用先秦各国君主调动军队或发布命令的符节的方式，将人间的符信搬到神仙世界，假托为最高神圣颁布的密旨，即所谓的“天符”或“神符”。而在此之前，战国时期的巫师就已经发明了符，见《云梦睡虎地秦简日书》（乙本），称之为“禹书”。[2]汉代民间道派继承了战国巫师的做法，在墓门解除、解注、解逐一类活动中，更是经常使用这一类“巫符”，它是最终成型于东汉时期的道符的直接源头。

目前国内发现的东汉时期的道符，较早的是1984至1986年中国社会科学院洛阳唐城队在邙山脚下发掘的西花坛M24出土的一件纪年为延光元年（122）的朱书陶罐上几个“类似道教符咒的符号。”[3]王育成先生考证为道符，并认为：“该罐之发现为研究早期的解除文字内容特别是道符的起源，理解释读众所周知的《太平经》复文，提供了第一手资料。”[4]据王元林先生初步统计，“中原地区发现的镇墓文材料，已发表的约为30余件，大多为东汉时期。”[5]符文一般均用朱色或墨色书于镇墓的陶瓶、陶罐之上。个别也有书于木片上的，如江苏高邮汉墓出土的[6]，或书于衣物疏木牍上的[7]。将道符

[1] 孙敬明 著，《考古发现与齐鲁类证》，齐鲁书社，2006年，第136页。
[2] 参见《云梦睡虎地秦简·日书》（乙本），《文物》，1976（5）。
[3] 中国社会科学院考古研究所洛阳唐城队，《1984至1986年洛阳市区汉晋墓发掘简报》，《考古学集刊》第7辑，科学出版社，1991年。
[4] 参见王元林，《前凉道符考释》，《文物》，2001（4）。
[5] 江苏省文物管理委员会，《江苏高邮邵家沟汉代遗址的清理》，《考古》，1960（10）。
[6] 梁继红，《武威出土的汉代衣物疏木牍》，《陇右文博》，1997（3）。转引自王元林《前凉道符考释》，《文物》，2001（4）。
[7] 王明 编，《太平经合校》，中华书局，1960年。

刻于石质载体上，据连劭名先生《考古发现之早期道符》一文所举，《居贞草堂汉晋石影》著录汉代刻石有“西岳神符”，与前述“高邮符”相比，“也是由两个部分组成，右画符文有曲折对称的线条，左边是自上而下的变形文字，末尾是‘鬼佐’二字，显然不是《太平经》中的复文。”[1]时代应在东汉晚期。惜未见实物保存。孙净埠村道符刻石的发现当属罕见。

道符是随着道教的逐步形成而发展并完备起来的，其最终成型应该是《太平经》复文所收录的2 128符。我们从《太平经复文序》中大体可窥见道符创制传承的过程。早在西汉成帝时（前32—前8），有齐人甘忠可造作《天官历》和《包元太平经》十二卷，因诳言“汉家逢天地之大终，当受命于天。”因而触怒朝廷，不久被下狱致死。甘可忠生前以“十二卷”传授弟子夏贺良、丁广世、郭昌等人（参见《汉书·李寻传》）。到东汉顺帝（126—144）初年，“琅琊人宫崇诣阙，上其师干吉于曲阳泉水上所得神书百七十卷，皆缥白素朱介，青首朱目，号《太平清领书》”（《后汉书·襄楷传》）。《太平清领书》即《太平经》，史家早有定论。由此可证，从西汉成帝时甘忠可的《包元太平经》到东汉顺帝时的《太平清领书》（即《太平经》），时隔一百多年间，道教理论的创设一直没有中断。这是其一；其二，甘忠可死后，曾经在汉哀帝时夏贺良等上《包元太平经》，虽一度受宠，但最终却被诛（事见《汉书·李寻传》）。此后，迫于朝廷的镇压，民间的秘密传道很可能被迫采取了口授经义，秘传“复文”（即道符）的方式来进行，从而使道符在道教的创建过程中起到了宣传教义、凝聚人心、扩大信众的作用，且因携带方便（一般刻或写在木牍上）而易于传播，在长期流布过程中不断完善，并最后得以规范。帛和传干吉《太平本文》即是后来成书的《太平清领书》所本的规范的道符，这一点帛和讲得很清楚“吾传《太平本文》可因易为一百七十卷……”所谓“易”者，即转换之意也，或今言所谓“破译”。《太平经复文序》曰：“（复文）凡四部，二千一百二十八字，皆太平本文。其三百六十章是干君从本文演出，并行于世以复相辅成教而传授焉。”干吉授教的可能有帛和口授的经义，但同时，更主要的是得到了2 128个道符。他经过一番“穷极经义”，终于“敷演成教”而成《太平清领书》。此亦说明到《太平经》最后写作成书前，道符先已成型。考之《襄楷传》，道符成型大体上应早于顺帝初年宫崇献书之前，至迟也在安帝时，属东汉中期。考古发掘出土的洛阳汉安帝延光元年（122）朱书陶罐上的符文，其书体（见图5）是“汉简体”，其中一符（M24：145，第三符）可与《太平经》复文中等符相比勘（见图5）。

[1] 连劭名，《考古发现与早期道符》，《考古》，2004（12）。

王育成先生通过对其中“类似道教符咒的符号”逐一详细考证，结论是“为东汉复文无疑。”[1]

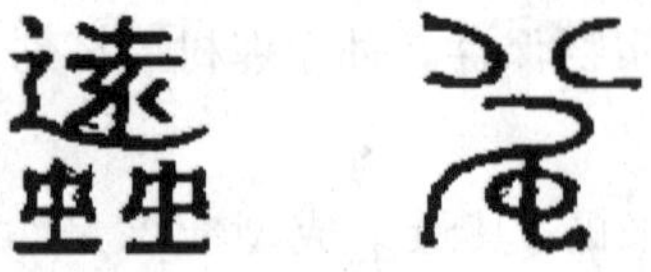

图5

河北人张角受《太平经》思想影响创太平道，秘密组织发动黄巾农民起义。据《后汉书·襄楷传》“后张角颇得其书”。考之，时间应该在东汉桓帝时期。据《历代三宝记》:“光和七年(184)，张角等谋，诛其逆党内外姻属。诸事老子巫妖医卜，并皆废之。”黄巾起义失败后，太平道这一中国最早的道教组织连同《太平经》一起被禁毁，至少在黄巾起义遍及的青徐幽冀荆扬兖豫八州地区(东海郡属徐州)自此之后不可能再有任何公开的道教活动了，故属于“诸事老子巫妖医卜”之类的刻石则也不可能在这时期出现。

东汉时，沛国丰邑(今江苏丰县)人张道陵奉《老子五千文》撰《老子想尔注》，称“道”即是“一”，“一散形为气，聚形为太上老君”，在中国道教史上最早把老子推上道教教祖地位。顺帝时(126—144)入四川鹤鸣山创正一盟威之道(或云正法正一科术要道法文)。公元156年(东汉桓帝永寿二年)张道陵死前将盟威都功诸品经箓及玉册、剑印等传其子张衡。任继愈先生主编的《中国道教史》认为传为张道陵所创的五斗米道实际上是由张修(即张衡，参见《三国志·张鲁传》裴注)在公元184年之前创立于汉中。后张道陵之孙张鲁在汉中继其祖事业，继续发展五斗米道，并建立了政教合一的地方割据政权。公元215年(汉献帝建安二十年)，汉中为曹操所并，张鲁投降，五斗米道衰弱而至演变为魏晋以后的天师道。汉魏时地处中国东部滨海地区、道教仍被继续打压情状下的东海、琅琊一带，是不可能受到五斗米道的影响的。故这一地区即使有与之同一时期的道符发现也与“三张”的五斗米道无涉。

至魏晋之际，《三皇文》的出现，标志道符的创作趋于复杂化。符箓的数量增加，类型增多。符字由大量的篆体和多字重叠而成。为了标榜“天书玄妙，皆是九气精象，百神多讳”而作“变状形兆，文势曲折”(《太上洞渊神咒经》)[2]。道士们宣称符文乃天上的云气自然生成，谓之“云书”或“云篆”。这个时期出土的墓葬中的解除类的陶瓶、陶罐等器物外壁上多有仿篆体或吴越地区的虫书鸟迹古文字的符文，笔画曲折盘纡，

[1] 中国社会科学院考古研究所洛阳唐城队，《1984至1986年洛阳市区汉晋墓发掘简报》，《考古学集刊》第7辑，科学出版社，1991年。

[2] 此书大约写成于西晋末至南朝刘宋时期。

似云气缭绕。这些都是早期道符——《太平经》复文收录的2 128个符字中所没有的，此正是《太平经》复文有别于魏晋和魏晋以后道符的地方。

关于《太平清领书》的成书地点，《襄楷传》认为是"曲阳泉水上"，据《汉书·地理志》李贤注："海州有曲阳城，北有羽潭水"，"盖东海曲阳也。"李贤注之"曲阳"为唐之建置，包括今江苏东海县的曲阳乡及其北至羽山一片地域。汉东海郡的曲阳古城遗址今仍保存完好。所谓"泉水"即《左转·昭公七年》："昔尧帝殛鲧于羽山，其神化为黄熊，入于羽渊"之水。羽山在曲阳古城遗址北约30公里。东汉时曲阳县与祝其县接壤，《汉书·地理志》"东海郡祝其"条注谓："《禹贡》羽山在（祝其）南，鲧所殛。"《读史方舆纪要》："（祝其）城在赣榆西五十里，东距夹谷山十里，西南距羽山四十余里。"今欢墩镇地理位置正处汉祝其县境。又，前述甘忠可所传弟子之一的丁广世为容丘人，据《齐鲁思想史》一书考证，容丘就在今江苏和山东交界处[1]，应该就是东海、琅琊二郡交界的今江苏赣榆、东海及山东临沭一带，也正是道符所在的区域。

以羽山为中心的汉东海、琅琊二郡是早期道教活动频繁地区。较早的文献，如《山海经·南山经》就记有"又东三百五十里，曰羽山，其下多水，其上多雨，无草木，多蝮蛇"。《海外南经》有"羽民国在其东南，其为人长头身生羽"，"不死之民在其东，其为人黑色，寿，不死"。今人袁珂考证所谓"羽人"、"不死"："乃学道登仙的两个阶段，初则不死而为地仙，久乃身生羽毛，遐举而为天仙矣"[2]。而"西南距羽山四十余里"的祝其，《左传·定公十年》："公会齐侯于祝其，实夹谷。"唐杜预注："夹谷即祝其也。"《路史》谓祝其乃"国名，夏后氏后"；《海外西经》谓之夏后启曾在此"舞《九代》"，即为后来道教所推崇的"禹步"之舞，道教的《洞神八帝元变经·禹步致灵》称"禹步者，盖夏禹所为术，招役神灵之行陟"；战国时代传说中的神仙方术人物琅琊人安期生，也经常往来"买药于东海"（参见《列仙传》）。又，从《后汉书·方术列传·费长房》、《隶释》收录的洛阳上清宫《五君杯盘文》及《东海庙碑》可知，汉代东海郡地区盛行对道教之神东海君的崇拜，并建有汉东海庙，均表明东汉早期，道教在这一地区就已经比较流行；羽山之南约10公里处的今温泉镇尹湾汉墓出土的西汉成帝时的一批木牍，其中有墓主人生前使用过的《神龟占》、《六甲占雨》、《行道吉凶》等随葬的术数木牍[3]，则表明了这一带与早期道教创建过程中有密切关系的民间巫祝占卜活动的盛行。近代著名学者陈寅恪先生早就指出，中国东部滨海地区是早

[1] 孟祥才、胡新生 著，《齐鲁思想文化史》，山东大学出版社，2002年，第579页。
[2] 袁珂 著，《太平经校注》，上海古籍出版社，1980年，第196页。
[3] 连云港市博物馆，《江苏东海县尹湾汉墓群发掘简报》，1996（8）。

期道教的发源地。[1]又据《连云港孔望山》一书考证，"孔望山所在的鲁南苏北地区是东汉晚期道教的活动中心，是中国道教最早的纲领——《太平经》诞生地，也是东汉晚期蓬勃兴起的太平道活动中心"[2]。孔望山西北距羽山约45公里，同属于东汉时期以羽山为中心的早期道教文化圈。

三、年代考订

关于孙净埠村道符刻石的年代，我们提出以下讨论意见。

（一）早期的民间道派继承了战国以来的民间巫术并加以发展，形成了道教组织雏形，在进一步的演进中于东汉晚期以太平道为代表，最终形成有组织结构、崇拜偶像、祭拜仪礼的宗教——中国道教。伴随着这一过程，原来的战国时期民间巫术中的巫符也就随之发展成为成卷的道符。已知的《太平经》复文与后来的《灵宝五符》、《五芽真文》、《三皇文》等道教符文不同。《太平经》复文多以两个或两个以上的隶书汉字相拼合排列，叠加而成。据《后汉书·襄楷传》，顺帝初年，宫崇向东汉朝廷献《太平清领书》，其《复文序》云："（复文）凡四部，二千一百二十八字，皆太平本文。"道符字，如前所述，应该在东汉安帝（107—125）时期，是已知中国最早的道教成型道符。学术界讲到道符的出现，一般均笼统地说在东汉晚期，但洛阳东汉延光元年朱书陶罐的发现，特别是其中的道符与《太平经》复文的可比性，从考古实物资料上证明了道符在东汉中期已经产生，这就为我们对同类型的孙净埠村道符刻石的断代提供了依据。

（二）孙净埠村道符刻石中的符文与《太平经》复文相比较，一致的地方是，同样采用两个以上当时通行的隶书汉字组成符文，且其中都没有魏晋以后出现的云气、北斗星象、神仙类的图识等；另外，两者均吸收了战国的个别金文文字作为道符文字的拼合成分之一，如前引《太平经》复文中的字（另有多符，不作例举）与现在发现的孙净埠村道符石碑中的字，均保留了战国巫师制符的痕迹，从而显示出早期道符是从战国墓门解除巫术发展而来的、比较原始质朴的这一特征。有所不同的是：孙净埠村道符刻石的符文竖向排列，按3—2—2组合，分三组一气呵成，而《太平经》复文收录的道符多为竖——横双向排列，每一组多达几十个符文，然孙净埠村道符刻石的道符书体与《太平经》复文所收录的道符书体基本一致（都是汉隶书体），故可视为同一道符系

[1] 参见陈寅恪 著，《金明馆丛稿》，上海三联书店，2001年，第1页。

[2] 国家博物馆田野考古研究中心、南京博物院考古研究所、连云港市文物管理委员会、连云港市博物馆，《连云港孔望山》，文物出版社，2010年，第260页。

统源流传承而来的。据以上分析,将孙净埠村道符刻石断代为东汉中期当不为谬。

（三）从道符的功能方面来讲,孙净埠村道符刻石中的符文与《太平经》复文中符文相比较,前者是刻在石头上的,而后者是写在“缥白素”上的。《后汉书·方术列传》记东汉时“河南有麴圣卿,善为丹书符劾,厌杀鬼神而使命之”。又,同《传》记有道教人物费长房曾向买药翁（壶公）学道,卖药翁“为作一符,曰:‘此主地上鬼神’……遂能医疗众病,鞭笞鬼神,及驱使社公”。证明东汉时“丹书符劾”在民间曾流行,其中有一类道符的功用是“主地上鬼神”,“及驱使社公”。也就是说在里社上“驱使社公”(社公即“土地神”)来镇压一方邪魔。孙净埠村道符刻石当属此类。因其石形制像石祖(且),可推断它为社主之石,乃是上古东夷“立石为社”之俗的孑遗。如此说不误,可以想见当时是先丹书(抑或墨书)在社石上,然后凿刻而成,此正合“驱使社公”以镇压一方邪魔的道法要旨。书体表现出与其同时代的汉碑隶书所不同的结体宽博、横平竖直、波磔不显、变圆为方的风格,与《太平经》复文所收录的符字较为接近。主事者当不是现场随机发明,而是应有所本,这个“本”即是早期道教形成过程中道士们所掌握的道符符字,此亦反过来证明,东汉中期道符在这一带民间的秘密流传和道士厌胜作法活动的存在。孙净埠村道符刻石正是这一时代的史地背景下的产物。

四、结　语

孙净埠村道符刻石中的七字三组合,是一句完整的辟邪厌胜的道符用语,故也可以理解为符咒。刘宗宇先生在《道符溯源》一文中说:“倘若我们追寻造符者的思想轨迹,便会发现早期造符者的观念和思维取向,基本上同于他们所继承的巫文化。造符的基本思路系从古代巫术中的祝诅脱胎而来。……这种祝诅即咒语,是对语言魔力的崇拜,企图通过语言将对鬼神和自然物的命令、威胁、祈求直接表达出来,符和咒往往连称,因而它们经常一起出现。其实,一些符本身就是咒。”[1]符和咒的功用都是役使鬼神,镇邪驱魔。朱磊先生说:“汉代以后,道教的兴起带来了一种新的驱鬼手段——符箓。同时由于巫觋的日益世俗化,原始驱鬼活动中的动作因素逐渐减弱(汉族地区尤其明显),口头驱鬼的手段渐趋独立,念咒语与画符箓遂结合在一起,成为后世主要的驱鬼手段——厌胜法。”[2]孙净埠村道符刻石的凿刻可以肯定的是,它与东汉时期该地

[1] 刘宗宇,《道符溯源》,《世界宗教研究》,1994(1)。

[2] 朱磊,《谈汉代解注瓶上的北斗与鬼宿》,《文物》,2011(4)。

区道教的某些活动有关，再具体地讲，它是立于里社之上的“丹书符劾”之石，推测可能与在里社上举行镇邪驱魔的宗教仪式有关，并且曾被长期“使用”。它的发现，为研究中国早期道符的创制、道教最早的纲领《太平经》的形成以及我国东部滨海地区早期道教活动提供了非常珍贵的实物资料。

参加考察的人员有杨剑、刘凤桂、陈贵洲、韩继云等。摄影和绘图工作由韩继云负责。

《东海县耶稣堂美国南长老会牧师米公实颂纪念碑》释读

张家超[1]

摘　要： 连云港市博物馆馆藏石碑“基督碑”碑身断为两截，碑面遭刻画，经修复后，大部分碑文尚可认读。断裂修补处及部分残泐难以辨认的文字，经文献对比及档案检索后予以补证。经释读后的碑文，确认了美南长老会牧师米德安的生平以及在海州地区（现连云港市所属）的传教情况，记述较为详细，对研究近代海州地区基督教美南长老会的传教活动有着重要的参考价值。

关键词： 海州　墓碑　传教士　美南长老会

一、《纪念碑》现状

纪念碑（图1）为石灰岩质，呈长方体，高1.75米，宽0.68米，厚0.27米，碑文上下沿0.1米，左右沿0.3米，四周无纹饰，无底座。碑身大致在下方三分之一处断为上下两截，经修复后，断裂处的文字残泐，断裂处左边一块三角形区域的文字缺失。另外，碑面也受过较为严重的人为破坏，到处留下被鏨过的痕迹，横七竖八的划痕与碑文相互交错，使得碑文较难辨认。

碑面上方刻有十字架，横竖为0.7×0.13米。碑额篆书“良牧诸范”，自右至左，字径0.1×0.12米，破坏严重，极难辨认。正文楷书繁体，形体方正，笔画平直，字径0.2×0.3米。正文竖刻，自上而下，自右至左，22行，满行35字，共计642字。

石碑右下方是博物馆展览处所写的碑铭“基督碑/清光绪三十四年（1908），美国基督教南长老会派遣米德夫妇、闻声夫妇、慕赓扬夫妇来海州创办教会，开办义德医院

[1] 作者简介：张家超，连云港职业技术学院副教授。基金项目：江苏省教育厅高校哲学社会科学研究基金项目（编号：2013SJD770006）的阶段性成果。

（二院前身），行医兼传教。”

二、《纪念碑》碑文认读

用□表示残泐无法辨认的字，用■表示被覆盖但经推敲应该有而又无法辨认的字，用加边框的字表示经上下文对照而辨认出的字，经反复认读后转录碑文如下（图2）。

图1　纪念碑（图片来源：作者自摄）

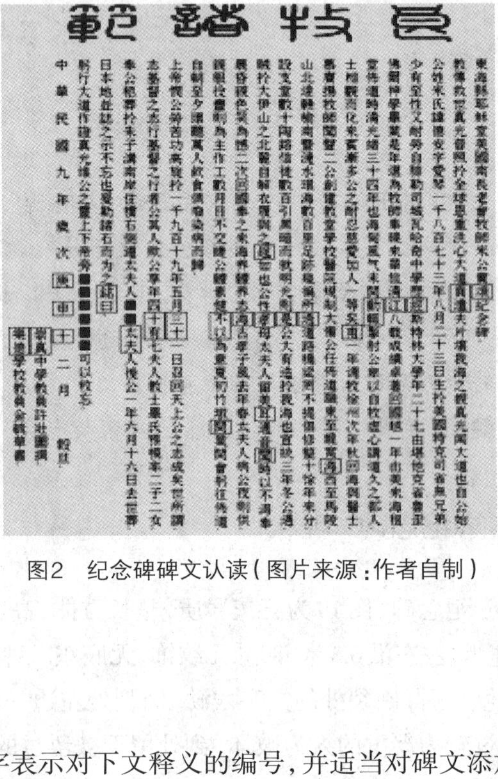

图2　纪念碑碑文认读（图片来源：作者自制）

三、《纪念碑》碑文释义

用“/”表示分行，用加括号（ ）的数字表示对下文释义的编号，并适当对碑文添加标点符号后，转录并释义如下：

（1）良牧诸范/

（2）东海县耶稣堂美国南长老会牧师米公（3）实颂纪念碑/

教传救世，真光普照于全球；恩重洗心，（4）大道贡遗夫片壤。（5）我海之覯真光闻大道也，（6）自公始。/（7）公姓米氏，讳德安，字爱琴，（8）一千八百七十三年八月二十三日生于（9）美国特克司省，无兄弟。/少有至性又耐劳，自腓勒司城瓦哈奇中学（10）历经斯特林大学。年二十七，由堪他克省鲁歪/佛尔神学毕业。是年，（11）选为牧师，奉碟来华。（12）旅清江八载，（13）成绩卓著。（14）回国越一年，由美来海租/堂布道，时清光绪三十四年也。(15)海甸风气未开，动辄掣肘。公卑以自牧，虚心讲道。久之，都人/士相观而化，来宾渐多。公之耐忍慈爱，加人一等矣。甫一年，调牧徐州。次年秋，回海，(16)与医士/慕赓扬、牧师闻声二公创建教堂、学校、医院，规制大备。公任布道职，(17)东至龙窝海，西至马陵/山，北达赣榆，南暨涟水，环海数百里，足迹几徧，所过道路桥梁，罔不提倡修整。十余年来，分/设支堂数十，(18)陶镕信徒数百。引黑暗而就明光，则是公大有造于我海也。宣统三年冬，(19)公遇/贼于大伊山之北麓，自解衣履，与之趄如也。(20)公性孝，母太夫人留美，耳通音闻时，以不得奉/晨昏、亲色笑为憾。(21)二次回国，奉之来海，养体养志。海古孝子风，去年春，太夫人病，公夜则供/亲服役，昼则为主作工，数月，目不交睫，公体素健，不以为意。夏初，(22)竹墩开业开会，躬往布道。/自朝至夕，环听万人，饮食俱废，(23)染病而归。/

上帝悯公劳苦功高，(24)旋于一千九百十九年五月三十一日，召回天上。公之志成矣。世所谓/“志基督之志，行基督之行”者，公其人欤！(25)公享年四十有七。(26)夫人教士毕氏雅模，率二子二女，/奉公柩葬于朱子沟南岸、住楼右侧。遵太夫人■■，太夫人后公一年六月十六日去世，(27)葬/日。本地并志之，示不忘也，爰勒诸石而为之铭曰。/

躬行大道，作证真光。维公之灵，上下帝旁。■■，■■■■，(28)可以敉忘。/

中华民国九年岁次(29)庚申十二月穀旦/

(30)崇真中学教员许壮图撰/

乐德学校教员金毓华书

下面针对认读或补录碑文进行释义说明。

(1)额题“良牧诸范”，篆体字(图3)，意思是优秀的牧师是大家的模范。这四个字被破坏的比较严重(见图1)，辨认非常困难，释读过程颇费周折。由于正文为楷书繁体，刚开始按照这个思路去认读，总无突破。左边第一字整体为上下结构，下部为左右结构；上部似乎与“艹”头、“竹”头有关；下部左边，经认读为车的繁体字“車”；下部右边为变形的已经的“已”，但笔画走向有些模糊；总体把握可能是繁体字“範”，但并不确定。左边第二字整体为左右结构，左边似乎是个“足”字，右边上部有“乂”状，下部有“目”状，无法认读。右边第一字整体为上下结构，上边残存的笔画是“艹”字头中间的部分，即一横只在两竖中间，而没有伸出两边，这个部首在楷书中并没有找到；字的中间部分似乎是一个扁圆的形状，该字也无法认读。右边第二字整体为左右结构，笔画部首也难以确定。出现转机的是，在阅读其他碑帖时突然联想到篆书，发现右边第二字左边和右边下部残存的笔画并不像楷书中规中矩，而是有篆书的影子在；右边第一字的奇怪笔画也就有理由了。由此断定额题四个字为篆书，这就打开了释读的空间(见图2)。

图3 “良牧诸范”的标准篆体字[1]

(2)清末的“海州”除了包括现今连云港市所辖的三区三县,即海州区(含新浦)、连云区、赣榆区(原赣榆县)、东海县、灌云县和灌南县,此外还包括宿迁市的沭阳县、盐城市的涟水和响水两县的北部等部分区域,俗称“海属”地区或“海赣沭灌”地区。民国初期州改县,废海州直隶州改为东海县,将赣榆县(今赣榆区)、沭阳县和盐城市部分地区划出;后又一分为二,从东海县析出灌云县(含今灌南县)。但人们仍习惯称“东海县”、“灌云县”,这一地区为“海州”地区,这就是碑文中经常称“海”的原因。这里的“耶稣堂”指的是基督教堂(The Christ Church),是普通百姓和信徒的日常称呼,有的基督教堂也称为福音堂。

(3)“实”字比较能够清楚地释读,后面的字位于断裂修补处,很难辨认。该字总体呈左右结构,左上方似乎有“八”字的笔画,左下方有一提笔;右上方有一横“一”,右下方也似乎是一“八”字形。碑文的内容不仅详细记述了牧师米德安的生平和传教情况,突出一“实”字,而且还有许多褒扬文字,碑文的行文风格也有许多对仗之处。因此判读该字为“颂”。颂,古文体,以赞美、颂扬为目的的诗文,写法上多用铺陈。南朝梁刘勰《文心雕龙·颂赞》中有“颂者,容也,所以美盛德而述形容也”;“原夫颂惟典雅;辞必清铄,敷写似赋,而不入华侈之区;敬慎如铭,而异乎规戒之域;揄扬以发藻,汪洋以树义,唯纤曲巧致,与情而变,其大体所底,如斯而已。”[2]又南朝梁萧统《昭明文选·序》中有“颂者,所以游扬德业,褒赞成功。吉甫有‘穆若’之谈,季子有‘至矣’之叹,舒布为诗,既言如彼。总成为颂。”[3]“实颂”就是对牧师米德安生平和传教情况忠实记录,并加以赞美和颂扬。

(4)“贡遗”表示进贡、馈赠的礼物。此处的“遗”读Wei第四声。上下两句为对仗句式,其中“夫”,文言指示代词,相当于“这”或“那”。“夫片壤”意指海州这片土地。

(5)“海”指海州地区,下同。“覩”古同“睹”,指看见。

(6)由下文可知,米德安(图4)夫妇于清光绪三十四年,即1908年与医生慕赓扬夫妇和牧师闻声夫妇一起来到海州建堂传教。那时的海州地区还没有基督教新教的传播,而只有天主教传教士在活动[4]。据史料记载,基督教新教传教士于十九世纪初来华

[1] 字体图片来源:汉语大字典编辑委员会编纂,《汉语大字典》,四川辞书出版社(第二版),2010年4月。

[2] 周振甫 主编,《文心雕龙辞典》,中华书局,1996年8月,第648—649页。

[3] 陈宏天,赵福海 译注,《昭明文选译注》,长春:吉林文史出版社,1987年9月,第3页。

[4] 连云港市地方志编纂委员会 编,《连云港市志》,北京:方志出版社,2000年5月,第2550页。

传教，美南长老会于1867年进入中国，第一个传教基地选择在浙江省会杭州。以后沿京杭大运河逐步向北扩展，于1883年在镇江建立了传教站，成为向苏北扩张的重要基地，1905年成为江北教区的中心。海州的美南长老会牧师从米德安开始，由镇江、清江浦（今淮安）、宿迁等地传入[1]。

图4　牧师米德安（前排左一）、慕赓扬博士（前排左四）与孩子们在一起

（左二为米德安的三儿子约翰John Rice，左三为大女儿玛丽Mary Rice，左五为慕赓扬的小女儿露德Ruth Morgan。后排左一为米德安的二儿子毕尔Bill Rice，左二为小女儿艾飒Esther Rice。照片大约摄于1913年初春。）

（图片来源：耶鲁大学神学院图书馆）

（7）米德安的英文名字Archie Dean RICE，简写为A. D. RICE。"米"是姓氏"RICE"（大米）的意译，"德安"分别是名字首字母"D"和"A"的音译，字"爱琴"是名字"Archie"的音译。由于地方文献和档案缺失，传教士的材料难以获得，他们只在地方志和政协文史资料中有片段的介绍，但大多语焉不详。笔者在文献中，并没有将米德安与其英文名字对应起来，遂将Archie Dean RICE这个英文名字按音译翻译成了赖斯，从而将一个人分成了两个人，并且将来海州的时间提前到了1904年。经过认真比对生卒日期、籍贯、来华时间、特殊事件，以及中英姓名的特点，认为张家超文中的赖斯就是米德安。[2]"未德安[3]"、"朱德安[4]"，显然是认读或书写失误造成的。

---

[1] 中华续行委办会调查特委会 编，《中华归主——中国基督教事业统计1901—1920》，北京：中国社会科学出版社，1987年，第48页。

[2] 张家超，《"海州义德医院英文记事碑"考证》，《档案与建设》，2013（4）：46—49。

[3] 淮阴市地方志编撰委员会 编，《淮阴市志》，上海：上海社会科学院出版社，1995年，第2082页。

[4] 海州区地方志编纂委员会 编，《海州区志》，北京：方志出版社，1999年7月，第470页。

(8)根据文献可知米德安的出生年份应该是1872年,而不是1873年。

(9)“美国特克司省”,现译名为美国德克萨斯州(Texas)。“腓勒司城瓦哈奇中学”,现译名为费里斯市(Ferris)沃克西哈奇中学(Waxahachie High School)。“斯特林大学”(Sterling College)位于堪萨斯州斯特林市。下文中的“堪他克省”,现译名为肯塔基州(Kentucky),“鲁歪佛尔”,现译名为路易斯维尔(Louisville)。因是大学后又去读神学院,应该是神学博士(D. D.,Divinity Degree)毕业[1]。

(10)“历”字基本能够认读,但“经”字是根据笔画走向及上下文含义辨析出来的。

(11)美国的牧师管理制度与中国的僧侣管理制度类似,但更为严格。牧师资格的取得有多种渠道,一是神学院毕业,二是接受过基督教义的培训。但之后都必须经严格考试,合格方可授予。牧师资格证书(又称执照)上标明证书编号、姓名、年龄、隶属差会、布道区域等信息。基督教来华初期,民众将之与本土宗教佛教等相比较,因此有资格做牧师称“奉碟”。碟即佛教中僧侣的戒牒,是一种受戒后的身份证明。米德安的牧师执照是182号[2]。

(12)该字位于断裂修补处,根据上下文,既可以与前字“清”组合,也可以与后字“八”组合。米德安27岁从路易斯维尔神学院毕业当年即被选为牧师来华传教,上文记述他出生于1873年8月23日;又根据下段他的享年岁数;又中国传统的年龄计岁一般采用虚岁的事实;又,在清江浦的两座两层砖木结构、西式风格的福音堂(图5、图6)

图5　淮安市清河区和平路65号福音堂

图6　淮安市清河区基隆东巷5号福音堂

(图片来源:王昕,《江苏近代建筑文化研究》,东南大学2006年硕士论文,第111页。)

[1] Missionary Here Tomorrow. The Eagle, Saturday, 17 Jun, 1916, p.3. http://www.newspapers.com/newspage/55978159/,2012年10月27日。

[2] Minutes of the General Assembly of the Presbyterian Church in the Confederate States of America. Presbyterian Committee of Publication, 1908. http://www.archive.org/stream/minutesofgen1908pres/minutesofgen1908pres_djvu.txt,2013年9月12日。

均是米德安牧师等人于1900年建造[1][2]。可以推断，米德安来华的这一年是1899年。文献[3]也证实了这一年份。下文中说明米德安返美"越"一年（即一年多一点，但又不会多过半年），又于光绪三十四年（1908）来到海州，可知，返美前是1906年底或1907年，这样，米德安前期来华大约有8年时间。那么，若该字与后字"八"组合时，则极有可能与表示近似的字有关，如"近"、"约"、"超"、"过"等。但看残存的笔画，又极简单。若与前字"清"组合，则可能与当时的清朝有关，如"清朝"、"清室"等，但有语言不通之嫌。综合上面的分析，结合残存笔画走向，米德安来华初期是在当时的清江浦（又称清江）传教，该处可能与"清江"有极大的渊源，故推断，该字为"江"字。

（13）据米德安的一位同事发给《美国基督教箴言报》的报告称，1899年9月9日，米德安夫妇俩抵达中国，开始在清江浦传教。这里有十四万居民，也有近四千七百多难民需要救赎。每天都要穿过布满石子的乡间小路去传教，辛苦异常，但信教者众[4]。

（14）据德克萨斯州《圣恩布道周刊》1908年5月1日第八版报道，西德克萨斯州长老会妇女传教会第七届年会开幕将于5月6日至7日召开，这次会议史上规模最大，与会的女性教堂神职人员来自乡镇、城市的长老会，来自中国清江浦的米德安牧师作为主要嘉宾将于5日晚上在第一长老会教堂主日学校的教室里进行专题演讲[5]，而且他在给长老会理事会的报告中详细介绍了当时苏北地区发生饥荒的情况[6]，后文中说明他返华的时间为1908年，因在美时间超过一年，可知他第一次返美的时间应该在1907年。

（15）"甸"古代指都城郊外的地方，引申为周边地区。如唐代诗人刘禹锡《代谢贷钱物表》"寿春固累以备盗，淮甸兴师以扞姦"中的"淮甸"指的是淮海流域地区。"海甸"指近海地区，如明梁辰鱼《浣纱记·伐越》："主公初登宝位，新御黎民，海甸甫安，边烽乍息。"此处的"海甸"指的是当时的海州地区（较东海县所管辖行政区域略大）。

---

[1] 淮阴市地方志编撰委员会 编，《淮阴市志》，上海：上海社会科学院出版社，1995年，第2082页。

[2] 王昕，《江苏近代建筑文化研究》，东南大学2006年硕士论文，第111页。

[3] Life-work of Louis Klopsch; romance of a modern knight of mercy. THE CHRISTIAN HERALD, NEW YORK, 1910. http://www.archive.org/stream/lifeworkoflouisk00peppuoft/lifeworkoflouisk00peppuoft_djvu.txt，2013年9月12日。

[4] Ibid.

[5] Women Are Coming Next Week.Weekly Corpus Christi Caller（Corpus Christi, Tex.）, Vol. 25, No. 19, Ed. 1 Friday, May 1, 1908,p.8.

[6] Minutes of the General Assembly of the Presbyterian Church in the Confederate States of America. Presbyterian Committee of Publication, 1908. http://www.archive.org/stream/minutesofgen1908pres/minutesofgen1908pres_djvu.txt，2013年9月12日。

"风气未开"指尚未有信基督教的传统。"动辄掣肘"就是说经常从旁牵制，说明传教比较困难。这种牵制可能是传统文化的问题，也可能是语言上的障碍，也有可能是当时海州地区地广人稀的缘故，等等。

(16) 1908年，米德安夫妇与在清江浦的慕赓扬(Dr. Lorenzo Seymour Morgan, 1875.8.15—1955.6.10)博士夫妇和在宿迁的闻声牧师(Rev. John Walker Vinson, 1880.12.28—1931.11.2)夫妇被美南长老会差派海州。米德安及妻子是职业牧师，负责在海州地区建立传教总站并布道。慕赓扬及妻子白露德[1](Ruth Bennett Morgan, 1877.9.20—1955.3.9)是医学传教士，博士，1905年1月1日来华，他们首先来到江苏镇江学习了几个月的汉语，然后被差遣到清江浦镇的仁慈医院，在那里边行医边传教、边学习汉语，1909年4月22日抵达海州，负责在海州建立医院，行医传教。首先租借海州西门外石狮巷17号的一排8间民房，开办西医诊所。然后在海州白虎山北麓购地创建海州义德医院，1914年建成使用。并在医院内开办了护士学校，培养本土西医护理人员[2]。闻声及妻子甄妮(Jeanie de Forest Junkin, 1877.2.26—1923.3.25)也是职业牧师，甄妮1904年随家人来宿迁，闻声1907年来到宿迁，他们1908年4月30日在宿迁结婚，所以，期间的传教重心仍在宿迁，只是断断续续来到海州，直到1910年，夫妇俩才正式迁来海州，协助米德安和慕赓扬的工作。1909年中，米德安与慕赓扬一起到板浦建立了海州地区第一座基督教堂。1910年，慕赓扬与闻声在新浦租用民房作为教堂，后于1920年在迁往福利昌巷创建了新浦基督教堂。1931年11月，闻声牧师在一次去乡村(灌云县杨集镇)布道时，被土匪绑架后惨遭斩首[3]。

(17)这四个地方在清末均隶属于海州。现今的涟水归盐城市管辖。"暨"同及，接近的意思。"徧"通"遍"。

(18)"陶镕"，比喻培育、造就。

(19) 20世纪初叶，战乱频繁，天灾不断，"海州一带，遍地皆匪，共计不下万余人，首要有百数十起，其访闻及指控者已六百余名，行踪非常诡秘，见兵力较太，层层包

---

[1] 白露德(Ruth Bennett Morgan, 1877.9.20—1955.3.9)，生于伊利诺伊州莫顿镇，卒于新泽西的帕特森市，1899年毕业于伊利诺伊大学。与慕赓扬同时于1904年毕业于约翰霍普金斯大学医学院，获医学博士学位，之后两人于6月29日在田纳西州纳什维尔镇的第一教堂结婚。因在地方文献和档案中没有找到有关她的资料，耶鲁大学神学院图书馆所存资料中也只有英文名字，没有找到她的汉语名字。所以在文献[6]中将英文名字"Ruth"按音译翻译成"露丝"。后经过文献比对，确证她的中文名字为"白露德"，其中"白"是娘家姓氏"Bennett"的音译，"露德"是名字"Ruth"的音译。见连云港市卫生志编纂委员会编：《连云港市卫生志》，北京：方志出版社，1998年11月，第217页。

[2] 张家超，《海州义德医院创办及西医传教士在海州活动情况研究》，《海州历史文化》，2013(1)：20—27。

[3] Presbyterian Church U.S. Missionaries to China 1900-1920. http://www.phcmontreat.org/bios/Bios-Missionaries-China-1900-1920-PCUS.htm，2012年8月27日。

围，均弃枪四散，捕鱼采樵。”[1]土匪活动十分猖獗，经常公开劫洗村镇，匪徒成群结伙，所到之处，烧、杀、抢劫，无所不为，百姓叫苦连天。土匪不但将财物抢掠一空，临走时还要把人掳去，以此向其家属索取赎金，当时称之为“抬财神”[2]。除上文提到的美南长老会牧师闻声被土匪斩首外，海州天主堂总本堂神父双国英（Pere Louis Hermand S.J., 1878—1939）也于1939年4月在海州天主堂内被土匪打死[3]。“解”的意思是“解开，解下”。见《公输》：“子墨子解带为城。”“趄”一般与“趑”字合在一起构成联绵词“趑趄”。一是含局促、窘迫意，例如汉张衡《东京赋》：“狭三王之趑趄，轶五帝之长驱”；二是形容步子急促细碎，例如唐李贺《摩多楼子》诗：“晓气朔烟上，趑趄胡马蹄。”三是形容小儿行走貌，例如清周正《散粥行》：“行如儿始步，趑趄乃屈躃。”“如”语助词，为形容词的词尾，表示“……的样子”，例如《汉书·石奇传》：“子孙胜冠者在侧，申申如也。”“与之趄如也”，即很窘迫慌乱地（将自己脱下的衣服和鞋子）给了土匪。

（20）米德安的母亲［Mrs. A. W.（Kate）Rice, 1845.1—1920］，出嫁前名为Priscilla Kate Crabtree，1845年1月出生于弗吉尼亚州李镇，1864年与米德安的父亲（Amziah Washington Rice, 1829.8.18—1908.5.2）在德克萨斯州结婚后，一直居住在达拉斯镇。育有两子，老大1868年出生，早亡。老二就是米德安。这个时候已经近70岁了，米德安的父亲去世后，衣食住行都很困难[4]。米德安对不能侍奉母亲非常惭愧，遂决定将母亲带来海州，以尽孝道。

（21）1915年，米德安第二次返美，从上海乘船于12月6日抵达加州的旧金山[5]。这次返美应美南长老会各地教堂的邀请，作了多次演讲。如德克萨斯州《埃尔帕索早报》1916年5月3日第七版报道，埃尔帕索长老会在威斯敏斯特教堂举办的妇女会第十届年会，米德安在开幕式的晚上，作了题为“妇女传教在中国”的精彩演讲[6]。又如，《布莱恩市每日鹰报》1916年6月17日第三版报道，米德安当天下午抵达该市，第二天从上午11点到晚上8点，在第一教堂演讲，让公众们藉此更多地了解，牧师们在那个伟大的

[1] 凌天毅，《门派林立的太湖土匪》，中国档案报，2003年4月4日，第6版。

[2] 李为华，《灌云基督教会史简述》，政协灌云县文史资料研究委员会 编，《灌云文史资料》第5辑，1990年，第13—20页。

[3] Jesuit Killed By Chinese Bandits Nine Others Released.Catholicherald. 12 th May 1939：p.3.

[4] Descendants of John Decrabtre. http：//www.genealogy.com/users/v/i/c/Dawna-J-Vicars-CA/GENE24-0046.html，2013年9月12日。

[5] Descendants of John Decrabtre. http：//www.genealogy.com/users/v/i/c/Dawna-J-Vicars-CA/GENE24-0046.html，2013年9月12日。

[6] Woman's Presbyterial of Elpaso in Session. ELPASO MORNING TIMES（Elpaso, Tex.），Vol. 36TH YEAR, Ed. 1. Wednesday, May 3, 1916. p.7.

东方帝国所做的工作[1]。返华时将母亲接来海州供养。

(22)竹墩,位于现今连云港市东海县双店镇。这里信奉天主教、基督教的群众比较多,是最早建立天主教堂、基督教堂的村镇。

(23)由于晚上孝敬母亲,白天又辛苦布道,加上在竹墩基督教堂开堂仪式上连日劳累,寝食无常,终因伤寒引起严重肺炎而病倒[2]。

(24)去世的月份为五月,日子为某某"一日",显然,这两个残泐的字只能为"二十"或者"三十"。依稀从首个残泐字的笔画可看出是"三"的字样。又据文献,可明确米德安因劳累生病而于1919年5月31日在海州去世。[3]

(25)由米德安生卒年份计算,可知他享年47岁。《易经·系辞上·第十章》云:"大衍之数五十,其用四十有九",根据中国这种传统计岁方法,中间的两个残泐的字应该是"十有"。

(26)米德安的妻子毕雅模(Mrs. Emma B. Rice)(图7),生卒年不详,出生于美国田纳西州首府纳什维尔市。天主教神甫是不允许结婚的,要将整个一生贡献给主,宗教改革后的新教允许牧师结婚。二人结婚后即来到中国的清江浦传教。

图7　牧师米德安的妻子毕雅模(后排左三)与海州义德医院的医护人员及当地士绅合影

(前排左一为慕赓扬的妻子白露德博士,其余四位是海州义德医院的女护士。后排左一和左二是男护士,左四是医生慕赓扬博士,左五是白玛丽护士,右四是牧师闻声,右三是慕赓扬的汉语老师家住刘顶的许先生,右二和右一是海州的士绅。照片摄于1920年冬。)

(图片来源:耶鲁大学神学院图书馆)

---

[1] Missionary Here Tomorrow. The Eagle, Saturday, 17 Jun, 1916, p.3. http://www.newspapers.com/newspage/55978159/,2012年10月27日。

[2] OBITUARIES 343. North China Herald, June, 1919, p.703.

[3] Find a Grave. http://www.findagrave.com/cgi-bin/fg.cgi?page=gr&GRid=49270939,2012年8月27日。

图8　庐山中八路3号
（英租借地时期为110A号）别墅

图9　庐山河西路35号
（英租借地时期为110B号）别墅

（图片来源：庐山之家网）

图10　1922年夏天，慕赓扬（中间男子）与妻子白露德（左一）一家及牧师米德安的妻子毕雅模（右一）在庐山别墅避暑

（图片来源：耶鲁大学神学院图书馆）

庐山位于江西九江南部，地处长江和鄱阳湖交汇之处，气候凉爽，空气清新。十九世纪末，被西方传教士们发现，他们把庐山称作为"避暑胜地"（Summer resort），把顶峰牯牛岭简称为牯岭（Cooling，意为"清凉"之义），并在此圈地建房（这个房当然是指别墅了）。毕雅模也非常喜欢庐山，在美南长老会的支持下，于1904年7月18日，为海州传教站购买了英租借地时期为110号地产，准备建造别墅，为在海州地区的传教士们休闲避暑使用。后来把此地皮分成两块[1]，东半部称为110A号，即现在的中八路3号，占地面积1 626平方米，建造的别墅面积约166平方米，一层，石木结构（图8）。西半部称为110B号，即现在的河西路35号，占地面积1 445平方米，建造的别墅面积约240平方米，一层，石木结构（图9）[2]。此后，在海州地区的传教士们每年暑假都分批前来避暑（图10）。

[1] 罗时叙，《人类文化交响乐 庐山别墅大观》，北京：中国建筑工业出版社，2005年，第244—245页。

[2] 庐山之家网，http：//www.mylushan.com/，2013年10月12日。

他们在中国育有三子二女。其中的老大威廉（William Rice - Archie Dean Rice Jr.）1902年出生于清江浦（图11），1918年因病卒于海州[1]。二儿子毕尔（Bill Rice）后来继承父业去了一所基督教会所办大学戴维森学院学习，1926年秋季读到大四[2]。三儿子名叫约翰（John Rice），大女儿的名字叫玛丽（Mary Rice），小女儿的名字叫艾飒（Esther Rice）[3]。米德安去世后，毕氏将孩子们送回美国，自己又回到海州继续传教，并分别在1920年12月和1921年8月7日将别墅卖出[4]。在此后的岁月里，毕雅模不断将在海州的所见所闻写成报告寄回美国，如她在一份描述1939年日军即将攻占海州前夕的报告中称“中国军队调度频繁，空气紧张”，但也“混乱不堪，经常扰民”[5]。

图11　牧师米德安的大儿子威廉William Rice（右一）与其他传教士的子女们在一起

（右二为大女儿玛丽Mary Rice，右三为小女儿艾飒Esther Rice，左一为牧师闻声的女儿艾伦Ellen Vinson，左二为慕赓扬博士的小女儿Ruth Morgan。照片大约摄于1910年冬。）

（图片来源：耶鲁大学神学院图书馆）

（27）米德安的母亲在米德安去世后来到日本，于1920年6月16日，在日本的兵库县神户市（KOBE）去世，并安葬在那里。后人在美国德克萨斯州埃利斯镇费里斯纪念

[1] Find a Grave. http：//www.findagrave.com/cgi-bin/fg.cgi?page=gr&GRid=49383131，2012年8月27日。

[2] Letters of Rev. Dr. Thomas McHutchin Cunningham. http：//texashistory.unt.edu/ark：/67531/metapth24653/m1/314/，2013年1月15日。

[3] Public Family History Content from edfkn38 . http：//community.ancestry.ca/ViewUserContent.aspx?uid=013eace9-0002-0000-0000-000000000000&pp=3&type=story，2013年8月20日。

[4] 罗时叙，《人类文化交响乐　庐山别墅大观》，北京：中国建筑工业出版社，2005年，第244—245页。

[5] Bruce Stephen Greenawalt.Missionary Intelligence from China：American protestant reports, 1930-1950,University of North Carolina.1974,pp.36-99.

图12　牧师米德安母子俩的纪念墓地

（图片来源：Find a Grave. http：//www.findagrave.com/cgi-bin/fg.cgi?page=gr&GRid=49270939，2012年8月27日。）

公墓，立有母子俩的纪念墓碑（图12）[1]。

（28）"敉"的本意是抚慰、安抚。"敉忘"指不要忘记。

（29）立碑时间的确定。"中华民国九年"，即公元1920年，天干纪年为庚申。"岁次"是这一年的意思，所以，"岁次"的后面应该是"庚申"。"二月"的前面有一空白，可以是"年"，组成"庚申年二月"。但基于传统纪年的写法，干支纪年的后面一般不跟写年，而是直接跟月日或季节，如甲申五月、庚申仲春等。另，牧师米德安是1919年5月31日去世，母亲为下一年，即1920年6月16日去世。据此可以判断，"二月"的前面应该是"十"。即立碑的时间为1920年"十二月"。"穀旦"一般刻在石碑上，表示立碑的时间为良辰吉日。

（30）这里记载了碑文的撰写人、书写人及其身份，但只记载学校，没有说明是哪所学校，这不符合碑记的常规。所以前面被破坏的部分至少应该有学校的名称，故推断这里应该至少有两字的位置，记载学校的具体名称。因为纪念碑的主人是美南长老会牧师，所以有理由相信碑文的撰写人也应该是教会中人或与教会有极大渊源。

崇真中学（Tsung Tsin Secondary School），位于海州西门外朱沟河南岸，由美南长老会传教士牧师顾多马（Rev. Thomas Buie Grafton，1878.7.20—1963.11.29）于1916年创办，办学经费由教会自助，学制四年[2]；初期只有顾多马1915年转来海州时从徐州孤

[1] Find a Grave. http：//www.findagrave.com/cgi-bin/fg.cgi?page=gr&GRid=49270939，2012年8月27日。

[2] 连云港市地方志编纂委员会 编，《连云港市志》，北京：方志出版社，2000年5月，第2550页。

儿院带来的几名孤儿，以后逐渐招收教徒、教徒及平民子弟；1927年6月北伐军攻克海州，传教士全部撤离海州，教会活动暂停，崇真中学停办。

乐德（女子）学校，位于海州白虎山下。海州义德医院创建后不久，教会就在医院的南面创建了乐德女校，学制四年[1]，后来又增加二年作为高小学制；初期只招收女生，以后慢慢招收男生；1948年11月，海州古城解放，因教会对女校经济不再支持而停办。

因此推断碑文撰写人许壮图为"崇真"中学教员，书写人金毓华为"乐德"学校教员。

四、结　语

经反复释读后发现，碑文内容丰富，介绍了美南长老会牧师米德安的生平及在海州地区从事传教活动的情况，且反映了其尽孝至亲、广行善事的精神品格。碑铭"基督碑"显然不能充分说明纪念碑的实际，可以改为"良牧诸范"纪念碑，或改为碑文首行内容"东海县耶稣堂美国南长老会牧师米公实颂纪念碑"。碑文内容在现存地方志、档案、口述历史等文献中并没有发现，纪念碑文内容的发掘实则填补了史乘空白，对研究近代海州地区基督教的传播及淳朴民风民俗研究都有极其重要的价值。

[1] 冯若愚（1911.1.31—2003.2.6）是近代海州地区著名的妇女解放运动的先驱者，1920年初小（学制四年）毕业后，考进乐德女子高等小学（学制六年）继续读书，1923年高小毕业，因此可以说明乐德女校的创办至少不会迟于1920年。见赵匡民、王雪峰：《青铜铸丹心——写在"海中三女杰"雕像揭幕之际》，《苍梧晚报》，2008年12月28日，第11版。而在文献《连云港市志》、《海州区志》等地方志中都说明乐德女校创办于1928年，显然有误。1927年北伐军攻克海州后，传教士全部离开海州，有的回去美国，有的去了上海等地，教会学校停办。次年，海州局势稳定后，传教士返回，教会学校复办。这个1928年的记载可能与此有关。

清代海州石室书院考

朱成安[1]

摘　要: 封建社会的书院随着官学和私学的发展而实践着自己的办学特色,共同承担中华民族人才培养的神圣使命。海州地区各书院中又以清代石室书院最为著名。石室书院的建成,极大地促进了海州地区的人才培养和文化建设。

关键词: 教育　书院　海州　石室书院　试院

书院名称始于唐代,此时的书院只是官方藏书、校书、为皇帝讲授经史的地方,或有研究、举贤的功能,并非教育机构。真正具有讲学性质的书院,至五代末期才基本形成。后经北宋的初步发展和南宋的突飞猛进,一些著名的书院脱颖而出,如白鹿洞书院、岳麓书院、嵩阳书院、应天府书院等,它们形成了自己独特的办学风格,为当时的人才培养和学术繁荣作出了重要贡献。早期书院多属自由办学的私学性质,虽亦可受到官府的资助,但不为官府操纵。

元代以后的书院,则多走向官学化,或被官府操纵,或直接官办。

书院在明清时期已全国普及,虽有一些游离于官学和一般私学之外,秉持私学的高级状态,但大多是与科举教育紧密相连,或直接成为士子追求功名准备科举的场所。

海州地区的书院发展较迟,据《隆庆海州志》记载,海州地区最早出现书院是在明代嘉靖年间。之前的海州地区只是海州城内有一所官府儒学和二十六所家塾社学,没有书院。明嘉靖元年(1522)出任海州知州的福建怀安县人廖世昭,乃进士出身,蔚有文名,为官重视文事教化,刚上任就倡修《海州志》,并于到任的第二年即明嘉靖二年(1523)倡建书院,改观音院为崇正书院、长安寺为明道书院,石棚山坡建石棚书院,伊芦山麓建伊芦书院。明隆庆五年(1571),浙江仁和县人、举人出身的郑复亨出任海州

[1] 作者简介:朱成安,中华诗词学会会员、中国楹联学会会员;海州诗词楹联协会副会长兼秘书长、《海州诗词》执行主编;创办石室诗社并任常务副社长兼秘书长、编著出版《石室诗存》;《书画研究》杂志编委。

知州，并于到任的第二年即明隆庆六年（1572）在儒学敬一亭前创建朐阳书院，成为明代海州地区第五所书院。

清乾隆七年（1742），海州知州卫哲治曾“在新安、大伊两镇”建有卫公书院。清乾隆十年（1745），海州板浦镇曾建有天池书院。怀仁书院是赣榆史载最早的书院，位置原在赣榆县治赣马，清乾隆十一年（1746）知县张位清重建于南仓，清乾隆五十一年（1786）知县邓谐借民居为义学，清乾隆六十年（1795）知县王城又重建于南仓东。清乾隆二十四年（1759），海州知州李永书在海州城西大街创建朐山书院，“未几而废”；清乾隆五十三年（1788），知州李逢春在海州城南门外蒲神庙左边改建朐山书院。清乾隆二十九年（1764），沭阳知县钱如恭蠲奉倡建怀文书院。清嘉庆三年（1798），海州分司运判邓谐任将天池书院移建中正场，改名郁洲书院；清嘉庆六年（1801），郁洲书院移建板浦镇北街，院宅被临兴场盐课司大使等借居达三十余年，使书院空有其名。清嘉庆七年（1802），知州唐仲冕创建石室书院。清道光十八年（1838），海州分司运判童濂重建书院，改“郁洲书院”为“敦善书院”。清道光二十六年（1846），赣榆知县彭荣诰与举人龙良恒和汪元恺、候选训导程恺勋和谢恒祥、拔贡刘义、岁贡杨大霈、文生张上吉、孝廉方正李锦麟等在青口镇募建选青书院。清光绪十三年（1887），赣榆知县王豫熙在大沙河镇倡建溯沂书院。清光绪二十五年（1899），海州知州鲍毓东、海州分司运判彭家骐、中正场盐课司大使陈汝芬共同创建精勤书院。

明清时期海州地区书院大体有崇正、明道、石棚、伊芦、朐阳、卫公、天池、朐山、怀仁、怀文、郁洲、石室、敦善、选青、溯沂、精勤十六所。当然，海州地区各书院中又以清代石室书院最为著名。石室书院乃唐仲冕创建，名为“石室”，当取自海州石棚山上的著名景观“石室”而来。海州城东有石棚山，山虽不高，但怪石嶙峋，呈现种种奇妙的形状。山顶上有一块突兀而起的巨石，形成一个石室，其中有石床、石凳，可坐可卧。宋代名臣石曼卿为海州通判时，政事之暇经常读书于此，留下了著名的“石曼卿读书处”文化景观，及“以泥裹桃核，为弹掷其上，数年间花发满山，烂如锦绣，因名万花岩、锦岩”的美好传说，被誉为海州著名的八景之一“石室春风”。石棚山向来为历代文化人所钟爱并歌咏吟赞，漫山遍布名人题刻，为一座“文化山”，石室堪为古城海州的“文化坐标”。苏东坡曾来石棚山多次，并留下了传世诗词多首，其中《和蔡景繁海州石室》诗吟道：“梦中旧事时一笑，坐觉俯仰成古今。”表达了诗人神驰石室的无限情怀。

唐仲冕，湖南善化人，是海州历任知州中最有作为者之一。其上任伊始，即捣毁盐枭、收捕歹徒，使民众得以安居；后率海州士民开挖甲子河、延聘学者编纂《嘉庆海州直隶州志》。唐仲冕还是著名的学者，与海州的凌廷堪同为清乾隆五十八年（1793）进士，而且交情深厚。当时的海州受乾嘉学派的影响，涌现了一大批才华横溢的文人学者,有的还是著名的乾嘉学派人物,可谓文化空前兴盛,除经学大师凌廷堪外,还有“板浦才子二许”许乔林和许桂林、“中正才子二乔”乔绍侨和乔绍傅、“板浦学者二程”程立达和程立中、《镜花缘》作者李汝珍、“以经学文章闻名于世”的海州名士吴振勃等,故唐仲冕一到海州就与以凌廷堪为代表的海州地区文人学者们心心相印,也开启了海州历史上的文化鼎盛时代。石室书院建成后,知州唐仲冕亲为主讲,学正翁咸封讲义评文,训导周衮为监院。后来有海州著名文人顾廷槐为都讲,协助主讲唐仲冕在书院讲课。通过石室书院,唐仲冕与同道及海州学者们掀起了一股文化新风,推动着海州地区文教与科举的振兴。

翁咸封在石室书院的创建与发展中亦是倍有作为。翁氏家族乃江苏常熟有名的名门望族、书香世家,翁咸封与其子翁心存、其孙翁同龢均为清代著名学者。清嘉庆三年(1798)作为举人的翁咸封任海州学正,携全家来海州;至清嘉庆七年(1802),乾嘉学派知名学者唐仲冕任海州知州,翁咸封成为唐仲冕的僚佐,协助知州治理海州。他们还在一起探讨学问,唐仲冕主修《嘉庆海州直隶州志》,翁咸封是编修州志的主要助手;他们共同创建石室书院,挑选聪敏有为的生童进行培养,有“奇才”之誉的许桂林弱冠时曾问业于翁咸封。翁咸封在清嘉庆十二年(1807)曾作《石室传经图》,刻画了石室书院中传道授业的场景,当时许乔林题诗《翁潜虚师(咸封)〈石室传经图〉用东坡和蔡景繁〈海州石室〉诗韵》,后来翁咸封之子翁心存随身携带,邀请诸多名士为之题诗。翁咸封任海州学正长达十二年,逝世于任上,清道光甲午年(1834)崇祀于海州名宦祠。

石室书院院址在海州城西北,“故明守御千户所公廨址也”。书院的筹建过程和兴建规模在《嘉庆海州直隶州志》中有详载:“知州唐仲冕蠲养廉,率一州两邑士民输助,即州同衔杨鼎盛所蠲地基,建讲堂五间,堂侧斋房东西各三间,堂前东西考棚各九间,仪门三间,大门三间,讲堂后内门一座,书室三间,东西厢各三间,厨二间,书室北房室六间,皆累石为垣。大门外有八字墙,南为照壁。讲堂后有格木一株,大合抱,数百年物也。”书院于第二年(1803)建成,“招一州两邑诸生肄业,分上课、中课、附课、外课”。《李汝珍师友年谱》(李明友著)见载:“唐仲冕诗《九月十七日喜雨二首》第二首中有‘昨朝恰会乘槎客,应有为霖应候生’句,下有自注:‘先一日试士,取入石室书院。’另一首《燕书院诸生用昌黎燕河南府秀才韵》尾注:‘时入座者二十八人。’可见唐仲冕于九月十六日主持考试,录取了二十八名生童入石室书院课读。”

石室书院建成后,文人们的赞颂极尽诗情画意,唐仲冕作有《石室书院和许生(桂林),仍用东坡和蔡景繁海州石室韵》;应唐仲冕之邀来海州参与编辑《嘉庆海州直隶州志》的昆山人石文煃画有《石室容车图》,许乔林为之题诗《石楞缘舍人(文煃)〈石室容车图〉用东坡和蔡景繁〈海州石室〉诗韵》；曾为石室书院山长的孙光照画有《小有天香图》，吴振勃赋诗《孙容斋属题〈小有天香图〉》，许乔林赋诗《孙容斋（光照）〈小有天香图〉》……当然，石棚山上的石室永远是一种文化情结，是文人们心中的文化圣地，许桂林有诗《朐山石室》，翁心存有诗《偕张萼楼（敦悌）、李香谷游石室步东坡和蔡景繁韵》，汤国泰曾偕同人游石室绘图征诗，从和者百余人，辑成《石室联吟》……

清代海州的地理位置属于偏僻，灾情多发，贫穷落后，教育更不发达。石室书院的建成，极大地改进了海州地区的人才培养和文化建设。但当时海州地区没有试院，生童要长途跋涉，到淮安参加岁科考试，“士子苦于奔波，远者将五百里，近者三、二百里，中隔大河、长淮之险，并海，又有潮汐泥淖，跋涉维艰”，故清嘉庆十年（1805），海州士绅请求拓书院为试院，请提督学政按临海州主持考试。当年，知州唐仲冕在石室书院建考棚八百五十间。清嘉庆十一年（1806），陕西韩城人、孝廉方正师亮采继唐仲冕接任海州知州，并将试院建成。是年，提督学政莫晋按临海州，主持岁科考试，这是海州地区历史上第一次科举考试。当然，岁科考试结束后，试院仍是诸生童上学的场所。清道光十八年（1838），时任海州知州王用宾增建号房四百三十间，又在书院东边建石桥一座，与西边石桥相对。从此，石室书院既是淮沂一带著名的书院，也是规模宏敞的试院。石室书院改成试院后，先有许乔林“举江南亚元”，后有许桂林“报捷艺林”，一时传为佳话，师亮采在《海州创建试院记》中赞道：“气运之昌铄由于人心之鼓舞，官师振而兴之，俊髦趋而赴之，从此不懈益勉，蒸蒸日上。”当时的海州著名文人吴振勃曾赋诗《闻试院落成喜而有作》，对石室书院拓为试院大加赞赏。诗曰：“书院今为试院看，规模传说胜淮安。何须更叹无家别，且负长歌行路难。文教一方关气运，科名百世振孤寒。使君可惜匆匆去，留取成谋告后官。”

自清嘉庆十一年（1806），提督学政莫晋按临海州主持岁科考试起，至清光绪三十一年（1905）科举制度被废除，石室书院作为试院共举办了三十四场院试，清嘉庆十一年（1806）按临海州的浙江会稽人、乾隆乙卯恩科（1795）进士莫晋当为在海州试院即石室书院主持院试的第一人。清道光十九年（1839），由山西寿阳人、嘉庆甲戌科（1814）进士祁寯藻主持的那场院试，在相才的《朐阳纪略》中被详细记载：“祁宗师四月十八日科考，童生点名，大雨，持考具，雨中拥挤，羽帽或有绝缨。坐西号棚栏，水中寻号。大雨倾盆，终日不歇。诗：‘海雨随风夏亦寒。’但见彩逢中央，水柱圆如十石瓮，怒下击甬道，声如万马奔驰。东场鼎沸，有言棚场打死人，有言卷子被水污。宗师红伞钉靴立甬道，谕之始定。”可见当时海州试院岁科院试的规模盛况。

清光绪十三年（1887），时任江苏学政的王先谦来海州试院按试，应是海州地区一次重要的科举考试。在石棚山上“石曼卿读书处”西侧有一块王先谦等人题名石刻，刻文为:“光绪丁亥夏,长沙王先谦、曲阜孔广謇、会稽陶濬宣、灵石(刻石误为“石灵”)梁恩霈、慈溪林颐山、善化刘钜同游,濬宣题。”此石刻当为王先谦按试海州之暇与等人游览石棚山所留,也可知当时海州试院岁科试来了一批了不起人物,王先谦乃湖南长沙人,同治乙丑年(1865)进士,晚清学界泰斗,后来为著名的岳麓书院山长;山东曲阜的孔广謇、浙江会稽的陶濬宣、山西灵石的梁恩霈、浙江慈溪的林颐山、湖南善化的刘钜,都是晚清著名学者、王先谦的至交好友,他们的到来确为海州地区文化史上的一件盛事。期间,王先谦游孔望山乘槎亭诗赞“蓬莱山外引云车”、游石棚山赋诗“清光长照碧山头”、在白虎山东壁刻石题字,特别是《朐山石室歌》中的“深岩扫石自题名,石上白云知我意”尽道其与海州的文化情缘,当为海州文化史上的绚烂一笔。此次岁科试,席素琨、沈莲、殷维琳、邵长镕等几十名海州生员参加了考试,这些生员后来多成为海州地区的知名人物。

石室书院成为试院,每逢岁科试,作为江苏学政都要亲自来海州主持院试,大大方便了海州学子参加岁科试,促进了海州地区的科举教育。当然,每次按临海州院试的提督学政,多是学问渊博之人,他们的到来同样会有助于海州地区的文化发展。像清末的几次按临海州主院试者:光绪十六年(1890)是广东茂名人、同治乙丑科(1865)进士杨颐,此次岁科试沈云沛年仅七岁的三子沈岑考得第六名;光绪十九年(1893)是正蓝旗、光绪庚辰科(1880)进士爱新觉罗·溥良,此次岁科试黄道传、武同举、沈莲等通过考试;光绪二十二年(1896)是湖南攸县人、同治壬戌科(1862)进士龙湛霖,此次岁科试沈葵、沈蓨、沈菱、黄金科、李泽均、秦朝极、武同举等通过考试;光绪二十五年(1899)是湖南善化人、同治辛未科(1871)进士瞿鸿禨,此次岁科试沈蓨、沈菱等通过考试;光绪二十八年(1902)是山西大同人、同治辛未科(1871)进士李殿林,此次岁科试沈葵、沈蓨、沈菱等通过考试。

最后一位按临海州主院试者乃广西灌阳人、同治辛未科(1871)进士、时任江苏提督学政的唐景崇。20世纪初年正是近代中国新式教育体系肇始之期,作为清末江苏最后一任学政与清政府最后一任学部大臣,唐景崇为清末江苏以及整个清末教育变革经历了一个从趋新到力求新旧调和的过程,对清末教育改革贡献良多。唐景崇于清光绪三十一年(1905)的三月二十三日,在作为海州试院的石室书院主持了海州地区最后一次科举考试,此次岁科试沈葭、沈芃等中生员,沈葵、张学瀚、黄金科、江恒源、刘振顺等通过考试。这也是中国历史上最后一次科举考试。同年九月二日,清廷降诏,决定自丙午科即清光绪三十二年(1906)开始,所有乡会试、岁科试停止,建立学堂,普及教育。至此,沿袭千余年的科举制度正式废除。

在清末朝野动荡不安、社会积弊日趋严重的背景下,在向西方学习的浪潮下,中国书院的改革势在必行。光绪皇帝曾下令各省府厅、州县大小书院一律改为学堂，于省城均改设大学堂，各府及直隶州均设中学堂，各州县均设小学堂，并多设立蒙养学堂。之后，各省纷纷开始改书院为学堂。此时，石室书院最后一任山长为浙江仁和人姚士璋，他是应当时海州知州廖伦之聘迁居海州，并终老于此。姚士璋既为石室书院山长，还在敦善书院讲学。姚士璋乃光绪十五年己丑科(1889)进士，被授为翰林，是清代著名书法家，尤工篆书，在云台山渔湾现存有“飞雪”篆书刻石即为姚士璋所题。作为清朝直隶州海州的石室书院，由时任知州张景祜根据清廷之诏，于清光绪三十二年(1906)改为海州中学堂，沈云沛为首任监督(校长)，黄道传为首任舍监(总务主任)，先后受聘的教师有江恒源、杨友熙、谢希遇、吴铁秋等海州地区知名学者。海州中学堂因直隶州的地位而成为当时海州地区开办的唯一一所中学堂，属于官立的模范新式学堂，由此掀开了海州地区近现代中学教育的新篇章，之后的多次变更，如今即为海州高级中学。

书院改学堂是中国教育史上除旧布新、符合时代发展需要的一件大事，这件大事既推动了中国封建教育制度的废除，也促进了中国教育的近代化，更顺应了中国历史的发展。当然从客观的角度分析，书院教育本身具有的独特优点、积极价值是不能抹杀的，特别是其与科举制度一道属于中华传统国学的教育范畴，今天依然有其值得关注的意义。曾领导反传统的“新文化运动”的著名学者胡适后来对我国传统文化中两大教育遗产非常推崇，一是科举制度，一是书院制度。他对清末新政时期造成的这两大教育遗产的湮灭的情状颇感惋惜且颇有微词，在其读书笔记《书院的教育》中感叹：“一千年来的中国教育史，可说是书院制度的沿革史……书院是中国一千年来逐渐演化出来的一种高等教育制度。这一千年来造就人才，研究学问，代表时代思潮，提高文化的唯一机关全在书院里……把一千多年来的书院制度完全推翻，而以形式一律的学堂代替教育……实在是吾中国一大不幸事。一千年来学者自动的研究精神，将不复现于今日了。”

民国年间海州著名文人许绍蘧的《啸庐诗存》中有《旧试院》七绝一首，抒发了作者本人寻访石室书院遗址时的心中感慨，诗曰：“万间广厦已荒凉，院鼓声声静不扬。独有堂皇如昔日，巍然无愧鲁灵光。”其实，对于明清时期海州各个书院，以及历史上的中国所有书院，曾经的过去，在今天或将来，在中华文化史上永远是“巍然无愧鲁灵光”！

艺术学

民间传说剧对传说故事内容的吸收与改造

伏涤修[1]

摘　要： 民间传说剧对传说故事内容明显具有本质性继承和枝节性改创的特点。民间传说剧在内容上虽多有改创，但仍保留传说故事的基本内核，剧作主干内容和核心情节均承续业已形成的传说故事系统；在核心主干情节保持传说故事质性内核的同时，为了追求吸引人的戏剧效果，民间传说剧对剧作内容进行了杂糅化、传奇化的改造；民间传说剧往往以大众审美愿望为导向，对男女主人公恋爱模式和故事结局进行世俗化的改造。

关键词： 民间传说　民间传说剧　接受　改创

孟姜女哭长城、梁山伯与祝英台、白蛇传、牛郎织女、董永与七仙女等民间传说均为世代累积型故事，它们的故事历史源远流长，故事内涵丰富多彩，故事传播地域辽阔宽广，故事载体形式多种多样。许多民间传说故事都在古代戏曲中留下了鲜明的印迹，有些戏曲专力演绎传说故事而成为民间传说剧。民间传说剧是民间传说故事链中的重要链环，对传说故事的内容既有吸收也有改造。本文试就民间传说剧对传说故事内容的吸收与改造特点进行探论。

一、民间传说剧在内容上虽多有改创，但仍保留传说故事的基本内核，剧作主干内容和核心情节主要承续业已形成的传说故事系统

民间传说故事是典型的世代累积型故事，它们经历了由简约到繁复、由鄙陋到成熟

[1] 作者简介：伏涤修，文学博士，淮海工学院文学院教授，江苏师范大学硕士研究生导师。本文为教育部人文社会科学研究2009年度基金项目"中国戏曲文学本事取材研究"（09YJA751033）的阶段性成果，已发表在《艺术百家》2014年第5期。

的发展过程。民间传说虽然在长期的发展过程中像滚雪球一样不断杂糅、复合进许多的故事内容，不同时代、不同地域、不同艺术形式的传说故事也往往具有一定的差异性，但经过长时期的文化积淀，各个传说故事系统还是形成了基本的故事内核和故事范型，各个传说故事系统的演进指向日渐明晰，各个传说故事系统的基本故事面貌日渐定型。民间传说剧作为传说故事的重要组成部分，在演绎传说故事时，虽然创作动机各有不同、剧作面貌时有差异，但大多数民间传说剧都是承续业已形成的传说故事系统，民间传说剧的核心主干情节与当时广泛流传、主流形态的传说故事内容基本一致。

如孟姜女故事，其本事源头是《左传》襄公二十三年所记载的杞梁之妻拒绝齐庄公郊吊之事，后来西汉刘向《列女传·贞顺》篇对杞梁之妻的故事作了绘声绘色的讲述。《列女传·贞顺》不仅在叙事语言上更具文学性，而且还增加了一些故事内容，如有关杞梁之妻家无他人的家庭情况介绍，还有她投水而死的结局安排，还有她哭声动地城为之崩的描写。不过这时尚未将杞梁之妻冠以孟姜女之名，杞梁之妻哭倒之城也尚未被指为长城。在后来的故事发展中，杞梁之妻逐渐定名为孟姜女，杞梁之妻拒绝国君郊吊的故事逐渐定型为孟姜女千里寻夫、哭倒长城的内容，故事时代也被移至秦代。杞梁妻故事流传虽歧异多貌，然其核心情节却日渐定型。宋代以后，孟姜女故事虽还是处在动态变化之中，但其故事背景及核心故事内容大致趋于稳定：秦王无道，大抓民夫修筑万里长城，孟姜女之夫被抓至长城服苦役，孟姜女千里寻夫，见丈夫已死，孟姜女哭倒长城。随着孟姜女故事的丰富与发展，花园相会、入赘孟府、滴血认骨等情节也逐步成为孟姜女故事通常具有的内容。

孟姜女题材戏曲虽然全本存世者不多，但选本中多有其出选，此外，《曲海总目提要》中也有孟戏若干剧作的内容介绍，于此我们可以考察出孟姜女题材戏曲的基本故事面貌。明初南戏《孟姜女寒衣记》，《风月锦囊续编》下六卷选收十一出，目录中剧名作《摘汇奇妙续编全家锦囊姜女寒衣记》，第一出副末开场中剧名作《姜女破镜重圆记》。副末开场揭示了剧情概要：

> 瓜州朱光县，孟光字子明。生女孟姜，少习书诗，深知礼义。对天发誓，见脱身露体之人，不论贫富，就结为姻。后遇才子范杞良，因役逃躲，柳荫花下。姜女乐游而至沐浴。忽遇黄蜂投怀，惧展衣襟。翘首而见范郎，引领归家，禀知父母，就结成姻。才得夫妻二日，因范郎受役，远送寒衣，哭倒长城。见夫尸骨，破镜在身，遇得天降恩，超度成人。夫子园美，秦王见他贞絜，褒封一门官诰，因此编《[姜](美)女破镜重[圆](员)记》。[1]

[1] 孙崇涛、黄仕忠 笺校，《风月锦囊笺校》，中华书局，2000年，第633页。

另外，明改本戏文《长城记》，已佚，《曲海总目提要》卷三十五著录，此剧在《杞梁妻》基础上虽多增饰，但基本剧情也未变。从已知的孟姜女题材戏曲，可考知其主要剧情内容大致是：男主人公杞梁（不同剧作中名字有异）避苦逃役躲进孟家花园，无意中见到正在花园水池中沐浴的孟姜女。因为女子身体不能轻易被男子窥见，故孟家招杞梁入赘为婿。婚后不久杞梁就被捉去修筑万里长城，死后被埋入长城墙内。孟姜女千里送寒衣哭倒长城，众多尸骨涌现，孟姜女以滴血验骨的方式辨认丈夫尸体。而这既是孟姜女题材戏曲的主干情节，也是传统孟姜女传说故事的核心内容。孟姜女传说故事的核心内容，在孟姜女题材戏曲中得到了完好的吸收和明显的展示。

白蛇传故事的核心故事内容是人与修炼成人形的蛇精之间的爱情悲剧，白蛇传故事从源起到定型也经历了漫长多变的过程。早期与人交往故事中的蛇精，虽然幻化为人形，但却仍然具有害人的凶残本性，它们与人交往是以残害人的性命为目的。《太平广记》卷四五八中收有出自《博异志》的《李黄》篇，明代王世贞《艳异编》卷三十四《妖怪部三》复收此篇时名之为《白蛇记》。《李黄》篇写贵公子李黄与白蛇所化的白衣女子同居三日后痛苦地死去，《李黄》篇还附有李琯故事，也是写官宦之子李琯被白蛇所化艳丽少女害死事。宋元话本小说《西湖三塔记》（收于明嘉靖年间洪楩所编《清平山堂话本》）依然沿袭蛇精害人的故事传统，小说讲述杭州人奚宣赞与三个妖怪白蛇精、乌鸡精、獭精所化成的白衣娘子、白卯奴、老婆婆之间发生的故事，奚宣赞虽然救了白衣娘子的女儿白卯奴，但白衣娘子还是想取他的心肝。到了冯梦龙《警世通言》卷二十八《白娘子永镇雷峰塔》中，故事主旨、蛇精形象都得到了很大的改造，故事呈现出与以往不同的面貌。小说中的白娘子虽是蛇精，也具有妖性，但她嫁给许宣并不想害他。小说虽然以戒色和降妖为创作主旨，不认同人妖相恋，将许宣白娘子的遇合视为不应有的孽情，但小说中白娘子对爱情的追求和忠诚相当程度上冲淡了她身上的妖邪之气。再后来，白蛇传故事中的白娘子身上的妖性越来越淡，人性越来越浓，蛇逐渐只变成白娘子原来身份表征的符号，白蛇传故事渐趋定型为：杭州西湖边，经过千年修炼的蛇妖化作美丽女子白娘子而与书生许仙（有的作许宣）相识相恋，镇江金山寺高僧法海极力反对人妖相恋，白娘子虽然坚决与法海抗争并曾水漫金山寺，但她与另一蛇妖化成的美丽女子小青最终不敌法海，俩人都被法海收罩于金钵中并被镇在西湖边的雷峰塔下。

白蛇传题材戏曲，明代所知者有�经《西湖三塔记》杂剧，已佚，《录鬼簿续编》著录[1]；陈六龙《雷峰记》传奇，已佚，《远山堂曲品·具品》著录："相传雷峰塔之建，镇白

---

[1] ［明］无名氏，《录鬼簿续编》，《中国古典戏曲论著集成》第二集，中国戏剧出版社，1959年，第283页。

娘子妖也。”[1]两剧内容虽难确知，但从剧作产生时代和剧作题目大概可以知晓两剧应和话本小说《西湖三塔记》和《白娘子永镇雷峰塔》内容近似。清代白蛇传题材戏曲有乾隆三年黄图珌创作本《雷峰塔》传奇、乾隆时昆腔老徐班名丑陈嘉言父女演出本《雷峰塔》传奇、乾隆三十六年方成培创作本《雷峰塔》传奇。黄图珌本《雷峰塔》是据冯梦龙小说《白娘子永镇雷峰塔》改编而来，剧中许宣先请道士戴先生捉妖，未果后又请禅师法海擒妖，许宣还化缘砌造七级宝塔镇妖，黄本主旨、核心情节乃至结局和冯本小说大率一致。剧中除增加许宣白娘子之子许士麟得第高中状元、母子相见、白娘子被镇雷峰塔下二十余载终和青儿为天帝赦免等情节外，剧中白娘子形象更具人情味，许宣与白娘子感情更浓，白娘子最后被镇雷峰塔主要不是出于许宣的请求，而是出于法海的宗教自觉。陈嘉言父女演出本《雷峰塔》和黄图珌本内容大致相同，只是更适合搬演。方成培本《雷峰塔》是在梨园“旧本”、“原本”即陈嘉言父女演出本《雷峰塔》的基础上改作而成，方本更重教化，艺术水准也更高，方成培为了改正原本“辞鄙调讹”的缺点，“因重为更定。遣词命意，颇极经营，务使有裨世道，以归于雅正。较原本，曲改其十之九，宾白改十之七。”[2]不过从剧作内容而言，方本与陈本也并无本质区别。随着白蛇故事剧作的一再改编，蛇精害人、除妖避邪的主题越来越淡，蛇精所化成的白娘子向往人间正常生活的愿望越来越得到人们的同情和认可，白娘子越来越由蛇身妖性的半人半妖形象向蛇身人性的世俗女子形象转变。黄、陈、方三作剧情故事、主旨和人物形象的嬗变正是当时白蛇故事演变在戏曲创作领域的体现。

同样地，另外几大民间传说故事经过发展演变，都逐渐定型，梁祝故事的核心故事内容是女扮男装、男女同堂求学引出的爱情悲剧，祝英台女扮男装外出求学，与梁山伯同窗共读数载而产生爱情，梁知真相后祝已许配他人，梁祝生前不能如愿成为夫妻，死后同穴并化为翩翩起舞的蝴蝶。牛郎织女故事的核心故事内容是以神话方式表现有情人天各一方不能长相厮守，牛郎与天上的仙女织女真心相爱并生有一儿一女，因织女违背天律，牛郎织女被强行拆散，织女被带回天庭，牛郎织女每年只能于七月七日见面一次。董永与七仙女故事的核心故事内容是孝感上苍，仙女下凡帮助董永并与董永生有一子，仙女回归天庭后，董永仍得人间美妻。而考察梁祝题材戏曲、牛郎织女题材戏曲、董永遇仙题材戏曲，可以发现，这几个系列传说剧的核心主干情节和这几个传说故事系统当时最为流行的故事面貌也都大体一致。

[1] [明]祁彪佳,《远山堂曲品》,《中国古典戏曲论著集成》第六集，中国戏剧出版社，1959年，第104页。
[2] 蔡毅 编著,《中国古典戏曲序跋汇编》，齐鲁书社，1989年，第1940页。

二、在核心主干情节保持传说故事质性内核的同时，为了追求吸引人的戏剧效果，民间传说剧对剧作内容进行了杂糅化、传奇化的改造

顾颉刚先生在研究孟姜女故事时，从历时演变和地域传播两方面归纳出孟姜女故事具有“历史的系统”和“地域的系统”[1]，作者的结论是：“一件故事虽是微小，但一样地随顺了文化中心而迁流，承受了各时各地的时势和风俗而改变，凭借了民众的情感和想像而发展。”[2]其实，不仅孟姜女故事，其他的传说故事也都具有这样的流传特点。前已言及，传说故事开始时形态比较简约，随着故事在不同历史时期和在不同地域的充实与传播，故事像滚雪球一样发展，故事结构越来越庞大，故事面貌越来越多元，故事内容越繁富。民间传说剧作为传说故事载体形式中的重要一种，剧作演绎对传说故事的丰富与发展也起到了重要的作用。戏曲成熟于宋元，茂盛于明清。王国维言元杂剧以自然取胜而关目则显得拙劣，关目拙劣这不仅和元杂剧时代我国的叙事艺术尚不够成熟精致有关，也和元杂剧篇幅短小，难以演绎大容量复杂剧情、难以设置枝叶旁出多变而巧妙的关目有关。宋元南戏和明清传奇，篇幅较长，动辄三五十出的鸿篇巨制，一般都具有内容复杂、剧情多变的特点。尤其是明清传奇，由于颇具学养的文人的广泛加盟，他们为了逞才使气，往往在剧作内容叙写和情节关目设置上费心尽力、自出机杼。这样，民间传说剧（主体是南戏文和传奇）在对民间传说故事的核心内容进行接受吸收的同时，往往也对剧作内容进行充实和扩写。民间传说剧原是增写的内容，有的在前代文献中有所依凭，有的则完全是凭空虚撰，有的内容并未游离于传说故事的主干故事系统，有的内容则与业已形成和流传的传说故事系统没有什么关系，只具有叙写奇事、热闹戏场的戏剧效用。

明万历年间陈与郊《鹦鹉洲序》言：“传奇，传奇也。不过演奇事、畅奇情。”[3]明崇祯年间倪倬《二奇缘小引》也言：“传奇，纪异之书也。无奇不传，无传不奇。”[4]就连号称《桃花扇》剧中主干内容均为“确考时地，全无假借”[5]（孔尚任《桃花扇凡例》）的孔尚任，也主张“传奇者，传其事之奇焉者也，事不奇则不传。”[6]（孔尚任《桃花扇小识》）这种一味求奇的创作倾向，虽增加了剧作内容的传奇色彩，但也时常给人游离枝蔓、冗

[1] 顾颉刚 编著，《孟姜女故事研究集》，上海古籍出版社，1984年，第25页。
[2] 同上，第72页。
[3] 蔡毅 编著，《中国古典戏曲序跋汇编》，齐鲁书社，1989年，第1275页。
[4] 同上，第1383页。
[5] ［清］孔尚任，《桃花扇》，王季思、苏寰中、杨德平合注本，人民文学出版社，1959年，第11页。
[6] 同上，第3页。

长凑戏之感。明末清初张岱《答袁箨庵》批评为奇而奇的戏曲创作之风道:“传奇至今日,怪幻极矣!……非想非因,无头无绪,只求热闹,不论根由,但要出奇,不顾文理。”[1]

如孟姜女题材戏曲,在以孟姜女传说故事为剧作核心基本内容的同时,就有与主干故事系统并不相干的新情节的增添与虚撰。《风月锦囊续编》下六卷所选明初南戏《孟姜女寒衣记》新增情节颇多:孟姜女登途寻夫过程中路遇店主李婆子,李婆子谋取孟姜女为媳妇,孟姜女设计逃脱。孟姜女被蛇虎山强人劫掳至山寨,寨主赵黑龙令人对孟姜女百般拷打,并谋为夫妇,孟姜女不从,寨主下令斩首,情急之下孟姜女吐露身世,山大王得知孟姜女是他的结义兄弟范杞良之妻,这样他才不再为难孟姜女,还送十两白银给她,并派人送她下山。此外,剧作写孟姜女哭倒长城七十余处后,被蒙恬捉去面见秦王,秦王逼她为妃,经她苦奏,才允她寻夫。孟姜女见丈夫已死,她也闷死于地,仙人到来,救助范杞良孟姜女夫妇起死回生。剧作增加虚撰的这些情节,虽然极力渲染了孟姜女寻夫之难,但它们游离于主流的孟姜女传说故事系统之外,只是传奇化设置戏剧情节的表现。

还有明改本戏文《长城记》,佚名撰,已佚,根据《曲海总目提要》卷三五的著录,可知剧中增饰的孟姜女主流故事系统所无的情节有:秦始皇令赵婴寻访和氏璧,杞梁入赵惠王墓,偷璧献上;因杞梁祷神,蒙恬埋杀杞梁;孟姜女哭倒长城,蒙恬将孟姜女悬于百尺长竿上,令人射杀。此外剧中增加小叔送嫂、嫂被他人骗走而引发的公案故事,“杞梁弟善送嫂还母家,至中途,嫂自去。后嫂家不见女回,而中途有杀死妇人。嫂家因讼叔奸嫂不遂,将嫂杀死,叔坐重辟。后遇廉明官审出,其嫂盖被人诓去,而杀他妇人以淆耳目者。”[2](卷三五“《长城记》”条)还增加杞梁兄弟非一母所生、兄弟二人当轮一人服徭役、杞梁之母曹氏宁役己子不役妾子的情节,及杞梁献璧后,赵婴欲招赘杞梁,杞梁以自己已有妻于是让弟弟杞善成为赵婴之婿的内容。这些情节,虽然复杂,但只具有热闹戏场的意义,它们和孟姜女传说故事的核心内容,终究是隔而难融。

牛郎织女传说源起于自然神话,起因于星宿崇拜,牵牛、织女原来只是天上星宿的名称,后来被指称为人格化的一对配偶神,织女因嫁后废织纴而受天帝责罚,牛郎与织女被拆散,这对恩爱夫妻只能一年一见。牛郎织女故事在演变中越来越向着世俗化、人间化的方向发展,牛郎与织女虽具有星宿、仙女的灵异背景,但他们往往是以社会人的面貌出现的,他们是古代农业社会中普通耕男织女的代表,他们对爱情、家庭和生活

[1] 陈多、叶长海 选注,《中国历代剧论选注》,上海古籍出版社,2010年,第273页。
[2] [清]无名氏,《曲海总目提要》,俞为民、孙蓉蓉编《历代曲话汇编》本,黄山书社,2009年,第1256—1257页。

有着美好的期盼和正常的需要，然而在当时的社会环境下，这种美好的愿望和正常的需要却得不到满足。人们通过牛郎织女故事，表达了对美满爱情、和睦家庭、稳定生活的向往，反映出人们希望有情人能够长相厮守的美好祝愿。虽然牛郎织女传说故事的内容随着历史的演进而有所变化，但传说故事的核心主旨与价值取向没变，传说故事在变化中依然具有一种不变性。牛郎织女题材戏曲在吸收接受牛郎织女传说故事主干内容和核心主旨的同时，在具体故事内容和情节关目上多有发挥和虚撰。

清代邹山的《双星图》传奇，今存清康熙年间乐余园刊本，《古典戏曲丛刊五集》影印收入。《双星图》剧名中“双星”即牵牛星、织女星之谓，剧作三十出，围绕牛郎织女的爱情故事而展开，牛郎与织女相遇、成婚、被拆散、每年七夕相会，剧作的爱情故事主旨和传统的故事系统没有什么本质的不同，不过剧作在内容上颇多杂糅，情节上也颇多想象和杂凑。剧作以双线结构来写牛郎织女故事，既写两人的爱情经过，又写蚩尤及其妻石尤大闹天庭、牛郎参与平定蚩尤的叛乱并以火牛阵大败蚩尤的政治军事过程。写牛郎与织女的爱情时，力写精卫的作用，言精卫是织女的姑姑，是精卫执柯促成了牛郎与织女的婚姻；牛郎与织女因沉溺爱河被贬到天河两岸后，织女也多得精卫的帮助。剧中还写织女在战乱中为免遭侮辱，跳入天河自尽，被蚩尤手下救起后，蚩尤欲霸占织女，织女不从，被蚩尤囚禁起来。虽然作者将蚩尤造反作为剧作的故事背景不纯是游戏心态而是具有一些政治用心，同时剧作也极力渲染蚩尤造反对牛郎织女爱情的考验作用，但事实上，蚩尤造反这条线只起到杂糅内容、传奇其事、惊险剧作过程的作用。对牛郎织女故事系统而言，《双星图》中增加的内容与情节绝大多数都难以被认可、被接受，因此也就无法被整合成为牛郎织女故事的有机组成部分，它们只具有传奇创作作用而不具有故事文化价值。

另外清代李文瀚（字云生）的《银汉槎》传奇，共十八出，今存清道光年间《李云生四种曲》刊本。剧作属牛郎织女次生神话题材，以汉代张骞乘槎寻河源故事为主线，中间写到牛郎、织女二仙对张骞降除妖魔、平定水患的帮助。由于此剧不是以表现牛郎织女爱情为主要内容，故此剧与传统的牛郎织女故事距离更为遥远。《银汉槎》传奇虽非主流形态的牛郎织女故事内容，然而剧作中牛郎与织女的作用很突出，此剧有关牛郎织女的情节也是腾挪跌宕、摇曳多姿，我们于此可见戏曲作家在表现牛郎织女传说时的大胆构思和丰富想象力。

董永遇仙题材戏曲及白蛇题材戏曲，也都是除了主流故事系统内容外，颇多虚撰和增饰。明末顾觉宇《织锦记》，已佚，《曲海总目提要》卷二五著录，据《提要》可知，董永自卖给府尹傅华家为佣后，傅华之子欲调戏仙女、被仙女以掌雷惊觉；傅华之女赛金与仙女关系最好，仙女离去后，赛金嫁董永为妻；董永持仙女所织之锦进献朝廷，被擢升"进宝状元"；董永与仙女所生之子董祀受严君平之教，前往太白山见到母亲；仙女不满严君平泄露天机，通过其子将葫芦给严君平而烧毁严的阴阳之书；等等。[1]（"《织锦记》"条）清代陈嘉言父女演出本《雷峰塔》传奇，其中一些情节，如白娘子饮雄黄酒露出原形后，许宣惊吓而绝，白娘子为盗救治许宣的仙草，登嵩山与诸仙大战，战败被擒，后从南极仙翁处求来仙草救活许宣；许宣被发配镇江后入药铺为伙计，药铺老板何斌让婢女引白娘子至望江楼而欲奸污白娘子，白娘子化为大头鬼将何斌吓昏；许宣之姐所生之女与白娘子所生之子，被双方家长指腹为婚；许宣与白娘子之子许士麟高中状元，请求拆塔救母，最终母子相见，白娘子与青儿得到赦免并被接引至忉利天宫。这些都是为增加戏曲传奇性的题外之笔，它们主要具有热闹戏场的戏剧情节意义，而这些内容自身对于传说故事的价值意义不大。

三、民间传说剧往往以大众审美愿望为导向，对男女主人公恋爱模式和故事结局进行世俗化的改造

戏曲创作有作家自娱和娱乐大众两种情况。戏曲作家既有正统文人，也有下层落魄文人和民间艺人。有些正统文人将戏曲当作创作诗文之余的一种文化消遣，他们以写诗作文的心态来创撰戏曲，他们力求通过戏曲创作来表达自己的心声，这样的剧作具有较强的自娱性，这种自娱性的剧作具有较强的文人品格。不过从戏曲创作的总体情况来看，自娱性的戏曲少，娱乐大众的戏曲多。戏曲创作主要的不是文人言志、抒怀的工具，而是满足民众娱乐需求的艺术样式，戏曲创作和表演是戏曲作家和戏曲艺人们赖以谋生的手段，即使是文人出于自娱目的创作的戏曲，也常常会兼顾民众的观赏需求。既然戏曲以娱人为主，就必然会以大众审美愿望为创作导向，大众审美趣味就会对戏曲创作发挥重要的作用。民间传说剧在对传说故事吸收、接受的同时，也鲜明地体现了大众审美需求，剧作往往在男女主人公恋爱模式安排、故事结局等方面对原有传说故事进行世俗化的改造。

中国古代戏曲虽然具有多方面的题材内容，如历史、政治、公案、神魔等，然而不可否认的是，爱情戏是我国古代戏曲最常见的内容，有的剧作虽然不是专门的爱情戏，但爱情内容往往也在剧作中占有相当的戏份，尤其是明清传奇，甚至出现"传奇十部九相思"（李渔《怜香伴》传奇剧末收场诗）的状况。古代戏曲不仅爱情剧数量多，后来还发展成以才子佳人为男女主人公、以大团圆为故事结局的常见创作模式。在才子佳人爱

[1] [清]无名氏，《曲海总目提要》，俞为民、孙蓉蓉编《历代曲话汇编》本，黄山书社，2009年，第922—923页。

情题材戏曲中，才子与佳人一见钟情，后来虽然好事多磨颇多波折，但一般都有圆满的结局。五大民间传说故事系统都包含爱情内容，有的故事系统中爱情还占有特别重要的地位，不过五大传说故事系统中的男女主人公，原来并非都是才子佳人，原来故事结局也并不都圆满，有的还属典型的悲剧故事。民间传说剧在以传说故事为核心主干内容的同时，存在着对剧作人物、情节和结局进行模式化、世俗化改造的特点。

牛郎织女传说的男女主人公原是天上的星宿，是仙界下凡到人间的一对配偶神，他们虽属神仙世界，但他们的命名却带有农耕社会的鲜明印迹。中国古代社会的基本生产方式是男耕女织，男耕的主要辅助动物是牛，以牛郎、织女分别作为男女主人公的名字正是农耕社会在神话传说和民间故事中的反映。后来的牛郎织女传说，有的直接把牛郎写成是出身贫苦又受到兄嫂欺压凌虐的放牛娃，有的写神仙下凡化为老牛照应放牛娃并给他以各种帮助，牛郎织女传说在保持爱情主旨的同时被注入农业社会贫民生活的内容。另外，牛郎织女传说结局，牛郎与织女天各一方、一年只能见一面，这颇令人伤感和遗憾。而综观牛郎织女题材戏曲，则往往将故事改造成才子佳人恋爱模式，剧作结局有的也被改写为牛郎织女长相厮守永不分离的圆满状态。

清代邹山《双星图》传奇中男主人公牛九郎和女主人公织女都是天上的星君，织女出身高贵，她是天帝的孙女、精卫的侄女，有侍女承筐服侍左右，在玉皇大帝的白玉楼落成典礼上，牛九郎和织女一见钟情，经仙友和精卫作伐、促合，牛九郎与织女顺利成婚。不想婚后遭遇蚩尤、石尤这对夫妻的叛乱，牛九郎与织女被贬谪和拆散，历经战争险阻和爱情考验，牛九郎成就功业，他和织女最终也重温旧好再续前缘。剧作在保持传说故事质性内容的同时被披上了才子佳人爱情故事的华丽外衣，剧作结局令人欣慰而不再让人伤感。

明末钱塘才女梁孟昭作有《相思砚》传奇，剧作已佚，从《曲海总目提要》可知此剧是牛郎织女传说的变异性改创。《相思砚》借家喻户晓的牛郎织女故事为引子，“谓南极老人与牵牛弹棋，遗二子，化为宝砚，一曰相砚，一曰思砚。牵牛织女与月中仙子俱谪人间，以砚作合。牛女后身尤星、卫兰森为夫妇，故名。”[1]（卷二五“《相思砚》”条）牛郎、织女、月中仙子因动凡思，被从天界贬到凡世，牛郎托生为书生尤星，织女托生为杭州戎政尚书卫观之女兰森，月中仙子托生为具有异术的道姑之女兰生。南极老人与牛郎下棋时遗落二子，转为人间宝石，一叫相砚，一叫思砚，思砚为卫兰森家所有，相砚后被尤星在天台山寻得。尤星与卫兰森一见钟情，并得兰生相助，虽有富有公子牛晶欲谋取兰森为妻，然而天定姻缘，最后尤星“殿试擢状元，与兰森成婚。而相、思两砚始

---

[1] [清]无名氏，《曲海总目提要》，俞为民、孙蓉蓉编《历代曲话汇编》本，第923—924页。

合，兰生忽不见"。[1]对于《相思砚》来说，牛郎织女传说只是引子和外壳，剧作表面上似乎属牛郎织女故事系统，然其实际所写则是典型的才子佳人爱情剧的内容，于此可见才子佳人爱情剧创作模式广泛的影响力。

另外还有清代缪谟的《银河曲》杂剧，今存旧抄本，周绍良先生介绍此剧道："故事叙七夕牵牛、织女年年一度鹊桥相会，经年捱尽凄凉，后得玉帝特降殊恩，赐予团聚，'使数千载相思不了之案，一朝归结。'故事极其平常，但写作颇尽人情，宛转缠绵，无勉强捏合痕迹，毫无庸俗之态，且文采也颇动人，可见作者文学修养功夫。"[2]从介绍可知，《银河曲》也是才子佳人缠绵悱恻爱情剧的写法，最后以大团圆作结。

至于董永遇仙传说，其基本故事形态是贫寒孝子感动上天，仙女下凡相助。董永是传说人物还是历史人物现在仍无定论，纪永贵先生认为，"记载在《汉书》中生活于两汉之间的高昌侯董永，便是这个人物的历史原型。"[3]虽然他列举出高昌侯董永与传说中的董永之间的若干吻合之处，不过据此判定传说中的董永就是两汉之间的高昌侯董永仍属推测之论。早期记载中的董永是一个孤寒力田的孝子形象，未明言交代他是农人还是读书人。托名西汉刘向的《孝子传》(见《太平御览》卷四一一《人事部五二・孝感》)："前汉董永，千乘人。少失母，独养父。父亡无以葬，乃从人贷钱一万。"[4]没有交代董永的身份。东晋干宝《搜神记》今本卷一第28条记载："汉董永，千乘人。少偏孤，与父居。肆力田亩，鹿车载自随。父亡，无以葬，乃自卖为奴，以供丧事。主人知其贤，与钱一万，遣之。永行三年丧毕，欲还主人，供其奴职。"[5]此记只言"主人知其贤"而未言"主人知其能"，汉代时读书人少，读书人被任为官的机会多，一个人做上官往往就意味着他"能"，做上官也就容易有钱。董永守丧三年，依然一贫如洗，此处虽未明确交代董永是否有文化，但此记中的董永只是孝子形象而非读书人形象。

到了董永遇仙题材小说戏曲中，董永逐步成为一个书生形象，他凭借功业仕宦显达，有的作品将他写成是官宦之子，有的甚至将汉代大儒董仲舒写成是董永的儿子。明嘉靖年间洪楩所编《清平山堂话本・雨窗集上》录有一则宋元时期的话本《董永遇仙传》，小说中董永字延平，少习诗书，他孝感天庭，得仙女相助，并成为夫妻。仙女回归天庭时已有身孕，回到天宫后生下一子，取名叫作董仲舒，仙女将子送给董永抚养。仙女离别后，董永因孝行被封为兵部尚书，并另娶傅长者之女傅赛金为妻。话本中的

[1] [清]无名氏，《曲海总目提要》，俞为民、孙蓉蓉编《历代曲话汇编》本，第926—927页。
[2] 周绍良，《记孤本戏曲〈如意册〉〈万年欢〉与〈银河曲〉》，《文献》，1986(1)：34。
[3] 纪永贵，《董永的原型与衍变》，《南京师范大学学报》，2004(1)：122。
[4] [宋]李昉 等，《太平御览》，中华书局，1960年影印宋本，第1899页。
[5] [晋]干宝，《搜神记》，汪绍楹校注本，中华书局，1979年，第14页。

这方面内容在戏曲中得到了继承和强化。《曲海总目提要》卷二五著录明嘉靖间顾觉宇《织锦记》，其中有关董永身世及其子董祀（字仲舒）的介绍是："董永，字延年，润州丹阳县董槐村人。母早背，父官运使，引年归家，寻亦弃世。贫无以殡葬，乃自鬻于府尹傅华家为佣。""及永诣傅，道遇仙女于槐阴"，"傅女赛金，与仙女最契。"百日期满后，仙女乘云归去，傅府尹将女儿嫁给董永为妻。董永不仅再娶傅女，还被"诏擢进宝状元"。另外董永得到功名游街时，"仙女抱一子送永"，"永取名曰祀，字曰仲舒。"[1]（卷二五"《织锦记》"条）董永"父官运使"，只是由于"引年归家"才家境贫寒，另外董永有名有字，剧中董永就是一个落魄书生。董永不仅和仙女有缠绵的爱情，仙女飞天后他又娶了府尹傅华的女儿赛金为妻。至于剧作结局，虽说仙女"乘云而去"离开董永，这毕竟有些遗憾，但董永复有富家小姐为妻，另外董永和仙女有了爱情的结晶，且此子是汉代大儒，故剧作算是比较圆满的大团圆结局。明代董永题材戏曲完整的剧本已经不存，从明代戏曲选本可以看出，"槐阴相会"、"槐阴分别"成为主要的选出，这说明董永遇仙戏中最为人们喜爱和看重的就是表现董永和仙女槐阴树下相会和槐阴树下分别的爱情内容。传统董永故事的"孝感"主旨在董永遇仙戏中被淡化，才子佳人恋爱情节成为董永遇仙戏的主要内容。

还有孟姜女故事传说，丈夫被抓作丁夫修筑长城而死，孟姜女因夫死而哭倒长城，这本是基本故事内容。然而孟姜女题材戏曲，如《风月锦囊续编》下六卷所选之明初南戏《孟姜女寒衣记》，将孟姜女写成是富家之女，她"少习书诗，深知礼义"，"后遇才子范杞良"，"禀知父母，就结成姻。"孟姜女送寒衣哭倒长城后，"遇得天降恩，超度成人"，范杞良死而复生。最后孟姜女与丈夫破镜重圆，他们一门都得到秦王褒封的官诰。[2]孟姜女故事传说的悲剧主题被淡化，而才子佳人爱情模式和大团圆结局则在剧中被强化和彰显。

再如白娘子题材戏曲，也存在明显的化悲为喜的倾向，传说故事中白娘子夫妻离异、母子分别，白娘子被永镇雷峰塔，这是典型的悲剧。而无论黄图珌本还是陈嘉言父女演出本还是方成培本《雷峰塔》，白娘子被镇雷峰塔后最终都被接引至天宫，白娘子、青儿与法海这样的仇家得到和解，白娘子与青儿两位蛇妖位列仙班，剧作结尾令人欣慰。虽然许宣与白娘子不属通常意义的才子佳人，但方成培本《雷峰塔》安排许、白之子许士麟高中状元，正是由于许士麟功名得遂，其父母才受到朝廷的封赠，于此也可见到戏曲模式化创作的印迹。

---

[1] ［清］无名氏，《曲海总目提要》，俞为民、孙蓉蓉编《历代曲话汇编》本，第922—923页。

[2] 孙崇涛、黄仕忠 笺校，《风月锦囊笺校》，第633页。

海州五大宫调艺术形态浅论

朱秋华[1]

摘　要：海州五大宫调流传在江苏海州一带数百年之久，是江苏民间俗曲的重要组成部分，为国家首批非物质文化遗产代表名录。连云港市地处苏北与鲁南接壤带，是江淮方言与北方方言的交汇处。有明以来，文人与俗曲艺人共同努力，长期加工形成的曲牌广为流传。板浦因盐业而兴，成为南北通衢的枢纽，演唱五大宫调的小曲堂应运而生，使之在海州地区扎下根来，并在长期的演唱过程中，不断吸收方言的特点和民歌中的丰富营养，形成独特的艺术风格。

关键词：海州五大宫调　曲牌　盐业　小曲堂

进入21世纪，一项新的文化工程进入人们的视野，它就是非物质文化遗产保护工程。连云港市历史悠久，文化底蕴丰厚，在漫长的历史岁月里。人们创造了丰富多彩、弥足珍贵的非物质文化遗产，国家级"非遗"代表名录海州五大宫调就是其中的佼佼者。

海州五大宫调是指流传在江苏海州一带数百年之久的，以《软平》、《叠落》、《鹂调》、《南调》和《波扬》五个曲牌为主要腔调的一种古老的民间音乐演唱形式。2004年被江苏省文化厅列入全省首批民族民间文化保护试点项目，2006年5月被国务院批准为首批国家级非物质文化遗产代表名录。同年12月，市文化局为来连市考察"世界音乐城"等项目精心组织了一台海州五大宫调演唱会，这是海州五大宫调第一次对外亮相，曲牌的古老的腔调和优美的旋律，深深使参会的专家和官员折服。演唱会刚结束，主持这次招待演出的一位市政府副秘书长就走上台来拉着笔者的手说："我征求了文化部来的几位专家的意见，他们说曲调非常珍贵，演出非常成功！"后来我们相继为来连考察工作的省政协领导、省文化厅领导及国家非物质遗产保护中心领导作了多场演出，都得到它们高度的赞扬。2007年底，文化部在西安举办全国原生民歌大赛，海州

[1] 作者简介：朱秋华，原连云港市剧目工作室主任，国家一级编剧。

五大宫调经层层预选，成为江苏省唯一一个参赛曲种。市淮海剧团陈立才先生演唱的《软平》在全国各路高手中闯关夺隘，获得铜牌。这是新中国成立以来我市专业剧团演员首次在政府举办的全国艺术赛事中获奖。2009年10月，海州五大宫调又应邀参加首届北京传统音乐节，音乐节主办人、著名音乐家乔建中先生称赞："海州五大宫调是整台节目中最为高雅的"，这也是新中国成立后我市专业戏曲团体首次应邀在首都演出。

一个名不见经传的地方民间音乐形式，何以成为国宝？又何以在国内引起如此强烈的效应？本文试就海州五大宫调的艺术形态和曲牌结构作一些粗浅的探索和分析。

一

海州五大宫调源于明代两淮一带流传的"时尚小令"，是江苏明清俗曲的重要组成部分。

据明代沈德符《万历野获编》"时尚小会"条载："元人小令，行于燕赵，后浸淫日盛……嘉隆间，乃兴《闹五更》、《寄生草》、《罗江怨》、《哭皇天》、《干荷叶》、《粉红莲》、《桐城歌》、《银纽丝》之属，自两淮以至江南……则不分南北，不问男女，不问老幼良贱，人人习之，亦人人喜听之，以至刊布成帙，举世传颂，沁人心腑。其谱不知从何来，真可骇叹！"这段不长的文字，将明代时尚小令的源流、盛行年代、曲牌名称、流传方向及受人喜爱的程度，记述得明明白白。

如果说唐诗、宋词，元曲曾各领一个时代文坛风骚的话，在明代一些文人学者眼中，明代的民歌时调，无疑是其时代民间艺术的佼佼者，许多文人更热心投入民歌的创作中。凌濛初在《谭曲杂扎》中写道："今之时行曲，求一谱如唱本《山坡羊》、《刮地风》、《打枣杆》、《关歌》等中一些妙句，所必无也。"卓珂月更确切地指出："我明诗让唐，词让宋，曲让元，庶几《吴歌》、《挂枝》、《罗江怨》、《打枣杆》、《银绞丝》之类。为我明一绝耳！"如果说明代的时尚小令相当于今天的流行歌曲，则不为过也。海州五大宫调的诞生，便来源于这样一个大的社会环境和艺术氛围，上述文中所讲的许多曲牌，至今仍是海州五大宫调的重要曲牌。连云港市地处苏北、鲁南接壤带，从语言体系上来讲，又是江淮方言和北方方言的交汇处。自明代始，自两淮以至江南一带各种南北俗曲经艺人们长期加工后形成的曲牌，就已广为流传。海州五大宫调的形成，和当地经济的兴衰，特别是盐业生产的发展，有着重要的联系。连云港市的板浦镇，不仅是历史上的重要商埠，也是海州五大宫调流传的一个重要门户。板浦自唐代建镇后，便开挖运盐河道，时称"官沟"，和京杭大运河相连，渐渐成为南北通衢的交通枢纽。板浦（场）又是淮盐的重要产地，据《宋史》卷182《食货志》载："海州板浦、惠泽、洛要三场岁赋盐四十七万七千余石。”板浦的盐产量为淮北之冠。由于它靠运盐河与淮安大运河相接，将沿海一带的淮盐源源不断地经淮安转运扬州，又将扬州的商品杂货运回板浦。许多盐商大贾集居板浦，他们不仅留心词曲，随船还蓄有歌妓，而且不少盐商都能上口演唱。运盐河所到之处，五大宫调随之流传。这些曲牌在海州地区扎下根来，并不断吸取地方语言的特点和民歌中的丰富营养，逐渐形成了独具一格的海州五大宫调。

据海州五大宫调“玩友”王寿成(1910—1990)，钱乐山(1912—1995)等人回忆，听他们的老师讲，清代板浦曾设有多处小曲堂，这些小曲堂至20世纪30年代仍门庭若市。板浦的小曲堂有两种，一种多由桓商(即大盐商)出资赞助，供桓商、盐吏及上层知识界演唱。清代学者凌廷堪曾有诗曰：“岂特希人知大雅，可怜俗曲已飘零。”这些小曲堂多唱海州五大宫调中的大调等高雅曲牌。以板浦镇东空心街教书先生万志新主持的万家小曲堂最为称著。经常到万家小曲堂“碰曲”(即演唱)的玩友除演唱曲牌外，还能擅长某种乐器。绅董张明德家的小曲堂也曾名噪一时。张明德人称张五爷，擅长大调也能吹奏管子，其三兄曾任灌云县县长。另一种是市民百姓经常聚会的小堂曲，以镇西赵广江主持的赵家小曲堂流传最久，多唱海州地区大宫调中的小调(亦称杂牌子)。赵广江是做烧饼的手艺人，自幼拜海州五大宫调玩友于成浩为师，于成浩的父亲于少章不但会唱五大宫调，还能演唱昆曲，是万家小曲堂的常客。赵广江90多岁时，仍能朗朗吟唱许多难度较高的海州五大宫调曲目。

二

海州五大宫调按其曲牌内容来区分，可分为大调和小调类，大调除前文所提的《软平》、《叠落》、《鹂调》、《南调》和《波扬》五个主要曲牌外，还有《满江红》和《马头调》。大调的特点是曲旋律委婉细腻，节奏舒缓，类似昆曲的赠板。演唱时字少腔多，有一唱三叹之感。大调的唱词典雅华丽，明显出自文人之手。大调多用于抒情，唱词内容大多分两类。一类为封建士大夫阶层感叹时光如逝或知音难觅，或仕途艰辛而郁郁不得志的情绪；另一类反映了新婚的妻子在家盼望外出丈夫归来团圆的殷切心理。如：

《软平》，有专家认为是明代曲牌《劈破玉》的变体。全曲只有六句唱词，音乐旋律舒缓、流畅、细腻，呈上、下句交替级进。目前流传的“天台有路人难到”，反映了封建社会文人感叹知音难遇的失落情绪，是海州五大宫调中唯一遗存的一首《软平》。

《叠落》。明代流传曲牌之一，“叠”者有两层意思，一是指乐曲首句和第二句旋律为五度变调的重叠递进；二是唱词中多用叠字或叠句。《叠落》在海州五大宫调中唱词词格最为严谨，全曲八句分为两段，每段的唱词为八字、七字 、二子和十字。如“银台报喜玉烛生花”的第一段唱词为：

银台报喜玉烛生花，
喜鹊檐前叫喳喳。
喧哗，
蜘蛛儿不住就在堂前挂。

第二段结构亦然。《叠落》只遗存一首。

《鹂调》。为明代流传的曲牌《黄鹂调》，“鹂”者，指其曲调旋律优美，婉转如黄鹂鸟对唱。《鹂调》只遗存一首“青山隐隐”，全曲唱词共十句。

《南调》。即明代流传曲牌《寄生草》，旋律高亢流畅，是海州五大宫调中流传最多的一个，目前收集整理有30多首。《南调》全曲七句唱词，演唱者往往在第五句唱词后穿插演唱《跌断桥》等小曲曲牌，称之为“穿心”，最后仍以两句《南调》结束。

《波扬》。是明代流传曲牌《山坡羊》的讹音，全曲共十句唱词，旋律呈上、下交替进行，乐句在反复中不断扬起上升，如大海波浪起伏状。《波扬》只遗存了一首“一轮明月当空照”，唱词十分洗练，把少妇盼望外出亲人早日归家的心情描写得惟妙惟肖：

一轮明月当空照，
金风摆动丹桂飘。
檐铃窗外敲，
声音好像奴那才郎到。
细听不是他，
原来是梧桐叶落（仓浪仓浪仓浪浪浪浪的）掉。
……

海州五大宫调是统称，仔细分析和研究众多的遗存曲牌，还有《满江红》和《马头调》也属大调。

《满江红》是海州五大宫调中唱词最多的一首大调，全曲共22句，分前后两个部分。前十二句共三段，亦称三番，每四句为一番，分别称为《满江红》头板、二板和腰板。后十句为两番，前四句称之为小过板《或叠板》。《满江红》流传的曲目较多，民间玩友讲有99首，目前我们收集整理有30余首。《满江红》在演唱中用途很广，一是单独演唱，因曲牌较长除用于抒情外，还能简洁地演唱一些故事。玩友们还运用一些文字上的变化，演唱各种不同内容的《满江红》。如22句唱词中每句都有一个春字或秋字，最后两句各有两个春字和秋字，便称为《满江红·二十四春字》，或《满江红·二十四秋字》。每句唱词从一唱到十，称之为《满江红·珍珠倒卷帘》；还有一种用途是，在多种曲牌连缀演唱长篇曲目时，多用《满江红》的部分乐句作开头或结尾。

现在流行的《满江红》和明代流传的《满江红》在词格上差异很大，和清代编印的《白雪遗音》中的《满江红》也大不相同。关于《满江红》的起源也众说纷纭，一说它源于宿迁、灌云一带的"淮红调"即连云港市周边地区的民间曲牌。笔者认为《满江红》的旋律和连云港市地方剧种淮海戏女唱腔的音乐旋律多有相似之处。还有人说《满江红》源于南曲《正宫过曲》。

《马头调》明代流行的曲牌，是海州五大宫调中的另一首大调，有位知名学者在20世纪50年代末为《白雪遗音》出版时写的序言中说"《马头调》早已失传"，但连云港市文艺工作者在20世纪80年代的田野调查中，却发现赣榆县（现赣榆区）的徐希来老人能唱完整的《马头调》，其唱词和清代嘉庆年间刊印的《白雪遗音》中的唱词几乎完全相同：

望江楼儿现不尽的山清水秀（猛然抬头），
错把那打鱼的船儿当作那薄幸的归舟（顺水东流）。
想当初山盟海誓赌得是何等样儿的咒（全当无有），
到如今无限的相思害到何时候（我也害羞）。
他说奴是一红颜薄命，奴说奴是一个苦命的丫头（前世少修）。
恨将起指着你的乳名将你咒（暗气在心头）……

——清《白雪遗音》卷一第19页

望江楼观不尽山明水秀（两泪交流），
错把那打鱼的船认作了那薄幸的归舟（水面上飘游）。
想当初海誓山盟发下了何等儿的咒（忘记在心头），
到如今无边无岸的相思害到何时候（每日忧愁）。
人说俺红颜薄命俺说是苦命的丫头（前世未曾修），
恨起来我指定乳名将他咒（实实难出口）……

——徐希来演唱《马头调·望江楼》

对照这两首带"把"的（括号内的字称为"把"）《马头调》是何等相似！文化水平

不高的徐希来老人，靠一代又一代的口传心授，居然把两百年前的《马头调》唱得如此相同，不能不说是一个奇迹！

除了大调之外，海州五大宫调中还有近百首个调，目前收集68首。小调和大调的风格截然相反，它节奏明快，字多腔少，长于叙事。经常演唱的小调有《剪靛花》、《银纽丝》、《罗江怨》、《跌断桥》、《小京调》、《刮地风》、《玉娥郎》、《鲜花调》、《太平年》、《哭小郎》、《凤阳歌》、《玉兰花》、《京垛子》及《数落》等。小调和大调一样，可以单独演唱，亦可多次反复，用来演唱完整故事，称为“重头”。如连云港市东海民歌《方四姐》，又如用《凤阳歌》重头演唱的《馋嘴大娘》，唱出了海州地区的风味小吃近百种，生动风趣地反映了连云港地区的饮食文化。小曲更重要的用途是和大调连缀，组成套曲，演唱各种故事和历史传说。如用八个不同曲牌连缀演唱的套曲《王定保借当》，用九个不同曲牌连缀演唱的套曲《庵堂会》，用14个不同曲牌连缀演唱的套曲《武松杀嫂》等。套曲中还有一种集曲，只用若干曲牌的一段、一句，甚至半句连缀而成，腔调转换自如，唱词连贯如一，具有很高的研究价值和审美价值。如四个曲牌片断组成的集曲《娃娃忆》，以一个恋人的口吻回忆孩提时代生活，短短十几句唱词，提及海州地区的儿童游戏“藏蒙蒙”、“打碑”、“踢脚搬”、“打得溜”等竟有十多种，犹如一幅生动的生活风俗画。用六个曲牌片断组成的集曲《草虫》，用拟人化的手法，对海州一带的“小豆娘”、“磕头虫”、“小蚂蚱”等20多种昆虫作了非常细致、生动的描述。集曲中最见代表性的曲目为由18首不同曲牌（其中五首大调、13首小调）部分曲牌连缀组成的《俏人儿我的心肝》，俗称“九腔十八调”，堪称中国民间音乐的绝唱，因演唱难度很高，玩友中能完整演唱者已无几人。

三

自明代嘉隆年间流行以来，海州五大宫调历经数百年的传承和发展，形成其鲜明的艺术特征：

（一）自娱自乐性。海州五大宫调以自娱为主，传唱者自称“玩友”而不称艺人，它代表了古代我国人民用艺术形式来进行怡情养性、寄情抒怀的生活追求，蕴含着人际往来、完善自我人格修养的中国人文精神。海州五大宫调至今仍是连云港市许多社区和民间群众自发的娱乐活动的一种方式。

（二）南北交汇性。连云港市地处江苏、山东两省接壤处，历史上一些北南双方的音乐艺术形态均在此流传生根，呈现出既融会贯通又诸调杂陈的局面。据有关专家考证，海州五大宫调中的大调多数源于北方；而小调中绝大多数来自江淮一带的民歌小曲，两种曲牌长期融合、并存，从而形成了独具一格的海州五大宫调。

（三）雅俗和谐性。海州五大宫调中大调曲调委婉细腻，节奏舒缓，唱词雕琢典雅，一唱三叹。而绝大部分小曲则节奏明快，唱词通俗，起承传后，长于叙事。海州五大宫调以套曲形式，把这两种截然不同风格的曲牌连缀在一起，达到了大曲与小曲的完美结合，典雅和通俗的和谐统一。

（四）集曲高难性。海州五大宫调中的集曲，演唱技巧十分高难。它用若干曲牌的部分乐句连缀组成一个完整的曲目，分段转韵，内容连贯如一。集曲的例子前文已述，在此不赘。

（五）曲牌完整性。历史上海州属东夷地区，交通闭塞，来往不便，20世纪30年代陇海铁路通车后，板浦也日渐失去了其交通枢纽的作用，因此构成了海州五大宫调成长和传承的地理环境。它传唱了数百年之久，很少受外来文化形式的冲击，使许多稀有曲牌得到完整的保存。如在江苏已近失传的《马头调》和集曲《俏人儿我的心肝》等，在这里保存完好。又如在江苏其他地区少有的《软平》在连云港市民间却很流行。

（六）曲堂相传性。因海州五大宫调以自娱为主，演唱多在民间“小曲堂”进行，因此它借以曲堂形式代代相传。据笔者20世纪80年代进行的走访和调查，有的小曲堂已衍传七八代以上。连云港市文化局为做好海州五大宫调的保护和传承工作，曾公布一批市级传承单位，其中就有以两位海州五大宫调国家级传承人赵绍康、刘辰兰名字而命名的两个民间小曲堂。

海州五大宫调是江苏明清俗曲的重要一支，是连云港市民间音乐艺术的瑰宝。但随着全球化、现代化的日益发展，广大青年人对传统民间文化形式的冷漠，使其得以展示的平台也日渐减少。随着一些颇有造诣的老艺人相继谢世，一些演唱难度较高的优秀曲目已近失传。海州五大宫调被列为首批国家级非遗保护名录后，文化部门制定了切实可行的保护计划，除了对民间流传的曲牌和曲目进行了全面收集和整理外，还在社区、学校和连云港市属专业剧团组建立了一批传承单位，面向社会举办了多次推荐演唱会。在今年11月12日召开的全国首届传统俗曲展示和研讨会上，由连云港市淮海剧团组成的五大宫调演唱组在会上再次演唱，受到了与会专家和同行的一致好评。这些对更好地宣传和保护这一优秀的文化遗产，丰富人民群众的文化生活，构建社会主义和谐社会，都将产生重要的作用。

参考文献

1.《万历野获编》，明沈德符，中华书局，1997年版，第647页。

2.《明清民歌时调集》(上),上海古籍出版社,1987年版,第6页。
3. 清《嘉庆海州直隶州志》,1990年影印版,第307页。
4. 凌廷堪《论曲绝句》。
5.《扬州清曲》,韦人编著,扬州广陵书社,2006年版,第1747页。
6.《中国曲艺音乐集成》,中国ISBN中心1994年版,第475页。
7.《单弦牌子曲分析》,于会泳著,上海音乐出版社1958年版,第371页。
8.《明清民歌时调集》(下),上海古籍出版社,1987年版,第467页。

豫剧现代剧目的价值取向与演进策略

周　媛[1]

摘　要： 豫剧现代剧目的创作萌发于清末至20世纪20年代，旨在改良劝化；20世纪三四十年代是以“救亡图存”为主题的改良探索期，豫剧新戏得到了较快发展；新中国成立至“文革”是以“思想改造”为主题的繁荣发展期，豫剧现代剧目创作日趋成熟；改革开放至今，豫剧现代剧目的创作进入了以“回归人性”为主题的多元并存期，更加注重作品的艺术性和时代性。

关键词： 豫剧　现代剧目　价值　演进

豫剧是我国最大的地方剧种，具有高亢激越、大喜大悲、雅俗共赏、质朴无华的特点，曾经有20个省份建有豫剧剧团，得到了各地人民的喜爱。豫剧在近代的迅速崛起，除了唱腔曲调、舞台表演风格、中州音韵道白等元素之外，剧目的传承创新也是重要推动力，尤其是为了反映革命斗争、社会进步和人民心声，很多知识分子、剧作家、演员、艺人和业余爱好者创作了大量现代剧目，其中一些剧目成为豫剧经典，如《凌云志》、《刘胡兰》、《小二黑结婚》、《李双双》、《人欢马叫》、《朝阳沟》、《倒霉大叔的婚事》、《我爱我爹》、《香魂女》、《红果红了》等，反映了新时代、新生活，为豫剧的发展作出了突出贡献。本文的目的在于探寻不同时期的豫剧现代剧目的产生背景和价值取向，揭示豫剧现代剧目的题材演变和应对策略，为戏曲的剧目创作提供有益借鉴。

一、以“改良劝化”为主题的新剧改革

近代中国经历了由西方列强入侵而沦为半封建半殖民地的社会转型，社会阶层分化和贫困化日益严重，新文化运动试图引进“民主”与“科学”以启发民智，唤起国人

[1] 作者简介：周媛，连云港师范高等专科学校，讲师。

的民族自醒和奋发图强。在此背景下，各地出现了很多以现代历史和时事生活为题材的新戏。新戏何时传入河南已不可考，《中州日报》1911年10月17日刊载《丰乐园新排文明改良劝戒洋烟新戏宣告》，记载了京剧长庆班排演新戏《黑籍冤魂》之事，旨在劝诫世人戒除鸦片。1912年4月28日的《大众民报》刊载的《告戏剧家》一文，提出："凡有关时事，是以感发人之爱国心者，编辑成本，令梨园子弟高唱旗亭，想必诸君喜听乐闻也。至编辑之手续，候记者得暇，当本所见，与诸君一商酌之。"[1]《自由报》1912年8月11日刊载的《戏剧之极宜改良》提出："记者主张风俗改良，须从编演新剧入手提倡，而取缔之，是在此邦之贤士大夫。"[2]

不管是"感发人之爱国心"或是"风俗改良"，其主张都是通过"改良"旧剧，反映现实时事，达到"劝化"之目的。1912年9月4日，河南新剧团在省府开封成立，实行戏曲改良，旨在"启国民之新思想，按疾针砭，投其所好，倾其筋脑，借戏曲阐发其道德，开通其智识"、"丕变国风，改良习惯"。[3]其他还有彰德府新剧团、开封乐群学社、移风新剧社、开封青年会、省政府宣传处新剧团、民众俱乐部等。1928年3月，河南省教育厅公布《河南各县戏剧训练班章程》，将"创制革命化及平民化的戏剧"作为其宗旨之一；同年7月公布《河南各县改良戏曲委员会简章》，并特设"戏剧改良委员会"，任务之一是编纂新剧本。1927年成立的河南省游艺训练班组织包括豫剧艺人在内的戏曲界人士参加学习，并规定创制新剧新曲分为六类：革命史的剧曲、国耻史的剧曲、社会问题的剧曲、政治问题的剧曲、家庭问题的剧曲、婚姻问题的剧曲，开启了梆剧改革的先声。

清末至20世纪20年代的这一时期，豫剧演出虽然仍以旧剧为主，但各地已出现了很多反映现实的新戏，如《李元庆抗粮》、《中国魂》、《烟鬼显灵》、《圆明园大火》、《孙总理北上》等。同时，豫剧艺人通过各种方式参与到了轰轰烈烈的戏曲改革运动，新剧的创演对他们产生了积极影响，这些，都为20世纪30年代豫剧新剧目的快速发展创造了良好的文化土壤。

二、以"救亡图存"为主题的改良探索期

20世纪三四十年代，社会各界人士不断加入到编演新戏的队伍中，以樊粹庭、王镇南、邹少和、蒋文质、张介陶等为代表的一批知识分子，开始加入到河南梆子的改良创新

[1] 陈月英、于宏敏 编，《河南戏剧活动报刊资料辑录》，中国戏剧出版社，2006年，第40—41页。
[2] 同上，第41页。
[3] 同上，第43—44页。

中。1935年，河南省教育厅推广部主任樊粹庭在开封组建"豫声戏剧学社"，编写新剧本有《凌云志》、《义烈风》、《三拂袖》、《涤耻血》、《霄壤恨》、《女贞花》、《麻风女》等，突出时代风尚，提升唱词品味，经过豫剧大师陈素真的演出，受到了各界广泛赞誉。1937年2月，常香玉、张同庆等人成立"中州戏曲研究社"，也致力于豫剧改革，编演新戏，出现了《打土地》等新戏。这一时期的其他新剧还有《收武汉》、《英雄惊梦》等。这些新剧目一改豫剧往日"淫词"、"粗鄙"、"土调"等弊端，突出了爱国主题，尤其是樊粹庭与陈素真二人，对剧目、表演、舞美、乐队、唱腔、管理体制等进行了一系列的尝试，打开了新剧演出的局面，当时一位名叫苏筠仙的人在给樊粹庭的来信中评价道："平常一般人认为鄙俗粗俚不堪入耳的土调儿，现在竟惹得全城如狂、万人争道的高尚娱乐，妇人孺子引车卖浆者流固无论矣，即在上层社会的乐园里生活惯了的人，亦改变了一向鄙弃的观念，而毫不吝惜宝贵的时间，去整晚地坐在那里欣赏这地道的声乐，此即显著的效果。"[1]经过了数十年的洗礼考验，很多"樊戏"至今仍是不少豫剧团的保留剧目，盛演而不衰。

随着抗日救亡运动的高涨，以"救亡图存"为主题的现代剧目开始产生，得到了人们的普遍欢迎。抗日战争爆发以后，樊粹庭组织成立"狮吼剧团"，在各地巡回演出，宣传抗日，进行募捐演出。1938年开封沦陷后，樊粹庭的狮吼剧团，常香玉的香玉剧社，崔兰田的兰光剧社，孙老七创办的河南灾童戏剧学社等豫剧演出团体，纷纷流亡至西安谋生，但仍然坚持演出新剧。这一时期的优秀剧目有蒋文质的《守湖州》、张介陶的《陈圆圆》与《庚娘传》、李令吾的《落霞孤鹜》、《一门忠烈》、《伉俪箭》、《九件衣》、《谁是救星》、《火烧赵家楼》、《打清丰》等，起到了激发民族精神、提高战斗士气的重要作用。但是，这一时期的新戏基本是按照传统戏的表演程式、唱腔风格、装扮服装等进行排演，是用旧戏的形式来装新戏内容，不可避免地存在形式与内容不协调的问题。

纵观这一时期的豫剧新剧目，其题材大都与抗日救国、振奋民族精神有关，直接服务于当时的政治需要，这是知识分子参与到扎根于社会底层的豫剧改革之后，所表现出来的主体意识和文化自觉。对于囿于传统剧目的大部分艺人来说，这是一次极大的惊醒，促使他们开始关注现实、反映现实，提升了豫剧自身的艺术水准和文化内涵，打开了新的发展道路。

三、以"思想改造"为主题的繁荣发展期

新中国成立初期，以"改人、改戏、改制"为主的戏曲改革自上而下开始推行。

[1] 马紫晨等 著，《豫剧》，河南文艺出版社，2011年，第50页。

1951年发布的《关于戏曲改革工作的指示》中指出:"地方戏尤其是民间小戏,形式较简单活泼,容易反映现代生活,并且也容易为群众接受,应特别加以重视。"随后,各省市通过观摩演出、戏曲汇演等方式鼓励地方剧团演出现代戏,专业文艺工作者也加入到了现代剧目的试验当中,形成了传统戏、新编历史剧和现代戏"三并举"的繁荣局面,产生了一大批的优秀现代戏。

随着新文艺工作者的加入,一批豫剧现代戏相继产生,如《白毛女》、《王贵与李香香》等,但歌剧的艺术元素却难以与豫剧固有的表演风格融合,表演形式和唱腔音乐很不统一。1952年成立的河南省歌剧团(省豫剧三团前身)在编演现代戏方面作出了突出贡献,1953年排演的现代戏《小二黑结婚》在题材内容、唱腔设计等方面已经取得了较大突破,受到了热烈欢迎。尤其是1958年排演的现代戏《朝阳沟》(杨兰春编剧),在艺术表现方法和题材内容方面更加成熟,与现实生活的结合更加紧密,人物性格的塑造更加个性化,银环、栓保、银环妈、二大娘等人物形象生动饱满,成为豫剧现代剧目中的经典佳作。剧情讲述的是城市姑娘银环与高中同学栓保确定爱情关系后,决定响应国家号召,与栓保一起到农村参加生产劳动。不料,银环妈闻讯赶来,大吵大闹,逼迫银环回城。经过一番思想斗争和生活考验后,银环立志献身社会主义农村建设事业,其母也逐渐改变了想法,也随她一起来到农村。此剧以其浓郁的生活气息和地方色彩、风趣生动的语言风格,生动表现了人物的崭新思想情感,在运用传统戏曲形式表现现代生活方面作出了突出贡献。

20世纪五六十年代,豫剧三团还排演有《刘胡兰》、《祝福》、《好队长》、《冬去春来》、《李双双》、《草原英雄小姐妹》等新戏,个地方剧团也相继产生了一批现代戏,例如,商丘豫剧团排演了《社长的女儿》,许昌豫剧团排演了《人欢马叫》等,赢得了观众的喜爱。

在这一时期的豫剧现代戏创编中,作者往往突出了题材的思想性、政治性和时代性,着力塑造革命英雄人物的形象,肩负起了向广大人民群众进行社会主义教育的使命,是以思想改造为主题的戏曲改革,于是导致很多现代戏存在突出的问题,如内容概念化、表演模式化、演出功利化等,影响到了豫剧的艺术性,缺乏情感表现的内在力量。

"文化大革命"中,豫剧剧目的状况同全国一样,"三并举"变成了"一花独秀"——样板戏,"帝王将相、才子佳人统统被赶下舞台",各地豫剧团只能搬演几个"样板戏",如《沙家浜》、《杜鹃山》、《龙江颂》、《春花》、《青砖歌》等剧目,政治性超越了艺术性,新剧目的创作处于凋敝荒芜的状态。

四、以"回归人性"为主题的多元并存期

改革开放之初,豫剧三团排演了反映两代人观念冲突的现代戏《倔公公与犟媳

妇》，矛盾冲突尖锐，人物性格鲜明，收到了观众的热烈欢迎。而剧作家齐飞创作的现代戏《倒霉大叔的婚事》则成为继《朝阳沟》之后豫剧现代戏发展史上的又一座里程碑，以幽默风趣的语言和叙事风格表现了党的富民政策给农村带来的巨大变化，塑造了常有福、魏淑兰、侯圈等鲜活的人物形象，创造了连演三千多场而不衰的盛况。可以说，以农村生活为题材，开始成为豫剧现代戏的主要方向，类似的现代戏还有《抢来的女婿》、《糊涂盆砸锅》、《豆腐李招亲》、《儿大不由爹》、《黑娃还妻》等，一时在各地兴起不衰。

20世纪末至21世纪初，豫剧现代戏的创作更加繁荣，创作主题更加多元化，广大老百姓急切的精神要求，促使剧作家更加注重作品的艺术性和时代性，着力挖掘人性之善恶美丑，表现家长里短和生活巨变，适应了现代社会的审美需求，获得了新的发展动力。例如，豫剧三团排演的《红果红了》反映了新一代农民的情感变化和爱情生活，展示了农村的巨大变化，歌颂了拼搏进取的时代精神，成为不可多得的豫剧佳作；排演的《香魂女》则更注重人物内心的心理刻画和情感揭示，题材在范围和深度方面都得到了扩展，艺术表现力和感染力更加深刻。尤其是根据《老子儿子弦子》改编而成的豫剧电影《我爱我爹》(1999)，在新时期农村老人群体的精神需求和生活状态方面，进行了比较成功的探索，获得了广大群众的欢迎。该剧讲述的是农村老艺人赵铁贤喜欢到古戏楼拉拉唱唱，却遭到身为富豪的大儿子的强烈反对，把爹抢走到城里进行所谓的“科学养爹”，这种软禁式的生活让赵铁贤闷闷不乐。大儿子大摆宴席为爹庆寿，老爹见到老搭档周金妹后当场昏倒，随后被二儿子抢到农村家中过寿，赵铁贤执意要过那种拉拉唱唱的生活，虚荣的大儿子愤而扯断了他一生钟爱的坠琴弦，赵铁贤既恼怒而又无奈，愤懑痛苦之中来到妻子坟前哭坟。两个儿子终于明白，让老人开心并不仅仅是满足他的物质需要，更重要的是要满足他的精神需求。由于此剧涉及老龄化社会普遍存在的问题，批判了金钱对人性的扭曲，因此具有很强的现实意义，再加上作者以戏剧化的手法进行故事叙述，在笑声中引人思考，笑中带泪，具有很强的可看性和娱乐性，成为今后现代剧目创作的又一个发展方向。

以现实生活中的真人真事为题材创作的现代戏，在思想性与艺术性的有机结合方面取得了较大成绩，比较有影响的有豫剧三团的《村官李天成》、《刘青霞》、开封豫剧团的《焦裕禄》、驻马店豫剧团的《抢来的警官》、省豫剧一团的《常香玉》等，力求将政治性、思想性、艺术性相统一，取得了一定的成绩。

这一时期的现代剧目创作也是存在问题的，主要表现在迎合比赛评奖与满足老百姓精神需求之间难以平衡，思想政治性与艺术表现力之间难以统一，语言文雅化与通俗化之间难以调和，传承与创新之关系等。这些问题的出现，既与农耕社会转向工业社会的大环境有直接关系，也与国有豫剧院团转型和民营豫剧团体发展有因果关系。但是，从豫剧新剧目的历史发展过程中，我们可以看到，传统与现代始终是剧作者所关注的核心要素，将传统戏曲形式与现实生活紧密联系起来始终是创作的基本原则，艺术性与思想性相结合始终是评判豫剧新剧目成功与否的唯一标准，不管政治形势如何发展，大众化永远是戏曲剧目改革的正确发展方向，因为决定戏曲成败的人不是别人，而是台下千千万万、普普通通的老百姓，他们的审美趣味、他们的生活变化、他们的喜怒哀乐，才是现代剧目创作要始终关注的。最后，我们以河南省豫剧三团著名艺术家高洁的话作为总结："戏曲是能够代表中国文化的传统艺术，豫剧是这众多传统艺术中的一个组成部分，而豫剧现代戏又是对传统豫剧的创新和发展，因而，豫剧现代戏在弘扬民族文化、反映现实生活方面，必定大有作为，也必定会赢得时代和观众的认可。"[1]

[1] 李利宏、汪荃珍 著，《口述三团》，河南人民出版社，2012年，第84页。

欧洲17世纪至18世纪古典装饰绘画作品审美比较评鉴

——基于罗马画院、弗拉芒画院、法国画院古典装饰花卉静物与建筑风景绘画作品的审美评鉴解析

王吉祥[1]

引　言

欧洲17世纪至18世纪古典装饰绘画作品在表现花卉静物、建筑风景和家庭肖像作品中，都独具特色，各显美境，处处彰显着特有的审美情怀。基于古典装饰绘画作品从创意、构思、绘制、表现、审美到完成，这些艺术创作的必经阶段，都是内含画家丰富的创作思想与高涨的审美精神及特有的时代情境。通过比较评鉴，分析和研究这些古典装饰绘画作品与其审美格调，具有比较现实的借鉴意义和拓展意义。对于欧洲的古典装饰绘画而言，可以从这些绘画作品的艺术语言和审美格调中，真切地感受到“绘画的情感”与“艺术的表现”及“审美的境际”三个层面在作品创作的时空中所具有的个性化的渗透和展现。因此，在对罗马画院、弗拉芒画院、法国画院，这些代表欧洲古典装饰绘画格调的画院作品中进行审美解析，立足于对罗马画院、弗拉芒画院、法国画院在表现花卉和风景的绘画进行比较评鉴，可以从中了解、熟悉、传承和拓展画院大师们与其艺术作品的创作思想、艺术格调、表现技法、文化精神与审美状态，从而为实现欧洲古典艺术的研究提供价值印证，把艺术家与艺术品之间的情感表现与精神审美得到充分的一一展现，真正起到审美解析的目的。当然我们所选取的这些古典装饰绘画作品是在欧洲古典主义审美架构态势中立足于装饰性表现具有一定审美情境的艺术作品。

---

[1] 作者简介：王吉祥，南京大学美术研究院国内高级访问学者、江苏省连云港职业技术学院副教授。本项目成果为“江苏省高等职业院校国内高级访问学者计划资助项目”。项目编号为：2014FX037。

一、关于罗马画院艺术格调及其花卉作品审美评鉴解析

罗马画院的静物画常常是表现一种充满纯洁和自然之美的画境。擅长使用多种物象来组合画面，使画面呈现丰富的状态，进而营造出优雅和谐的美妙意境。

《康乃馨和南瓜》，罗马画院（Romain　school　17世纪）

布面油画80×60 cm—105×85 cm带框　作品图片摄影：王吉祥

罗马画院的静物作品，无论在画面形式的构成，还是在色彩方面的构成，包括在表现物象与姿态方面以及用色与用笔方面，都达到了挥洒自如、技法娴熟、自然天成、随心所欲的最高境界。姑且不论画面所要表达的寓意，单单是看构图就安排的满而不乱，疏密相间，恰到好处。

《康乃馨和南瓜》这幅作品的色彩对比较为强烈，在冷暖色调的分布上也是追求相对的平衡。画中的粉色康乃馨盛开的形状和摆放以及水果的姿态，都是经过画家精心的思考和设计而不是随意摆放的，都是从一个令人出乎意料的角度出发，蕴含一种特有的审美情境，随着画家个人愿望的期许，随着好奇的心态以及随着构图或画面构成的需要出发。这幅画的构图从上向下俯视，使得花和南瓜、水果完整的突现出来，物体被描绘的很饱满立体。应该说，画面中的水果和花卉无论是在构图还是色彩上都起到了很好的点缀作用，色调以暖色为主，给人一种温馨之感。葡萄和南瓜的绿色恰到好处的打破了整体的暖色调，给人一种清爽宜人的美感。这幅作品的色彩对比较为强烈，在冷暖色块的

纯度相等的情况下，面积的大小是使画面和谐的重要手段，水果与花卉在整个画幅中的艺术表达具有相对的稳定性与平衡力。画中的花卉和水果及南瓜形成了空间对比关系，但都统一于整幅画作的色调中，使得整个画面中物象与色彩显得更加精彩。

这幅题名为《康乃馨和南瓜》的油画力作，是罗马画院具有代表性的一类古典装饰花卉画作。作为17世纪时期，欧洲油画静物能有如此的艺术表现，实乃是罗马画院装饰绘画大师的艺术水准的直接体现。殊不知，此幅画作在整个大的基调上是对花卉和水果及蔬果的精致表达，特别是整幅画作充满了一种祥和、透明之感。从近处比较集中的葡萄、桃子、南瓜等造型和色彩的处理上就能看出画家的一种集中造景的描绘能力，同时靠近切开的桃子处有无花果和蛇皮果模样的水果与葫头梨，无论在造型上取圆形和圆锥形和圆台形，还是在色彩上运用的红、黄、蓝、绿的描绘与展现，加上整盘葡萄的透明质感和充满柠檬黄与中绿色调的圆立体南瓜，都极具特征的、细致入微地再现了蔬果的鲜美与馨香。随着后面的布景，在黄绿色系中泛红的葫头梨与黄绿色系中透明的葡萄及黄绿色系中泛绿的南瓜的后面紧靠着一个深色熟褐的花瓶统一于整幅画作的棕色背景空间中，显得空灵和雅致。紧接着是棕褐色花瓶中插放着十六朵盛开着的康乃馨和两枝一亮一暗的含苞欲放的花骨朵，在中绿与嫩绿映照的叶茎中，康乃馨花朵的红与白的映衬相间，都显现出康乃馨的鲜活的生命力和温馨的气氛。可以从画面中看出近处蔬果的摆放是在一定的台面上逐步与后面的背景相融合，在康乃馨形成的大三角形与小四边形的空间中，通过花与叶的装扮，那蔬果之香与花卉之美都体现地淋漓尽致。由此，可以看出画家在表现富有玲珑之美和充满温馨之质的蔬果与花草统一于整幅油画艺术作品中的造境与美态，具有高超的技术与艺术表达能力。这幅作品在对角镶嵌多重装饰纹案的宽边金色画框的装饰之下，彰显着富丽与华贵、精致与典雅。

二、关于弗拉芒画院艺术格调及其花卉作品审美解析

弗拉芒艺术开始于15世纪，其灵感来自于勃艮第的艺术法庭和图案花饰的手稿。

弗拉芒艺术的第一个中心是布鲁日，这一荣誉是在15世纪Hubert和Jan van Eyck的帮助下授予的。在这段时间绘画包括写实风格和在精致的布料和织物上描绘宗教的符号。

在16世纪，意大利的出现影响了艺术文化的生产中心向安特卫普转移，在这期间，一些艺术家信奉意大利风格，其他的忽略了时尚而保留了个人的风格。到了17世纪，以Peter Paul Rubens为标志，他是17世纪后最重要的弗拉芒画派艺术家。随着法国洛可可艺术风格的出现，弗拉芒艺术呈下滑趋势。

在已知的油画的创作中，弗拉芒艺术的特点包括了注重细节、明亮的色彩和优越

国王及贵族肖像装饰花环（18世纪作品） 弗拉芒画院（Flemish school）

布本油画140×115 cm 作品图片摄影：王吉祥

的技术。它主要涉及宗教主题，时常插入当代风景画，城镇风光和室内风景。其他的弗拉芒特征包括理想主义和探索的观点。

处于宗教改革时期的欧洲，由于对科学产生了不断增长的好奇心，出现了一种优雅的收藏现象，一些富有的资产阶级喜欢在他们特别的而又茂盛的花园里种植收集一些植物，这种现象也引发了后来的远程植物学。16世纪末开始，对于艺术的需求也慢慢增多，于是出现了对于花卉画的需求。至18世纪末，这种画作已经出现非常多了。

"国王及贵族肖像装饰花环"这件作品来自于18世纪的弗拉芒画派（也可称法兰德斯画派）[1]。这类型的绘画，主要为了彰显画中人物的经济和社会地位，在当时受到了

[1] 法兰德斯在比利时30 528平方公里的面积（相当于美国马里兰州、比中国海南省还略小）中占了44.8%，人口约占总人口的约60%。比利时大部分工业和劳动力都位于这个地区，因此它也构成了国内贸易的主要部分其生产总值占比利时国内生产总值的60%。法兰德斯人是欧洲能流利掌握最多语言的人这在当今的国际经济中做生意是很重要的。法兰德斯位于欧洲三大主要文化和语系（英撒克逊日耳曼和拉丁）的交汇点，这意味着法兰德斯人从古到今一直要适应多种语言。此外比利时本身就有三门官方语言（法兰德斯语法语和德语），而英语被列为实际上的第四门语言。

法兰德斯曾是中古欧洲的一个重要的封建诸侯国家，通常是法兰西王国的封邑，大约是现在的法国东北一角（北部省）到比利时大半，也包括了尼德兰西兰省的南部。

荷兰和弗拉芒资产阶级的热捧。在丰满的花卉中间，放置一张人物肖像画以突出人像本身。这些绘画都是为了传承给后代。这件作品里的肖像画并不存在，这在当时是一种流行的处理名人（鲁本斯[1]，王子，国王等）的方式，以此来显示人物得到永生。

如果从表现技法和艺术审美的角度，对弗拉芒画院的这幅静物花卉作品进行艺术解析，可以说具有一定的典型性。因为在此幅画作中，笔者认为其视觉表现的主题营造出了一个特别的"视觉场"，这个"视觉场"主要是众多红与黄、红与绿、绿与黑架构出的"独特造型"与"特殊色调"得以展现出的。说"独特造型"是因为画家选择了一个具有装饰提梁的铜铁质感的花瓶篮（说"花瓶篮"，其实就是造型上既有花瓶的造型、但不是空心的，而是平面的，又有花篮的装饰感。对于说又有"花篮"的装扮，其实就是一个花瓶蓝式样的插画装饰架而已。），除了这个具有铜铁质感的花瓶篮注重对称型的造型纹案的装饰以外，还特别在花瓶篮提梁中间设计出了一个像T恤型又像花瓶型又像塔钟型的花瓶蓝的镂空的装饰造型，可以说，这个造型在当时的那个年代中具有特殊的意义，中间的位置在当时是专门用来陈列人物肖像的，进而有传承的意义，可是到这幅作品中的装饰则是处理名人肖像的一种方式，象征人物得到永生。极大的填充了整幅油画的视觉空间，使得这个造型以外的所有的物象与色调都具有了凝聚力和视觉场。所以，大众可以从这个花瓶篮的视觉感受中鲜明的映视出花团簇锦的装饰花卉生动活泼的画面。可以说，画家在表现这几组花卉的层次中具有无限的张弛力，可谓是松紧有度、布景合理、穿插有序、造型别致、色调丰富。另外说"特殊色调"，也就是说，在整幅画作中具有多重色阶组合的描绘，可谓是从色相、明度到纯度，从色阶、色调、色系等有关色彩的原理与技法都运用到整幅画作中。所以说，画家在此幅画作中营造出了一种特殊的色调空间，而这种空间具有无限的延伸度和视觉场。这是画家特有的一种艺术审美表现，具有创造性。所有大众可以看到画作中有许多质感不同的色调造型，其实这就是这幅画作的色调高明之处所在。应该说，此幅画作在装饰外框上并没有使用宽边，而是使用金色窄边无纹案直线条木框装饰，具有突出画面之视觉美。

三、关于法国画院艺术格调及其表现风景作品审美解析

法国画院是法兰西美术院的前称。它的艺术风格，与西班牙艺术一样，都是受到15世纪和16世纪意大利油画的文化以及弗兰德和荷兰油画的影响。

[1] 彼得·保罗·鲁本斯（荷兰语：Peter Paul Rubens,1577年6月28日—1640年5月30日），弗兰德画家，巴洛克画派早期的代表人物。

古纪念碑的景色（18世纪作品） 法国画院

布本油画80×60 cm 作品图片摄影：王吉祥

法兰西美术院（Academie des Beaux—Arts），法兰西学院（Lnstitul de France）下属的五个学术院（Cinq Academies）之一，是法国美术领域的权威机构。

美术院从王家绘画与雕塑学术院（1648）、王家音乐学术院（1669）及王家建筑学术院（1671）发展而来，1803年始用今名，1805年从卢浮宫迁至马扎兰宫，即位于塞纳河左岸的法兰西学院。

在美术院绘画组有两名华人院士：著名画家朱德群（1997年入选）和著名画家赵无极（2002年入选）。在外籍合作院士中有著名建筑设计师贝聿铭（1983年入选）及著名画家吴冠中（2002年入选）。

这两幅画的风格非常接近Jean Baptiste Charles Claudot（1733—1805）的画作风格。他是一位很著名的法国画家。他作出了许多日落山景及建筑风景的作品。他与Joseph Vernet艺术大师一起合作为法国贵族的几个大型宫殿做装饰图案，他的一些作品出现在La Lorraine vue par les peintres（画家们的法国洛林风景）。在2003年的出版物里，这些画家有Claude Henri,Serge Domini,Thionville。

创作于18世纪的法国画院的两幅风景画作，具有比较鲜明的主题表达。对于古纪念碑式的风景画作，在18世纪的时空中，通过画作表现出的是一种庄重和雄伟的基调。

古纪念碑的景色（18世纪作品） 法国画院

布本油画80×60 cm 作品图片摄影：王吉祥

通过对两幅同样描绘古纪念碑式的风景画的评鉴，大众可以从画作中感受到不同的视觉情境。前一幅贵在表现一种带有晴空日光下矗立于风景之中的古纪念碑所处的场景和结构质感与建筑精神。纪念碑底座处有人和动物的表现，立马给画面营造了一种"以人为本"的情感和精神归宿，当然也即刻体现了一种在纪念碑下"以人为本"的哲学思考和精神表达。画幅中在纪念碑的左侧有高树映衬，在高树远处日光的掩映下，高树呈棕红色、墨绿色与橘黄色，这样的色彩基调正好与整幅画作的天空蓝色背景及纪念碑的观感和体积形成非常鲜明的视觉空间，同时加上远处的村庄、绿树和远山的营造，近处的棕褐色的色调，又把纪念碑的高度与结构、色调与体积、四周的空旷悠远与周围的空间质感联系、穿插在了一起。远看纪念碑体上方的十字架矗立于画作中间上方与整个纪念碑体所处的环境相对应，整个画境的营造把纪念碑这一主题画面表现得更加丰满和静谧。后一幅画作在表现古纪念碑的造型同时，加强了对棕褐色主题调子的营造和表现。这幅图中，同样具有表现近景、中景和远景的构图程式，但这幅画作在右侧近景处有两颗略带几片叶子的树干和远处的一颗带叶子的树干形成三角形的视觉效果，树枝的延伸直指纪念碑体的角度，加强了画面的视觉空间在表现主题物象的自然描画，紧接着大众可以看到纪念碑体后方有厚重的深褐色的密树丛，与画作前景处的色调统一而对称。细看画作前景还有十字架的造型剪影与纪念碑对着，同时纪念碑体的远处还有远景的表现，整个造型与色调的营造具有神秘般的景致，而且画作背景，在纪念碑的远方有呈绿、蓝、黄、橙复色组合的色调，对画面的气氛的整体烘托起到点彩的作用。在纪念碑的上方的天空处依稀能够感受到有朦胧日光的笼罩，那是极具寓意的体现。总之，此幅画作在整体色调的表现中趋于沉郁和神秘，这也是一种纪念碑式的景观营造，应该也是画家审美情感与精神的间接表达。两幅画作在画面上对比而言，前一幅画作色调亮丽，后一幅画作色调沉郁。但都具有各自突现纪念碑体的质感与气势的作用。画家在注重细节的表现中，在纪念碑体的台阶处，前一幅画作特别描绘了三个中青年人和一个动物，其中有两个身着白色上衣的男人和一个身着红色裙摆的女人；而在后一幅画作中，画家也特别描绘了三个人物和一个装饰柱子，其中有两个身着白色上衣和绿色与棕色背带裤的男孩，同时还有一个身着赭石色马甲与白色上衣、深绿色裤子拄着拐杖的老人。于是从画面的人物描写中，可以看出作为法国画院的同类绘画作品，在景物与人物的搭配中很是讲究并具有特殊的时空意义。需要特别说明的是两幅画作在左侧方都有一组主光源侧摄于纪念碑的碑体和台阶，象征着纪念碑的光环的意义所具有的历史性和现实性。两幅纪念碑式的画作，都在画作中心二分之一处靠左侧位置，把纪念碑体的右边缘与画作中心二分之一直线相重叠，正好纪念碑体看似倾向画作左侧，于是可以总结画家在特别注重表达主题画面的同时，尤其重视对纪念碑体造型和色调的表现与营造中。当然两幅画作上的纪念碑体在造型和结构上是各具特色，有不同的主题结构，但都具有四层底座台阶表现庄重的气氛。这两幅作品从画家描绘的景观色调与人物的着装来看，前一幅是春天的景致，后一幅是秋天的景致。因此，可以看出法国画院在表现这类题材的画作中所具有的时空审美态势与主题思想精神。这无疑是对表现欧洲风景题材的画作的一个创造性的时空印证。两幅画作在体现出以椭圆画面表现的同时配以阶梯式中型宽度双层金色装饰纹案画框，显得庄重与和谐。

四、结　语

在对以上欧洲17世纪至18世纪古典装饰绘画作品进行审美比较评鉴的过程中，我们不难发现，这些绘画大师们曾经在当时的历史时空里表现他们心中的花卉、静物、风景和人物的画境中，都是在思考如何将现实中的物象通过画家的感悟与艺术的表达，再现物象真实的质感与艺术的效果，从而达到一种以表现、描绘、刻画、写真、寓意、审美为手法的艺术表现的绘画情境，极大的带有画家个人主观的体察和现实物象客观的表现。尤其是通过对罗马画院、弗拉芒画院、法国画院的这些绘画大师们对17世纪至18世纪时空物象的审美提炼，能够鲜明的再现曾经的绘画语境与审美特色，对于现当代来说，这些画作的格调与气韵、技法与精神，依然在发生效应甚至更长远直至永恒。这也许就是人们审美心理、审美情感深处的一种唯一的不可摒弃的一种审美精神。这也许就是检验艺术作品成为时代主流价值观体现和唯美画作表现的决定性因素。通过评鉴欧洲17世纪至18世纪这些装饰绘画大师们的杰作，可以鲜明的提炼出对于大美的优秀作品在主题营造、构图样式、造型表现、色彩描绘、调子烘托、空间塑造、技术手法、思想寓意、情感抒发、审美架构、精神印证中，处处都是极具完美的再现。这是古典主义装饰绘画大师及其作品给大众的启示。笔者将其审美解析，希望在现有及未来古典主义装饰绘画的格调拓展中带来独具核心审美精神价值的现实意义。以此比较评鉴，来加强欧洲古典主义装饰绘画在表现花卉和风景的效果中所具有的艺术审美价值，进而有传承与拓展的意义。

参考文献

1. 《Matzo paris art fund》.Paris，2013.
   《巴黎美爵家族宝藏·古典绘画大师》[M]，法国巴黎美爵艺术基金主编，巴黎.法国巴黎美爵艺术基金，2013.
2. 《Salon de la soccíété nationale des beaux-arts 2012 CARROUSEL DU LOUVER PARIS》.Paris，2012.
   《法国卢浮宫国际美术展获奖画集》[M]，法国国家美术协会主编，巴黎.法国国家美术出版公司，2012.
3. 《Salon de la soccíété nationale des beaux-arts 2006 CARROUSEL DU LOUVER PARIS》.Paris，2006.
   《法国卢浮宫美术沙龙展获奖画集》[M]，法国国家美术协会主编，巴黎.法国国家美术出版公司，2006.
4. 《Le canard laqué》，N 178 Le decembre 2006 ，Paris.《欧亚商报》[J]，巴黎，2006.
5. 《Comparaisons 2014 Les editions de l Aubois》.[M]，Paris，2014.
6. 唐璐主编，《世界传世经典静物名画》[M]，北京.中央戏剧出版社，2001.
7. 欧阳英著，《外国美术史》[M]，杭州.中国美术学院出版社，2008.
8. 唐璐主编，《世界传世经典风景名画》[M]，北京.中央戏剧出版社，2001.
9. 邵大箴、奚静之著，《欧洲绘画史》[M]，上海.上海人民美术出版社，2009.
10. 唐璐主编，《世界传世经典人物名画》[M]，北京.中央戏剧出版社，2001.
11. (德)多奈尔著，《欧洲绘画大师技法和材料》，杨红太、杨鸿晏译[M]，北京.清华大学出版社，2006.

12. 比利时.百鹤高主编,《欧洲19世纪卓越绘画大师》,李嵩译[M],上海书画出版社,2011.
13. 王吉祥,《关于艺术创作与艺术教学的思考》,载《中国美术》[J],北京.中国美术出版总社,2013(6).
14. 吴为山,《"中国写意——中国美术馆邀请展"前言》,载《中国美术》[J],北京.中国美术出版总社,2015(2).
15.《人民日报海外版》欧洲刊[J],北京.人民日报海外版,2013.5.13.
16. www.mina.com.cn/plus/view.phpaid=64373 & m=y 2013.6.6发表,2015.4.22阅览.
17. 吉林美术出版社著,《奥古斯特·罗丹》[M],长春.吉林美术出版社,2009.
18. 王吉祥,《欧洲17世纪至20世纪古典装饰绘画大师及其作品审美评鉴研究——基于欧洲古典装饰绘画大师及其表现花卉、静物、风景和家庭肖像作品的审美解析》,载《中国美术》[J],北京.中国美术出版总社,2015(3).

后　记

在连云港加快建设国际化海港中心城市的时代进程中，全市社科重大课题研究成果丰硕，学术交流活动影响广泛，社科普及宣传深入人心，社科社团建设规范有序，重点社科学科繁荣发展。应该说，迎来了哲学社会科学事业繁荣发展的春天。

为全面总结和展示全市社会科学研究成果，深入挖掘全市社会科学实践经验，更好发挥研究成果的社会价值，连云港市哲学社会科学界联合会决定，从今年起，每年将有代表性的社科理论研究成果编辑成册，名为《连云港社会科学》，公开出版。

这本《连云港社会科学（2015）》，就是2014年全市哲学社会科学的重要理论研究成果的结集，内容按哲学、政治学、经济学、法学、社会学、管理学、教育学、文学、历史学、艺术学十个学科分门别类，以供广大社科工作者和关注关心社科研究的读者朋友学习参考。

在本书的编辑过程中，担任主编的市社科联党组书记、主席杨东升对编写体系、论文遴选、版式设计等进行了全面统筹；市社科联副主席明磊、市社科联秘书长周一云以及刘宏光、谢仁善、汪海波、王兰舟、郑婷元、刘怀君、陈亚蒙等同志参与了征稿、编辑、校对等工作。

本书在征稿过程中，得到了各县区社科联、高校社科联、市属各学会（协会、研究会、民办非企业研究机构）以及众多社科专家的大力支持，在此深表谢意！

由于本书涉猎较广，加之编者时间仓促、水平有限，错误与疏漏之处在所难免，敬请读者批评指正。

编　者

2015年11月

图书在版编目(CIP)数据

连云港社会科学.2015 / 杨东升主编. —上海：东方出版中心，2015.12

ISBN 978-7-5473-0926-1

Ⅰ.①连… Ⅱ.①杨… Ⅲ.①社会科学—文集 Ⅳ.①C53

中国版本图书馆CIP数据核字（2016）第036272号

连云港社会科学（2015）

出版发行：东方出版中心
地　　址：上海市仙霞路345号
电　　话：（021）62417400
邮政编码：200336
经　　销：全国新华书店
印　　刷：昆山亭林印刷有限责任公司
开　　本：710×1020毫米　1/16
字　　数：511千字
印　　张：28
版　　次：2015年12月第1版第1次印刷
ISBN 978-7-5473-0926-1
定　　价：75.00元

东方出版中心邮购部　电话：（021）52069798